인간행동과 사회환경

인간행동과 사회환경

노수희 저

HUMAN BEHAVIOR AND SOCIAL ENVIRONMENT

동문사

머리말

사회복지는 인간에 대한 기본적인 욕구와 문제해결을 위해 다루는 학문이기 때문에 인간과 환경에 대한 이해를 바탕으로 특히 사회복지전문직을 위해 저술되었다. 사회복지사는 개인과 개인이 처한 환경에 대해 깊은 이해와 개인의 잠재력을 최대한 발휘되고 유지되도록 하며, 개인과 환경에 개입하는 전문가이다. 그런 차원에서 사회복지학에서는 인간을 이해하기 위한 전제조건으로 '인간행동과 사회환경'은 중요한 기초과목이다.

'인간행동과 사회환경'은 인간행동에 대한 이해를 바탕으로 개인과 환경의 상호성을 강조하는 것을 습득할 수 있게 하는 교과목이다. 사회복지현장에서 헌신할 사회복지전문직은 인간관계에 관한 과학적 지식과 체계적인 기술을 바탕으로 학문을 연구하고 실천하는 분야이므로 '인간행동과 사회환경'에 대한 깊은 이해가 선행되어야 한다.

사회복지실천현장에서 만나는 클라이언트는 대부분 사회적 약자들이거나 부적응자, 중독자 등이기 때문에 그들의 미충족된 욕구나 문제해결을 위해 도와주는 것이 사회복지사의 주요 입무이다. 이들 대상자에 대한 충분한 이해가 필요하다. 경험치가 이론을 앞설 수 없지만 사회복지사들이 모든 상황과 현상을 경험할 수는 없다. 그러므로 이해가 안 된다고 생각하면서 "저 사람은 도대체 왜 그렇지?", "어떻게 그런 행동을 할 수 있어?", "어떻게 하면 그런 행동을 바꿀 수 있을까?" 등 다양한 물음이 클라이언트에게 나올 것이다. 그러므로 먼저 경험을 한다든지 또는 깨달은 지식을 통해 이런 질문의 해답을 찾을 수밖에 없다. 우리가 모르는 길에 지도(map)가 있으면 더 편리하듯이 이러한 지식에 대한 지도, 즉 이러한 과제와 질문에 대한 해답을 줄 수 있는 것이 '인간행동과 사회환경'이다.

마지막으로 도서의 구성은 Part 01 인간행동과 사회환경으로 인간행동과 사회환경의 기초를 인간 성장과 발달, 인간행동, 사회환경을 이해하고자 하였다. Part 02 생애주기에서는 태내기, 영아기, 유아기, 아동기, 청소년기, 성인기, 장년기(중년기), 노년기로 구성하였다. Part 03 인간행동에서는 정신분석(프로이트), 심리사회적이론(에릭슨), 개인심리학(아들러), 분석심리학(융), 행동주의 및 사회학습이론(파블로프, 스키너, 반두라), 인본주의이론(로저스, 매슬로우), 인지이론(피아제)으로 구성하였다. Part 04 사회환경이론에서는 체계이론, 사회환경체계로 구성되었다.

집필기간 동안 지지와 격려를 아끼지 않고 도와준 가족들에게 감사를 전한다. 더불어 이 책이 나올 수 있도록 도와준 모든 분들에게 큰 감사를 드린다.

저자 노수희

차례

머리말 5

Part 01 인간행동과 사회환경의 이해

Chapter 01 인간행동과 사회환경의 기초 13
- 1. 인간 성장과 발달 15
- 2. 인간행동 21
- 3. 사회환경 26
- ► 연습문제 32

Part 02 생애주기

Chapter 02 태내기, 영아기 37
- 1. 태내기의 발달 39
- 2. 영아기(출생~만 2세) 50
- ► 연습문제 63

Chapter 03 유아기, 아동기, 청소년기 65
- 1. 유아기 67
- 2. 아동기 79
- 3. 청소년기 85
- ► 연습문제 98

Chapter 04 성인기, 장년기 101
- 1. 성인기 103
- 2. 장년기 113
- ► 연습문제 123

Chapter 05 노년기 125
1. 노년기의 개념 127
2. 신체적 발달 128
3. 인지적 발달 130
4. 정서적 발달 133
5. 사회적 발달 135
6. 노년기와 사회복지실천 144
► 연습문제 148

Part 03 인간행동

Chapter 06 정신분석 : 프로이트 153
1. 정신역동이론의 개요 155
2. 정신분석 : 프로이트 156
► 연습문제 181

Chapter 07 심리사회적 이론 : 에릭슨 183
1. 심리사회적 이론의 개요 185
2. 에릭슨의 생애와 사상 186
3. 인간관 187
4. 주요 내용 188
5. 사회복지실천과 연계 및 평가 203
► 연습문제 206

Chapter 08 개인심리학 : 아들러 209
1. 개인심리학의 개요 211
2. 아들러의 생애와 사상 212
3. 인간관 213
4. 주요 내용 214
5. 사회복지실천과 연계 및 평가 222
► 연습문제 225

Chapter 09 분석심리학 : 융 227
1. 분석심리학의 개요 229
2. 융의 생애와 사상 230
3. 인간론 231
4. 주요 내용 232
5. 사회복지실천과 연계 및 평가 245
► 연습문제 247

Chapter 10 행동주의 및 사회학습이론 249
1. 행동주의이론의 개요 251
2. 인간관 252
3. 고전적 조전화 : 파블로프 253
4. 조작적 조건화 : 스키너 262
5. 사회학습이론 : 반두라 274
► 연습문제 287

Chapter 11 인본주의이론 289
1. 인본주의의 개요 291
2. 인간중심이론 : 로저스 292
3. 욕구위계이론 : 매슬로우 304
► 연습문제 317

Chapter 12 인지이론 319
1. 인지이론의 개요 321
2. 인지발달이론 : 피아제 321
3. 도덕성 발달 단계 340
► 연습문제 345

Part 04 사회환경이론

Chapter 13 체계이론 349

1. 일반체계이론 352
2. 생태체계이론 363
3. 사회체계이론 370

► 연습문제 376

Chapter 14 사회환경체계 379

1. 가족체계 381
2. 집단체계 387
3. 지역사회체계 394

► 연습문제 398

참고문헌 399

PART 01

인간행동과 사회환경의 이해

CHAPTER

01

인간행동과 사회환경의 기초

1. 인간 성장과 발달

사회복지사는 사회복지실천 현장에서 클라이언트를 맞이하여 그 사람에 대한 욕구나 문제를 정확하게 사정하고 평가하기 위해서는 인간발달의 이해가 선행되어야 한다. 클라이언트의 욕구나 문제는 성장과 발달의 과정 속에서 어렵고 힘들었던 점들과 연관되어 있는 경우가 많다. 사회복지사가 인지해야 할 인간발달은 사람들의 전 생애 동안 신체적, 심리적, 정서적, 사회적 측면에서 연속, 상승, 하락 등으로 변화하는 것이다. 더불어 인간발달은 분화와 통합 등으로 기초성, 연속성, 적기성, 누적성, 불가역성 등과 같은 보편적인 원리를 기초하여 그 특성을 가진다. 따라서 사회복지실천은 수정부터 사망에 이르기까지 인간의 신체, 심리, 사회적으로 미치는 환경의 변화들을 이들이 서로 작용하는 기능을 이해할 수 있도록 해야 하며, 사회복지 개입과 원조의 방향을 제시해 줄 수 있도록 많은 관심을 가져야 한다(Newman, & Newman, 1993).

1) 인간발달의 개념

인간은 수정되는 순간부터 사망할 때까지, 즉 전 생애를 걸쳐 다양하게 일어나는 지속적 변화를 말한다. 여기서의 지속적 변화는 상승적 변화, 쇠퇴적 변화 모두를 포함한다. 보편적으로 인간의 발달은 상승적인 변화를 의미하고 개인적으로 생물학적, 환경적의 상호작용의 영향으로 연속, 규칙적 예정이 되는 변화인 것이다(Zanden, 1997). 또한 발달은 양적변화와 질적변화를 모두 포함하는데 양적변화, 즉 쉽게 측정할 수 있는 크기나 질량의 변화를 말하고 질적변화는 본질, 구조, 조직상의 변화를 의미한다. 발달, 성장, 성숙, 학습, 사회화를 더 자세히 살펴보면 아래와 같다.

먼저, 발달(development)은 신체, 심리, 사회적 차원에서 일어나는 모든 변화로 시간에 따라 일어나는 신체구조, 사고, 행동 등의 변화와 상승적 발달과 하강적 발달을 모두 포함한다. 그러므로 유전과 환경의 상호작용으로 이루어지는 인간의 총체적 변화를 말한다.

둘째, 성장(growth)은 측정할 수 있는 신체크기 및 신장성장, 몸무게, 근육 및 근력증가, 인지의 확장 등의 양적 확대로 주로 신체적인 부분에 국한된 변화를 말한다. 사람은 이미 유전인자에 의해 성장의 방향이나 내용이 어느 정도 정해진 설계도를 가지고 태어난다. 성장을 하다가 일정한 시기가 되면 성장이 멈추게 되고 성장은 환경적인 영향에 따라 설계의 내용이 조금씩 달라진다.

셋째, 성숙(maturation)은 유전적인 작용에 의해 나타나는 것으로 부모로부터 물려받은 유전인자의 정보에 따라 변화하는 과정을 의미한다. 경험과 훈련과는 관계가 없으며 예를 들면, 젖니와 영구치 도출, 사춘기에 나타나는 2차 성징, 폐경기의 도래를 들 수 있다.

넷째, 학습(learning)은 직접이든 간접이든 경험과 훈련과 연습을 통해 지식, 기술, 가치, 사고방식 등이 발달하는 산물로 개인 내적 변화를 말한다. 외부자극의 조건인 환경에 의해 개인이 변하는 것이다. 성숙과 학습의 개념에 반해 발달은 더 넓은 의미를 지니고 있다.

다섯째, 사회화는 개인 자신이 속한 사회의 한 구성원으로 동화되어가는 과정으로 가족 및 사회구성원과의 상호작용을 통해 개인의 태도, 개인의 역할, 신념, 관습, 가치, 문화, 사회적 기대 등을 전 일생을 통해 익혀나가는 과정이다. 그러나 성장, 성숙, 학습, 사회화라는 과정이 서로 분리되어 있는 것이 아니며, 통합적인 과정으로 한 가지로 인간의 발달을 논할 수 없다. 그러므로 인간의 발달은 모두 연결되어 있고 이 과정이 공존할 때 이루어진다. 따라서 인간발달이란 전 생애 동안 양적·질적, 상승·하강, 유전·분화·통합을 모두 포함하며, 신체적·사회적·심리적 차원을 모두 포괄하는 전 생애적이고 지속적으로 변화를 의미한다.

2) 인간발달의 이해

사회복지사는 클라이언트의 욕구, 문제, 환경에 대해 정확한 사정과 개입계획, 평가 등을 위해서는 인간발달의 이해를 다음과 같은 관점으로 이해할 필요가 있다.

(1) 환경 속의 인간(person-in-environment)

인간이 하는 행동은 자신이 속한 주변의 환경과 개인이 서로 상호작용의 결과이다. 또한 이러한 행동들은 사고, 감정과 인지적, 정서적 요소뿐만 아니라 다양한 요인들에 의해 특정한 행동으로 드러난다. 따라서 한 인간을 이해하기 위해서는 그 개인에게 둘러싸인 환경 내에서 이해해야 한다.

(2) 인간발달의 역동성 이해

인간의 행동을 정확하게 이해하기 위해서는 인간을 전인적인 인간(whole person)으로 이해가 필요하다. 인간은 잠시라도 신체, 심리, 사회적 요인과 통합, 문화로 항상 상호작용하고 성장, 성숙, 노화의 과정이 전 생애를 걸쳐 역동적으로 변화하기 때문에 발달에 초점을 두고 이해해야 한다.

(3) 인간의 성격 이해

한 인간의 행동을 이해하기 위해서는 그 사람의 성격을 이해할 필요가 있다. 인간이 어떻게 해서 현재의 모습을 하고 있는지, 어떻게 변할 것인지에 대한 예측과 원조하기 위해서는 개인 성격의 이해가 필요하다. 행동은 주로 개인의 성격에 의해 결정되고 성격을 이해하게 되면 그 행동을 기술하고 원인을 설명할 수 있고 또한 미래행동도 예측이 가능할 수 있다. 따라서 바람직한 행동변화, 행동통제를 할 방안까지도 모색할 수 있다.

(4) 부적응 행동에 대한 이해

사회복지실천 현장에서 사회복지사는 개인, 가족, 집단의 수준에서 이상행동과 부적응행동을 바람직한 적응적 행동으로 변화시켜 사회적 기능을 향상하고

자 실천하고 있다. 따라서 사회복지실천에서 기초가 되는 인간행동의 이해와 변화는 특정 발달단계에서 심리사회적 장애와 일탈행위를 일반화하는 것도 인간의 행동을 이해하는 데 도움이 된다.

3) 인간발달의 원리

인간의 발달은 전 생애를 통해 일반적이고 보편적인 순서와 방향성에 따라 점진적으로 이루어지며, 이전 단계의 발달을 기초로 현재의 경험과 통합되어 이루어지므로 지속성과 계속성을 보인다. 인간의 발달은 유전적인 요인과 환경적인 요인으로 개인적인 차이가 나타나며 자신의 발달에 능동적으로 기여한다. 또한 인간발달은 한 영역에서 발달이 다른 영역 발달에 상호 밀접한 관련이 있고 개인이 처한 상황과 관계의 맥락 속에서 이해되어야 한다. 인간발달은 개인마다 정도가 다르지만 발달의 변화는 체계적, 규칙적, 일관성이 있는 원리에 따라 진행된다. 이러한 인간발달의 보편적인 원리를 이해할 필요가 있다.

① 일정한 순서와 방향성 : 인간발달은 일정한 순서와 방향성에 의해 이루어진다. 특정 나이가 되면 키와 몸무게는 어느 정도 예측이 되고, 상부에서 하부, 중심부위에서 말초 부위, 전체운동에서 특수운동으로 진행이 되며, 순서가 뒤바뀌지는 않고 일정하게 발달된다.

② 연속성 : 어느 시기에 특정한 부분이 급격하게 이루어지지만 그 시기 이후에도 서서히 계속적으로 발달이 진행되고 점진적, 연속적으로 변화한다.

③ 속도의 불규칙성 : 인간발달은 순서와 달리 속도는 항상 일정한 것이 아니라 어느 부분이 빠르게 진행하는 시기, 더디게 진행하는 시기가 있다.

④ 유전과 환경의 상호작용 : 발달은 유전적인 요인과 환경적인 요인들의 상호작용으로 이루어진다. 유전과 환경은 어느 한 가지만 영향을 미치는 것이 아니라 두 가지가 서로 상호작용의 결과이자 산물이다.

⑤ 개인차 : 일반적인 발달의 원리가 존재하고 보편적인 성장과 과정을 거치

지만 모든 사람이 똑같이 발달하는 것은 아니다. 동일한 연령이나 동일한 단계를 거쳤다고 하더라도 모두가 다른 개인의 차이가 나타난다. 특히 성별, 유전, 환경 등 내·외적 변수들의 영향이 많을수록 그 폭은 커지고 발달의 예측도 판단하기 어려워진다.

⑥ 분화와 통합의 과정 : 인간의 발달은 점진적으로 분화되어 가고 동시에 그 분화된 각 측면들이 전체적으로 통합되어 하나의 체계를 형성해 나간다. 예를 들면, 아기가 처음에는 팔 전체를 움직이며, 손가락 움직임으로 세분화되고 팔 전체와 손가락을 같이 움직이는 통합된 운동기능이 발달된다.

⑦ 점성원리 : 성장은 기초 안이 있으며 이에 따라 부분적으로 발달한다. 이러한 발달은 이전 단계의 발달을 기초하여 다음 단계의 발달이 출현함을 의미한다. 즉, 특정 단계의 발달은 이전 단계의 발달과업에 영향을 받는다.

⑧ 결정적 시기 : 신체와 심리발달, 즉 특정한 발달과업을 성취하는 데에는 가장 적절한 시기가 있다(이근홍, 2015 재인용). 즉, 발달에 가장 용이하게 이루어지는 적절한 시기 혹은 최적의 시기가 있다. 발달은 인간의 모든 측면에서 제각기 다른 최적기가 존재하며, 이러한 민감기의 시기를 놓치면 발달과업 획득에 효율성이 떨어지고 보충하기도 어렵게 된다.

⑨ 기초성 : 어릴 때 발달이 이후 모든 발달의 기초가 된다는 원리로 아동기의 발달과 경험은 성인기의 기초가 되며, 일생동안 지대한 영향을 미치고 지속된다. 예를 들면, 우리나라 속담에 '세살 버릇 여든까지 간다'와 만 5세가 되면 성격형성의 기본 틀이 갖추어지고 8세가 되면 지능의 80% 정도가 발달된다. 이것은 어린 시절의 교육환경과 인성교육이 평생을 좌우한다는 것을 의미한다(사회복지교육연구센터, 2021).

⑩ 불가역성 : 발달 단계에 맞는 특정 시기에 발달이 잘못되거나 발달을 이루지 못한다면 그 이후에 충분한 보충과 경험 등을 제공받는다고 하더라도 성취가 거의 불가능하게 되고 원래의 발달 상태로 완전히 회복하기 어렵게 된다.

⑪ 누적성 : 발달의 적정 시기에 발달과업을 성취하지 못하여 결손이 생기면 이 결손은 계속 누적이 되어 더 심각한 결손으로 나타난다. 그러므로 인간발달은 초기발달이 중요하며 결손이 되면 즉시 교정하거나 보상적 자극을 제공해야 한다.

4) 인간발달의 이해가 사회복지실천에 기여한 부분

먼저 생애주기를 순서대로 정리하여 전 생애를 통해 일어나는 변화와 특정단계에서 발생하는 특정변화를 파악하는 데 도움이 된다. 더불어 다양한 연령층의 클라이언트를 이해할 수 있는 기반을 제공한다. 인간의 사회적 기능과 적응수준을 평가할 수 있는 근거를 제공하였으며, 개인이 수행해야 할 과제들을 제시하여 개인의 적응과 부적응을 판단할 수 있는 기준을 설정하는 데 유용하다. 또한 발달에 기여하는 요소들을 제시하여 인간과 환경 간의 상호작용을 파악할 수 있게 한다. 신체적, 심리적, 사회적 요소들과 그 요소들의 관계를 보여줌으로써 다양한 신체적·심리적·사회적 요인을 이해하는 데 도움을 준다. 뿐만 아니라 변화하거나 지속되는 과정을 제시함으로써 인간발달에 영향을 미치는 사회적 영향력을 평가할 수 있는 준거틀을 제공하여 발달과업과 문제를 파악할 수 있게 한다. 사회복지사가 인간발달과업을 성취할 수 있도록 지원하는 준거틀을 만들어 인테이크, 사정, 개입을 원조하는 데 도움이 된다.

5) 인간발달과 사회복지실천

인간의 발달과업은 연령에 따라 변하며, 사회에서도 이러한 기대를 갖고 있다. 발달과업은 성취한 시기가 중요하기 때문에 그 시기를 놓치면 안 되며, 그 시기에 발달과업을 획득하지 못하면 다음 단계에서는 어렵다. 그러므로 사회복지실천 현장에서 사회복지사는 클라이언트에게 이러한 발달과정을 이해하고 각 연령에 맞게 사회·정서적 발달을 제시하고 적용, 실행할 수 있어야 한다.

2. 인간행동

인간행동의 이해는 사회복지사가 선행되어야 하며, 갖추어야 할 중요한 기초 지식 중 하나라고 할 수 있다. 인간발달과 행동의 정확한 지식은 사회복지실천 현장에서 사회복지사가 직접 적용이 되는 개입의 기초로 정확한 사정과 인간을 '환경 속의 인간'으로 온전하게 이해하게 한다. 인간이 하는 행동은 신체적, 심리적, 사회적, 문화적 요소 등의 다양한 요인에 의해 영향을 주고받으면서 나타나는 상호작용한 결과를 이해할 수 있어야 한다. 인간행동의 특성을 바탕으로 살펴보고자 한다.

1) 인간행동의 개념

인간행동이란 인간이 동작으로 행하는 일로서 자극에 대한 근육반응 또는 내분비선의 작용상태를 말한다. 심리학에서 인간행동은 내·외적 자극에 대해 반사적, 본능적인 동작의 반응을 의미한다(유수현 외, 2015). 사회복지는 인간에 대한 사회적 기능 향상과 안녕 및 삶의 질을 높이는 것과 밀접한 관련이 있으며 실천에서 매우 중요한 개념이다. 따라서 모든 사회복지실천 활동은 필연적으로 인간에 대한 이해를 바탕으로 접근할 수밖에 없다. 인간행동이 사회복지실천에서 중요한 이유는 사회복지사가 사회복지실천에 참여하는 모든 사람들의 행동에 주목해야 하기 때문이다. 따라서 사회복지전문직에서는 인간을 돕는 실천행위를 하기 이전에 반드시 인간에 대한 정확한 이해를 갖추어야 한다.

일반적으로 인간행동은 겉으로 드러난 인간의 신체적 움직임을 말한다. 그러나 심리학에서는 외부로부터 관찰할 수 있는 신체적 행동뿐만 아니라 사고나 인지과정과 같은 심리적, 정신적 행동까지를 포함한다. 그러므로 인간행동은 여러 가지 형태로 나타난다. 즉, 신체적 행동으로는 언어, 비언어적인, 표정, 가벼운 손놀림, 일 등을 들 수 있다. 정신적, 심리적 행동으로는 느낌, 스트레스, 우울, 불안 등이 있다. 이러한 행동은 특정한 목적을 위해 일시적으로 일어나기도 하고 무의식적으로 나타나기도 한다. 예를 들어, 클라이언트(client)가 약속하고 사회복지사를 만나러 가는 것은 의식적인 행동이지만 면접 중 클라이언트가 사회복지사에게 하는 비언어적인 하품, 발을 떠는 행위, 입에 손을 가져가는 행위 등은 무의식적 행동이다. 또한 인간행동은 자극에 의해 일어나기 때문에 이런 자극을 일으키는 행동을 동기라고 부른다. 이러한 자극을 사회복지실천에서는 개인의 욕구라고 말하기도 한다(표갑수 외, 2021: 23).

인간행동은 생애발달단계별로 상이한 특성을 가지고 있다. 즉, 유아기, 아동기, 청소년기, 성인기, 장년기, 노년기와 같은 각 발달단계마다 인간행동은 특이하고 다른 성격을 가지고 있다. 그렇기 때문에 사회복지의 각 분야를 위한 지식으로는 발달연령에 따른 신체적·심리적·사회적 변화를 이해함으로써 구체적인 인간이해에 도달해야 한다. 최근 사회복지실천에서는 개인의 무한한 능력과 다양한 체계수준의 환경 간 영향을 고려하여 인간행동을 파악하려는 시도가 다양한 이론적 수준에서 이루어지고 있다(이영호 외, 2018: 11).

인간행동은 문화, 태도, 정서, 가치, 윤리, 유전, 환경 등에 영향을 받은 인간에 의해 표출된 행위이고, 그 행위는 본능, 욕구, 충동, 분노, 기쁨, 절망 등의 내적 상태를 포함한다.

2) 인간행동 이해의 관점

인간행동은 주로 개인의 성격에 의해 결정되므로, 인간행동을 이해하기 위해서 인간발달뿐만 아니라, 인간의 성격을 이해하여야 한다. 성격이란 개인의 사고, 감정, 행동의 결정요인으로 지속적, 통합적인 정신기제로서 생리적 욕구나 환경적 자극만으로는 설명할 수 없다. 즉, 개인의 독특한 성질이며, 타인과 구분 지어주는 개인적의 내적 속성이다. 동일한 상황에 처해 있어도 사람의 성격 차이에 따라 다른 방식으로 생각하고 반응한다. 이러한 성격은 시간이 지나가고 상황이 바뀌어도 비교적 일관되고 안정된 특성을 보인다. 개인의 성격을 이해하면 왜 그가 그런 방식으로 행동하는지 그 이유를 알 수 있으며, 앞으로의 행동변화를 예측하고, 바람직한 행동으로 변화시킬 수 있는 방법까지도 모색할 수 있게 된다. 즉, 사회복지실천의 기초가 되는 인간행동의 이해를 위해서는 성격에 관한 정확한 이해를 갖추어야 한다(권중돈, 2021: 25).

인간행동을 이해하고자 하는 접근 중에서 19세기 후반부터 20세기 초까지의 정신분석 관점은 무의식에 저장된 아동의 초기 경험들의 기억이 인생을 통해서 행동에 지속적으로 영향을 준다는 입장이다. 또한 행동주의 관점은 정신적 경험과는 달리, 행동은 눈앞에서 관찰, 경험될 수 있는 객관적이고 실험적인 측면으로 다른 사람들에게 증명되어야 한다고 강조한다. 그러므로 인간행동에 관한 이해는 눈으로 드러난 행동, 특정 체계 안의 개인 간 상호작용, 즉 과거의 생활력, 부모의 영향 등으로 한정하여 이해하고 있다. 이러한 초기 관점은 인간의 자율성과 변화 가능성 그리고 다양한 주변 환경으로부터의 영향을 고려하지 않음으로써 인간행동을 편향되게 이해하고 편향된 이해를 바탕으로 개입, 실천할 수밖에 없었다.

20세기 중반에 이르러서는 인간행동에 대한 이해의 관점은 인본주의 심리학과 사회체계이론들의 관점으로 주를 이룬다. 인간행동의 원천은 자유의지에 있으며, 인간이 경험한 것에 대한 긍정적인 면에 중점을 두고, 개인이란 체계는 집단, 지역사회, 국가 등 상위체계와 상호작용하고 영향을 주고받는다고 설명한다.

인간행동에 대한 이해의 관점은 초기에는 눈으로 드러난 행동에 그리고 특정 체계 안에서 개인 간 상호작용에만 한정하여 인간행동에 관한 이해가 이루어졌다. 그러나 최근에는 관련 이론의 발달과 함께 개인의 무한한 능력과 다양한 체계수준의 환경 간 영향을 고려하여 인간행동을 이해하게 되었다(표갑수 외, 2021: 25-26).

3) 인간행동의 유형

인간행동은 눈에 보이는 외부로 표현된 행동, 눈에 보이지 않는 내면의 행동, 그리고 내면에 존재하지만 의식하지 못하는 무의식이라는 정신세계로 구분된다. 즉, 인간행동이라고 하면 이 세 가지 모두를 포함하여 행동의 개념으로 이해하여야 한다. 그 내용은 다음과 같다(이우언 외, 2017: 17-18).

(1) 외현적 행동

눈에 보이는 외현적 행동은 늘 접하게 되는 인간의 일상적인 행동들이다. 즉, 웃고 말하고, 걷고, 달리는 것과 같은 행동들을 의미한다. 이러한 행동들은 왓슨(Watson), 파블로프(Pavlov), 스키너(Skinner)와 같은 행동주의이론에 관심을 갖고 연구를 한 주제이다. 행동주의이론에서는 행동을 '자극과 반응의 결합 혹은 연합', 즉 조건화된 반응을 통해서 학습된 결과로 본다. 행동주의는 어떤 방식으로 행동이 조건화가 되는지에 관심을 가졌으며, 환경과 자극에 의해서 조건화가 된다는 것이 이들 이론의 핵심이다. 따라서 인간행동의 대부분은 환경에 의해 조건화되었으며, 환경적인 조건의 변화를 통해서 행동을 변화시킬 수 있다는 이론이다. 이들의 이론을 적용한 행동변화를 '행동수정(behavior modification)기법'이라고 한다.

기본적으로 인간의 대부분은 자신의 욕구를 해소하려고 행동하는데, 욕구가 충족되지 않으면 문제가 발생한다. 사회복지서비스는 주로 인간의 충족되지 못한 욕구를 만족시켜 삶의 질을 향상시키려는 목표를 이루고자 하기 때문에 사회복지사는 대상자의 행동으로 기본적인 인간욕구에 대한 이해가 필요하다.

(2) 내현적 행동

내현적 행동은 인간행동 중에 내면의 정신활동 혹은 정신활동의 틀로서 작동하는 신념, 태도, 가치관 등을 의미한다. 내면의 정신활동은 굉장히 광범위한 스펙트럼의 심리현상이므로 단일한 하나의 행동으로 규정짓기는 어렵고 불가능하다.

정신활동은 사고, 인지, 의식, 신념, 태도, 가치관 등과 같이 정신활동의 내용으로 구분되고 또는 특정한 분야를 중심으로 설명되고 있다. 정신활동을 발달적 관점으로 분석한 이론에는 '인지발달', '도덕성 발달'과 같은 이론들이 있다. 인간행동의 원인으로서 행동에 영향을 미치는 정신활동들이 개인의 내현적 행동 등으로 연구된다. 이 내현적 태도가 외현적으로 나타난 반응이 행동이며 (Fishbein, 1967). 이러한 태도는 경험을 통해 체계화된 심리적 행동의 준비상태로 현재 상황과 의식적 동기의 영향을 고려한 경험적 방법론에서 나오는 산물이라고 보았다(Allport 외, 1967).

(3) 무의식

정신활동을 의식과 무의식으로 구분하고 무의식의 중요성을 다룬 연구는 프로이트(Freud)의 정신분석이론이다. 정신분석이론은 인간행동의 원인을 무의식적 소망 또는 욕망으로 전제한다. 행동의 원인을 찾아 설명하고 이해하기 위해서는 무의식이 행동에 미치는 영향을 모르면 불가능하다. 프로이트는 "무의식적 욕망은 성적 욕망과 공격적 욕망 두 가지가 있으며, 생의 본능은 바로 성적 욕망"이라고 주장하였다. 즉, 인간의 삶을 지배하는 모든 행동의 원인은 '성적 욕망'이기 때문에 성적 욕망과 행동과의 관련성을 인지하지 못하면 행동을 이해할 수가 없다는 이론이다.

정신적인 문제인 불안이나 노이로제(neurosis, 신경증) 등의 문제는 바로 성적 욕망을 지나치게 억압함으로써 기인한 문제로 본다. 즉, 억압된 성적 욕망이 언제 분출되어 나올지 모른다는 막연한 불안이 정신적인 문제의 하나인 '불안'의 원인이라고 진단한다. 따라서 정신적인 건강을 위해서는 자신의 욕망을 억압하는 것이 아니라, 적절하게 잘 해소해야 한다.

정신분석이론은 인간의 성격(혹은 인격)은 5세 이전의 성적 경험에 의해서 결정된다고 가정하기 때문에 인생의 초기 경험(5세 이전)을 매우 중요하게 고려한다. 만일 성격의 문제가 있다면 이것은 5세 이전의 성적 경험의 문제로 귀인되기 때문에 과거의 경험을 분석하여야 한다고 설명한다. 특히, 과거의 경험 중에 상처가 된 경험(trauma, 트라우마)은 우리의 삶에 지속적으로 영향을 미친다고 주장한다.

4) 인간행동과 사회복지실천

사회복지실천 현장에서 특히 인간행동은 클라이언트의 욕구나 문제를 파악할 수 있는 핵심체로서 중요한 의미를 가진다. 이는 사회복지사가 클라이언트의 욕구나 문제를 파악할 때 그의 행동에 중점을 두는 것으로 사회복지사가 사회복지실천에 임하고 인간행동에 초점을 맞춘다면 이는 심리사회적 성향에 가깝다고 보아도 마땅하다. 즉, 사회환경도 중시하지만 클라이언트 개인의 특성을 더욱 중요시하여 클라이언트를 깊이 이해하는 데 필요한 지식과 기술을 동원하여야 한다. 실제로 개별사회사업(case work)이나 집단사회사업(group work) 및 가족치료에서는 사회환경보다 개인의 행동에 더욱 관심을 쏟는다. 그럼에도 불구하고 사회복지사는 환경 속의 클라이언트를 이해하기 위해 클라이언트가 관계하는 다양한 체계수준의 환경(가족, 집단·조직, 지역사회 따위) 등을 반영하여 통합적으로 이해해야 한다(김보기 외, 2019: 16).

3. 사회환경

1) 사회환경의 개념

환경(environment)이란 생활체계를 둘러싸고 직접 또는 간접으로 영향을 주는 자연 또는 사회의 조건이나 형편을 말한다. 즉, 인간생활에 영향을 미치는 모든 사물, 힘, 조건으로 개인이 수용할 수 있는 자극이라고 말할 수 있다. 인간에게 있어서 환경은 사회적·문화적·자연적인 제반 요소를 포함하는 개념적 특성을 갖는다. 따라서 인간을 환경과 분리하여 이해하는 것은 의미가 없으며, 인간행동을 이해하는 데에 있어 필수적으로 고려해야 하는 요소이다(천정웅 외, 2019: 19). 또한 환경은 사회복지 현장에서 자원과의 밀접한 관계를 맺고 있다는 측면에서도 중요한 개념이다.

사회복지는 '환경 속의 인간'이라는 기본적인 철학을 바탕으로 이루어져 있기 때문에 사회복지사는 반드시 사회환경을 매우 깊게 이해해야 한다. 사회환경은 인간의 생존과 유지에 필수적인 요소로서 인간을 둘러싼 상황, 여건, 사람들 간의 상호작용으로 이루어진다. 이와 함께 사회가 추구하는 문화구조, 규칙, 사회제도, 전통에 의해서도 이루어진다. 인간이 사회환경의 요구에 얼마나 효과적으로 대처하며, 개인의 욕구에 적합하게 사회환경을 얼마나 변화시킬 수 있는가하는 것이다. 이러한 인간과 환경 간 상호작용의 질은 인간행동을 이해하는 데 필수적인 요소이다.

20세기 중반에 들어서면서 생태체계이론이 바탕으로 된 사회환경은 자연과 인공적 환경으로 더욱 넓은 개념으로 발전하였다. 예컨대, 자연환경으로 지형, 고도, 기후, 날씨, 천연자원 등을 들 수 있으며, 인공적 환경으로는 인간에 의해 만들어졌거나, 건설된 환경으로서 공동주택단지, 공장, 대중교통수단, 매연 등을 들 수 있다. 이뿐만 아니라 사회환경은 내부환경과 외부환경으로 나누기도 한다. 내부환경은 가족, 학교의 집단, 직장의 조직, 지역사회 등과 인간이 구성원이 되어 만들어진 환경이다. 외부환경은 자연환경과 인공적 환경을 포함하여 인간의 삶에 영향을 주는 환경이다. 또한 사회환경은 체계에 의해 연계되어 서로 영향을 주고받는 점을 강조한다. 이와 같은 개념은 사회환경의 범주를 확대함과 동시에 사회환경의 규모에 따라 상호교류를 강조함으로써 사회환경이 인간의 삶에 미치는 영향력을 밝힌 것이다. 이러한 사회환경은 인간에게 직접, 간접적으로 영향을 미치고 상황에 따라 크거나 작게 영향을 미칠 수 있다. (이영호 외, 2018: 23).

2) 사회환경적 인간의 특성

사회환경과 관련한 이해는 인간의 사회적 특징에 대한 이해를 필요로 한다는 점에서 친교형성, 집단소속감, 의사소통, 프라이버시(privacy) 등의 몇 가지가 있다. 그 내용은 다음과 같다(천정웅 외, 2019: 20-22).

첫째, 인간은 친교형성의 사회적 특징을 갖는다. 친교는 공유된 관심이나 배경을 바탕으로 형성된다. 관심, 취미, 가족 또는 경력이 변함에 따라 사람들은 새로운 친교를 갖게 된다. 그래서 친교는 주로 기회의 영향을 주고받으며, 사람들은 학교, 직장, 이웃 그리고 클럽과 사회적 모임에서의 접촉으로부터 친구를 서로 사귀고 가까이 지낸다. 접촉은 이러한 과정에서 불가결한 부분이며, 이렇게 서로 소통과 근접하여 생활하는 결과로 생겨나고 접촉을 통해서 형성된 친교는 공유되는 관습이 지속되는 동안에는 유지되는 경향이 있다.

둘째, 집단소속감의 특징이 있다. 일정한 사회적 집단 속에 속한 구성원이냐 아니냐는 사람이 자신을 규정하는 방식의 한 부분이며 대부분의 사람들에게 중요한 문제이다. 그것은 친교를 이루려는 요구의 확장이며, 인류가 가진 사회적 성격의 표시이다. 보통 친목단체는 매우 작은 규모의 집단이다. 이러한 집단은 의사전달이 좀 더 용이할 수 있으며, 적절한 행태의 일반적 규칙이 쉽게 파악될 수 있다. 또한 작은 집단은 각각의 구성원에게 집단토의와 결정에 참여할 기회를 더 많이 제공한다.

셋째, 인간의 사회생활은 의사소통으로 가능하기 때문이다. 인간에게 있어서 의사소통의 주된 매체는 언어이다. 언어는 사회성원들의 교류와 대화에 의해서 기능을 발휘하며, 사회·문화의 특성을 담아내고 있는 그릇이기도 하다. 우리가 어떠한 행위든 취하지 않을 수 없는 것과 마찬가지로 타인과의 교류에서 잠시라도 의사소통을 안 하고 지낼 수는 없다. 세상에서 일어난 일을 알아내고, 정보를 교환하고, 다른 사람들에 대한 태도를 결정하고 생각과 감정을 표현하기 위해서 사람들은 의사소통을 한다. 현재 많은 의사소통이 인쇄된 글, 라디오, TV, 전화, 인터넷, 소셜네트워크(SNS) 등과 여러 매체의 형식으로 일어나고 있지만, 얼굴을 마주하고 하는 대화의 자세함과 상세함에 필적할 기술은 없는 듯하다.

넷째, 인간의 사회적 특징으로 프라이버시를 생각할 수 있다. 프라이버시(privacy)라는 말의 뜻은 사전적으로 개인의 사생활이나 집안의 사적인 일 또는 그것이 공개되지 않고 남에게 간섭받지 않을 권리를 뜻한다. 프라이버시는 타인에게서 보호받아야 하는 것뿐만 아니라 가족관계에서도 보호가 필요하다. 이렇듯, 프라이버시의 개념은 작게는 한 가족 내에서부터 크게는 인터넷이나 대중매체 등 매우 넓은 범위, 지역을 넘어서 사용한다.

결론적으로 사람들은 자신만의 공간을 소중히 여기고 그 공간을 침해받을 경우 다양한 반응을 한다. 사람들은 자신의 프라이버시가 유지될 때 안정감을 느낄 수 있으며, 가족 사이에서도 프라이버시는 존중되어야 한다.

3) 사회환경 이해의 관점

각 세대의 이해를 위해서는 그 사람이 활동했던 사회·경제적 상황에 대한 이해뿐만 아니라 다른 세대와의 차별성에 대한 이해가 필요하다. 그 사람이 속한 세대를 설명하는 생애과정이론(life course theory)이 있다(Sampson & Laub, 1993). 이 이론은 한 개인을 이해하려면 그 개인과 관련된 역사적인 사건과 시대성을 고려해야 함을 강조하며 뿐만 아니라 한 개인의 가치관과 생활양식은 개인이 속한 시대의 문화, 가치관, 사회규범, 사회정체성 등에 밀접히 영향을 받는다고 주장한다. 따라서 그 세대에 속해 사는 사람들은 일정한 코호트 집단으로서 타 세대와 구별되는 특징을 드러낼 수 있다(노수희, 2022).

사회환경 이해에 대한 관점은 크게 초기에는 사회학의 기반을 둔 관점과 비슷한 시기에 강조된 생태체계이론, 일반체계이론, 사회체계이론 등에 기반을 통해 이해할 수 있다. 이러한 사회환경은 인간의 제반 생활에 직, 간접적으로 상호 교류하기 때문에 서로 영향을 주고받는다. 그러나 대부분은 하위체계가 상위체계보다 더 영향을 많이 받는다. 먼저, 초기 사회학에서 강조하는 사회환경은 인간에 의해 구성된 집합체에 중점을 두었고, 특히 이 관점은 이들 집합체가 독립적으로 존재하는 것으로 보았다. 초기 사회학의 관점은 주요 사회환경으로 가족, 집단, 조직, 지역사회에 주목하였고, 이들 환경은 체계수준을 형성하지 않고 각 환경체계 속에서 구성원 간 교류를 강조하였다. 따라서 이 관점에 의하면 인간행동에 영향을 미치는 체계 간 상호작용을 이해하는 데는 한계가 있다(이영호 외, 2018: 24-25).

처음 생태학에 대한 관점은 인간이 접하고 있는 자연환경에 중점을 두어 인간이 살고 있는 거주지에 연결하고 있다. 이 관점은 개인을 포함한 사회조직들이 환경으로부터 받는 영향을 검증할 수 있는 틀을 제공하였다는 데 의의가 있다(Dale & Smith, 2012). 생태학이론은 즉시 체계이론과 결합하여 생태체계적 관점으로 발전하여 사회자원을 동원하여 활용할 수 있다고 주장한다.

일반체계이론은 한 체계가 다른 체계들과 상호작용하면서 변화된다는 이론으로 문제의 원인을 한 가지의 원인이 아니라는 점을 설명한다.

마지막으로 사회체계이론은 인간이 상호작용하는 구조에 대한 이론으로 클라이언트가 처한 상태를 다양한 체계를 보게 하여 인간에 대한 폭을 넓혔다.

4) 사회환경과 사회복지실천

사회복지실천은 클라이언트의 사회적 기능 회복과 유지, 강화시켜 사회에 적응하도록 하는 것에 목표를 두고 있다. 이러한 목표달성은 클라이언트가 처한 환경에 대한 이해가 선행되어야 한다. 사회복지실천은 '환경 속의 인간(person in environment)'이란 관점에서 클라이언트를 이해해야 한다. 즉, 인간을 적극적이고 능동적인 주체로서, 인간과 사회환경의 관계를 하나로 통합된 주체의 관계로 이해할 필요가 있다. 그 중에서 가족은 사회의 기본 단위이자 일차적으로 가족구성원을 보호하고자 하는 대상자의 정서적 욕구를 충족시켜 줄 수 있다는 점에서 가족에게 기대하는 사회복지실천 요구는 매우 크다. 가족에 대한 직접 개입, 가족보호, 가족생활교육, 가족보존, 가족치료, 가족옹호 등의 서비스 실천을 통하여 가족구성원들의 보호와 보장, 원가족 유지를 도모할 수 있다.

집단은 인간에게 영향을 미치는 사회환경체계로서 인간문제를 예방, 해결, 해소하고 성장 및 발달을 촉진하기 위해 적극적인 사회복지실천방안으로 활용할 수 있다. 대인관계 개선, 재활, 교육 및 자조·치료를 목적으로 하는 자조집단, 치료집단, 성장집단, 대면집단, 상호부조집단, 과업집단 등을 조직하여 사회복지실천현장에서 활용할 수 있다.

지역사회는 인간에게 영향을 미치는 보다 넓은 형태의 환경체계로서 요구되는 기회와 자원을 위해 조직화할 수 있으며, 필요한 자원을 연계시킬 수 있는 장이 될 수 있다. 따라서 지역사회가 어떻게 영향을 미치는지, 필요한 자원은 존재하는지에 관하여 지속적으로 탐색하고 자원을 확보하는 노력이 요구된다 (손병덕 외, 2019: 29-30).

연습문제

1 인간발달원리를 설명하는 것 중 틀린 것은?

① 일정한 방향이 존재한다.
② 발달 속도는 일정하다.
③ 머리 부분이 팔다리보다 먼저 발달한다.
④ 연속적으로 일어난다.
⑤ 연령이 증가하면서 발달의 예측이 어려워진다.

2 발달의 전제로 틀린 것은?

① 인간을 전체로서 이해해야 한다.
② 인간은 자신의 발달에 소극적으로 관여한다.
③ 성장은 삶의 모든 단계에서 일어난다.
④ 각각의 인간행동은 적절한 상황이나 관계의 맥락 속에서 분석되어야 한다.
⑤ 인간의 삶은 지속성과 변화를 보인다.

3 사회복지전문직에서 인간과 환경을 이해하는 관점은 어떻게 표현할 수 있는가?

① 인간 본성 위주의 이해　　② 환경 위주의 이해

③ 인간과 환경에 대한 분리적 관점 ④ 환경 속의 인간 관점
⑤ 환경을 개선하려는 관점

4 **다음 설명 중 옳지 않은 것은?**

① 성장 : 신체 크기의 증대, 근력 증가 등과 같은 양적 확대를 의미한다.
② 학습 : 경험, 훈련 또는 연습의 결과로써 일어나는 개인 내적인 변화이다.
③ 발달 : 크기의 변화, 구조의 변화, 비율의 변화, 기능의 변화가 모두 포함된다.
④ 성숙 : 신체 및 심리적 변화를 의미하며 발달보다 광의의 개념이다.
⑤ 발달 : 양적 감소, 구조의 단순화, 기능의 무능화 현상과 관련된 퇴행적 변화까지도 포함된다.

5 **인간발달 이론이 사회복지실천에 기여하는 바가 아닌 것은?**

① 생활주기를 순서대로 정리할 수 있는 준거틀을 제공한다.
② 임신에서 사망에 이르기까지 각 단계에서 수행해야 할 발달과업을 제시한다.
③ 개인적인 발달의 차이를 파악할 수 있게 한다.
④ 다음 단계의 발달은 이전 생활단계에 미치는 영향을 파악할 수 있게 해준다.
⑤ 특정발달 단계에서 특징적으로 나타나는 발달요인을 설명해 준다.

6 다음 중 인간발달이론이 사회복지실천에 기여한 내용이 아닌 것은?

① 개인적인 발달상의 차이를 파악할 수 있다.
② 특정 발단단계에서 특징적으로 나타나는 발달적 요인을 설명할 수 있다.
③ 생활주기를 순서대로 정리할 수 있는 준거틀을 제공할 수 있다.
④ 각 발달단계에서 동일한 발달적 요인을 설명할 수 있다.
⑤ 발달을 구성하는 다양한 신체 · 심리 · 사회적요인을 파악할 수 있다.

7 다음 중 경험 또는 훈련에 관계없이 유전적 기제의 작용에 의해 체계적이고 규칙적으로 진행되는 생물학적 과정을 뜻하는 것은?

① 성숙 ② 변화 ③ 성장
④ 학습 ⑤ 발달

정답 1. ② 2. ② 3. ④ 4. ④ 5. ④ 6. ④ 7. ①

PART 02

생애주기

CHAPTER

02 태내기, 영아기

이 장부터는 어머니의 태내환경, 즉 수정에서부터 영아기까지로 급격한 신체, 심리, 사회적 측면의 변화를 겪는다. 세상에 태어나기 이전 모태 내의 여러 가지 환경은 태아의 건강뿐만 아니라 출생 후 성장과 발달에 큰 영향을 미치기 때문에 태아기의 발달에 관심이 높아지고 중요성이 증대되고 있다. 태내기는 수정에서 어머니의 태내환경에서 약 10개월 동안 머무르는 시기이다. 또한 영아의 제1성장급등기라고 할 수 있는 영아기(만 2세)의 시기를 발달단계로 구분하여 살펴보고자 한다.

1. 태내기의 발달

1) 태내기의 개념

인간의 생명은 수정되는 순간에서 출발하며 이 순간부터 인간의 발달과 성장은 시작된다. 태내기(womb, prenatal period)는 생물학적 측면에서 정자와 난자가 결합하여 수정란을 이루면서 태내발달은 이미 시작된 것이고, 태아가 수정 후 약 280일(40주) 기간 동안 모체 내에서 자라는 시기를 말한다[그림 2-1]. 태내발달 시기는 어머니의 자궁 내에서 태아의 신체 조직이 발달하고 신체성장이 가장 큰 폭으로 일어나는 시기이다.

인간의 발달과 성장의 개인적 차이는 그 사람이 속한 환경이나 성장하면서 부딪히는 경험 이상의 것에 기인하게 된다. 이는 개인적인 변이가 유전에 의해서 영향을 받는다는 것을 의미한다. 부모로부터 전달되는 특성이나 기질을 유전인자라고 하며, 이것은 염색체 속에 들어 있다. 우리가 인간의 구조나 모습을 갖춘 것은 인간 특유의 염색체를 가지고 있기 때문이지만 염색체와 유전인자의 구성이나 배열은 개인마다 다르다(Newman & Newman, 2011). 태내 시기는 임산부의 연령, 건강, 영양상태, 음주, 흡연, 약물복용 및 정서적 상태까지도 태아의 발달에 주요한 영향을 준다(Zastrow et al., 2018). 뿐만 아니라 환경적인 요소인 방사선, 환경오염 등과 같은 외부적인 요인에 의해서도 영향을 미친다. 이러한 태내발달부터 출생에 개인적 차이는 유전적 요인뿐만 아니라, 환경적 요인에 의해서도 많은 영향을 받는다. 그러므로 이러한 요인들이 태아의 성장에 치명적인 영향을 미치기 때문에 각별히 조심해야 하는 시기이다. 그리고 태내발달 시기를 배종기, 배아기, 태아기로 나누어 살펴보고자 한다.

먼저 수정 후 약 2주간을 배종기(germinal period) 혹은 배란기라고 하며, 이 때에는 수정란의 형성, 세포분열, 수정란의 자궁벽 착상 등이 이루어지는 시기이다. 착상이 되면서 세포분열이 시작되고 내층과 외층이 형성된다. 세포 내층에 배아가 발달한다. 외층은 영양을 공급하는 영양막으로 배아를 보호하고 영양을 공급한다.

그 다음 시기를 배아기(period of embryo)라고 하는데 착상 후 2~8주 사이의 시기를 말하며, 이 시기에 거대한 세포 덩어리를 '배아'라고 한다. 이 시기에는 태반의 발달과 탯줄의 연결로 배아를 모체로부터 영양과 산소를 공급하고 배설물을 방출한다. 또한 이 시기에 3개의 층으로 발달하는데 내, 중, 외배엽으로 나뉜다. 내배엽은 세포의 내층을 말하며 이후에는 소화계와 호흡계로 발달하여 신체 내부기관을 형성한다. 중배엽은 순환계, 골격, 배설계, 생식계 및 근육 등으로 내부를 보호하는 기관을 만든다. 외배엽은 세포의 가장자리에 있는 층으로 신경계, 감각기관(귀, 눈, 코 등) 및 피부조직인 외부기관을 형성하고 시간이 갈수록 점점 더 정교해지기 시작한다.

마지막으로 태아기(fetal period)는 태내발달에서 가장 긴 시기이며, 수정 후 8주경부터 출생하기 전까지를 말한다. 이 시기에는 배아기에 형성된 신체기관이 성장하고 태아는 골격과 근육을 가지고 있어서 발로 차기도 하고, 팔을 구부리고 손을 폈다 접었다 할 수도 있으며, 심지어 손가락을 빠는 행동을 보이기도 한다. 배아기가 끝나는 시점부터 성장이 상당히 진행된 후인 수정 후 17~20주 사이에 어머니는 태아의 움직임을 느끼기 시작한다. 20주쯤에는 외음부가 형성되어 태아의 성별을 초음파로 파악하는 것이 가능해진다(엄태완, 2020: 277).

정상적인 태내발달은 37~40주에 완성되고, 대부분의 아기는 이 시기에 출생을 하지만 가끔씩 37주 이전에 태어나는 아기들이 있는데, 이런 아기들은 조산

아라고 부른다. 조산을 했을 경우에 생존할 수 있는 시기는 22~26주 사이가 보편적이며, 이보다 전에 태어난 아기들은 폐가 매우 미성숙하고, 호흡이나 체온을 조절할 수 있는 기능을 제대로 갖추지 못하였기 때문에 생존율이 매우 낮다.

2) 태아의 태내발달

태내발달은 대략 266일 지속되는데, 수정으로 시작되고 세포분화와 성장과정을 거쳐 출생으로 끝난다. 그러나 태아의 발달은 개인에 따라 차이가 있으며, 약 9개월에 걸치는 이 기간을 임신 초기, 중기, 말기로 약 3개월씩 3단계로 나누어 살펴보고자 한다.

① 제1단계(임신 초기, 임신 1~3개월)는 수정 후 태아의 급속한 세포분열이 일어나고, 1~2주 사이에 양막 주머니 및 태반형성이 이루어지며, 배아기의 2~8주는 중요한 신체기관과 신경계 형성된다. 이 시기의 특성은 산모의 질병, 영양결핍, 약물 등에 주의해야 하는 시기이다.

② 제2단계(임신 중기, 임신 4~6개월)는 태아는 탯줄과 입을 통해 양수를 흡입하여 필요한 영양분 흡수하고 단맛을 선호하는 경향이 있다. 태동은 4개월부터 시작하고, 손톱과 발톱 형성은 5개월 정도부터, 눈의 기능 발달은 6개월부터 시작된다.

③ 제3단계(임신 말기, 임신 7~9개월)는 태아의 발달이 완성되어 자궁 밖에서 생존 가능한 개월 수로 산모의 항체가 태아의 혈액에 유입되어 태아의 면역력 증가하는 시기이다. 일반적으로 26주가 되면 태아의 생존이 가능하다. 분만과정은 자궁경부 열림과 대부분이 양수 터짐으로 출산한다.

그림 2-1 태내기

배종기

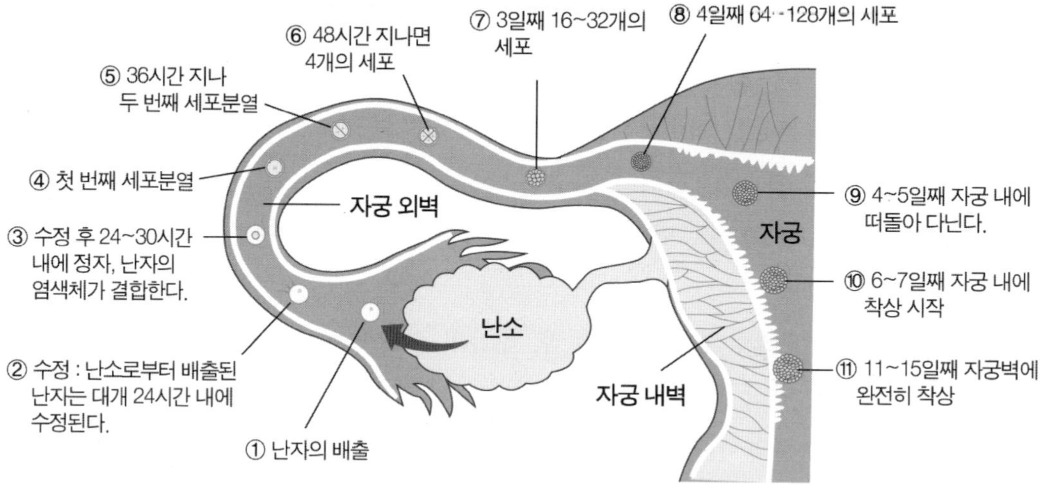

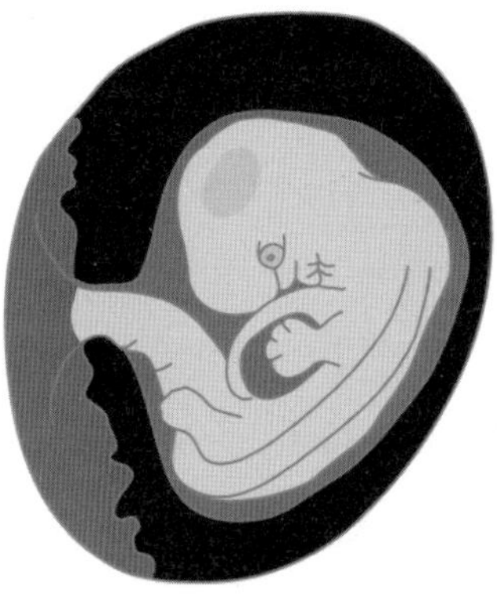

배아기

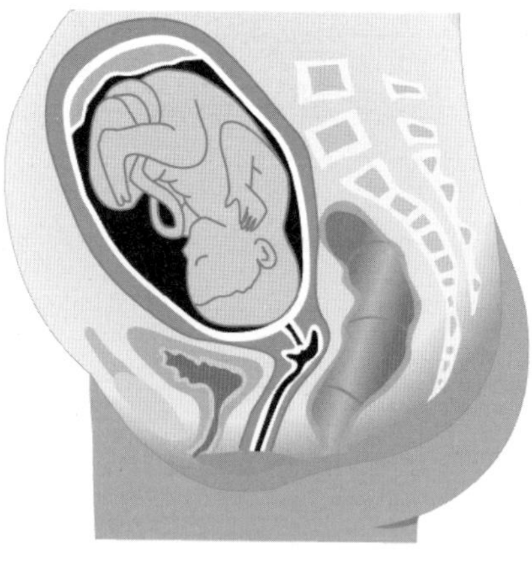

태아기

3) 태아의 발달과 영향을 미치는 요인

임신부와 태아는 서로 상호적이며, 태아는 어머니에게서 완전히 분리되어 있는 것은 아니다. 임산부의 모든 행동과 감정이 배 속의 아기에게 직접적으로 영향을 미치기 때문에 매사에 조심스럽게 행동해야 한다. 임산부는 신체적인 것뿐만 아니라 유전적, 생리적, 심리사회적으로도 태아에게 영향을 미친다. 다음은 태아에게 영향을 미치는 요인이다.

(1) 유전적 요인

유전적 요인은 태아의 주요 장애를 발생할 수 있는 것으로 인간 발달의 한계, 신체적 성숙의 한계 또는 성숙의 속도, 기질적 차이를 만들어 낸다. 그리고 신체적 특징뿐만 아니라 활동적 성격, 사회성과 같은 기질적 측면도 유전적 요소에 영향을 미친다. 많은 비정상적인 발달이 유전적 요소에 기인한다. 염색체의 부족과 불필요한 염색체의 존재는 태아에게 치명적 영향을 미친다. 아래 <표 2-1>은 태아의 유전적 원인과 발달의 특성이다.

표 2-1 발달장애의 유전적 원인과 발달 특성

발달장애	유전적 원인과 발달 특성
터너 증후군 (Turner's syndrome)	• X염색체가 1개이며 전체 염색체인 수가 45개인 성염색체 이상으로 발생하는 장애 • 외견상 여성이지만 여성호르몬의 부족으로 2차적으로 성장이 나타나지 않으며, 난소가 기능을 제대로 하지 못하여 생식을 하지 못함 • 목이 짧고 키가 작음
클라인펠터 증후군 (Klinefelter's syndrome)	• 남성에게서 발생하는 성염색체 이상으로 XXY, XXXY, XXXXY 성염색체를 가지고 있어 남성의 특성이 약함 • 사춘기에 가슴과 엉덩이가 커지는 등 여성적인 2차적 성징이 나타남 • 고환이 미성숙하여 정자의 생산이 불가능하므로 생식이 불가능함

발달장애	유전적 원인과 발달 특성
X염색체 결함 증후군	• 여성보다 남성에게 더 많고, 얼굴이 길고, 당나귀 모양을 하고 있으며, 고환이 비대함 • 정신지체, 언어장애, 자폐증 등의 장애가 나타나기도 함
다운 증후군 (Down's syndrome)	• 염색체 이상으로 발생하는 장애 • 몽고증이라고도 불림 • 23쌍의 염색체 중 21번째 염색체가 하나 더 있음 • 눈가에 진 두꺼운 주름 때문에 눈이 처져 보임. 신장이 짧음. 두개골이 넓고 짧음. 손가락이 짧고, 손은 넓음. 첫 번째 발가락과 두 번째 발가락 사이가 특히 넓게 보임. 머리가 작고 뒷머리가 납작함 • 지능이 40~60 정도 • 성격이 밝고 다정하며 쾌활하며 사교성이 좋음
혈우병 (hemophilia)	• 혈액이 응고되지 않는 선천적 장애 • 성염색체인 X염색체의 이상에 의해 발병 • 질병저항력이 약함
페닐케톤뇨증 (phenylketon uria)	• 페닐알라닌이라는 단백질 분해효소가 결여되어 소변에 페닐피루브산이 함유되어 배출되는 증상 • 금발 · 백안 · 치아 사이가 많이 벌어져 있음. 굽은 자세, 운동과다 등 매너리즘적 손가락놀림이 특성임 • 출생 즉시 특수한 식이요법을 실시해야 지적장애를 억제할 수 있음
겸상 적혈구 빈혈증 (sickel-cell anemia)	• 헤모글로빈을 만드는 유전자의 부족으로 인한 장애 • 헤모글로빈을 암호화하는 유전자의 염기 하나가 바뀌어 비정상적인 헤모글로빈이 만들어지고, 이것이 적혈구에 축적되어 적혈구의 모양이 낫 모양(겸상)으로 되는 유전자 돌연변이
흑내장성 지진아 (tay-sachs disease)	• 안구진탕, 수정체 혼탁으로 시력이 매우 낮고, 전신쇠약 증세를 보임 • 보통 2~3세에 사망
거대 남성 증후군 (supermale syndrome)	• 남성으로서 Y염색체를 더 많이 가지고 있는 것으로, XY 대신에 XYY형을 이루기 때문에 XYY 증후군이라고도 함 • 평균보다 키가 크고 지능이 낮은 경향이 있음

(2) 생리적 요인

생리적 요인은 임산부의 영양상태, 질병, 정서상태, 약물복용, 음주, 흡연, 태내환경과 아버지의 영향, 산모의 나이, 모자의 혈액 불일치, 임산부의 분만횟수, 기타 요인으로 나누어 살펴보고자 한다.

산모의 영양상태는 태아발달의 결정적인 영향요인으로 작용한다. 임신이 되면 음식을 평상시보다 15~30% 정도 더 섭취하는 것이 바람직하다. 영양결핍으로 조산, 저체중아 출산, 신생아 사망률과 상당한 연관이 있다. 임신초기 영양결핍은 태아의 뇌와 신경계의 발달을 저해한다. 단백질 결핍은 태아의 신체내부기관의 발육을 저해하고 비타민 결핍은 신체기형의 원인으로 작용하며, 철분의 부족은 자율신경계의 손상을 초래한다.

산모의 질병으로 임신 초기 풍진은 정신지체, 시각장애, 청각장애, 심장질환을 유발하고 매독이나 임질 같은 성병 감염은 출산 이전에 30%는 유산할 가능성이 매우 높으며, 기형아 출산, 시각장애를 초래한다. AIDS, HIV는 작은 두개골과 얼굴기형이 발생하고 B형 간염, 당뇨병 등도 기형아를 출산할 확률이 3배나 높다. 임신중독증은 전체 산모사망의 15%에 달한다.

산모의 심한 정서적 충격은 태반에 혈액공급을 차단하게 되고 산소결핍이 되어 신체발육 저하, 출생 후 잘 울고 놀라는 등의 정서불안을 야기한다. 임산부의 정서상태의 관련 요인으로 아이를 원했는지, 경제적 여건, 자녀의 수, 임산부의 정서적 성숙도 정도, 남편과의 관계와 임신에 대한 양가감정이 속한다.

약물복용은 어떤 약물이 태아에게 좋지 않은 영향을 미치는지에 대해서는 아직도 불분명한 측면이 많다. 그러나 약물의 복용은 의사의 자문을 반드시 구하는 것이 좋다. 이러한 약물에 취약한 시기는 임신 1~3개월 사이의 태아이다. 약물 중 테라토겐(기형을 유발하는 물질), 탈리도마이드(진정제), 테트라싸이클린(항생제) 등은 태아를 기형, 즉 손이 작고 팔다리가 없는 아이도 있으며, 이가 누렇게 착색, 뼈 조직이 변하는 기형을 유발하기도 한다. 아스피린과 카페인 등을 지나치게 복용하는 것도 위험할 수 있으며 마약은 저체중아, 조산, 경련 등의 증상을 초래할 수 있다.

음주는 태아에게 많은 영향을 미치며, 대표적인 것이 태아알코올증후군이다. 임신 중 알코올 섭취는 태아에게 중추신경계 장애, 체중 미달, 안면기형 등의 증상이 나타난다. 임산부는 알코올 섭취가 어느 정도까지 안전한지 알 수 없으므로 아예 섭취하지 않는 것이 바람직하다.

흡연은 많은 연구에서 저체중아, 임신 기간 단축, 자연유산 증가, 출산을 앞두고 태아의 사망, 신생아 사망과의 관련이 있다고 보고한다. 간접흡연도 산모와 태아에게는 위험하며 이러한 영향은 아동기에도 이어져 언어발달과 인지발달에서 상당한 어려움을 나타내는 경우가 있다.

태내환경과 아버지의 영향의 경우, 흡연남성의 자녀는 뇌수종, 안면마비, 뇌암, 임파종, 백혈병에 걸릴 확률이 비흡연 남성의 자녀에 비해 20% 높음을 나타내고 父가 20세 이하 또는 55세 이상의 경우에는 다운증후군의 위험이 급증하게 유발된다.

산모의 나이는 16세 이하 또는 35세 이상일 경우 태아의 선천성 결함의 확률이 높아진다. 10대 임산부의 경우 사산, 조산, 유산의 비율이 높고 저체중아, 지체아를 출산할 가능성이 높다. 45세 이상의 임산부는 20~21세 임산부에 비해 다운증후군이 있는 아이를 출산할 확률이 40배나 더 된다. 출산 적정연령은 16세 이상~35세 미만이라고 하나 지금은 만혼으로 더 많은 나이에 산모가 되고 있다. 그러므로 임산부의 연령과 임신, 출산에 대해 어떠한 변수가 작용을 하는지에 대해서는 많은 연구가 필요하다.

모자의 혈액 불일치는 Rh-의 여성과 Rh+의 남성이 자녀를 임신하게 될 경우에는 둘째 아이부터 치명적인 위험이 발생한다. 둘째 아이는 혈액상반 현상이 나타나 산소호흡 방해 및 적혈구 파괴로 태아가 유산 및 사산이 될 경우가 많다. 이러한 경우 출생을 했다고 하더라도 빈혈, 뇌성마비, 청각장애, 지적장애 등을 동반한다.

임산부의 분만 횟수는 출산 경험이 있는 산모가 첫아이를 임신한 산모보다 자궁과 태반 사이의 혈액의 흐름이 빨라 태내환경이 더 좋아 첫아이보다 이후

아이에게 더 유리하다.

심리사회적 요인인 기타 요인은 사회적 요인으로 낮은 사회경제적 지위를 들 수 있고 경제적 요인으로 적은 수입과 빈곤은 태아에게 직, 간접으로 영향을 미친다.

4) 분만

분만은 진통이라고 부르는 자궁근육의 불수의적인 수축으로부터 시작된다. 진통의 시작에서부터 신생아의 출산까지의 시간은 초산부의 경우 약 14시간, 경산부의 경우 약 8시간 정도이나 임신부에 따라 변수가 다양하다. 분만단계별로 분만의 전구증상, 분만 1, 2, 3, 4기를 거친다(지영주 외, 2016: 152-155).

5) 임신과 출산의 의미

임신과 출산이 아기와 부모, 그리고 사회에 미치는 의미는 다음과 같다(박성연 외, 2017: 104-105).

(1) 아기의 관점에서

임신은 태어나는 아기의 관점에서 볼 때 생의 시작을 의미한다. 정자와 난자의 결합에 의해 수정란이 형성된다. 이 수정란이 자궁내막에 착상하는 임신의 과정이 생물학적인 측면에서 생의 시작이라면, 임신부의 태내에서 10달을 성장한 후 모체 밖으로 나오는 출산의 순간은 사회적인 생의 시작점이라고 할 수 있다. 따라서 임신과 출산의 이 두 사건은 모두 태아에게는 생의 시작점이라는 공통점을 갖는다.

태내기는 아기에게 생물학적으로 완전하고 정상적인 인간이 되는 결정적 시기이다. 부모의 유전적 특성과 태내환경의 여러 요소의 영향에 따라, 이 기간 중 태아의 선천적인 출생결함은 물론 사망에까지 이를 수 있기 때문에 임신과 출산 사이의 태내발달 기간은 아기의 이후 생에 대한 결정적 시기의 의미를 갖는다.

(2) 부모의 관점에서

임신과 출산의 또 다른 당사자인 부모의 관점에서는 심리적인 의미와 현실적인 의미를 두 가지로 살펴볼 수 있다.

먼저, 심리적인 면에서 임신과 출산은 자신의 생산성을 확인할 수 있는 중요한 사건이다. 에릭슨(Erikson, 1994a)은 인간의 발달단계 중 주로 30~40대로 성인 중기에 해당하는 시기의 주요 발달과업으로 생산성 대 침체기를 제시하였다. 그리고 이러한 생산성 획득의 보편적인 예로 자녀출산과 양육, 교육을 설명하였다. 현실적인 면에서 임신과 출산은 이전의 다양한 역할과 함께 부모라는 새로운 역할이 부여되는 사건의 의미를 갖는다. 이 중 부모역할은 몇 가지 측면에서 다른 역할들과 차이를 보인다. 즉, 부모역할은 단기간에 이루어지며, 그 역할범위가 뚜렷하지 않을 뿐 아니라, 자발적으로 그만둘 수 없다는 점에서 다른 사회적 역할들과 구별된다. 더욱이 부모는 자녀에 대한 최종적인 책임을 져야 한다는 점에서 그 역할에 대한 부담과 책임이 매우 크다. 임신과 출산에 대한 개인의 결정권이 확대된 현대사회에서 출산율 감소현상이 두드러지게 나타나는 것은 이러한 부모역할의 어려움과 관계가 있다. 따라서 임신기간에 부모로의 전환을 준비함으로써 그러한 부담을 줄여야 한다. 그 일환으로 최근에는 임신부를 위한 다양한 형태의 부모교육이 이루어지기도 한다.

한편, 출산이라는 사건은 막연했던 부모 준비기에서 벗어나 현실에서의 전혀 새로운 가족생활을 시작하게끔 한다. 가족생활주기를 연구하는 많은 가족학자들이 첫 자녀의 출산을 가족생활주기 변화의 주요한 기준으로 삼는 것은 자녀의 존재로 말미암아 변화되는 많은 생활패턴 및 가족생활가치 때문이다.

(3) 사회적 관점에서

인간발달의 측면에서 생의 시작은 수정의 순간부터라고 할 수 있다. 그러나 사회적인 존재로서의 시작은 하나의 생명체가 세상에 나오는 시점인 출산과 함께 시작된다. 국가와 사회의 관점에서 출산은 세대 확장 및 계승을 의미하며, 이는 단순히 노동력의 재생산뿐 아니라 국가 및 사회의 존속이라는 기본적이면서도 가장 중요한 의미를 가진다.

최근 우리 사회에서 저출산현상이 심각한 사회문제로 인식되고 있는 이유가 바로 이것 때문이다. 즉, 출산율의 저하는 지속적인 인구의 감소를 야기하며, 이는 인구의 구성비율 중 젊은 세대의 감소에 의한 고령화사회(aging society)로의 변화를 의미한다. 이러한 결과는 국가경쟁력 상실은 물론 더 나아가 국가 자체의 존폐 위기와 직결된다.

6) 태아기의 사회복지실천

사회복지실천 현장에서 태아기와 관련된 문제는 생물학적 차원, 심리적 차원, 사회적 차원 등으로 나누어서 살펴볼 수 있다.

첫째, 생물학적 측면에서는 임산부의 건강문제와 선천적 장애 발생의 문제를 예방하는 측면에서 관심이 집중되어야 한다. 임산부의 건강문제의 경우에는 가임여성과 그 배우자를 대상으로 임신 전부터 의료진단을 철저히 받도록 권유와 교육이 필요하다. 임신 기간 중에 조심해야 할 일과 질병이 있다면 적절한 치료가 동시에 이루어져야 하며, 금연과 금주, 카페인 등의 사용을 멈추도록 적극적인 교육이 필요하다. 또한 선천적인 장애를 예방하는 법을 임신한 부부에게 알려주어야 하며, 출산 이후에도 선천성대사이상검사를 통해 선천장애 유무를 확인할 수 있도록 해야 한다. 이와 함께 선천장애아를 출산할 경우에는 장애인 전문기관과 연계하여 서비스에 대한 정보 제공, 조기에 치료를 받을 수 있도록 원조해야 한다.

둘째, 심리적 차원에서는 원하지 않는 아이의 임신과 출산으로 임산부의 부정적인 심리반응을 고려하여 출산 전에 낙태의 선택, 가족계획 등을 수정하는데 필요한 다양한 정보 제공과 임산부와 가족의 올바른 판단을 도와야 한다.

특히 산모 우울증은 산모의 양가감정으로 출산으로 생활과 자녀 양육의 어려움, 불안, 슬픔, 절망을 매우 심하게 느끼는 증상이다. 다양한 요인으로 산모에게 올 수 있는 감정기복이며, 대부분의 산후기간 중에 있는 여성들의 70%가 산후 우울감을 경험한다는 보고도 있다. 그러나 출산 3~5주 내에 약화되어 아기를 돌보는 데는 지상을 주시 않고 지나가지만 일부 신모는 걱정, 우울을 동반한 감정기복을 오랫동안 겪고 스트레스 대처에 어려움을 경험한다(곽금주 외 역, 2007). 이러한 것을 예방하기 위해서는 임산부에게 예비부모교육과 부모역할교실도 실시하여 상담을 통해 극복할 수 있도록 원조하고 사회적 지지망도 활성화시킬 필요가 있다.

셋째, 사회적 측면에서는 임산부가 빈곤으로 임신기간 중 필요한 영양과 의료적 보살핌을 받지 못할 경우, 물리적인 환경이 열악한 경우, 직장생활을 하는 임산부의 과도한 업무부담으로 과로와 스트레스 등은 태아기에 문제를 야기할 수 있다. 이러한 임산부를 사회복지사는 적절한 의료보호를 받을 수 있도록 자원을 연결하고 직접적인 지원을 하거나 가사, 돌봄 지원서비스를 연결해야 한다. 더불어 임산부의 안정적인 물리적 환경을 조성, 제공할 수 있도록 원조해야 한다. 또한 임산부의 직장생활에 따른 과도한 업무와 스트레스, 가사생활을 병행할 수 있도록 정보 제공과 가사분담을 가족들을 포함하여 역할을 재분배, 조정하는 것을 도와야 한다.

2. 영아기(출생~만 2세)

1) 신생아기(생후 1개월)

(1) 신생아기의 개념

생후 1개월까지를 말한다. 주로 모체로부터 갓 태어난 신생아의 평균 몸무게는 보통 3.5kg이며, 키는 50cm 전후다. 출생 시 체중이 2.5kg 이하인 경우 '저출생체중아'라고 한다. 이때는 여아가 남아에 비해 몸무게와 키가 다소 작은 경향이 있다. 피부는 양수에 있어서 쭈글쭈글하고 붉은색을 띠며, 끈적한 태지로 덮여 있으며, 눈꺼풀과 음부는 퉁퉁 부어 있으나 몇 주가 지나면 점차 부은 모습이 없어진다. 맥박은 불규칙적으로 1분에 120~160회 정도로 빠르게 뛰고 체온조절 능력도 미흡하다. 배변은 검고 끈적끈적한 태변을 1~2개월 정도 본다. 가슴둘레보다 머리둘레가 더 크고 동체는 길며, 하지는 짧고 팔이 다리보다 길다. 수면시간은 하루에 약 18시간 정도로 대부분 시간을 잠자는 데 보낸다. 특히, 신생아기는 태내환경과는 너무도 다른 새로운 환경에 적응해야 하므로 매우 중요한 의미를 갖는다(김보미 외, 2019: 235).

(2) 신생아의 반사운동

신생아는 출생 직후 주로 반사운동을 한다. 이러한 반사운동은 중요한 운동능력 발달에 초석으로 작용한다. 신생아의 반사운동을 분류하면 아래와 같다. 반사는 생존반사와 원시반사로 나눌 수 있다. 먼저 생존반사는 신생아의 생존에 필요한 것으로 유해한 자극에 대한 보호기능을 제공, 지속적으로 유지되고 유아의 기본욕구 충족 기능을 수행한다.

눈 깜빡거리기반사는 눈가에 밝은 빛이나 머리 가까이에서 손뼉을 치면, 아이가 눈꺼풀을 신속하게 닫는 반응을 한다.

빨기반사는 입에 손가락을 넣고 리듬감 있게 빨기를 하며 4개월 후 소멸한다.

삼키기반사는 입에 들어온 것을 목으로 넘기는 반응을 한다.

근원반사는 입 가장자리 쪽 빰을 두드리면, 아이가 자극의 근원을 향해 머리를 돌리는 반응을 하나 3주 후 소멸한다.

다음은 원시반사로 신생아의 생존과는 무관한 반사로 인류의 진화과정의 흔적이라고 한다[그림 2-2].

모로반사는 껴안는 반사운동으로 경악반사라고 하며, 놀라면서 등을 구부리고 머리를 뒤로 젖히며 팔과 다리를 움츠린 다음 재빠르게 몸을 움츠린다.

걷기반사는 걸음마반사라고 하며, 바닥에 아이의 발이 닿으면 마치 걷는 것처럼 발을 자연스럽게 들어 올리려고 하는 경향으로 초보자의 보행 모습과 비슷하게 움직인다.

쥐기반사는 파악, 손바닥반사라고 하며, 손에 잡힌 것을 꽉 쥐고 놓지 않으려는 반사운동이다.

바빈스키반사는 발바닥을 자극하면 성인의 경우와 반대로 발가락을 부채처럼 쫙 폈다가 오므리는 반사운동이다. 생후 6개월 이후 서서히 사라진다.

그림 2-2 원시반사

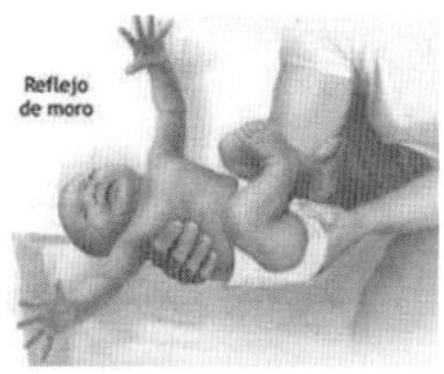

모로반사

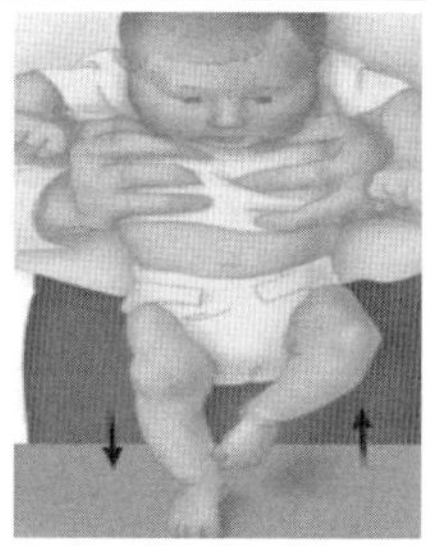
걷기반사

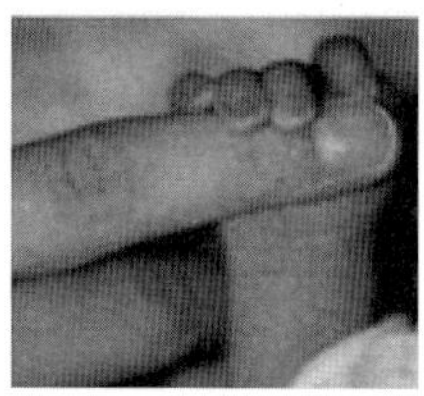
쥐기반사

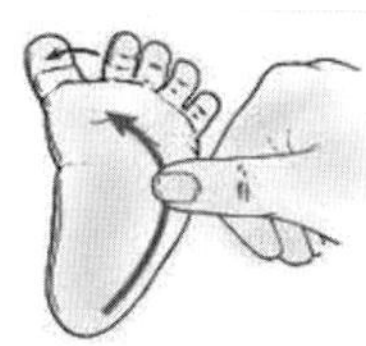
바빈스키반사

(3) 신생아의 기타 발달

반사운동과 함께 신생아는 배냇짓을 한다. 갓난아기가 자면서 미소를 짓거나 눈, 코, 입 등을 움직이며 표정을 바꾸는 것으로 의미 없는 근육의 움직임도 한다. 또한 신생아의 감각발달 중에서 시각발달은 생후 15일이 지나야 색채식별이 가능하며, 생후 1~2개월부터는 대상의 거리에 따라 초점을 맞추고 사물에 비해 사람의 얼굴을 더 오랫동안 응시한다. 청각발달은 출생 전부터 발달되어 있는 것으로 알려지고 있다. 출생 직후 높고 강한 소리에만 반응을 보이다가 사람의 목소리에 빠른 반응을 보이고 저음보다는 고음을 더 민감하게 듣는다. 생후 4주 정도부터 어머니의 음성을 식별 가능하다. 미각발달은 생후 2주일에 맛의 차이에 대한 식별반응을 보이며, 후각발달은 자극적인 냄새로 코를 자극 시 반응을 보인다. 출생 직후는 엄마의 젖 냄새를 맡고 냄새나는 쪽으로 고개를 돌린다. 촉각의 발달은 어머니와의 피부접촉을 통해 자연스럽게 발달한다. 촉각의 발달은 신생아는 주로 촉각에 의존해 주변 환경을 인지한다. 출생 시에는 입술과 혀를 제외하고는 발달되지 못하였으나 생후 6개월이 지나면 발이나 손의 촉각을 이용해 주변을 탐색한다.

2) 영아기

(1) 영아기의 개념

영아기(infancy)는 태어나서 1개월 이후부터 만 2세까지, 즉 24개월까지를 말한다. 현행 우리나라의 보육서비스에서는 영아를 36개월 미만으로 정의하고 있다. 하지만 학문적으로 영아기를 더 세분해서 만 2세까지는 영아기(infancy)로, 만 2~3세까지는 걸음마기(toddler)로 구분하기도 한다. 대부분의 저작에서는 만 2세까지를 영아기로 구분한다.

영아기의 가장 큰 특징은 발달의 여러 영역에서 급속한 성장이 이루어지는 시기다. 신체 및 운동 발달단계에서 '제1성장급등기'라고 불릴 만큼 빠른 발달이 이루어지며, 언어발달에 있어서도 다른 사람과의 의사소통이 이루어질 수 있을 정도로 발달한다. 전반적으로 이 시기는 인지발달을 포함한 모든 영역에서 균형적이고 긍정적인 발달을 위해서 새로운 것을 많이 접하고 경험하는 시기이다. 이 시기는 발달과업을 수행하면서 인격체로 성장과 발달에 밑거름을 형성한다. 기본적 운동능력, 언어습득, 개념형성 등의 인지적 발달이 이루어진다. 애착관계를 형성하여 다른 사람과 정서적 유대관계를 맺을 수 있게 된다(최덕경 외, 2014: 185).

영아기의 가장 큰 변화는 일어서서 이동하는 능력을 나타내는 것이다. 또한 감각운동의 시기이며, 한두 단어를 사용할 수 있게 된다. 이 기간 동안 무력한 존재인 영아는 하나의 독립된 개체로서 성장할 준비를 하게 된다.

(2) 신체적 발달

인간의 성장은 출생 이후부터 일반적인 원리에 따라 예측 가능한 방식으로 이루어진다. 성장은 머리에서 시작되어 아래쪽으로 진행되는 두미(cephalocaudal) 발달원리에 따라 다리보다 팔을 먼저 사용할 수 있게 된다. 또한 신체의 중심부에서 바깥으로 이루어지는 원리에 따라 신체 말부보다 중심부가, 그리고 소근육보다 대근육을 더 빨리 통제할 수 있다. 또한 영아기는 주로 입과 입 주위의 신체기관을 통해 현실거래를 하는 시기로 빨기, 깨물기, 삼키기, 보유하기, 다물기 등의 형태를 보인다.

인간의 뇌는 생후 5년 동안 급속하게 성장하는데, 신생아의 머리는 전신의 1/4로 다른 부위에 비해 비교적 크다. 돌 무렵까지 성인 뇌의 절반 정도로 커지고 만 2세에는 성인기 뇌 무게의 75%까지 성장한다. 뇌 무게의 성장은 뇌의 구조적이고 기능적인 발달과 관련이 있다.

두 돌에 이르는 24개월 무렵에는 아기의 키는 거의 두 배에 가깝게, 체중은 세 배 이상 늘어난다. 신체와 체중의 급격한 성장뿐 아니라 골격 및 근육의 발달도 현저하게 나타난다. 신체근육의 움직임을 조절하는 능력에서 변화가 일어나는 것을 '운동발달'이라고 한다. 운동능력 면에서 거의 무력하던 영아들은 생후 첫 2년 동안 독립적이고 활동적이 되어간다. 영아기의 운동발달은 분화되지 않고 전체적, 통합적으로 움직인다. 이것이 점차 분화되어 특수한 반응으로 이행된다. 그러나 첫 발걸음의 시작은 개인적인 차이가 존재하지만 대개 10~17개월 사이에 이루어지게 된다. 이 시기 동안 영아들은 주변 여러 환경들을 탐색하는 데 도움이 되는 행동을 조절하는 대근육 운동기술과 세분화된 작은 움직임에 관련된 소근육 운동기술을 발달시킨다. 대근육 운동은 기기, 서기, 걷기, 뛰기 등과 같이 팔, 다리, 몸통과 같은 대근육을 사용하는 운동을 말하며, 소근육 운동은 손으로 물건 잡기, 손가락으로 글씨 쓰기 등과 같이 몸의 소근육을 이용하는 운동을 의미한다. 치아는 약 6개월을 전후하여 나오기 시작한다. 맨 처음 아래 가운데 앞니가 나기 시작하여 늦어도 34개월까지는 20개의 젖니가 모두 나온다(엄태완, 2020: 277-289). 이러한 발달에는 개인차가 존재하며, 영아의 자발적인 환경과의 접촉과 탐색, 목표가 주어지도록 하여야 한다. 영아의 신체발달표는 다음과 같다(표 2-2).

표 2-2 영아의 신체발달표

신체발달	개월 수	신체발달	개월 수
목 가누기	2개월	구르기	3개월
기기	6개월	혼자서 앉기	6개월
붙잡고 서기	7개월	붙잡고 걷기	9개월
혼자서 서기	11개월	혼자서 걷기	12개월
숟가락질하기	24개월	옷 벗기	24개월
달리기	24개월	혼자서 계단 오르내리기	24개월

(3) 감각과 지각 발달

이 시기의 영아는 감각과 지각이 발달하는데 시각능력은 감각정보의 80%가

시각으로 획득하고 타 감각에 비해 늦게 성숙된다. 전체보다는 부분을 보게 되며 정지된 것보다는 움직이는 물체를 선호하고 사물보다는 인간의 얼굴을 더 좋아하며 특히 눈을 자주 맞추고 선호한다. 1개월경에는 사물에 초점을 맞추고 응시가 가능하고, 3~4개월에는 색에 대한 지각이 가능, 6개월 정도가 되면 시각 정확도 20% 정도이며, 돌 무렵부터 정상시력에 근접하여 시력이 1.0까지 보게 된다. 청각능력은 낯선 사람이나 아버지의 목소리보다 어머니의 목소리에 민감하게 반응하고 외국어보다는 어머니의 언어를 더 선호한다. 1개월 정도가 되면 '바' 음과 '파' 음과 같은 음소의 구별이 가능하며, 2개월경이면 서로 다른 목소리에 다르게 반응한다. 4~6개월경이 되면 소리가 나는 방향을 정확하게 파악하고 음악을 들으면 좋아한다. 촉각능력은 6개월 정도가 되면 촉각을 사용하여 주위 물체를 탐색하고 첫돌 무렵에는 손의 감촉으로 물체를 식별하게 된다.

(4) 인지적 발달

영아의 감각운동은 지능발달의 기초가 되며, 지능이 유기체와 환경과의 상호작용을 통해서 발달해 간다. 영아는 선천적으로 타고난 반사행동으로 환경에 적응하며, 점차 경험에 의해 획득된 적응반응을 반복하게 되고, 그 이후에 반사행동을 통합하여 어느 정도 의도적인 행동을 할 수 있게 된다는 것이다. 영아는 갑자기 나타나는 자극의 방향으로 향하는 행동을 하게 되는 지향반응을 보이며, 이러한 자극이 계속적으로 반복될 때는 지향반응이 사라지고 울면 엄마가 오는 예언적 관계를 학습하게 된다. 또한 영아는 두 개 이상의 여러 자극이 있을 때 어느 한 개의 자극에 대하여 선택적으로 집중하는 주의집중을 보이기도 한다. 영아는 조건화를 통하여 많은 것을 학습하기도 하고, 순수하게 감각운동을 통하여 문제를 해결하기도 한다.

이 시기의 영아는 불수의적인 반사행동이 점차 목적 지향적인 행동으로 변화한다. 24개월까지의 영아에게 가장 중요한 인지적 발달은 '대상영속성(object permanence)'을 형성하는 것이다. 대상영속성은 사물이 우리의 바람이나 생각과는 상관없이 독립적으로 존재하고 있음을 이해하는 능력이다. 즉, 사물이 내 눈에 보이지 않아 없는 것같이 생각되더라도 그것이 여전히 존재하고 있음을 아는 능력이다. 이는 감각적으로 접하고 있지 않더라도 어떤 대상의 심상을 마음속에 떠올릴 수 있는 능력, 즉 기억력과 관련 있다. 인지발달이론을 연구한 피아제에 따르면, 4개월의 아기는 장난감을 담요 속에 감추면 곧 장난감을 잊어버린다. 그러나 대상영속성을 형성한 만 2세의 영아는 담요를 들추어 장난감을 찾을 수 있다. 장난감이 눈에 보이지 않아도 그 심상을 마음속에 간직하여 그것이 존재함을 알 수 있기 때문이다(신기원 외, 2016: 53).

(5) 정서적 발달

정서의 이해와 표현은 일찍부터 발달하기 시작하며, 점진적으로 분화되고 이러한 정서표현으로 주양육자와 의사소통의 중심적 역할을 한다. 영아들도 자신의 정서를 표현하고, 주 양육자인 어머니의 정서표현에 적절하게 반응한다. 영아기 정서반응의 일반적인 특성은 정서상태의 지속기간이 비교적 짧고 폭발적인 표현의 빈도가 잦다. 특히, 이 시기의 영아들은 작은 일에 쉽게 좋아하고, 떼쓰기 등의 분노의 표출도 자주 하지만 곧 풀어지기도 한다.

영아들의 기본적 정서표현발달의 주요 유형에는 기쁨과 분노 및 불안 그리고 공포 등이 있다. 긍정적 정서인 기쁨은 미소, 웃음, 목울림 소리로 알 수 있는데, 부드러운 음성이 들리거나 신기한 것이 보이면 아기는 2개월경부터는 만족의 표현으로 미소를 짓거나 웃고 목울림 소리를 냄으로써 자신의 감정을 표현한다. 기쁨을 유발하는 자극은 아주 어린 영아에게는 감각적·운동적 그리고 기본 생리적 요인이 대부분이지만, 점차 성장하면서 사회적 관계에서 유발되는 사회적 자극이 첨가된다. 3개월경이면 분노의 감정도 표현하며, 6개월이면 공포감과 더불어 분노의 감정도 증가한다. 분노는 신생아 때부터 고통스러움에 대한 일반적인 반응으로 나타나는데, 배가 고프다든지, 아프다든지, 춥거나 덥다든지 또는 주변 자극이 너무 많거나 적다든지 등의 이유로 분노하게 되고, 그것을 울음으로 표현한다. 이러한 분노의 표현은 가장 보편적이며, 자신이 원하는 바를 쉽게 만족시키는 방법으로 사용된다. 2세경이 되면 자의식이나 독립의 요구 때문에 어른의 요구에 대해 심한 분노나 떼쓰기 또는 저항의 표현으로 발 구르기나 차기, 물건을 던지거나 부수는 행동을 한다. 특히, 화가 나서 바닥에 뒹구는 것과 같은 행동(temper tantrum)이 자주 나타난다. 그러나 점차 언어능력이 발달하면서 분노대상자에게 직접 언어적으로 화를 내게 된다.

(6) 사회적 발달

이 시기에 사회성 발달에 큰 영향을 미치는 애착관계의 형성은 매우 중요한 발달과업이 되며, 다른 사람과 정서적 유대관계를 맺을 수 있게 된다(최덕경 외, 2014: 185). 애착은 영아와 주 양육자 간의 친밀하고 강한 정서적인 유대관계로서 생후 6~8개월 정도에 발생하는 것으로 알려져 있다. 영아는 부모와 같은 양육자와의 상호작용을 통해 자신이 돌봄을 받을 존재인지 또는 자신을 돌봐줄 것인지에 대한 기대를 형성하게 된다. 영아는 애착대상이 없을 때는 애착대상을 찾으며 그의 주의를 끌려고 하고, 애착대상과 떨어지는 경우에는 당황하고 불안해한다. 이러한 애착형성과 발달의 과정은 영아기에 발생하는 사회적 발달에 기초가 되며, 중요한 형태이다. 일차 양육자인 어머니가 애착형성의 대상자가 된다. 안정된 애착형성은 유아기의 자신감, 타인과의 관계에서도 긍정적인 성향을 보인다.

보울비(Bowlby, 1989)의 동물행동학이론에 의하면, 영아와 양육자 간의 애정적 유대는 생물학적 기초를 가지며, 이는 진화론적 맥락에서 이해될 수 있다. 즉, 약자는 강자 가까이에 머무르고자 하는 경향을 가지고 있는데, 부모로부터 분리된 아동은 그렇지 못한 환경 때문에 불안해하고 심리적으로 위축된다. 또한 영아기는 독립적인 생활을 할 수 없으므로 성인에게 모든 것을 의존할 수밖에 없다. 그러므로 부모나 형제자매 등 돌보는 사람에게 애착행동을 보이게 된다.

이러한 양육자와 영아 간의 애착은 영아의 생존을 위해 가장 중요하다. 예를 들어, 시설에 보호된 영아들을 관찰한 스피츠(Spitz, 1945)에 의하면, 영아들은 기저귀를 갈아주고 잘 먹여주는 등 신체적으로는 양호한 보살핌을 받았으나, 양육자가 보살핌을 줄 때 애정적인 스킨십을 받지 못하거나, 양육자와 영아 간 애정적인 상호작용이 잘 이루어지지 않았다면, 이것은 애착을 형성하는 과정에서 결정적인 결함이 될 수 있다. 이처럼 영아를 안아주거나 만져 주지 않는다면 영아는 제대로 발달하지 못할 뿐만 아니라 병에 걸리거나, 심지어 죽음에 이르기도 하였다.

애착의 정도는 12개월 전후에 절정에 달했다가 18개월이 되면서 서서히 다른 사람에게로 확대되어 간다. 애착이 형성될 무렵, 영아는 낯선 사람, 장소에 대한 경계심을 나타내어 울거나, 매달리거나, 두려워하는 얼굴표정을 지음으로써 불안과 공포감 등의 정서를 표현하다. 이러한 행동을 '낯가림'이라고 하며, 타인 혹은 자주 보지 않은 사람들에게 불안을 느끼는 낯가림 행동을 보인다. 생후 5~8개월경부터 시작하여 12개월경에 절정에 달했다가 그 후로 점차 감소되어 간다. 낯가림은 낯선 사람의 갑작스런 출현이나 큰소리, 또는 함부로 영아를 다루는 태도 등과 결부되어 공포로 나타나지만, 낯선 사람이라도 잘해 주면 공포반응은 줄어든다. 따라서 사회적 접촉이 빈번한 영아는 낯가림도 심하지 않고 접촉이 부족하면 더 심할 수 있다.

낯선 이를 경계하게 되면서, 영아는 애착을 형성한 사람과의 격리에 불안을 느낀다. 이 격리불안(separation anxiety) 또는 분리불안으로 생후 8~9개월에 나타나며, 낯선 이에 대한 불안반응이 사라지기 시작하는 13~18개월경에 최고조로 나타나지만 2세경이 되면 점차 사라진다. 이때는 걸을 수 있기 때문에 엄마에게서 멀어지면 엄마에게 다가가려는 모습을 보인다.

(7) 언어의 발달

① 비언어적(nonverbal) 발달

언어발달은 인지발달과 사회성 발달에 깊은 관련성이 있다. 언어를 습득하고 사용하기 전에도 아기는 그들의 울음, 얼굴 표정, 몸짓 등으로 어머니와 비언어적 의사소통으로 의사전달을 하고 있다. 신생아가 소리자극을 인식할 수 있다는 것은 언어를 습득할 수 있는 기초가 된다. 태어난 지 하루밖에 안 된 신생아가 소리의 자극에 젖꼭지를 빠는 것을 멈춘다는 것은 그들이 장차 인간의 언어를 습득할 수 있는 능력을 지니고 이 세상에 태어났다는 사실을 말해 준다. 어머니가 하는 말의 뜻을 이해하기 훨씬 전에 그들은 어머니 말의 강도와 음조로써 어르는 말인지, 화가 나서 하는 말인지를 구별할 수 있다. 즉, 화가 나서 하는 말에는 하던 행동을 멈추고, 어르는 말에는 새로운 행동을 보여 줌으로써 어머니를 즐겁게 한다(Hughes & Noppe, 1985).

아기가 처음 내는 소리는 울음이다. 이 울음이 아기들에게는 가장 강력한 의사전달의 방법이고 유일한 비언어적 의사표현의 수단이다. 왜 우는지 구분이 되지 않는 울음에서 울음의 이유를 알 수 있는 것으로 바뀐다. 즉, 배가 고파 우는 소리는 몸이 아파서 우는 것과 다르고, 기저귀가 젖어 불편해서 우는 것과도 그 울음소리의 강도나 음조가 다르다. 2~3개월경부터 신체적 성숙으로 나타나는 근육활동인 옹알이로 시작한다. 이 옹알이는 언어와 유사한 최초의 소리이며, 만족 시에 더 많이 나타내고 언어발달의 기초가 된다.

② 언어적(verbal) 발달

㉠ 한 단어 단계(one word stage)

언어적 발달은 음성이나 기호를 수단으로 하는 의사소통의 발달을 의미한다. 영아기는 9개월 이후부터 언어의 과도기를 거치면서 언어획득이 시작되며, 비교적 생후 11개월이 되면 의미 있는 첫 말을 하다가 돌이 지나면서부터 보편적으로 2~3개 정도의 단어를 말할 수 있다.

한 단어로 된 말은 대체적으로 사물과 사건을 지칭하거나, 기분을 표현하거나, 요구 등을 나타내는 것으로 자음 하나와 모음 하나가 합쳐진 말의 반복이 대부분이다. 이 말은 경우에 따라 다른 여러 의미를 포함하고 있는 것이다. '찌찌'는 때에 따라서 '젖이 여기 있다'도 의미할 수 있고, '젖을 먹고 싶다'의 표현도 된다. 이렇게 한 단어가 문장을 의미하는 것을 '1어문(holophrase)'이라고 한다(Dworetzky, 1996).

생후 1년에서 1년 반까지 획득하는 어휘는 그리 많지 않아 15개월이 되면 평균 10개의 낱말을 말하고, 20개월이 되면 50개의 낱말을 표현한다. 그러나 1년 반에서 2년까지 습득하는 어휘의 수는 급격히 증가하여, 2세쯤이면 190개 정도의 낱말을 사용하여 말한다.

ⓛ 두 단어 단계(two words stage)

생후 20개월에서 두 돌 즈음의 아동은 두 단어를 결합시켜 자기의 의사를 표현하기 시작한다. 두 단어시기를 언어학적으로 '2어문(duos)'이라고 한다. 보편적으로 아동이 50개 정도의 단어를 말할 수 있을 때 두 단어를 결합시킨다고 한다(Dworetzky, 1996).

(8) 영아기의 사회복지실천

영아기에 사회복지사는 발달이정표를 기초로 하는 실천이 이루어져야 한다.

첫 번째, 영아의 정상적인 발달이정표를 이해하고 유전적 요인으로 신체 내부 기관의 결함, 선천성질병, 장애 등 잠재적인 발달지체 혹은 발달상의 문제를 조기에 사정할 수 있어야 하며, 미래에 발생할 어려움이나 문제를 최소화하거나 예방할 수 있도록 원조해야 한다. 이 시기는 내적행동에 대한 의사소통을 할 수 없고 다른 사람에게 반응을 보이지 않는 발달장애인 자폐증과 지능지수가 70 이하인 정신지체가 대표적인 질환이라 할 수 있다. 사회복지사가 언어에 문제가 있는 아동을 조기 진단한다면 유아에게 조기에 언어치료를 제공하여 아이의 성장과 더 나은 기회를 가질 뿐만 아니라 또래와 어울리는 사회성에도 도움이 된다.

두 번째, 감각과 지각 발달 측면의 실천이 이루어져야 한다. 영아기는 감각과 지각 발달이 중요한 문제로 이것으로 이 시기의 아동들은 소통이 이루어지기 때문에 감각과 지각 발달은 신체발달과 심리사회적 발달에 많은 영향을 미친다. 영아가 적절한 반응을 보이지 못하면 이에 대한 정확한 진단과 치료가 될 수 있도록 어머니에 대한 정서적 지지를 위한 상담, 조기치료 및 훈련을 제공해야 한다. 부모교육 서비스를 통해 긍정적인 환경, 마음가짐을 조성할 필요가 있다.

세 번째, 사회적 발달 측면의 실천이 이루어져야 한다. 애착의 확립 문제와 양육의 문제이다. 먼저 애착의 문제는 양육자와 영아의 긍정적인 관계를 의미하는 것으로 지속적이고 책임 있는 보호가 되어야 한다. 만약 보호가 결핍된다면 불안정한 애착이 형성되어 아동기, 청소년기 등의 사회적 관계에 지장을 초래할 가능성이 높다. 따라서 부모와 영아 간의 효과적인 애착관계 형성을 위해 양육기술에 대한 양육의 질을 높일 수 있는 서비스를 개발하여야 한다. 양육의 문제의 경우 어머니들의 사회진출이 증가하면서 영아와의 분리불안문제를 해결하기 위해 양질의 보육시설과 양질의 보육 서비스가 필요하다. 특히 맞벌이 부부에 대한 영아 양육 및 효과적인 애착관계가 형성될 수 있도록 하는 서비스가 필요하다.

연습문제

1 임신에 대하여 바르게 말한 것은?

① 임신기간은 300일 정도이다.
② 임신 180일을 생존가능연령이라고 부른다.
③ 임신 4~6개월 사이에 중추신경계 성숙
④ 임신 2단계는 임신 7개월부터 출산까지이다.
⑤ 임신이란 남자의 정자와 여자의 난자가 결합하여 수정된 상태를 말한다.

2 성염색체이상으로 X염색체가 1개이며 전체 염색체의 수가 45개인 발달장애는 무엇인가?

① 다운증후군 ② 클리네펠트증후군 ③ 터너증후군
④ 페닐케톤뇨증 ⑤ 혈우병

3 영아기(출생~2세)의 사회적 발달에 관한 설명으로 옳은 것은?

① 애착형성이 가장 결정적 시기는 9~11개월이다.
② 어머니와의 놀이를 통해 애착관계를 형성한다.
③ 9개월경이 되면 분리불안이 나타난다.
④ 접촉보다는 수유가 애착관계에 중요하다.
⑤ 16개월 정도가 되면 대상불변성이 형성된다.

4 다음 중 대상영속성의 개념을 획득한 아동에 대한 설명으로 옳은 것은?

① 감각운동기에 터득해야 하는 중요한 과업이다.
② 대상영속성에 대한 도식은 공간, 시간 등의 개념을 이해하는 데 기초가 된다.
③ 생후 6개월 된 아이의 장난감을 치워버리면 그것을 찾으려고 한다.
④ 자신이 볼 수 있는 눈앞의 것에 전적으로 의존한다.
⑤ 자신이 직관적으로 지각할 수 있는 영역에 있는 대상만을 의식한다.

5 다음 중 영아기(신생아기 이후부터 2세까지)에 대한 설명으로 옳은 것은?

① 두 단어를 결합하여 자기 의사를 표현하기 시작한다.
② 이 시기에 가장 강력한 의사전달 방법은 잠자는 것이다.
③ 2개월부터 공포감의 감정을 느낀다.
④ 보존개념을 획득한다.
⑤ 미각과 후각이 반응을 보인다.

6 다음 중 태아기에 고려할 수 있는 사회복지실천 개입영역이 아닌 것은?

① 불임상태에 대한 부부상담
② 임신과 관련된 심리적 문제상담
③ 출산에 대비한 심리 · 정서적 문제상담
④ 임산부와 가족에 대한 사회적 정보제공
⑤ 선천성 장애에 따른 문제상담

정답 1. ⑤ 2. ③ 3. ③ 4. ② 5. ① 6. ①

CHAPTER

03

유아기, 아동기, 청소년기

이 장의 유아기는 3세에서 6세까지로 자유로운 독립보행도 가능하게 되고, 스스로 탐색적인 활동으로 호기심과 활동량이 급증한다. 또한 사회적 관계도 언어 사용이 가능해져 가정에서 가정 이외의 곳으로 이동하는 시기이다. 아동기는 학령기로 7~12세까지를 말하는데 이 시기는 처음 학교에 입학하여 공적인 생활을 시작한다. 유아기보다 더 확대되어 고학년이 될수록 협동과 함께하는 운동, 놀이에 참여하여 관계를 넓힌다. 청소년기는 만 13~18세를 말하며, 중·고등학교 시기이다. 이 때에는 아동기에서 성인기로 전환하는 시기이며, 이러한 전환기에 대한 갈등으로 사춘기라는 심리상태를 겪게 된다. 신체 변화뿐만 아니라 개인의 성적인 면까지 포함하는 생리적 변화 등을 겪는다. 또한 제2 성장급등기라고 할 수 있는 청소년기의 시기를 발달단계로 구분하여 살펴보고자 한다.

1. 유아기

1) 유아기의 개념

유아기(early childhood)는 대개 만 3~6세까지의 기간을 말한다. 국내법의 규정을 보면, 유아교육법에서는 '유아란 만 3세부터 초등학교 취학 전까지의 어린이를 말한다'(제2조 1)고 규정하고 있다. 영유아보육법에서는 '영유아란 6세 미만의 취학 전 아동을 말한다'(제2조 1)고 규정하고 있다.

이 시기의 유아는 자기주장과 지배에 대한 욕구가 매우 강하다. 이는 개인으로서의 자신을 의식하기 시작하는 데서 비롯된 것으로 반항과 고집, 자기주장이 나타나기 시작한다. 이 과정에서 유아가 경험하는 긴장은 아이의 행동을 제한하고 규제하려는 환경의 요구에서 비롯된다. 이러한 과정을 거쳐 초기에는 타인과의 상호관계를 고려하지 않는 자기중심적 존재로부터 타인과의 상호관계를 고려하는 존재로 성장한다. 그러므로 자신의 고유성을 인식하기 시작하여 유아기 후반에 가면 '내 마음대로' 하는 것보다는 '내 스스로' 하는 것에 더 관심을 갖게 된다(김이영 외, 2015: 180).

유아기에는 자유로운 독립보행이 가능하게 되어 무한한 지적 호기심을 충족시키기 위해 많은 탐험과 학습을 하게 된다. 유아기의 두드러진 특징은 많은 활동성으로 유아는 대단히 바쁘고, 끊임없이 이야기하면서 움직이고 나름 계획을 세운다. 이 단계에서는 주제성이 확립되기 시작한다. 또한 이 시기에 부모로부터 사회화 교육을 받고, 이를 바탕으로 향후 사회적 행동의 기준이 되는 가치관과 도덕관 등을 학습하게 된다. 이전의 시기에 시작되었던 대인관계 및 사회적 관계에 대한 믿음과 불신 그리고 가치관의 확립 등은 향후 독립된 인격체로서의 성장과 정신적인 성숙의 기초가 되고 토양분이 된다(정은, 2014: 206).

사회적으로도 가정 내에서 가족관계로 한정되었던 사회적 관계가 가정을 벗어나, 어린이집이나 유치원 생활을 하게 되며 가정 밖의 또래들과 어울리면서 사회적 관계의 범위도 상당히 넓어지는 시기이다.

2) 신체적 발달

이 시기의 신체적 성장은 영아기와 같은 성장급등 현상은 나타나지 않지만, 영아기 다음으로 많은 성장을 보이는 시기로 전반적인 신체적 발달은 비교적 천천히, 규칙적, 계속적으로 변화가 일어난다. 대체적으로 6세경의 유아들은 생후 12개월의 영아와 비교해서 체중은 약 2배, 그리고 신장은 약 1.5배 정도 성장한다.

신체적 성장에서 두드러진 부분은 팔과 다리가 가장 빠르게 변화하며 머리의 비율도 작아진다. 또한 걷는 능력이 정교해지고 운동능력이 발달하여 대근육과 더불어 소근육 운동의 활동이 이루어진다. 신체적 성장을 통해서 스스로 거의 모든 것을 할 수 있는 시기이며, 호기심이 왕성한 시기에 해당하므로 가장 적극적으로 활동하고 활동에 따른 위험성도 높은 시기에 해당한다. 이러한 신체발달의 특성을 고려할 때, 과잉활동에 따른 휴식을 갖도록 하는 것과 적절한 영양섭취를 통해서 신체적 성장을 뒷받침해 주어야 하며, 왕성한 활동에 무리가 없도록 간식도 제공해 주어야 한다. 이러한 이유로, 어린이집이나 유치원의 유아들은 오후 취침시간과 간식을 제공하는 프로그램을 필수적으로 운영하고 있다. 이 시기에 운동기능의 발달은 전신운동의 발달 및 손가락 끝의 세부적이고 기교적 운동의 발달까지도 이루어진다. 2~3세경에는 달리기가 시작되고 달리면서 방향을 바꾸지는 못한다. 4세경에는 공놀이와 세발자전거 타기가 가능하고 5세경에는 한 발로 균형을 잡을 수 있고 6세경에는 두발자전거를 탈 수 있다. 이 시기에 조심하고 관심을 가져야 할 영역은 교통사고 및 화상, 낙상 등의 안전사고이다. 일상생활 기술의 발달은 3세경부터는 숟가락 사용이 가능하고 4~5세경에는 혼자서 옷을 입고 벗으며, 단추를 채우거나 벗길 수 있다.

얼굴과 턱이 자라면서 더 많은 치아가 차지할 공간이 생겨난다. 2세 반경의 아동은 20개의 유치를 모두 가지게 된다. 이 시기 아동은 처음으로 치과를 방문해 치과검진을 받아야 하며, 유아는 부모의 지도 아래 하루 최소 2회 정도는 양치를 해야 한다. 또한 부모들은 아이가 구강위생을 유지하기 위해 스스로 관리하는 법을 배우도록 도와야 한다. 몇몇 유아들은 영아기 초기 시작했던 엄지손가락 빠는 버릇을 아직까지 지속할 수 있다. 이러한 습관에 대해서는 전문가들의 의견이 각기 다르다. 엄지손가락을 빠는 것은 치아의 부정교합을 유발할 수도 있으나 이러한 습관을 쉽게 고치는 방법은 없다. 유아기 동안 이 습관이 이어진다면 전문가의 조언을 구하는 것이 좋다(Polan & Taylor, 2015).

3) 인지적 발달

(1) 지각 발달

유아는 감각기관이 발달하고 경험의 범위가 확대됨에 따라 지각능력이 향상된다. 지각이란 감각기관을 통해서 들어온 자극을 인지하는 정신적인 과정으로 유아기 동안에는 주의집중력 및 지각변별력과 같은 지각능력이 발달한다. 대부분의 유아는 4~5세가 되면 주의집중시간은 짧지만 선택적으로 주의를 집중하며, 자율성의 발달로 자아통제 능력을 획득하게 된다. 이 시기에는 대상연속성이 확립되어 직접 눈에 보이지 않더라도 존재하고 있다는 능력을 획득하고 모방, 상징놀이가 가능하여 가상놀이를 즐기게 된다. 예를 들면, 긴 막대기를 칼로 상징하여 논다던지, 베개나 인형을 업고 재우고 노는 것이 가상놀이의 사례에 해당된다. 대상연속성 등을 획득하면서 6세 이후에는 기억능력도 현저하게 발달된다.

유아는 시간, 공간, 형태 등에 대한 지각이 발달됨에 따라 그에 따른 여러 가지 개념을 발달시켜 나간다. 그러나 유아는 눈으로 보는 지각에 직접 의지하는 경향이 있어서 보존개념(conservation)을 획득하지 못한다. 보존개념이란 물질의 한 측면(질량 또는 무게)이 차례나 모양이 바뀌어도 그대로 그 특질을 유지한다는 것을 이해하는 능력이다.

(2) 사고발달

유아는 자아중심성(egocentrism), 직관적 사고(intuitive thought), 물활론(animism), 상징적 기능(symbolic function), 비가역성(irreversibility) 등의 특징을 지니고 있어서 논리적인 사고발달이 어렵고 자기 중심성으로 다른 사람의 입장에서 생각하지 못한다. 이러한 것들은 이후 또래들과 상호작용으로 극복될 수 있다. 또한 이 시기에는 '왜, 뭐야, 어떻게' 등의 의문이 많아지고 질문의 횟수가 늘어난다. 이 때 주양육자는 유아의 질문에 성실한 응답과 설명을 해주어야 유아의 사고력과 이해력을 발달시키는 데 도움이 된다.

유아기는 지능발달의 결정적 시기라고 할 수 있다. 학자들 간에 지능발달의 결정적 시기에 대해서는 일치하지 않지만, 3~10세까지 지능이 급속히 발달하고 그 이후에는 점차 완만해진다고 보고 있다. 출생 시에 약 20~30% 정도의 뇌발달을 보이지만 유아기 후반인 6세경에는 뇌의 발달이 성인의 90% 정도에 이른다. 출생해서 성인 뇌의 90%에 도달하는 시기 동안 인간의 뇌는 급속도로 발달한다. 따라서 이 시기의 영유아들에게 뇌의 발달을 촉진시켜 주는 다양한 자극의 제공을 통해서 뇌를 자극하고 발달시키는 것은 매우 중요하다. 아마도 조기교육 열풍도 이러한 뇌의 발달과 무관하지는 않을 것이다. 즉, 인간의 뇌발달의 결정적 시기가 영유아기에 해당한다. 이 시기가 지나면 뇌의 발달은 매우 느리거나 어렵기 때문이다. 그러므로 뇌의 활동이 활발한 유아기에는 환경에 의해 지능이 영향을 받을 수 있기 때문에 충분한 지적 자극과 경험이 필요한 시기라고 할 수 있다(표갑수 외, 2021: 70-71).

(3) 기억발달

기억은 인간의 학습에서 매우 중요한 요인으로서 경험한 내용을 머릿속에 저장했다가 필요할 때마다 꺼내어 사용하는 인지과정이다. 3~4세가 되면 기억능력이 발달하기 시작하여, 6세 이후가 되어야 효과적인 기억을 할 수 있다. 이러한 유아의 기억은 연령이 높아지면서 증가하고 기억의 흔적이 점점 확대되며 분화하고 지속시간도 길어진다. 기억은 지속기간에 따라 감각기억, 단기기억 및 장기기억으로 분류할 수 있다. 감각기억은 감각기관을 통하여 외부로부터 들어온 정보를 감각기억 저장장치에 저장했다가 빠르게 잊어버리는 경우를 말한다. 단기기억은 기억의 흔적이 약 15~20초 동안 남는 것으로 몇 개 정도밖에는 저장하지 못한다. 장기기억은 짧은 것은 몇 분밖에 기억하지 못하지만 어떤 정보는 일생 동안 기억할 수도 있는 것을 말한다(Craig & Baucum, 2002).

4) 정서적 발달

(1) 공포

3~4세가 되면 즐거움, 사랑, 공포, 분노, 질투 등을 적절히 경험하게 되고 또한 이러한 정서를 표현하는 방법을 배우게 된다. 그 중에서 공포는 유아기 정서의 특징으로 4세경에 특정 대상을 두려워하는 공포심을 심하게 표현하게 된다. 5세경에 공포반응이 약간 감소하다가 6세경에 더욱 심해진다. 그 이유는 유아의 상상력의 발달과 관찰학습으로 설명할 수 있다. 이는 유아의 경험세계가 전보다 확장됨에 따라 불확실하고 불충분한 지식이 상상력과 결합되어 공포심

을 유발하는 것으로 보인다.

유아들이 공포심에 지나치게 노출되면 성격발달에 부정적인 영향을 미칠 뿐만 아니라 유아신경증을 초래할 수 있기 때문에 부모 및 주양육자, 교사들은 공포대상에 대한 자세한 설명과 함께 올바르게 적응할 수 있도록 자신감을 키워주는 것이 중요하다. 공포심은 한편에서 볼 때 위험에서 자기를 보호하기 위해서 필요한 정서이지만, 부당한 공포심이나 병적인 공포심은 유아의 정서적 발달에 저해요인이 된다.

(2) 분노

5~6세가 되면 자신의 감정을 감추거나 더 부풀리거나 가장하는 방식을 배운다. 이것은 한편으로는 방어기제 방법을 학습한 것으로 보기도 하고 또한 사용하는 불안과 분노를 감소시키기 위한 노력의 결과라고 보는 견해가 있다(나눔의 집, 2021).

분노는 유아가 자기주장을 관철하기 위한 일종의 반응양식으로 출현한다. 유아의 분노를 유발하는 요인은 흥미 있는 활동이 방해와 본인의 욕구 충족에 대한 좌절, 자유가 구속되는 신체활동의 억제, 부모의 강제적인 행동, 부모 및 주양육자, 주변 사람들의 무관심이나 편애, 소유물의 상실 등으로 생기기 쉽다. 이러한 분노심은 울거나 떼를 쓰고, 때리고, 던지는 등의 공격행동으로 나타나거나 아니면 위축이나 자해행동을 초래한다. 세 살이 지나면서 난폭한 말을 구사하거나 표출하는 경향이 있다. 유아의 분노표출이 자주 발생하면 습관화될 수 있고 이와 함께 부모나 가족과의 관계가 악화될 수 있다. 그러므로 일상생활에서 유아의 분노를 유발시키는 요인을 소거해야 하며, 분노를 해소할 수 있는 올바른 방법을 지도해야 한다(강경미, 2016: 221).

(3) 애정정서

애정은 영아기에는 가족이나 주양육자 관계의 애정이나 장난감에 대한 애정에서 시작하여 유아기에는 널리 사회적·지적인 대상에까지 발전한다. 유아의 애정정서는 감각적 자극으로 인한 즐거움과 가족과의 따뜻한 관계 또는 즐거움과 만족을 주는 사람이나 사물을 통해 형성된다. 유아가 성장하면서 활동범위가 확대되면 주변의 사람이나 다른 매체를 통해서도 애정정서가 형성될 수 있다.

유아기 애정표현은 자기 주변의 사람이나 동물·사물에 대한 친밀감, 관심, 동정 등의 정서로 나타난다. 즉, 친구에 대한 애정, 친절한 사람에 대한 애정, 아기에 대한 애정, 예쁜 물건이나 새로운 것에 대한 애정 등이다. 이러한 애정의 표현은 안거나, 뽀뽀하는 것 등으로 표출된다. 애정이 충만한 가정에서 자라는 것이 중요하지만 과도한 애정과 보호는 독립심이나 자주성이 부족하고 의지가 약한 아이로 기르기가 쉽다. 2세경에는 애정으로 가정에서 질투를 표현하다가 이후 유치원이나 집 밖에서의 활동으로 가정 내에서의 질투는 서서히 줄어든다.

5) 사회적 발달

(1) 자아개념과 자아존중감의 형성

유아의 특징인 자기중심성 등이 또래 친구, 집단놀이 등의 과정을 통해 완화되며, 또한 자신의 행동이나 타인의 행동에 따른 기대를 하게 된다는 것을 인지하게 된다. 유아기의 아동은 자신에게 중요한 타인의 반응에 따라 긍정, 부정적 자아개념이 형성하게 된다. 그러나 이 시기에는 전반적으로 객관적인 자기개념이 완성된다(강문희 외, 2007).

유아가 적절한 자아개념을 발달시키기 위해서는 첫째, 다른 사람을 공감하기 시작해야 하고, 다른 사람이 자신에게 어떤 기대를 갖고 있는지를 알아야 한다. 둘째, 자신을 둘러싸고 있는 환경의 복잡함을 배워야 한다. 예를 들어, 유아는 아버지가 가족과 약속한 시간보다 2시간이나 늦게 집에 왔을 때, 어머니가 평소와 달리, 아버지에게 화를 내고 자기주장을 할 수 있다는 것을 배워야 한다.

또한 이런 상황에서 자신은 부모가 싸우고 있는 거실보다는 자기 방에 들어가 있어야 한다는 것도 배워야 한다. 셋째, 자신의 행동에 일정한 기대를 발달시켜야 한다. 유아는 무엇이 옳고 그른지를 스스로 결정해야 한다. 넷째, 자신의 행동에 책임감을 가져야 한다. 즉, 자신의 행동을 통제할 줄 알아야 한다. 유아가 긍성적 자아개념과 자아존중감을 형성하기 위해서는 무엇보다 부모와 주위 사람들의 긍정적 관심과 배려가 중요하다(최옥채 외, 2021: 304).

(2) 성역할 발달

최근 우리 사회에서는 유아의 사회화 과정에서 양성성의 성역할을 학습하고, 이에 맞추어 행동양식을 형성하도록 양육하려는 경향이 있다. 일반적으로 한국 문화에서는 남성성을 활동적이고 다소 공격적이며 독립심이 강하고 과제 중심적인 특성으로 규정하고 있는 반면에, 여성성은 정적이고 온순하며 의존적이고 인간 중심적인 특성으로 규정한다. 유아는 2세 이후부터 자기 몸을 하나의 독립체로 인식할 수 있고, 스스로 조절할 수 있다는 사실도 알게 된다. 유아들은 4~5세 정도가 되면 여성과 남성 간의 신체적 차이를 알게 되며, 자신의 성과 자신에게 요구되는 행동과 사회적 관계에 관심을 갖게 된다. 그래서 동성의 친구들과 어울리며 그들이 선호하는 옷차림, 놀이, 직업에 대한 사회적 성역할을 의식하고, 이에 따라 행동하고자 하는 성역할의 내면화를 한다. 이러한 성역할의 내면화는 일상생활을 하는 문화 속에서 남성과 여성에게 적절하다고 인정되는 행동, 태도, 가치를 획득하는 것을 말한다.

이 시기의 아동들은 '성 안정성'과 '성 항상성'을 확립하게 된다. 성 안정성과 관련된 행동으로 유아들은 자신의 성역할에 대한 인식을 하게 된다. 성인식을 바탕으로 여아는 여성에게 어울리는 행동과 사회적 관계를 만들고 유지하려는 경향을 뚜렷하게 보인다. 또한 남아들도 동일하게 자신의 성을 인식하고 성인지에 맞는 행동을 하려고 한다. 성에 맞는 사회적 기대를 의식하고 그에 맞는 행동을 하려는 시기이다. 따라서 어린이집·유치원 교사가 양성 평등적 성역할

기대 또는 성인지가 유아들의 성인지에 중요한 영향을 미칠 수 있는 시기이다. 그리고 행동이나 겉모습을 변화시켜도 성은 변하지 않는다는 성 항상성을 확립하는 시기이다(이우언 외, 2017: 83). 또한 이 시기에는 자신의 성 안정성으로 성정체성이 형성되면서 성역할의 고정관념을 배우게 된다. 이러한 성역할에 대한 고정관념은 4~6세경에 가장 심해지고 초등학교 2학년경부터는 점점 감소하기 시작한다.

(3) 부모·형제자매·또래관계의 발달

유아가 최초로 맺게 되는 사회적 관계는 부모 및 주양육자와의 관계이며, 이들의 관계에서 성격과 사회성 발달에 중요한 영향을 받게 된다. 대인관계는 부모와 유아와의 애착관계를 통한 상호 접촉으로 형성되기 시작한다. 부모의 양육태도가 수용적이면서도 권위 있는 태도를 가질 경우에는 유아가 자아존중감을 갖게 되며, 자신의 감정을 보다 자유롭게 표현할 수 있고, 다른 사람과의 관계에서 개방적이다. 또한 유아는 다른 사람을 사랑할 수 있는 능력을 갖게 되고, 사회적으로 책임감이 있고 독립적, 성취 지향적이고 다른 사람들과 협조적으로 된다(최경숙, 2011: 380-382). 일반적으로 애정을 많이 받은 유아는 그렇지 못한 유아보다 정서적·신체적 발육이 빠르다고 대부분의 학자들은 주장한다.

유아의 성격과 사회성 발달에 영향을 미치는 또 다른 중요한 사회적 관계로는 형제자매관계와 또래와의 관계이다. 형제자매관계는 유아에게 행동, 갈등, 협동, 경쟁 등을 배우게 하는 원천이 되며 이것은 출생순위, 성별, 연령차에 따라 다르게 나타난다. 유아기는 또래관계에서 영아기보다는 우호적·협동적인 반응이 많아지게 되며, 집단생활과 또래놀이에 민감해진다(박성연 외, 2017: 153).

또래는 유아에게 인지적·정서적·사회적 발달에 영향을 미치게 된다. 뿐만 아니라 유아의 사회화 과정에서 강화 제공자, 모델, 표준(criterion) 등의 역할을 배우고 수행한다.

(4) 놀이

유아의 놀이는 사회성 발달에 중요한 역할을 하며, 놀이를 통해서 사회적 관계형성이 확대되고 사회적 기술을 습득한다. 즉, 자신의 역할, 타인의 역할수용, 운동기술의 숙달 그리고 역할관계의 상호성 등을 학습한다. 놀이의 형태는 영아기보다 좀 더 구조화되고 현실 지향적인 놀이의 형태로 변화한다. 성역할의 발달로 인해 놀이도 남자아이는 남아들과 그리고 여자아이는 여아들과 더 많이 어울려 노는 경향을 보인다. 그리고 관습적인 성역할을 따르려고 하며 벗어나면 비난받을 거라 생각한다. 예를 들어, 남자아이가 인형놀이를 하면 친구들이 놀리고 자신도 창피하게 생각한다(이우언 외, 2017: 83).

유아가 놀이를 하는 방식에는 '사회적 놀이(social play)'와 '환상놀이(fantasy play)'의 두 가지가 있다. '사회적 놀이'는 아이들이 놀 때 다른 아이와 상호 정도를 말한다. '환상놀이'는 놀면서 무슨 게임인가를 생각하고 그 게임을 상상하면서 노는 것을 말한다. 또한 이러한 놀이로 성취감 경험, 협동과 상호작용의 즐거움, 자신을 표현하고 역할관계의 상호성을 학습하게 하고 좌절의 경험도 해소할 수 있다. 유아 놀이유형은 <표 3-1>과 같다.

표 3-1 유아 놀이유형

유형	내용
몰입되지 않은 놀이	주변 환경에 호기심을 갖고는 있으나 한 곳에 머물면서 놀이에는 집중하지 못하는 경우
방관자적 놀이	다른 유아에게 관심을 갖고 상호작용을 시도하며 관찰을 하지만 놀이에는 적극적으로 참여하지 않는 경우
혼자 놀이	오랜 시간 동안 장난감을 가지고 혼자 놀이에 몰입하는 경우
병행 놀이	같은 공간에서 또래 유아와 같은 놀이를 하고 있으나, 혼자 놀이에만 집중하는 경우
연합 놀이	같은 유아들과 함께 상호작용을 함. 서로 어울리면서 장난감 교환과 관련된 말을 하면서 긴 시간 동안 연합하여 놀이하는 경우

자료: 김경은 외(2020: 58).

6) 언어의 발달

3~5세의 유아는 폭발적인 어휘력의 증가를 보인다. 어휘력은 평균 매달 약 50개의 새로운 단어를 습득하게 된다. 3세경에는 보통 900~1,000개, 4세에 약 1,500~1,600개, 5세에는 2,100~2,200개, 6세에는 2,600개 정도의 단어를 말하고, 2만 개 이상의 단어를 이해한다(Papalia et al., 2003). 어떻게 유아는 이렇게 빨리 새로운 어휘들을 습득할 수 있는가? 유아는 새로운 단어를 접하면 그 단어와 단어가 가지고 있는 의미를 연결시킬 수 있는 '순간설정(fast mapping)'을 하기 때문인 것으로 학자들은 설명한다(Akhtar & Montague, 1999). 이와 관련하여, 보편적으로 행동을 나타내는 동사보다는 사물의 이름인 명사를 강조하는 문화권(주로 서구권)에서는 명사를 더 빨리 습득한다.

유아기에는 문법도 상당히 발달하게 된다. 매년 문장의 길이가 증가하게 되어 간단한 몇 개의 단어만을 사용하던 문장이 점점 더 복잡한 수준의 문장으로 발전한다. 3세에는 복수, 소유물, 과거시제, 형용사, 부사, 대명사, 전치사 등을 알지만 문장의 길이는 짧고 단순하며 문법적으로 틀리는 경우도 많다. 4~5세 유아는 4~5개 단어로 된 문장을 구사하고 접속사 또는 절을 포함한 복문을 사용할 수 있으며, 평서문은 물론 부정문, 의문문, 명령문 등을 사용한다. 5세 이후에는 수동태의 문장과 능동태의 문장을 사용하기 시작하지만 복잡한 문장의 경우는 그 의미를 잘못 이해하는 경우도 있다. 이러한 문법규칙의 습득은 40개 이상의 다른 언어권을 대상으로 유아의 언어발달과정을 연구한 결과에서, 모든 언어권의 유아가 동일한 패턴과 기본전략을 사용하여 언어발달을 이루어 나가는 것으로 보고하여 언어발달의 보편성을 시사하고 있다.

7) 유아기와 사회복지실천

유아기, 즉 학령전기의 사회복지실천은 신체적, 심리적, 사회적 발달 측면에 관심을 가지고 적절한 개입이 이루어져야 한다.

첫째, 이 시기의 유아는 왕성한 신체발달을 통해 아동으로 성장하는 밑거름이 된다. 이때 영양결핍으로 질병에 걸리게 되면 성장의 지연과 운동능력이 떨어지게 되어 신체적 발달에 치명적 장애를 초래한다. 신체발달과 인지발달에 문제를 갖게 된다면 또래와의 사회적 상호작용에 고립될 가능성이 높으므로 사회복지사는 부모의 빈곤, 무지 등으로 발생할 수 있는 유아의 질병, 영양부족에 대해 점검할 필요가 있다. 그러므로 유아에게 충분한 영양공급과 규칙적인 생활습관, 식생활에 대한 확립은 질병에 대한 예방과 치료를 위해 세심한 보호가 필요하다. 또한 이 시기에 사회복지사는 아동의 언어발달지체에도 관심을 가져야 한다. 유아기의 발달과 영향에 관한 교육프로그램으로 정보 제공, 자원을 지원하도록 하여야 한다. 또한 부모로부터 제대로 보호받지 못한다면 유아돌봄체계를 연계하여 지원하도록 해야 한다.

둘째, 심리적 문제로는 자폐증, 야뇨증, 지적장애, 주의력결핍(ADHD) 및 과잉행동장애 등의 발달장애를 조기 발견하여 적절한 치료기관과의 연결이 중요하다. 사회복지사는 정보제공, 개입기관 소개, 비용지원 서비스, 부모의 정서적 지원 등의 역할을 수행해야 한다. 또한 유아를 과잉보호를 하는지, 신체적 접촉은 유지하는지, 유아의 환경은 어떠한지에 대한 자녀양육교육을 실시할 필요가 있다. 유아는 이 시기에 주도성과 자율성을 획득하는 시기로 부모가 유아의 호기심이나 상상적인 행동을 인정하지 않고 억제할 경우 유아는 공격성이 강화될 수 있으며, 과잉보호 역시도 탐색과 활동을 피하고 의존적인 성향을 가질 수 있다. 이와 함께 도덕기준을 지나치게 강압적으로 유아에게 적용한다면 환경에 대한 호기심을 억압함으로써 죄책감을 느끼게 되어 바람직하지 않다.

셋째, 사회적 문제로는 유아의 적절한 놀이지도와 부모의 양육교육, 아동학대 등의 교육이 필요하다. 사회복지사는 아동에 대한 치료로 놀이치료, 모래치료, 가족치료에 대한 학습이 필요하고, 유아는 현실 속에서 또래와 놀이를 하다보면 좌절감, 상실을 경험하게 되기 때문에 이러한 유아의 자아존중감을 향상시킬 수 있는 임상적 개입도 필요하다.

2. 아동기

1) 아동기의 개념

아동기(childhood)는 초등학교 입학에서 졸업까지의 시기로서 7~12세까지를 말하는데 이 시기를 학령기라고도 한다. 학령기란 초등학교 입학부터 졸업까지로 초등학교 재학기간을 나타내며, 청소년기가 13세부터 시작됨을 감안한 기준이라고 볼 수 있다.

이 시기의 아동은 성적 관심은 억누르고 사회적, 지적 기술을 발달시키며, 이성보다는 동성의 관계를 통해 사회기술을 습득하고 사회화를 경험한다. 또한 아동들은 자신의 능력을 시험해 보려고 흥미 있는 일을 반복적으로 시도해 보기도 하고 자신만의 문화, 습관, 가치관을 형성한다. 이러한 과정에서 자신감과 독립성을 획득하게 된다.

살이 빠지고 팔, 다리가 성장하면서 머리와 신체의 비율이 성인과 유사해지나 신체적 성장이 급속히 일어나지 않고 꾸준한 성장을 보인다. 초기 아동기에는 인지능력과 언어가 놀라운 속도로 발달하기 시작하며, 도덕성이 발달하고 또래관계를 형성하기 시작한다. 후기 아동기는 논리적 사고, 읽기 능력, 자아, 도덕성, 또래와의 우정 등이 증진되는 시기이다(윤가현 외, 2019: 203).

아동기에는 학교경험이 시작됨으로써 유아기보다 복잡한 사회적 영향을 받게 된다. 아동기 이전의 시기인 유아기까지 아동은 거의 전적으로 가족의 영향 아래 놓여 있었으나 학교는 아동에게 가족 이외의 외부로부터의 평가, 성공과 실패의 기회, 또래집단과의 경험 등을 제공하는 중요한 영향력의 원천이 된다(김이영 외, 2015: 181). 생활의 중심이 가정에서 학교로 옮겨가게 되는 시기로 학교생활이 중요한 역할을 하게 되고 학교생활을 통해 사회적 관계를 형성한다.

2) 신체적 발달

아동기의 신체발달은 유아기나 청소년기와 비교할 때, 규칙적인 변화를 나타내지만 대체로 느리게 성장한다. 아동의 신체구조는 머리가 체격에서 차지하는 비율이 높지만 얼굴의 면적이 전체 면적의 10% 정도로 줄어든다. 키는 커지고 몸무게는 더 무거워지며 신체기관의 성숙과 안정을 이루게 되고 뼈와 근육의 성장이 균형 있게 이루어진다. 아동기의 신체발달은 초등학교 입학 시점에는 여아의 신체적 성숙이 남아보다 늦지만 11~12세경에 이르면 여아의 신체적 성숙이 남아보다 더 빠르게 진행된다. 이에 따라, 신체적 급성장이 이루어지는 아동기 후반에 남아보다 여아가 약 2년 정도 빠른 성장을 하게 된다. 아동기 후반에는 신장과 체중이 매우 급격히 증가하여 성장의 급등현상이 나타나면서 청소년기에 이르게 된다(유수현 외, 2015a: 188).

임파선(림프절, lymph node)의 발달이 급격하게 일어나 편도선이 최대 크기에 이르게 되며, 성적 기관의 발달은 별로 이루어지지 않는 관계로 성적 중성기라고 한다. 심장은 12세경이 되면 출생 시의 7배 정도에 이르고, 폐는 10세까지 비교적 완만하게 진행되지만 이후부터는 급격히 발달하여 운동기능의 왕성한 발달을 뒷받침할 수 있게 된다. 미각이 발달하고 운동량이 증가함에 따라 식사량이 늘어나면서 위의 용적도 성인의 2/3 정도에 이르게 된다(이희세 · 임은희, 2015: 195-196).

유치가 영구치로 바뀌고 외모에 별다른 관심이 없으며, 청결에 대한 요구에도 반항적 태도를 보이는 경우가 많다. 특히, 남아의 경우가 이러한 경향이 더 강하기 때문에 개구쟁이의 모습을 지니게 된다. 12세경이 되면 뇌 중량이 성인의 95% 정도에 이르러 아동의 지적 발달을 뒷받침해 준다.

아동기의 운동기능 발달은 다양한 운동으로 신체적 균형을 시험해 보고, 근육의 협응 능력, 각 신체의 조정통합을 추구하고 유연성이 발달한다. 여아들은 소근육 발달이 두드러지고, 남아들은 대근육 발달이 두드러진다. 장난감보다는 자신의 몸을 사용하는 스포츠에 대한 운동기술의 향상, 우정 형성, 집단 소속감, 규칙 준수, 협동심 등의 사회적 기술에 대한 학습이 왕성하게 이루어지는 시기이다. 이러한 학습은 아동의 자아개념에 많은 영향을 미치므로 자신감을 갖고 과업을 달성할 수 있도록 긍정적인 지지가 필요하다.

3) 인지적 발달

인지발달은 배우고 사고하는 능력으로 영유아기와는 달리 또래, 학교, 지역사회 등으로 확장되는 시기이다. 이러한 주변의 관계와 상호작용을 통해 정보를 받아들이고, 저장, 회상함으로써 필요한 인지능력과 기술을 배운다. 이는 아동기 동안 읽고, 쓰기, 셈하기 등의 기초적인 학습이 가능해짐을 의미한다. 유아기 사고의 특징인 자아중심적 사고로 인해 타인의 입장과 객관적인 사고능력이 부족한 상태이다. 그러나 학년이 높아짐에 따라 타인의 입장을 고려하는 객관적 사고, 즉 논리적 사고가 가능해진다. 아동들이 객관적 판단과 논리적 사고가 가능하지만 이것은 어디까지나 구체적 사실을 중심으로 가능하다. 다시 말해서 추상적인 개념에 객관적이고 논리적인 사고는 아직 하지 못하는 단계에 해당한다. 따라서 아동들이 정치적 이념, 종교적 신념, 철학적 가치 등으로 고민하거나 문제를 제기하는 것과 같은 행동은 보이지 않는다(이우언 외, 2017: 89-90).

자아중심성에서 탈피하게 되면서 아동은 다른 사람의 시각에서 사물을 보는 능력이 발달하게 된다. 그 결과로 다른 사람을 이해하고 공감하는 능력이 향상된다. 또 다른 사고의 특징은 자기 자신의 객관화된 인식이 가능해져 자신을 외부세계의 한 부분으로 존재한다는 사실을 인식할 수 있게 된다. 따라서 주체와 객체의 분화를 통한 자신의 인식이 가능해진다. 다양한 변수를 고려하여 상황과 사건들을 파악하거나 조사하는 것, 다면적인 사고를 서서히 하게 된다. 이와 함께 다른 사람의 시각에서 사물의 특징과 다양한 측면들을 동시에 고려하여 문제와 상황을 파악하여 융통성 있게 해결해 나간다. 이 시기에 아동들이 체험학습이나 수행과제를 통해서 상황이나 사건을 조사하고 관계성 등을 찾아내는 활동들이 가능하며, 이러한 활동은 집중력 향상과 같은 아동의 사고능력 향상에 도움이 된다.

4) 정서적 발달

아동기에는 기본적 정서가 거의 발달하게 되며, 개개인의 기초적 인격이 형성된다. 영유아기와 비교할 때 정서가 안정적으로 발달하며, 이 시기에 나타나는 정서로는 분노, 공포, 불안, 질투, 애정 등이 있다. 분노는 아동에게 가장 빈번하게 나타나는 정서가 되고, 아동의 사회적 관계의 범위가 넓어짐으로써 더 자주 발생하게 된다. 아동이 자신의 행동에 방해를 받거나, 계속 야단을 맞거나, 나이 많은 아동과 불리한 비교를 당하거나, 하지 않은 일로 벌을 받거나, 다른 사람이 부당한 일을 하는 것을 볼 때 느끼게 된다. 분노를 느낀 아동은 떼를 쓰는 유아기의 행동 대신에 표현하는 방법을 변화시켜 표정이나 언어를 통해 표출하게 된다(엄태완, 2020: 321).

유아기에 이미 성인이 느끼는 대부분의 정서가 나타나지만, 아동기에 들어서 이러한 감정들이 계속적으로 발달하면서 좀 더 분화되고 섬세한 표현을 할 수 있다. 예를 들어, 이전 단계에서는 아동이 화가 나면 소리를 지르고 울고 물건을 던지는 따위의 직접적인 정서표현을 많이 했지만, 아동기가 되면 이러한 방법이 효과적이지 않다는 것을 이해할 뿐 아니라 자신의 감정을 억제하거나, 간접적인 방법으로 표현하는 방식을 터득한다. 또한 유아기에 정서를 불러일으키는 자극은 주로 시각이나 청각과 같은 외적인 것인데 비해 아동기에는 상상력이 풍부해지면서 존재하지 않는 대상에 대한 두려움을 포함하여 친구들의 놀림이나 따돌림, 교우관계나 교사와의 관계에서 발생하는 갈등, 학업성취의 실패, 부모로부터의 꾸중, 나쁜 행위에 대한 후회 따위와 같은 일상생활이나 과업수행과 관련된 문제들로 인해 다양한 정서를 경험하게 된다(최옥채 외, 2021: 316-317).

5) 사회적 발달

저학년에는 자기중심성이 잔여적으로 남아 있어 사회생활을 하는 데 개인주의 성향을 보인다. 개인적 놀이나 2~3명 정도의 작은 집단을 형성하여 놀이를 하지만, 8~9세경이 지나면 본격적 사회생활이 시작된다. 이 무렵부터 12~13세경까지 갱에이지(gang age)로 불린다.

아동기는 사회성 발달에 매우 중요한 시기로 가정과 이웃과의 관계 그리고 좀 더 범위가 넓혀진다. 그러므로 어린이집과 유치원에서 가까이 지내던 소수의 친구들과의 관계에서 초등학교에 입학을 하면서 거의 모든 부분에서 사회적 관계가 학교를 중심으로 형성된다. 학교에서도 대부분의 관계가 처음에는 학급 내에서 관계가 형성되다가 서서히 다른 반 친구들도 알게 되는 더 넓은 교우관계로 형성된다. 이러한 관계의 변화를 통해서 기본적인 사회적 기술과 태도 등을 학습하게 되는 중요한 시기이다. 학교생활을 통해서 형성되는 주요한 사회적 관계의 대상은 교사와 또래친구들이며, 급우관계는 학년이 올라갈수록 더욱 강화된다.

친구관계는 이 시기에 대개의 경우 8~9명 정도의 벗을 만들어 그들과 소중한 우정의 관계를 형성하고, 서로를 감싸고 때로는 공동재산이나 집합장소를 비밀리에 조성하기도 하며 은어를 사용하기도 한다. 이성친구보다는 동성친구에 대한 애정이 더욱 강하며, 주로 동성끼리 모여 자기들만의 폐쇄집단을 이루기도 하고 집단적 놀이를 더 즐기는 사회적 발달이 이루어진다. 이때부터는 서서히 부모의 말씀보다 친구들의 말을 더 선호하는 경향도 나타난다.

또한 이 시기에 교우들과 단체운동, 협력 등이 왕성하게 이루어진다. 이 때 운동을 하는 아동은 건강과 에너지 넘치는 활력으로 학교생활을 솔선수범하고 긍정적으로 적응해 나가는 경우가 많아 자아존중감이 높은 경우가 많다. 집이나 학교에서 활동하면서 근면성을 학습하기 시작하는데, 이것은 주로 타인으로부터 인정을 받고 과제완수에서 오는 즐거움을 얻기 위한 수단으로 작용한다. 이러한 새로운 기능들은 주로 부모나 교사의 태도에 의해 결정되는데 건설적이고 교훈적인 칭찬이나 강화는 근면성을 길러 주지만, 꾸중이나 조롱, 거부적인 태도를 보이면 부적합성이나 열등의식을 발달시킨다(김귀환 외, 2015: 2015 재인용). 그러므로 이 시기에 부모 및 교사의 역할 또한 매우 중요하다(이우언 외, 2017: 91).

6) 언어의 발달

초등학교에 들어가면서 읽고 쓸 수 있는 능력향상과 이 시기부터 국가가 제공하는 의무교육을 받게 된다. 이 시기의 아동들은 글을 읽는 것에 관심을 갖게 되며 또한 글을 이해하는 능력이 발달한다.

아동기 동안 학년이 올라갈수록 언어사용능력은 급속히 발달하여, 초등학교 졸업 시기에는 약 4만 개 정도의 단어를 습득하게 된다. 유아기에 비해 어휘 증가와 너불어 난어를 더 성확하게 사용하게 되고 자신의 생각을 글로 표현되며 기억력이 향상됨에 따라 사용하는 어휘 수와 언어적 표현력이 증가한다. 지능이 높을수록, 여아일수록, 형제자매의 수가 적을수록, 부모의 사회경제적 지위가 높을수록 언어발달이 빨리 이루어진다. 이 시기는 보다 많은 단어를 학습하는 것이 가능하며, 언어적 유능성을 판가름하는 주요한 시기이다. 7세 아동은 시간에 대한 개념이 생기고 오른쪽과 왼쪽의 차이점을 안다. 8세 아동은 추리의 도구로 언어를 사용하게 된다. 아동은 단어의 문자적 의미를 배우고 비문자적 의미도 이해하기 시작한다. 11세에는 은유적 표현을 이해하여 머리가 아플 때 "내 머리에서 북이 울리는 것 같아요."라고 말할 수 있다. 문장의 오류를 수정하게 되고 문법적으로 보다 복잡하고 긴 문장을 사용할 수 있게 되고 문자언어, 문법력, 독해력, 발표력 등이 발달하게 된다. 그러나 아동의 기질, 사회적·문화적 요소, 언어적 환경은 언어습득에 영향을 미치며, 특히 언어표현 기술에서 더 그렇다(김보기 외, 2019: 259).

7) 아동기의 사회복지실천

아동기의 사회복지실천은 이 시기에 가장 중요한 것은 학교에서의 경험이다. 학교의 환경과 시설, 교사와의 만남, 각종 수업과 학교에서의 활동 등에 적응할 수 있도록 관심을 가져야 한다. 사회복지사는 이러한 적응에 신체적, 심리적, 사회적 측면에서 문제인식을 가지고 개입해야 한다.

먼저, 신체적 측면에서는 아동의 운동기술을 향상시킬 수 있는 환경을 조성하고 또래에 비해 운동능력이 뒤처지는 아동에 대한 특별한 관심이 필요하다. 또한 성장에 필수적인 영양공급과 비만관리가 필요하다. 더불어 장애에 대한 조기치료, 특수교육기관에서 전문적인 교육을 받은 사회복지사와 전문가들이 배치되어 전문서비스를 제공할 수 있어야 한다.

둘째, 심리적 측면의 경우 비만은 신체적 발달뿐만 아니라 심리적 발달에도 부정적인 영향을 미친다. 비만으로 인해 또래의 따돌림, 소외, 위축감을 가지지 않도록 비만교실, 비만관리프로그램을 운영하고 아동의 비만에 대한 부모교육도 실시해야 한다. 또한 장애가 있는 아동들을 위한 치료, 재활 프로그램이 개발되어야 하며, 학습에 어려움을 겪는 아동들을 위한 언어, 지각, 운동 등의 문제를 근원적으로 해결할 수 있도록 개입되어야 한다. 이 시기에 열등감을 가지지 않게 하며, 긍정적인 자기개념을 형성할 수 있도록 상담과 다각적인 극복프로그램을 실시하여야 한다.

셋째, 사회적 측면의 경우 이 시기는 아동학대, 학교공포증(school phobia) 등에 대해 개입할 수 있다. 아동학대의 문제를 해결하기 위해 학대받은 아동 및 부모에 대한 개입으로 아동은 폭력 상황으로부터 일시보호 및 위탁프로그램 등의 방법으로 개입하고 부모에게는 부모교육과 정신치료 및 분노조절 프로그램 등의 집단상담의 방법, 가족지원프로그램으로 개입해야 한다. 학교공포증은 학교에 대한 공포 때문에 학교를 가기 싫어하는 것으로 이것은 어머니에 대한 분리불안으로 저학년 때 빈번하게 발생하지만 고학년 때 발생하는 것은 부모와의 관계가 소원하거나 다른 신경증적 행동을 수반하는 경향이 있다.

3. 청소년기

1) 청소년기의 개념

청소년기(adolescence)는 아동기에서 성인기로 전환하는 시기이며, 연령적으로 만 13~18세를 말한다. 또한 청소년(adolescence)의 어원 역시도 'adolescre'라는 것으로 '성장하다'라는 의미에서 유래하였다.

청소년기는 발달단계에서 아동기와 성인기의 과도기이며, 가장 격정적이고 불안정한 시기이다. 청소년 전기에는 급속한 신체적 변화와 인지적 발달을 경험하며, 청소년 후기는 자아정체감을 형성하려는 심리적 이유기와 더불어 성인생활을 준비하기 위한 여러 가지 과제에 집중한다. 또한 청소년기에는 급격한 신체발달과 더불어 운동능력의 발달도 현저한 시기로 제2의 성장급등기라고 한다. 또한 성적 성숙이 이루어지는 사춘기, 부모의 권위에 도전하는 제2의 반항기, 어린이도 어른도 아닌 주변인에 머물고 있는 특징을 보인다. 특히, 청소년기를 '사춘기(puberty)'라고 부르는 것은 이 시기에 일어나는 다른 신체 변화뿐만 아니라 개인의 성적인 면까지 포함하는 생리적 변화를 의미하는 개념이다. 따라서 사춘기는 그 시작이 분명한 반면, 끝나는 시점은 행동적·문화적·심리적 성숙의 개인차로 인하여 사람마다 매우 다양하다. 따라서 청소년기는 사춘기의 심리상태로 당사자뿐만 아니라 부모-자녀관계도 가장 힘들고 청소년 자신도 동요하는 시기이다. 이 시기를 '질풍노도의 시기(time of storm and stress)'라고도 한다(신명희 외, 2013: 292). 이러한 다양한 과업 수행 아래 청소년들에게는 사회적 성숙이 요구되어지기 때문에 이 시기에는 많은 정체성의 혼란과 불안, 갈등을 겪게 된다. 그러므로 청소년기의 발달과정을 이해하고 변화의 과정을 자연스럽게 인식하고 접근하는 과정이 필요하다.

대부분의 동양권 국가에서는 청소년을 '소년', '소녀', '미성년', '중·고생', '10대', '1318' 등 다양한 용어를 각각의 환경에 따라 사용하고 있다. 이는 어원적인 의미보다는 발달적·제도적 성격이 복합적으로 작용하여 사회통념상의 용어로 관행화된 성격이 짙다.

2) 신체적 발달

청소년기의 신체적 발달은 급격하게 이루어지지만 개인차가 있으며, 사춘기가 시작되는 청소년 전기가 되면 성인의 98%까지 신장과 체중이 증가한다. 신장의 경우에는 여자는 10~11세경에, 남자는 12~13세경에 시작하여 성장판(physeal plate)이 닫힐 때까지 평균 5~13cm 정도씩 자란다. 여자의 경우에는 청소년 전기에 남자보다 빠르게 성장하는 기간이 짧게 있지만, 남자의 신체적 발달이 13~14세의 무렵에 성장속도가 여자를 추월하며 남자의 경우 21세까지 성장하기도 한다(유수현 외, 2015: 206). 청소년 후기가 되면 성인과 거의 같은 수준의 신체적인 성숙이 이루어진다. 발달은 키와 몸무게 등 급속한 외적 성장과 아울러 성호르몬의 분비가 증가하면서 생식능력이 갖추어지는 성적 발달에 주요 특성이 있다. 이 시기의 가장 특징적인 발달 중의 하나는 성적 성숙이다. 청소년기를 간혹 사춘기(puberty)라고 부르는 것도 바로 이러한 성적 성숙 때문이다. 그러나 사춘기는 단순히 생식기관의 발달로 인한 생식능력의 발달에 초점을 둘 때 사용하는 용어이며, 성적 성숙(sexual maturation)이라고 하면 생식기관의 발달과 관련되어 일어나는 사회적·심리적 적응과정 모두를 의미하는 것이다(권중돈, 2021: 229).

이 시기는 신체적 건강과 힘이 최고 수준에 있으므로 활기차고 민첩하며, 넘치는 에너지를 운동이나 다양한 외부 활동에 사용할 수 있게 된다. 이러한 에너지는 개인의 만족과 자신감을 키워주는 역할을 한다(정미경 외, 2015: 132). 또한 질병 이환율이 가장 낮으며, 생식기관, 근육 및 내부기관의 기능이 최고조에 달하게 되며, 성호르몬의 분비로 성별의 체형 변화가 나타난다. 여자는 에스트로겐(estrogen)의 분비로 유방의 발달, 음모 성장, 초경, 자궁의 발달로 임신할 준비, 상태를 유지한다. 남자는 안드로겐(androgen)의 분비로 목소리 변화, 근육과 뼈의 발달, 음모, 턱수염, 정자생산과 성적욕구 증가로 2차 성징이 발달된다(오창순 외, 2015: 284-285).

3) 인지적 발달

청소년기의 인지발달은 아동기의 적극적 발달에 이어 본격적으로 발달된다. 청소년기 초에는 과도기적 현상으로 아동기적 행동이 많이 나타나는 경우가 있다. 그러나 청소년기 중반부터는 인지적 기능이 논리적 사고, 추상적 사고, 이상, 형식적 추리, 문제해결적 사고, 비판적 사고 등의 발달로 이 시기는 이러한 사고발달과정을 통해서 성인과 유사한 사고양식을 가지게 된다.

이때부터는 다양한 새로운 지식을 습득할 뿐만 아니라 지식을 이해하고 이용하는 방법이 달라진다. 추상적이고 가설적인 가능성에 대해 논리적으로 사고하고 추리하는 능력과 연역적, 귀납적인 문제해결능력이 발달한다. 모든 가능성을 체계적으로 검증할 수 있는 종합적 분석이 가능해지며, 확률에 대한 이해와 가설설정에 대한 미래사건의 예측이 가능하다. 즉, 복잡성이 증가하고 가능성에 대해 생각하게 되며, 정보처리의 속도와 효율성이 증가한다. 다양한 분석이 가능해져 두 범주 이상의 변수를 실제로 조작하지 않은 채 정신적으로 다룰 수 있다. 또한 사건이나 관계가 미래에 변화한다는 것을 사고에 고려해 넣을 수 있다는 것과 일어날 수 있는 사건들의 연속에 관한 가설과 인과관계를 추론할 수 있다. 그리고 자신이 한 어떤 행동에 대해서도 행동결과를 예측할 수 있다. 자신의 가치관이나 행동양식은 자기가 속한 사회 및 규범 때문이라는 것을 이해하면서부터 다른 사람에 대한 이해와 포용력이 증가한다(구혜영, 2015: 343-344).

4) 정서적 발달

청소년들은 달라지는 신체를 통해 자신의 이미지를 형성해 나가고, 동시에 성숙에 따른 심리적응에 대한 문제를 경험하게 된다. 이 시기의 정서발달은 질풍노도의 시기로 정서가 불안정하고 매우 기복이 심하며, 극단적인 정서의 경험을 긍정적인 정서보다 더 많이 경험한다. 또한 자부심과 수치심의 교차가 하루에도 몇 번씩 빈번하게 일어난다. 이러한 정서의 불안정으로 다양한 부정적 정서인 불안, 우울, 분노, 열등감, 자살 등을 겪게 되고 약물남용 등의 정신장애를 경험하기도 한다. 사춘기를 경험하면서 다양한 감정이 표출되고, 감정에 따른 사회적 행동이 나타나기도 한다. 이 시기에 강하고 변화가 심한 감정으로 인해 가족관계와 또래관계에 영향을 주고받는다. 또한 성적 성숙이 일어나면서 성적 호기심이 생겨나고 성의식이 높아지면서 변화되는 신체적 변화와 성장과 관련하여 성적 수치심이 강해질 수 있다(유수현 외, 2015: 211). 이러한 과정을 통해 자아정체성을 구축하게 된다.

자신의 능력에 대한 확신 부족, 신체 이미지에 대한 자신감 부족, 장래에 대한 확신 부족으로 정서적인 불안정을 경험하게 되고, 이상과 현실 사이의 괴리를 목격하고 실존적 공허감에 빠지기도 한다. 이 때 정서의 특징은 이상주의와 낭만주의, 감상주의적 경향이 짙으며 청소년기 말기에 이르면 이성을 통해 정화되면서 조용하고 고상한 정서가 표현되기 시작한다. 청소년들의 감수성은 쉽게 흥분하고 동요되기도 하며, 다른 사람의 비판이나 훈계, 간섭 등에 지나치게 예민하고 민감하다. 또한 다른 발달단계보다 더 남을 의식하고 남들 앞에서 부끄러움을 많이 느끼며 자신을 다른 사람과 비교하여 평가하기도 한다. 이러한 정서적 불안상태는 다양한 감정의 양면성에서 가장 잘 나타난다(구혜영, 2015: 346).

5) 심리사회적 발달

(1) 사춘기

사춘기를 보내는 동안에는 다양한 행동특성이 나타난다. 이 시기의 개인은 행복한 듯하다가도 자신의 부정적인 모습이 보인다. 이러한 부정적인 모습은 청소년들에게 자의식이 자라면서 나타나기 시작한다. 자기회의와 걱정은 이들의 신체의 변화와 관련이 있다. 대부분의 행동은 부정적인 외모의 영향을 받으며, 신체 이미지와 외모는 자아존중감에 중요한 영향을 미치나 부정적인 경우에는 섭식장애와 비만, 신경성 식욕부진, 폭식증 등이 나타나기도 한다. 이와 함께 이전 연령대보다는 자신의 방에서 혼자 지내는 시간이 많아진다. 많은 아이들이 이전의 친구관계에서 멀어지고, 새로운 집단환경에서 자신의 자리를 찾으려고 하며, 자기 자리를 찾을 때까지 이들은 스스로 고립시켜 혼자일 수도 있다.

사춘기 시기에는 청소년들은 사회적 적대감을 나타내는 경우가 흔히 볼 수 있는데 이것은 가족, 친구, 사회와 상호작용할 때 보일 수 있다. 가족환경에서 청소년기 아이들은 부모에게 따지기 좋아하고 부모의 방법에 대해 비판적이며 형제자매를 질투한다. 게다가 감시와 지시에 분개하며 나약함과 무력함의 징후를 모두 보이기도 한다. 이러한 적대감은 동성 간의 관계로 확장될 수도 있다. 가족관계는 이 시기에 극적으로 바뀌기도 하며 이러한 변화가 혼란과 갈등을 유발한다. 청소년기의 아이들은 이제는 스스로 할 수 있고 자신이 성장했다는 생각에서 독립에 대한 갈망을 가지게 된다. 독립은 권위를 가진 사람 사이에서 갈등의 원인이 된다. 독립을 위한 갈등 속에서 아이들은 여러 가지 사회적 제한과 부모의 통제로부터 벗어나고 싶어 한다. 집안일, 통행금지, 데이트, 전화사용, 오락, 돈, 운전, 과제, 우정 등의 문제가 부모와 청소년기 자녀와의 사이에서 의견충돌을 야기할 수 있다. 부모는 이 시기의 자녀가 말을 듣고 규정을 따르기를 원하지만 청소년들은 자신이 신뢰받고 있지 못하다고 불만을 토로한다.

이 시기에 청소년들은 자신의 관념세계와 타인의 관념세계를 정확하게 구분하지 못하는 자아중심성 사고가 우세하여 '상상적 청중', '개인적 우화'와 같은 사고를 가진다. '상상적 청중'은 자신이 특별한 존재라고 믿고, 자신이 우주의 중심 또는 주인공이 되어 무대 위에 있는 것처럼 행동하며 타인들은 모두 구경꾼으로 생각하고 믿을 만큼 강한 자의식을 보인다. 또한 '개인적 우화'의 사고는 자신이 가지고 있는 사고와 감정은 독특한 것이어서 타인들은 이해하지 못한다고 생각하는 것이다. 이러한 사고는 이후 다양한 대인관계 경험을 통해 자신과 타인에 대한 객관적인 이해를 증가시켜 나가면서 점차 사라지게 된다. 또한 부모로부터 자립, 독립을 준비하면서 자율성을 획득하게 된다.

(2) 가족관계

사회적 발달 중 특징적인 하나는 분리개별화를 경험하는데 이것은 부모나 가족으로부터 분리되어 자기자신이나 친구에게 의존하려는 경향이다. 이러한 청소년의 특성 때문에 부모는 청소년이 성장한 것에 대한 보람도 느끼지만, 부모에 대한 행동과 방법을 비판하고, 거부당하는 것에 대한 상실감도 동시에 경험한다. 하지만 부모의 애정과 지원이 없는 상태에서 자립을 위한 날갯짓을 하게 되면 실패할 가능성이 매우 높다. 지금까지 청소년기의 발달에 관한 연구에서는 청소년의 독립과 자율성만을 강조한 것에 비해 최근에는 청소년의 건강한 발달에 부모와의 안정적인 애착관계와 부모로부터의 지원이 필수적이라는 점을 강조한다.

청소년들이 부모의 보호로부터 벗어나서 자기의 판단에 의해 독립적으로 행동하려는 성향을 '심리적 이유'라고 부른다. 대부분의 청소년기 가족에서는 부모들이 이러한 청소년들의 심리적 이유를 지지하고 격려해 줌으로써 커다란 갈등 없이 청소년기를 보낼 수 있게 된다. 하지만 청소년들은 부모에게 의존함과 동시에 부모로부터 독립해야 하는 상황에서 끊임없이 갈등을 하게 되며, 부모 역시 자녀의 독립을 원하지만 동시에 세상의 위험성을 강조하며, 계속해서 의존해 주기를 희망한다. 이러한 이중적 상황과 청소년 자녀와 장년기 부모의 급격한 발달상의 변화로 인하여 부모와 10대 자녀 간에 갈등관계를 형성하게 되는 경우가 많아진다. 간섭하려는 부모의 태도에 불만을 품고 비판 또는 반항하거나 도피하려는 행위로 자녀 사이에 극도의 긴장관계가 형성되기도 한다. 이와 같이 청소년이 심리적 이유를 추구하는 과정에서 부모에게 반항하는 행동적 특성 때문에 청소년기를 '제2의 반항기(opposition period)'라고도 부른다. 또한 이 시기는 애착대상이 부모에서 또래친구로 이동한다.

(3) 교우관계

청소년기에는 우정이 가족 간의 애정보다 더 중요한 시기이므로 이 시기는 가족과의 대화보다는 친구를 만나거나, 전화나 인터넷을 통해 친구와 연락하는 데 더 많은 시간을 보내게 된다. 그러므로 청소년들은 동년배집단과 강한 유대관계를 형성하고 자신의 집단 내 지위와 역할을 예측하고 인정받으려는 욕구가 강하다. 청소년기의 원만한 친구관계는 사회적 적응과 정신건강에도 많은 영향을 미치고 그 영향력도 가장 큰 시기이다. 그러나 청소년기의 친구관계는 긍정적 측면뿐만 아니라, 부정적 측면도 동시에 지니고 있다. 즉, 청소년들은 친구관계를 통하여 술, 약물, 문제행동을 배우거나 직접 행동에 옮기기도 하며, 친구들로부터 거부되고 무시당함으로써 극도의 스트레스와 좌절감을 경험하여 정신건강이나 부적응적인 행동문제를 일으키기도 한다(김경은 외, 2020: 101). 그러나 또래집단의 기능을 보면 정서적 안정을 제공하고 우정을 통해 자신을 표현, 타인을 이해할 수 있게 되며, 정보제공자의 역할과 신뢰 관계를 형성하는 역할도 한다.

청소년기에 이성친구에 대한 관심이 높아지지만 실제로는 동성친구들을 더 많이 사귀며 가장 친한 친구 역시 동성친구인 경우가 많다. 자신이 직면한 심각한 문제에 대해 의논하는 상대도 동성친구인 경우가 많다. 청소년기의 이성교제는 대체로 또래집단과의 활동이나 단체활동을 통해 이루어지는 경우가 많은데 이성교제를 하는 단계를 살펴보면, 처음에는 동성친구관계의 연장된 형태로 동성과 이성의 친구가 집단으로 접촉을 하다가 점차 개인적인 데이트를 하고 사랑에 빠져드는 단계로 옮아간다(Dunphy, 1963).

청소년기가 되면서 부모와 성인보다는 또래들의 지지와 이해가 더 필요하며, 이런 또래로부터의 지지와 이해를 통하여 사회성이 발달한다. 또래집단은 청소년에게 소속감과 연대감, 지지와 수용 등의 긍정적 요인이 되고, 규범과 행동기준을 제공하며 또한 이를 준수했을 때 청소년들은 집단으로부터 인정과 지지를 받는다. 청소년들은 이 시기의 우정을 통하여 타인을 이해하고 배려하는 사회적 기술을 획득하게 된다(장수환 외, 2017: 85).

6) 자아정체감 발달

자아정체감이란 인간이 획득해야 할 발달과업임과 동시에 청소년기의 중심과업으로 자신의 독특성에 대해 비교적 안정된 느낌을 갖는 것으로 자신이 누구인지를 대한 앎을 말한다. 자아정체감이 확고한 사람은 통합감, 개별성, 지속성, 조화감, 실존의식의 차원을 가지게 된다. 통합감은 '~로서의 나'로 다양한 지위에 따른 자아의 진실 되고 일관된 모습이다. 개별성은 가치나 관심을 타인과 공유하더라도 자신은 타인과 구별되는 고유한 존재로 인식하는 것이다. 지속성은 과거와 현재 그리고 미래의 나 자신 사이에서의 일관된 모습 또는 자신과 타인에게 믿음을 주고 정신적 안정감을 주며, 삶의 가치를 명확하게 할 수 있는 요인이다. 조화감은 주체적 자아와 객체적 자아의 완전한 조화, 자신의 존재감을 인식함과 동시에 타인과의 원만한 관계를 발전시킬 수 있는 상태를 말한다. 실존의식은 '나는 나다'라는 누구로부터의 존재가 아닌 오직 '나' 자신에 대한 실존적 의식이다.

한편, 자아정체감 형성을 위해서는 자신의 신념, 가치관 등에 대한 고통스러운 의문 제시가 선행되어야 하며, 따라서 일종의 위기를 경험하게 된다. 자신이 경험한 많은 요소들을 모아 통합되고 명확한 자기정의를 내리는 것은 어려운 일이므로 자아정체감을 형성하는 과정에서 누구나 혼란과 우울증을 경험할 수 있다(김이영 외, 2015: 181). 청소년기에 자아통합감을 획득하지 못하면 여러 가지 상충되는 역할에 적응하지 못하는 경우에는 역할혼란이다. 역할혼란은 청소년기 이후에 관련된 직업, 결혼 등에 대한 결정 같은 중요한 선택의 순간에 판단을 내리기 어렵다. 이러한 자아정체감에는 위기와 적응의 기준으로 4가지의 범주가 있다(Marcia, 1980). 정체감 성취, 정체감 유예, 정체감 유실, 정체감 혼란 등으로 분류하였다(표 3-2).

먼저, 정체감 성취는 자아정체감의 위기를 성공적으로 극복하여 자기 삶의 주체성과 생활의 안정감, 개인 내적 신념체계에 대한 믿음과 일관성을 가진 자이다. 이런 사람의 특징은 성실성, 뚜렷한 목적의식, 높은 성취욕구, 반권위주의적, 현실적, 원만한 대인관계 형성한다.

둘째, 정체감 유예는 현재 정체감 위기 상태에 있으며 정체감 형성을 위해 다양한 역할, 신념, 행동 등을 실험하고 있으나 의사결정을 못한 상태로 자기 삶의 주체성과 독립성을 주장하기에는 무언가 불안하고, 자신감도 결여되어 있다. 이런 청소년의 특징은 청소년으로서의 특권을 유지하려는 경향이 강하다.

셋째, 정체감 유실은 부모나 사회의 가치관을 자신의 것인 양 그대로 선택하고 위기를 경험하지 않고 독립적인 의사결정을 못하는 경우이다. 직업과 가치에 대한 결정을 스스로 하는 대신 부모가 결정해 준다. 이런 청소년의 특징은 내적으로 미성숙하며, 타인과의 관계에 따라서만 행동한다.

넷째, 정체감 혼란은 기존의 가치관에 대한 의문 사항도 제기하지 않고 정체감 확립에 대한 노력도 없는 상태이다. 인생의 방향을 결정하는 데 심각한 어려움을 보이며, 이런 청소년의 특징은 자기존재와 삶에 대한 궁극적 물음에 방황하는 경향이 있다.

한편, 마르시아는 정체감의 성취나 유예는 능동적으로 결정을 내리는 적응으로 보았고 자아정체감의 유실과 혼란은 위기 자체를 경험하지 못하기 때문에 부적응으로 보았다.

표 3-2 마르시아의 자아정체감 4범주

구분		위기(부적응)	
		예	아니오
적응	예	자아정체감 성취(위기해결)	자아정체감 유실(위기경험 없음)
	아니오	자아정체감 유예 (위기가 현재 진행 중)	자아정체감 혼란(위기경험 없음)

7) 청소년기와 사회복지실천

청소년기는 아동도 아니고 성인도 아닌 중간 지점에서 부모로부터 심리적 독립과 자신의 정체감을 형성, 진로결정, 사회적 역할 과업수행 등을 달성하는 시기로 심리·정서적으로 매우 불안정하기도 하지만 인생에서 매우 중요한 시기이다. 사회복지사는 청소년의 발달과 관련되는 다양한 영역에서 사회복지실천에 관심을 가져야 한다. 신체적, 자아정체감, 가정 내 갈등과 청소년 비행, 정신장애, 자살 등의 측면에서 개입할 수 있다.

먼저, 청소년기의 신체적 측면의 경우는 급격한 신체구조의 변화, 즉 신체적 성숙과 성적 성숙으로 자신의 신체와 외모에 대한 부정적인 이미지를 형성할 가능성이 크다. 실천 현장에서는 왜곡된 신체 이미지 형성으로 야기될 수 있는 여러 가지 심리적 문제, 대인관계 문제의 증상에 개입해야 한다. 또한 성에 대한 올바른 가치관을 가질 수 있도록 사회복지사 및 부모와 교사는 성에 대해 개방적으로 의논, 자신의 감정이나 생각을 표현할 수 있는 분위기 조성이 필요하다. 청소년, 부모, 교사, 사회복지사에게도 인식전환, 교육적 접근이 이루어져야 한다. 사회복지사는 의료기관을 연계하여 신체의 변화를 이해하기 위한 몸매관리, 전문가와 함께 하는 운동요법, 식이요법, 올바른 성가치관 형성 등의 교육프로그램을 개발하고 실시하여야 한다.

둘째, 자아정체감의 측면에서는 청소년기의 가장 중요한 발달과업이다. 그러나 우리나라 교육체계가 청소년에게 충분한 정체감 형성을 위한 유예기간을 갖기 어렵고, 무엇을 하며 어떻게 살지에 대한 자신에 대한 가치관 확립을 하기 전에 부모의 결정에 수동적인 진로결정이 이루어지거나 또래집단, 친구에게 휩쓸리거나 매스컴의 영웅을 동일시하는 경향이 높다(최옥채 외, 2021). 그러므로 사회복지사는 자아정체감 형성을 지원하기 위해 자기주장훈련, 인간관계 수련, 자아발견, 자아성장 등과 같은 프로그램으로 집단상담 프로그램을 실시할 필요가 있다. 또한 진로지도, 진로탐색 등을 실시하여 다양한 사회경험을 청소년들이 할 수 있도록 개입, 원조해야 한다(나눔의 집, 2021).

셋째, 가정 내 갈등과 청소년 비행 측면에서는 청소년기에는 신체적 성숙이 이루어짐에 따라 부모의 통제를 받지 않으려 하며, 부모의 지시를 논리적으로 비판하거나 반항하며, 친구관계에서 배운 가치관을 가족관계에 적용하려고 한다. 이러한 관계가 초기에 대처하지 못하면 갈등으로 심화되어 청소년 비행으로 이어질 수 있다. 청소년의 비행에 대한 예측 인자는 권위갈등, 싸움과 폭력에 따른 사소한 공격성, 부정적 자기정체감, 낮은 자기통제, 자기중심성적 편파성, 연령, 성, 부모, 형제, 또래의 영향, 낮은 사회적 지위, 교육에 대한 기대 등이 있다. 사회복지사는 청소년기의 갈등은 보편적인 현상으로 인지하고 청소년들 스스로가 자신의 느낌, 행동에 대한 통찰력을 가질 수 있도록 지원해야 한다. 가정상담소, 비행청소년의 상담서비스 등을 제공하여 통합된 인격체로서의 청소년으로 개별욕구 및 다면적 인성 함양을 지원해야 하며, 청소년의 건전한 성장발전을 위한 환경의 조성이 필요하다. 더불어 청소년의 처벌보다는 성격, 행동의 교정과 사회복귀에 초점을 둔 개입이 필요하다.

넷째, 정신장애의 측면에서는 청소년기에 자주 발생하는 정신장애는 정신분열증, 공포증, 불안장애, 우울증, 물질남용, 자살 등으로 다양하다. '중2병', '고3병' 등이 있듯이 지나친 입시경쟁으로 시험공포증은 대부분의 청소년들이 경험하는 심리증상이다. 뿐만 아니라 우리나라 현행 입시제도의 개선과 학교사회복지를 좀 더 구체적, 체계적으로 시행하고 청소년의 부적응 문제와 스트레스의 개선 및 정신건강 증진을 위한 학교사회복지사의 개입을 정당화하는 정책 및 방안을 모색되어야 한다. 사회복지사는 개별상담으로 스트레스 예방과 관리방법, 약물교육과 치료 프로그램, 가족치료프로그램, 정신과 및 정신병원 의뢰 등으로 임상을 개입해야 한다.

다섯째, 자살 측면의 경우에서 사회복지사는 우리나라 청소년이 OECD 국가 중 청소년 자살률 1위라는 것을 고민해야 된다. 특히, 청소년은 주로 스트레스, 가족문제, 우울증 등의 심리적 문제인 3가지 영역에서 자살 징후나 행동으로 옮기는 경우가 많다. 스트레스는 가정불화, 부모의 이혼 및 별거, 사망 그리고 신체적 학대, 가정폭력, 음주, 약물남용, 또래와 비교에서 느끼는 열등감, 왕따, 학교성적 문제, 과잉성취 등이 스트레스를 증가시켜 자살을 생각하게 한다. 가족의 위기, 해체 역시도 청소년 자살의 원인이 된다. 우울증, 낮은 자존감도 자살의 원인이 되고 있다. 사회복지사는 이러한 경우 생존에 대한 즉각적인 위기개입이 필요하고 스트레스를 상승시키는 문제를 주목하여 상담과 고립되어 자살상황에 처해 있는 청소년에게 사용 가능한 자원을 원조해야 된다. 또한 사회구성원으로서의 청소년 복지권을 인정하고 청소년의 자발적인 참여와 스스로의 활동을 증진하는 방안을 모색하도록 지지해야 한다.

올바른 청소년 문화의 정립을 위해 전인적 학교교육의 실천과 청소년 심리문제에 대한 심층상담이 필요하며, 건전한 성문화의 확립과 예방적 성교육이 필요하다. 청소년 여가문화 및 놀이문화의 확립과 지원이 확대되어야 한다. 10대 미혼모에 대한 사회적 개입의 증대가 필요하고 리틀맘에 대한 사회적 지원확대가 필요하다.

연습문제

1 학령전기(5~7세)아동의 심리사회적 발달에 대한 설명이다. 옳은 것은?

① 아동은 전체적인 자아개념에 자신의 성을 연결시킨다.
② 아동의 자신의 성에 따르는 사회적인 기대를 아직 의식하지 못한다.
③ 아동은 집단놀이 과정에서 타인이 자신을 어떻게 이해하는지 역할관계의 상호성을 이해하기 어렵다.
④ 자아중심적으로 사고한다.
⑤ 아동은 자신에게 중요한 타인의 반응에 상관없이 긍정적인 혹은 부정적인 자아개념을 갖게 된다.

2 청소년기에 나타나는 새로운 개념적 기술에 대한 설명으로 옳지 않은 것은?

① 두 범주 이상의 변수를 정신적으로 다룰 수 있게 된다.
② 사건이나 관계가 미래에 변화한다는 것을 고려할 수 있다.
③ 일어날 수 있는 사건들의 연속에 대한 가설을 세울 수 있다.
④ 어떤 행동을 하기 전에 상황을 평가하고 그 결과를 예상할 수 있다.
⑤ 일련의 진술이나 문장에서 논리적 일관성의 유무를 구분한다.

3 **유아기(3~6세)의 발달에 대한 설명으로 옳지 않은 것은?**

① 정서의 분화가 두드러지게 나타난다.
② 영아기(0~2세)에 비해 성장속도가 완만해진다.
③ 사회성을 발달시키는 데 놀이가 중요한 역할을 한다.
④ 주로 감각운동을 통하여 지능발달을 도모한다.
⑤ 사고발달에서 직관적 사고의 특징이 나타난다.

4 **청소년기의 발달에 대한 설명으로 옳은 것은?**

① 지능검사 개념에 의한 인지적 능력은 10대 초반에 정점에 달한다.
② 인지적 발달은 모든 측면에서 같게 나타난다.
③ 판단능력은 10대 후반에 정점에 달한다.
④ 근육과 내부기관은 15~18세에 최고수준에 달한다.
⑤ 시각, 청각은 20세 전후에 가장 예민하다.

5 **다음 중 아동기(7~12세)의 심리적 발달에 대한 올바른 설명은?**

① 가족, 친척들을 자신에게 가까운 순서로 매길 수 있다.
② 사회적 애착관계를 형성한다.
③ 자아(자기)통제가 가능하고 자율성이 발달한다.
④ 이 시기에는 분노 표출을 하지 않는다.
⑤ 눈앞에 보이지 않는 대상이나 사건에 대해서 생각할 수 있다.

6 아동기(7~12세)의 사회적 발달에 관한 설명으로 옳은 것은?

① 자아의식이 발달하여 고독에 빠지기 쉽다.
② 단체놀이를 통하여 협동, 경쟁, 협상하는 능력이 향상된다.
③ 부모의 기대와 문화적 기준에 맞는 성역할 기준을 내면화한다.
④ 사회적 관계가 확대되어 가족으로부터 독립을 준비하고자 한다.
⑤ 학년이 올라갈수록 급우들과의 관계가 악화되며 성인의 승인을 받고 싶어 한다.

7 청소년기(13~19세)에 나타나는 발달특성으로 옳지 않은 것은?

① 극단적인 정서변화를 경험하게 된다.
② 성적 성숙이 형성되는 시기이다.
③ 이상적 자아와 현실적 자아의 괴리로 인해 갈등과 고민이 많은 시기이다.
④ 힘과 기술이 향상되지만 신체적 성장 속도는 둔화된다.
⑤ 자아정체감의 발달이 주요 발달과업이다.

정답 1. ①, ④ 2. ④ 3. ④ 4. ⑤ 5. ① 6. ② 7. ④

CHAPTER

04

성인기, 장년기

이 장에서는 갈등이 많았던 청소년기를 지나 대학교에 진학, 군대, 직장을 가지고 결혼과 자녀까지 가지는 시기인 성인기이다. 만혼으로 결혼이 늦어지는 추세지만 비교적 이 시기에 경험하는 일들이다. 더불어 직장, 생활의 안정기를 가지는 장년기이지만 청소년의 자녀와의 갈등과 자신에게도 찾아오는 '제2사춘기'로 내적갈등 등을 경험하는 시기를 구분하여 살펴보고자 한다.

1. 성인기

1) 성인기의 개념

성인기(adulthood)는 '청년기' 또는 '성인 초기' 등으로 불리며, 19~34세에 이르는 시기로서 신체적·지적인 면에서 인생의 가장 정점에 해당한다. 성인기 이전의 시기를 준비기라고 한다면, 성인기 이후는 이제까지 준비해 온 것을 실현하고, 구체화, 통합화하여 다음의 인생을 대비하는 중요한 의미를 갖는 시기라고 할 수 있다. 부모 및 지금의 환경으로부터의 심리적·경제적 독립을 시작하며 군대, 직업과 결혼 등의 환경변화에 따라 다양한 역할 탐색과 선택을 하는 시기이다. 특히, 우리나라의 경우 고등학교 교육이 대학 진학을 위한 준비 차원에서 이루어지고 있으므로 대학생 시기에 이르러서야 학생들은 비로소 자기 자신에 대해 새롭게 탐색하며, 인간관계 및 사회적응기능의 습득을 위한 시간적·심리적 여유를 누리게 된다.

인간의 발달은 전 생애에 걸쳐 실행하지만, 성인기 이후의 발달은 아동기나 청소년기와는 그 성격이 다르다. 다시 말해서 성인기 이후의 발달은 새로운 신체적 기능이나 인지적 능력을 획득하기보다는 이미 보유하고 있는 것들이 주로 사회적·문화적 요소에 의해 주도된다(Specht & Craig, 1987).

성인기에는 대부분의 청소년들이 예측하고 얻기 위해 노력해 온 것들인 꿈, 포부 등이 이 시기에는 목표로 전환이 된다. 자격증을 취득하고 직업을 선택하는 것, 직장동료들과의 관계, 취미생활, 이성을 사귀는 등으로 사교 관계 확장시키기, 성적욕구를 만족시키는 것, 가정 및 가족을 만드는 것, 성숙함의 발달 등이다. 그러므로 성인기의 평가기준은 신체적이나 생리적·심리적·사회적의 성숙도 등이라고 할 수 있다. 성숙도는 안정된 직업이나 결혼에 대한 준비 태도, 자아정체감의 정착 정도 등도 포함된다(구혜영, 2015: 358). 이 시기를 완수하기 위해 사람들은 사신의 이선 꿈과 직업, 업적 등을 비교하기 시작한다. 이러한 비교로 인해 발생되는 차이를 조정하기도 하고 현실을 적응하거나 또는 변화를 만들어 가야 간다(Polan & Taylor, 2015).

2) 신체적 발달

성인기는 신체적 건강이 최고점에 있는 시기로 청소년기의 어색한 모습은 사라지고, 균형 잡힌 신체적 모습을 갖추게 되며 거의 완성을 경험한다. 성인기는 아동기보다 더 건강하고 질병률도 낮으며, 이러한 최적의 건강상태는 장년기에 건강이 쇠퇴하기 시작할 때까지 지속된다. 성인기에는 신체적 성장이 완료되는 시기로 남성은 30세까지 느리게 척추가 성장한다. 이러한 성장으로 인해 신장이 3~5cm 정도 더 자랄 수 있으나 여성은 보통 20세 이전에 키가 모두 자라는 경우가 많다.

인간의 신체는 25~30세 때 가장 강건하여 최고조에 이르며, 그 후에는 점진적으로 쇠퇴하지만 신체적 능력과 기술을 규칙적으로 사용하면 청년기 이후에도 기능이 지속되기도 한다(Specht & Craig, 1987). 그러나 30세가 지나면 신체적 기능이 서서히 감퇴하기 시작하여 손이나 손가락의 동작도 점차 둔감해진다.

시각, 촉각, 후각, 미각 등도 역시 20세경에 최고에 달했다가 40세 정도부터 점점 나빠지기 시작한다. 감각들은 대체로 성인 초기에 가장 예민한 상태이며, 초기 동안에는 거의 변화가 없다(지영주 외, 2016: 291). 이 시기에는 모든 장기와 신체체계가 완전히 발달하고 성숙해진다. 최대 심박출량에 도달하는 시기는 20~30세 사이이며, 이후에는 심박출량이 점차 감소하기 시작한다. 시력은 25세를 지나면서 탄력성의 감소 및 수정체의 혼탁도 증가로 인해 나빠지기 시작한다. 청력은 20세에 가장 좋고 그 후 점차적으로 감퇴되고 특히, 고주파음을 듣는 능력이 영향을 받는다. 이 시기에 나타나는 청력 감퇴는 개인의 일상활동에 거의 영향을 주지 않는다. 음악을 듣거나 작업 중 큰소리에 과도하게 노출되는 것이 청력손실을 가속화시킬 수 있다. 그러나 대부분의 성인들은 이 시기의 경우에는 경미한 손실에 대해 보상하는 방법을 배운다.

신경계 세포의 수 및 뇌의 크기 또한 사춘기가 지나면서 줄어들기 시작한다. 감각과 지각의 변화가 이 시기 동안 인지될 수 있으나 지각의 속도나 정확도는 아직 영향을 받지 않는다. 반응시간, 즉 사람이 자극에 반응하는 속도는 20~30세 사이에 눈에 띄게 향상된다.

최고의 능력으로 기능하는 신체의 체계는 실질적으로 생식 기능과도 관련이 있다. 이 시기에는 일반적으로 남성들은 생식기 문제로부터 자유롭고, 여성의 경우도 월경주기가 비교적 잘 나타나게 된다. 그러나 월경주기가 불규칙하거나, 심각한 불편감이 나타나는 여성들은 의사의 도움을 받아야 한다. 더불어 여러 가지 환경적인 문제나 늦은 결혼 등으로 불임의 문제가 증가하고 있다. 결혼을 한 부부 중 자녀를 갖고자 하는 부부 약 25만 쌍(약 15%)이 불임 및 난임의 경험으로 부부의 성생활 및 정서적 안녕을 위협하고 있다. 불임으로 인해 어려움을 겪는 부부는 의학적인 방법 및 상담을 필요로 한다. 불임은 핏줄을 중시여기는 우리나라 정서상 부부 모두가 매우 높은 스트레스와 불안, 고통을 경험하게 된다. 이러한 환경에 처해지면 스스로 또는 각자 서로를 탓하는 경우도 있다. 그럼에도 불구하고 불임검사와 평가를 받기로 결심한 사람들은 빈번히 높은 병원비와 마주하기도 하며, 일부에서는 불임치료가 성공적이지 않을 수도 있다. 이제 불임은 저출산·고령화 사회에 사회문제로 등극하기 시작한다. 이러한 부부에게는 불안과 스트레스에 관한 많은 지지와 함께 다른 길을 선택할 시간도 필요하다(Polan and Taylor, 2015).

3) 인지적 발달

인간의 지적 능력은 연령이 증가함에 따라 어떤 변화가 일어나는가? 혹은 이 시기에 지적 능력은 증가할까, 감소할까? 이러한 질문에 대해 학자마다 각각 다르게 설명한다. 어떤 학자들은 성인기에 지적 기능 감소, 즉 인지발달은 대략 25세경부터 하강곡선을 그리고 인간은 나이가 들어감에 따라 기억력, 추리력, 문제해결능력 등이 저하한다고 주장하는 반면, 어떤 학자들은 나이가 들어도 지적 기능은 안정적이라고 주장한다. 또 다른 학자들은 반응속도와 관련된 측면에서는 감소하지만, 실생활과 관련된 지식이나 지혜와 같은 측면은 증가한다고 주장한다(박성연, 2017: 252). 그러므로 성인기의 인지발달은 아직 학자들 간에 합의된 바가 없는 실정이다.

연령의 증가와 함께 시각-운동적 협응능력과 같이 쇠퇴하는 인지기능이 있는가 하면 결정지능과 시각화 능력과 같이 안정성을 얻거나 성장하는 영역도 있다. 결정지능(통합사고로 학습경험에 의존하는 지능)은 지능의 이중적 구조 개념을 인지적 발달심리학적 개념과 혼합하여 '인지적 기제(cognitive mechanics)'와 '인지적 활용(cognitive paradigmatics)'으로 구분할 수 있다. 인지적 기제는 기본적 정보처리과정의 지능인 유동지능(단순 기억력, 기본적인 학습능력 등)이라고 하며, 인지적 활용의 측면은 개인의 사회적·문화적 환경 속에서 획득한 지식으로서의 지능이라고 할 수 있다. 이 두 지능은 25세까지는 상향곡선을 그리다가 25~30세를 전후하여 상승세가 거의 멈추거나 현상을 유지하거나 지극히 미세한 상승세를 보인다. 지식에 기초하는 결정지능은 적어도 60대가 될 때까지는 유의미한 하향적 추세를 보이지 않는다. 그러므로 고도로 숙련된 전문가들의 경우, 지능의 활용영역에서는 연령의 증가에도 불구하고 지능이 발달할 수 있다.

이러한 인지적 변화에 관하여는 많은 연구들이 있다. 일반적으로 인지적 능력은 청년기 이후에 감퇴하는 것으로 알기 쉬우나 이러한 편견은 실증적 연구들에 의해 반증되었다. 그러므로 기계적 암기, 수행속도 등은 10개 후반이 가장 뛰어나지만 판단, 추론 등은 특정 시기에서만이 더 우수한 것이 아니라 생애 전반에 걸쳐 발달한다고 설명하는 경우가 많다.

4) 심리적 발달

(1) 친밀감의 발달

성인기의 중요한 발달과업 중의 하나는 가족 이외의 타인들과의 친밀한 관계를 형성하는 것이다. 친밀감의 형성은 능동적인 과정으로서 자신의 정체감과 함께 다른 사람들과 개방적, 지지적, 조화로운 관계를 형성하는 능력이다. 뿐만 아니라 자아정체감을 확립한 후에 이루어지는 것으로 자신을 가치 있고 유능하며, 신뢰할 수 있는 사람으로 지각할 수 있을 때 가능하다(이근홍, 2020: 114). 타인과 친밀한 관계를 형성한 사람은 자신의 견해나 계획을 다른 사람들과 의논할 수 있으며, 자신의 의견을 말할 수 있고 의견조절능력과 감정이입능력 및 욕구조절능력, 자기통제능력 등을 갖추고 있다. 뿐만 아니라 심리사회적 측면에서 다른 사람을 보살피는 능력이 심화된 사람은 타인과의 상호관계에 집중할 수 있다. 이러한 사람들은 타인과의 친밀한 관계가 쉽게 이루어지지만 청소년기에 자아정체감을 형성하지 못하면 자신감 부족으로 타인과의 사회적 관계에서 고립감을 느끼게 되어 자기 자신에게만 몰두하게 된다. 그러므로 각 단계의 발달과제를 잘 수행해야 다음 발달단계에서 원만한 적응을 이어갈 수 있다.

성인기의 친밀감은 사회생활에서 타인과의 우정과 혼인상대와 애정을 나눌 수 있는 모든 관계를 포함한다. 친밀감은 대개 혼인관계에서 형성되지만 결혼이 곧바로 친밀감으로 이어지는 것은 아니다(권중돈, 2021: 249). 이것은 혼인 초기의 상호적응기가 필요하며 또한 첫 자녀의 출산, 양쪽의 부모의 기대 등이 부부의 친밀감 형성을 방해할 수도 있다. 그러나 혼인생활을 통하여 서로의 욕구를 만족시키고 약점은 서로 보완, 수용하면서 친밀감을 형성해 나가면 인간관계가 점차 성숙해진다. 이러한 친밀감의 구성요소는 자기개방, 경청, 공감, 타인과의 관계에서 경험되는 긍정적인 정서 등의 요소가 필요하다.

친밀감이라는 성숙에서도 남성과 여성의 차이점이 존재한다. 여성은 배우자의 개방 및 공감, 지지를 더 많이 받을 때 더 친밀감이 높아졌고, 남성은 자기개방을 많이 할수록 긍정적인 감정을 느끼고 친밀감이 높아졌다.

(2) 성격의 성숙

성인기는 개인적인 성격이 성숙해질 뿐만 아니라 사회적으로도 성숙해지는 시기이다. 성인기에는 자신도 인정받으면서 타인도 인정하고 수용하며, 정서적으로 안정되고, 독립성과 목표의식을 갖는 등 성격이 성숙해진다. 성인기는 사회의 역할로 조직생활에서 자신의 책임과 의무를 다하며, 사회와 국가의 발전에도 기여하는 시기이다.

성숙한 성격을 지닌 사람은 또한 자신에 대한 정확한 지식을 소유하고 있으며, 타인의 의견에 개방적인 태도를 지니고 있다. 그들은 삶의 목표가 뚜렷, 자발적, 독립적이다. 그들은 독창성이 풍부하여 창의적이고 혁신적이며, 다양한 상상력과 사고능력을 소유하고 새로운 무엇인가를 추구하기 위해서 노력한다(이근홍, 2020: 116). 이 시기는 개인적인 성격의 성숙과 더불어 그가 속해 있는 직장, 지역사회, 국가, 문화 등을 이해하고 받아들여 사회적으로 성숙해지는 시기이다. 그러므로 자신의 권리와 의무를 동시에 수행하는 사회적 역할을 다해야 하며, 자신의 이익과 조직의 이익, 사회의 이익을 조화시키고 건전한 사회변화와 발전을 주도하고 협력해야 한다.

5) 사회적 발달

성인기 사회적 관계의 특징은 청소년기의 친밀한 관계에 비해 보다 공식적이고 상호 호혜적인 관계로 발전해 나간다. 또한 가족관계의 의존성에서 탈피하고 독립적인 홀로서기의 능력을 키워나가야 하는 것이 더 강해질 때이다. 그리고 동성친구의 우정뿐만 아니라 이성과의 교제를 통해서 친밀감을 형성하고, 나아가 배우자를 선택하고, 결혼을 준비하는 인간관계의 특성을 지닌다. 주요한 사회적 관계의 특성은 다음과 같다(이우언 외, 2017: 114-115).

(1) 가족관계(부모)

성인기는 신체적·정신적·정서적 모든 면에서 독자적인 생존이 가능한 성장이 이루어진다. 그리고 성인기 후기부터는 미래를 대비하는 능력과 문제해결능력과 같은 인지능력도 거의 완성이 되었고 개인적 가치관의 내면화와 동료집단에의 참여 등을 통한 사회적 발달도 자주성을 갖는 정도의 성숙을 이루었다. 따라서 이제는 부모에 대한 의존을 매듭지어야 할 시기이므로 부모로부터 독립하여 자립적인 생활을 영위하기 위해 자율적인 판단, 의식주 유지, 생활능력의 발달이 필요한 시기이다.

사회생활을 영위하면서 부모와 정서적 의존관계와 금전적 의존관계를 서서히 벗어나는 시기이다. 이것은 부모에 대한 거부나 소외 또는 부모로부터의 분리와는 다른 독립의 의미이다. 즉, 부모와 자녀가 서로 상대방을 인정하고 고유성을 받아들이는 자주적인 심리상태이다. 이 시기에도 부모와 자녀 간의 친근하고 지지적인 관계는 지속되어야 하며, 동시에 성인이 된 자녀의 자율성을 발달시키는 것이 무엇보다 중요한 시기이다.

(2) 친구(동성, 이성)

이 시기는 가장 많은 인적자원을 접하게 되고 다양한 상호작용으로 중요한 친구가 형성된다. 성인들은 자신들의 인생문제나 고민을 함께 나눌 수 있는 친한 친구를 원하고 필요로 한다. 성인기의 우정 변화는 나이가 들어가면서 같은 친구를 계속해서 사귀는 경향이 있으며 여자들의 우정이 남자들의 우정보다 더 오래 지속되는 경우가 많다. 그 이유는 남자들의 우정은 개방적인 반면에 여자들의 우정은 오직 한 사람의 단짝 친구를 사귀는 경향이 많기 때문이다.

성인기의 가장 중요한 사회적 관계는 '이성관계'이다. 물론 최근 발달의 가속화와 성에 대한 개방적 문화의 영향으로 중학교 정도의 시기에 많은 학생들이 연애를 시작하고 성관계 경험도 많아지고 있지만 기성세대로부터 '자연스러운' 행동으로 인정을 받고 성숙한 사랑을 나눌 수 있는 시기가 성인기일 것이다.

이성과 사귀게 되면 당사자 두 사람은 서로 만나 커뮤니케이션, 데이트 등으로 친밀한 관계를 서로 유지하고 때로는 여행도 같이 하면서 한 대상에게만 열중하게 된다. 그리고 감정적 유대가 깊어지면 결혼도 가능하다.

(3) 기타 사회적 발달

이 시기에는 가족, 친구뿐만 아니라 다양한 사회성의 발달로 부모로부터 독립 갈망과 독립에 대한 불안감을 동시에 갖는 특성이 있다. 또한 성역할 정체성 확립, 직업에 대한 탐색 및 선택, 배우자 선택, 결혼 및 자녀 출생과 양육 등이 있다.

먼저, 부모로부터 독립을 갈망하지만 독립에 대한 불안감, 즉 분리불안을 동시에 갖는 양가감정을 갖기도 한다. 이러한 양가감정은 최소화하고 자율성을 얻을 수 있도록 의사결정에 참여를 격려하고 자녀를 인정하는 부모의 역할이 중요하다.

둘째, 성역할 정체성 확립은 이 시기가 되면 자신의 성에 대한 정체성이 재개념화되고 더 확고해지는데 이것을 성적 사회화라고 말한다. 성역할 정체감은 자신이 좋아하는 성적대상을 선택하는 것, 성역할을 학습하는 것, 성행위에 대한 지식을 습득하는 것 등이 있다.

셋째, 청년기의 직업에 대한 탐색 및 선택은 직업을 통해 경제적 자립이 되고 자신의 인생도 개척해 나간다. 그러므로 자아실현의 시기라고 할 수 있다. 어떤 직업을 선택하느냐에 따라 성인기의 삶의 방식이 결정되기 때문에 직업의 선택은 신중해야 하며, 원하는 직업을 갖기 위해 심혈을 기울인다. 개인의 능력 및 관심, 자신 및 부모에게 중요한 사람의 기대, 개인적 요소 등이 영향을 받는다.

넷째, 이 시기의 배우자 선택은 발달과정에서 중요한 부분을 차지한다. 혼인생활의 안정과 행복에 가장 중요한 요소이므로 배우자 선택은 다양한 사항들을 신중하게 고려하여 결정하여야 한다. 배우자 선택 시 개인 차이가 존재하지만 여성과 남성의 차이점이 존재하는데 여성은 남성의 경제력과 장래성을 중요시하고 남성은 여성의 외모와 성격을 선호하는 경향이 있다. 그러나 여성의 사회 진출로 경제력이 향상 및 다양한 사회 변화로 인해 배우자 선택 요소도 변화되고 있다.

관련 이론으로 루빈(Rubin)의 배우자 선택 이론으로 설명할 수 있다(표 4-1).

근접성 이론은 학교나 직장 등 가까운 곳에 있는 관계의 사람을 배우자로 선택할 가능성이 높다. 이상형 배우자 이론은 상대가 자신이 바라는 특성과 특질을 이상적으로 갖춘 사람을 선택하는 것, 가치의 일치 이론은 의식적, 무의식적이든 자신의 가치와 일치하는 인물을 선택하는 것, 동형 배우자 이론은 인종, 경제, 사회적 특성 등 환경이 자신과 동질성을 지닌 사람 선택하는 것, 보완적 욕구 이론은 상대 파트너에게 자신의 부족한 특성을 보완하고 도와줄 수 있는 사람을 선택하는 것, 조화 이론은 자신을 이해하고 수용하며 유사한 인생철학을 갖고 있어 의사소통이 원활할 것 같은 상대를 선택하는 유형이다.

표 4-1 배우자 선택 이론

근접성 이론	학교나 직장 등 가까운 곳에 있는 관계의 사람을 배우자 선택
이상형 배우자 이론	상대가 자신이 바라는 특성과 특질을 이상적으로 갖춘 사람 선택
가치의 일치 이론	의식, 무의식적이든 자신의 가치와 일치하는 인물 선택
동형 배우자 이론	인종, 경제, 사회적 특성 등 환경이 자신과 동질성을 지닌 사람 선택
보완적 욕구 이론	상대 파트너에게 자신의 부족한 특성을 보완하고 도와줄 수 있는 사람 선택
조화 이론	자신을 이해, 수용하며 유사한 인생철학을 갖고 있어 의사소통이 원활할 것 같은 상대 선택

다섯째, 청년기는 결혼 및 자녀를 낳아 부모가 되면서 인생이 서서히 정착되어 가는 시기이다. 결혼은 친밀성 형성과 성숙한 사회관계의 확립 및 성취로 배우자를 선택하고 새로운 가족을 형성한다. 이 중심에는 사랑의 실현, 정서적

안정, 성적 만족, 자녀출산 등이 있다. 결혼 초기에 논의와 협상은 일상생활에 관한 관련 사항, 금전지출, 성생활 및 여가활용, 원가족과의 관계 설정 등을 이루어야 한다. 이러한 결혼만족도에 미치는 영향은 경제적 소득, 직업의 지위, 남편의 가사참여 정도, 부부간의 대화, 여가활동 등이 있다.

자녀 출생으로 주요한 삶의 변화가 찾아온다. 그 중에서 부부는 부모역할을 시작하게 되며, 그로 인해 삶의 형태가 변모하고 부모가 되는 기쁨도 있지만 결혼생활의 행복감이 떨어질 수도 있다. 새로운 삶의 경험과 발전의 기회도 찾아오지만 양육에 따른 부담감으로 인해 위기가 발생할 수도 있다. 자녀양육은 수면부족으로 인한 고통, 새로운 의무감과 가사의 분담문제에 직면, 부부간의 질투심 유발, 부부간의 양육방침의 차이로 인한 결혼생활에 더 많은 긴장과 갈등이 유발되는 어려움도 수반된다.

6) 성인기와 사회복지실천

성인기에 속한 대부분의 사람들은 가족, 사회가 그들에게 기대하는 것을 행하고 자신에게 부과된 역할을 어떻게 수행할 것인가를 스스로 평가하게 된다.

청년기에 신체적 건강의 유지를 위해 규칙적인 운동과 균형 잡힌 영양섭취가 필수이다. 지역주민들을 위한 운동시설과 프로그램을 실시 또는 지역보건소 등과 연계하여 신체적 건강유지를 위한 식단배포 프로그램이나 식이요법 등의 프로그램을 실시하여야 한다. 부부관계를 강화하기 위해 초기부부 관계에 적응을 원조하여야 하며 의사소통훈련, 부부 이해하기 등의 프로그램을 실시하고 이혼 예방 프로그램으로 부부상담, 부부캠프 프로그램을 실시하여야 한다. 사회적 지원망 형성으로 지역주민 모임 활성화도 필요하다. 자녀양육기술의 습득을 위해 자녀 출산과 양육지식 준비를 위한 예비부모교육 프로그램을 시행해야 한다. 더불어 산모·신생아도우미 사업 등을 활용하여 산후조리와 자녀양육을 지원, 원조해야 한다. 특히 맞벌이 부부 가정, 한부모 가정 등 자녀양육에 어려움을 겪고 있는 가정을 위해서는 자녀양육을 지원해 줄 수 있는 다양한 프로그램을 실시하도록 적극적으로 개발하고 실시하여야 한다. 여가프로그램의 개발로 직장에서 받은 스트레스를 해소할 수 있도록 지원함과 동시에 부부공동참여를 활성화하여 부부가 함께하는 여가문화 조성과 탁아프로그램의 병행 실시, 프로그램 실시 시간의 탄력적 운영을 통해 보다 많은 사람들이 참여할 수 있도록 해야 할 것이다.

한편, 이 시기는 자율성 확립과 자기주장 능력, 친밀감 형성을 높이기 위한 노력이 요구된다. 사회복지사는 이와 관련된 사회복지실천의 접근이 필요하다.

2. 장년기

1) 장년기의 개념

장년기(중년기, middle adulthood)는 '성인 후기', '중년기' 등으로 불리는데, 연령으로 본다면 35~65세 이전까지 약 30년의 기간을 말한다. 이는 국내법상 노인을 65세로 규정하고 있기 때문으로 보이며, 학문적으로는 40~60세를 일컫는 경우도 있어 다양하게 구분되고 있다. 이 시기를 '인생의 황금기(golden age of life)' 또는 '전성기(heyday)'라고 한다. 그 이유는 장년기에는 인생의 목표를 성취해 나가는 시기로 비교적 심리적·직업적·가정적으로 안정되어 있으며 다양한 삶의 영역에서 경험을 통해 지혜를 획득한 상태이다. 장년기에 들어서면서 지혜를 통하여 문제를 해결하려고 시도하고 대인관계를 이성보다는 사회적인 관계를 받아들이며, 직장에서도 높은 지위와 책임을 가지고 사회에 공헌할 수 있는 능력과 태도를 갖추게 된다. 또한 이 시기는 가족을 돌보고 자녀 성장이나 직업적 성취, 후배 배출, 사회와 제도, 문화적 전통을 유지 및 발전 등의 생산성은 장년기 발달에 원동력으로 작용한다.

장년기 발달에서 가장 현저하게 진행되는 변화는 노화로 인한 신체적·성적 변화가 우선하며 이와 함께 나타나는 심리적 변화로 성격과 정서의 변화가 있다. 이 시기에는 경제적으로나 직업적으로 비교적 안정되는 기간이기도 하지만, 새로운 위기가 시작되는 기간이기도 하다. 이 때 사회적으로는 가정과 사회에서 윗사람으로서의 역할 변화가 있다(강경미, 2016: 362).

장년기에는 노화가 시작되는 자신의 신체적·생리적 변화를 인정하고 적응하며, 사회에 공헌하고 생산성을 획득해 나가면서 장년의 위기에 대처한다. 성숙한 부모의 태도를 소유하고 자녀를 지도하며, 부부간의 동반자 의식을 신장시키고 노부모를 부양한다. 또한 직업안정을 통하여 경제적 안정을 누리고 여가를 활용하며, 은퇴에 대해서도 미리 대비해 나가야 한다(이근홍, 2020: 125). 특히, 이 시기에 삶의 전반부에는 자신의 외부 세계에 초점을 가지지만 삶의 후반부는 건강, 질병, 사망에 대한 관심으로 점점 더 내면화되어 간다. 장년기에는 감정의 대상을 다양화하고 새로운 사고에 대하여 수용적이어야 건강하다고 할 수 있으나 내적갈등을 경험하는 시기로 사회적 관점에서 '빈둥지(empty nest)시기'라고 한다. 또는 '샌드위치 세대', '낀 세대', '제2의 사춘기', '정체성 위기', '상실감 시기' 등으로 표현되고 있다.

의학기술의 진보로 인해 기대수명이 길어짐에 따라 중년기를 상실, 쇠퇴의 시기로 보았던 과거와 달리 지금은 성숙과 완성의 시기로 보고 있다. 인생 목표를 재평가하고 남은 시간을 반성하고 새로운 전환, 즉 새로운 목표와 우선순위를 설정하는 등 삶에서 재구조화가 일어나는 시기이다(Baltes & Baltes, 1990). 그러므로 평생교육과 취미생활 등으로 자기개발 재도전의 시기로 인식한다. 중년의 삶을 어떻게 영위하는지, 노화태도를 어떻게 수용하는지가 의미 있는 삶을 살아가는 데 중요한 요인이 된다. 아울러 이 시기는 직업의 경험과 사회적 경험 등이 절정에 달하지만 노화와 죽음에 대하여 인식하게 되는 역설적인 상황에 있음으로써 행복한 삶, 잘 사는 삶에 대해 진지한 성찰을 하는 인생주기이다(지은주, 2016).

2) 신체적 발달

장년기가 되면 성년기 후반부터 시작되던 신체적 노화가 본격적으로 진행된다. 신체활력이 저하되고 신체기능이 점차적으로 쇠퇴하는 건강변화, 신체구조 변화 등을 경험한다(강경미, 2016: 362). 나이가 들어가면서 사람들은 키가 1~4인치 정도 점차적으로 줄어들면서 몸통 아랫부분에 집중적으로 지방이 쌓이면서 신체의 윤곽은 변화한다. 그리고 신진대사 활동의 저하로 배가 나오고 질병의 회복 능력이 감소되며 면역력 감소, 소화불량, 변비, 신장기능 감소, 전립성 비대 등이 나타난다. 장년의 성인들은 신체의 체중이 재분배되면서 체중이 늘지 않은 경우라고 해도 한, 두 치수 큰 사이즈의 옷이 필요하게 된다. 적절한 운동과 식이요법을 통해 노화가 신체에 미치는 영향을 늦출 수 있다.

이 시기 대부분의 생리적 변화는 점차적으로 일어나며 사람에 따라, 시기에 따라 다르게 나타난다. 이 시기의 눈에 띄는 변화는 근육의 강도 및 접합조직의 탄력성 감소와 관련이 있다. 관절이 닳고 손상되면서 퇴행성관절염에 걸릴 위험이 높아지고 신진대사 저하, 고혈압, 당뇨, 심장병 등의 성인병의 위험에 노출되고 주요 사망원인으로 심장질환, 뇌졸중, 암 등이 있다.

성인기 동안 심근이 두꺼워지고 혈관 내에 지방 침전물이 쌓이면서 혈류를 감소시키게 된다. 알코올 섭취나 흡연, 고콜레스테롤 식이 등은 개인의 심혈관계 질환 발생 위험을 증가시킨다. 심장과 혈관은 나이가 들수록 점점 탄력이 줄어든다. 이러한 변화가 후기 성인기에 심박출량을 감소시키고 혈압을 증가시키는 원인이 된다.

시력에서는 40세가 되면 멀리 있는 물체를 보는 능력이 흔히 나빠지게 된다. 이러한 상황을 노안이라고 하며, 나이가 들면서 발생한다. 또한 노안도 개인차에 따라 빨리 오는 경향도 많다. 적절한 렌즈를 사용해 이러한 상황을 겪는 경우 교정된 시력을 제공할 수 있다.

가장 눈에 띄게 변화가 나타나는 곳은 피부이다. 피부(내층)가 탄력성이 떨어지면서 주름과 축 처진 피부가 나타난다. 얼굴에서 가장 명백한 변화가 나타나는 곳은 웃을 때 생기는 입 주변의 팔자주름, 눈 주위, 뺨의 늘어지는 피부 등이다. 체중이 많이 감소하면 이러한 변화가 더 악화되기도 한다. 일부에서는 머리카락이 흰머리가 많아지거나, 회색으로 변하거나, 가늘어지거나 성장이 늦어지는 등 변화가 확실히 보이기도 한다. 인종, 유전자, 성별 등 모든 것들이 머리카락의 성장패턴에 영향을 미친다(Polan & Taylor, 2015).

또한 이 시기에는 50대 여성의 경우 폐경을 경험하고 폐경은 개인차가 있지만 40대에 조기폐경하는 경우도 있다. 폐경이 되면 생산능력을 상실하고 여성호르몬(에스트로겐)이 1/6 정도로 줄어들어 사궁, 유방의 퇴화 등으로 신체적, 심리적 증상을 겪는다. 에스트로겐의 감소로 여성에게 골다공증이 발생할 경우가 많아지며, 이것으로 우울증, 정서불안, 분노감 등을 경험한다. 남성 역시도 남성호르몬(테스토스테론)이 감소하여 정자의 활동성, 수정능력, 성적 능력이 감소된다.

3) 인지적 발달

중년기의 인지변화에 대해서는 상반된 주장들이 있다. 신체적 능력의 감소에 따라 인지적 능력이 하강한다는 견해와 함께 인지적 능력은 감소하지 않는다는 견해가 대립하고 있다. 과거의 여러 학자들은 인간의 지능이 10~20대 초반 사이에 최고조에 달하며 그 이후 점점 쇠퇴하다가 60대 이후에는 급속도로 쇠퇴가 가속화된다고 했다. 그러나 최근 연구에서는 전 생애를 통해 인간의 지능의 변화가 훨씬 더 복잡하게 발달한다고 밝히고 있다. 오히려 특정 부분의 인지능력은 더 강화된다는 견해가 있다. 인지적 능력의 변화는 지적 능력의 유형에 따라서 다른 양상을 보여 준다. 즉, 유동성 지능(단순 기억력, 기본적인 학습능력 등)과 비언어적 능력(동작을 포함하는 반응의 기민성 등과 같은)은 나이가 들수록 감소하게 되지만(이우언 외, 2017: 124) 통합사고로 학습경험에 의존하는 지능인 결정성 지능은 더 좋아진다. 비록 새로운 학습능력은 저하된다고 하는 것도 지적 능력이 부족해서가 아니라 변화의 불안, 저항하는 경향으로 사람들의 융통성이 부족해지는 인지적 스타일 때문이다. 그러나 오랜 경험을 통해 획득한 지혜가 있기 때문에 문제해결능력은 높아진다. 청각적 기억은 40세 이후부터 일정하게 유지되고, 시각적 기억 역시 60세까지는 감퇴 없이 유지된다. 기억능력도 감퇴하는 것처럼 보이는 이유는 정보처리시간이 길어지기 때문이다(구혜영, 2015: 377).

인지기능은 성인기 후반까지 향상되지만 사람들이 신체적, 정신적으로 적극적이지 못하여 잠재 능력에 비해 수행 능력이 떨어진다. 그러나 창조적 생산성의 경우에는 과학자, 학자, 예술가들의 최고 실력은 보통 40대 이상에서 나오고 60~70대도 높게 유지되는 경향이 많다. 또한 이 시기의 생성감은 중년기뿐만 아니라 노년기의 행복감에도 영향을 미치고 있다(노수희, 2021). 연령에 따라 다소 개인적 차이는 존재하지만 실제적인 문제해결능력은 최고점에 달하므로 그들의 풍부한 경험과 높은 수준의 문제해결능력으로 조직에서 '지위하는 세대'로 불리기도 한다(김진원, 2009).

4) 심리적 변화

중년기는 지적 활동도 저하되어 가고 있음을 우연한 기회에 느끼기 시작하게 되고, 과거의 젊었을 때가 즐겁게 회상되고 늙어 가고 있는 것에 대해 여러 감정이 생기게 된다. 그저 초조하고 불안, 침체성, 무력감, 지루함, 불행 등의 정서적 위기를 느끼게 하는 것으로 나타나고 있다. 이러한 심리변화에 따른 심리적 위기를 경험하게 되는데 이를 중년의 위기(midlife crisis)라고 한다. 대표적으로 빈둥지 증후군(empty nest syndrome)으로 이는 자녀가 성장함에 따라 집을 떠나게 되어 부부만 남게 되는 것을 말한다. 각 가정의 부부의 결혼 연령, 자녀의 수, 자녀들의 교육기간, 자녀의 결혼 유무, 결혼 시기 등과 특히 부모의 애착관계가 밀착되어 있을 경우와 같은 여러 요인에 따라 그 기간이 결정된다. 즉, 이 시기는 남성보다는 여성, 특히 전업주부는 심리적으로 공허감이나 우울감을 느끼게 되어 부적응적 양상으로 나타나는 것을 말한다.

성격적으로는 남성은 여성성이 증가되고, 여성의 경우에는 남성성이 증가하는 경향이 있다. 중년기는 남성성, 여성성이 통합되어 성역할이 보다 융통성 있게 변화하는 시기이며, 남녀가 양성성(androgyny)의 성향을 보일수록 중년기 적응력이 높다(강기정 외, 2015: 260).

중년기는 중요한 인생의 터닝 포인트(turning point)라고 할 수 있으며, 과거경험이 부정적이든 긍정적이든 새로운 이해를 갖게 되는 시점이다. 위기를 극복할 수 있는 인성의 자원을 가지고 변화와 성장의 기회로 중년기를 경험하는 것이 바람직하다.

5) 사회적 발달

중년기 사회적 발달은 가족생활, 부부관계, 자녀교육 및 훈육, 노부모 부양, 직업전환, 여가활동 등이 있다.

먼저, 건강한 가정의 특성으로 가장 중심이 되는 체계는 부부이다. 부부관계를 건강하고 활기 있게 유지하기 위해서는 서로 안정과 신뢰, 공감, 배려를 성취하도록 노력해야 한다. 가정의 운영, 부부관계에 따라 가족생활이 결정되지만, 부부는 이 시기가 되면 자녀들이 성장하여 어느 정도 자율적으로 생활할 수 있게 된다. 따라서 이 시기의 중년들은 사회적 관계망과 가족생활 간에 균형성을 유지하도록 심혈을 기울여야 된다. 부부관계는 중년기의 위기와 어려움을 극복하면서 진정한 동반자로서의 의식을 강화하고 밀접한 관계로 발전시킬 수 있는 시기이다. 또한 빈둥지 증후군 등과 같은 현상에 잘 대처하기 위해서는 원만한 부부관계를 유지하기 위한 노력이 필요하며, 다양한 사회적 활동에 참여하는 것이 도움이 된다(박종란 외, 2021: 49).

둘째, 중년기의 자녀교육 및 훈육은 보편적으로 부모가 중년기쯤이면 자녀는 청소년기에 접어들게 된다. 이 시기에는 자녀와의 갈등이 발생할 가능성이 높으므로 부모는 청소년기 자녀가 신체적 성장과 성적 성숙을 잘 적응할 수 있도록 자녀의 발달단계를 이해하고 적절한 교육과 지도를 해야 한다. 부모와 각각 다른 기(期)의 자녀들이 있을 때는 교육과 훈육을 달리 진행해야 한다. 또한 부모와 자녀가 같이 규칙을 설정하고 자녀들이 이에 순응하도록 훈육하며, 자녀들이 해야 할 일은 스스로 적절히 수행할 수 있도록 교육자의 역할과 비서로서의 역할도 수행해야 한다. 중년기의 자녀의 성장에 성공적으로 적응하기 위해서는 자녀와의 효율적인 의사소통, 자녀의 학교 교육과 진로문제, 자녀를 인격체로 인정 등에 유의해야 한다.

셋째, 중년기의 노부모 부양은 부모가 만성질환이 있거나 부모 중 한 분이 사망하면, 부모와 자녀의 역할이 전환되어 중년기 성인은 부모를 부양하고 보살펴야 한다. 이러한 역할의 전도와 상반되는 역할수행은 심리적 부담과 충격을 줄 수 있다. 부모역할과 자녀역할을 동시에 수행해야 하는 '샌드위치 세대'가 된다(유수현 외, 2015 재인용). 부모님을 부양하는 것은 쉬운 일이 아니며, 부양부담의 스트레스를 받는다. 중년기의 성인들은 자신을 낳아서 키워주고 돌봐주신 부모에 대한 은혜와 부모를 부양해야 된다는 도덕적 의무감을 느끼고 있다.

넷째, 중년기의 직업은 다른 연령층보다 높은 지위, 수입을 얻는다. 이 시기에 어떤 사람은 전혀 다른 직업을 시작하는 경우도 있다. 중년기에는 직업적 성취에 대한 열의가 높기 때문에 직업적 성공에 대한 스트레스도 많은 편이다. 중년기의 직업전환은 자발적 전환과 비자발적 전환으로 나누어진다. 자발적 전환은 개인의 동기나 성격, 가족생활의 안정, 취업기회 등이 복합적으로 작용한다. 비자발적 전환은 개인의 직무수행 능력 부족, 회사나 사회가 경제적 불황상태에 있는 경우에 많이 일어난다.

다섯째, 중년기의 여가활동 개발은 자녀양육기간 축소, 조기정년, 평균수명 연장 등으로 노후의 여가 시간이 대폭 증가하고 있다. 이러한 여가문제, 사회활동참여 등이 중년기의 중요한 과제로 등장했다. 중년기의 사회활동참여와 여가활동은 활동이론의 근거로 성공적 노화, 행복감에 영향을 미치고 있다(노수희, 2021). 여가활동을 선택할 때 고려해야 할 점은 자신의 적성에 맞게, 신체적 활동에 유익한 여가와 취미활동을 개발, 부부가 함께 할 수 있는 활동을 개발하는 것이 좋다. 이와 함께 여가 시간과 활동을 적절하게 사용하기 위해서는 여가활동에 대한 예비적인 사회화 및 교육이 필요하다.

6) 중년기와 사회복지실천

중년기는 개인차가 있지만 은퇴준비에 따른 직장 및 가정에서의 역할 변화가 일어난다. 이러한 변화에 따른 심리적 적응, 수용할 수 있도록 해야 하며, 건강에 따른 신체적, 사회적 발달을 위주로 사회복지실천적 관심을 가져야 한다.

(1) 신체적 발달의 실천

중년기의 신체적 발달에 대한 실천은 먼저, '건강을 잃으면 모든 것을 잃는다'는 말이 있다. 이 시기부터 서서히 모든 기능이 감소되어 건강을 잃으면 생활만족도, 행복감이 떨어져 삶이 무의미해진다. 특히, 만성질환 등은 건강생활 실천과 같은 생활습관에서 기인되는 것으로 알려져 있다. 미리 예방이 가장 좋은 처방이지만 그러하지 못한 클라이언트에게 사회복지사는 신체활동 중심에서 생활습관 전반에 대한 보완적 측면을 발굴해야 한다. 또한 사례별 욕구에 맞는 서비스 접근 및 이용이 가능하도록 맞춤형으로 포괄적인 서비스 제공이 이루어질 수 있도록 체계가 구축되어야 할 것이다. 이와 함께 성인병을 위한 교육이나 건강프로그램을 실시와 더불어 운동시설을 갖추어 건강유지와 관리가 되어야 하며 지역주민에게도 개방이 되어야 한다. 뿐만 아니라 신체적 건강이 떨어지는 중년세대를 지원하는 의료적 접근도 적극 모색되어야 한다. 병약한 노부모 부양과 함께 자신도 만성질환이 있다고 하면 사회복지사는 간병인, 가정봉사원, 자원봉사자를 연계하여 이들의 회복과 간호를 지원할 수 있도록 하여야 한다. 이 시기에는 중년남성들의 성적 무능력으로 인해 고통 받은 클라이언트에게는 그 배우자와의 성 문제를 효과적인 의사소통이 되도록 원조해야 하고 성치료전문기관으로 의뢰할 수 있는 체계를 갖추어야 한다.

(2) 심리적 발달의 실천

중년기의 심리적 발달에 대한 실천은 중년기의 위기는 심리적인 불안으로 정신질환의 발현을 이끌어 낼 수도 있다. 따라서 중년기에 경험할 수 있는 위기 극복을 위해 보편적인 스트레스에 대한 이해와 대처 방안을 모색해야 하고 스트레스 대처 프로그램 등과 같은 전문적인 실천적 개입이 필요하다. 뿐만 아니라 위기에 직면하여 정신질환 증상이 보이는 중년기의 성인들을 위한 심리치료 지원, 정신병원에 의료할 수 있는 시스템이 마련되어야 한다.

또한 중년기에 인지기능이 유지될 수 있도록 프로그램이 실시되어야 한다. 사회복지사는 노화 등에 관한 태도, 생각이 긍정적일수록 생성감은 물론 행복감, 삶의 만족에 영향을 미치므로 이러한 긍정인 감정을 유지할 수 있는 토대를 마련하기 위해 관심을 가져야 한다. 노후에 대해 부정적으로 심리가 형성되는 데는 노후에 닥칠 심리사회적 위축과 소외가 큰 영향을 끼친다. 따라서 노령기에 진입하기 훨씬 이전부터 노후에 대한 충분한 질적 투자가 이루어질 수 있는 사회적 캠페인 및 교육이 전개될 필요가 있다. 양성평등교육이나 가정·성폭력 교육과 같이 노후에 대한 준비를 의무교육에 편입시키거나 바우처(voucher)를 활용하여 본격적인 노화가 시작되기 이전부터 노화에 관한 심리적인 교육을 지각할 수 있도록 하고 이를 통해 활동적 노화(active aging)가 촉진될 수 있도록 체계적으로 마련하는 데 관심을 가져야 한다.

(3) 사회적 발달의 실천

중년기의 사회적 발달에 대한 실천은 중년기에 안정된 가정생활을 영위할 수 있도록 개인상담 및 가족상담을 통해 갈등을 사전에 예방하고 지원해야 한다. 중년기에 가족이 해체되는 위기가 없도록 사전에 예방과 교육이 필요하다. 가족의 해체로 한부모가 된다는 것은 자녀도 위기를 경험하게 한다. 이에 사회복지사는 자녀에게는 부모의 결혼생활이 끝났다는 사실을 인지하게 하고, 자신의 생활과 활동에 전념할 수 있도록 지지하고 지원해야 한다. 또한 자녀는 일상생활에서 한부모가족으로 변한 생활 등에서 느끼는 상실, 즉 부모에 대한 분노, 자기비난 등에 대처해야 한다.

또한 실직은 어느 연령층을 막론하고 위협적인 사건이다. 특히 중년기의 실직은 수입상실로 경제적인 어려움과 자존감 하락 등으로 생활을 어렵게 하므로 고용기관의 서비스, 직업재훈련프로그램, 고용알선사업, 50+센터를 적극 활용하도록 정보제공과 지지체계가 필요하다. 또한 그들이 직업활동을 지속하도록 함으로써 생산적으로 사회에 참여하고 있다는 사회참여의식을 높여주는 것도 의미 있는 방안이 될 것이다.

중년기에는 자녀결혼, 노부모 부양, 노후자금 등의 가계지출은 최고조로 들어가는 실정이다. 이러한 시기에 실업과 조기퇴직 등은 빈곤을 초래할 가능성이 매우 높다. 특히, 전문직에 종사하는 사람과 달리 노동계층의 사람들은 은퇴에 대한 준비를 못하는 경우가 많다. 사회적, 경제적으로 심각한 쇠퇴에 직면한 사람들을 위해 사회복지사는 빈곤의 악순환을 막고 사회안전망과 지지체계를 구축하고 사회문제로 확산되는 것을 예방하고 막아야 한다.

연습문제

1 다음에서 설명하는 개념은?

장년기에 젊음과 늙음, 파괴와 건설, 남자다움과 여자다움, 애착과 분리 등 양극의 중간에 처한 상태를 이해하고 이러한 상반되는 경향이 자신의 생활에 통합되도록 해야 하는 것을 말한다.

① 개성화 ② 동일화 ③ 양극화
④ 양성성 ⑤ 자율성

2 청년기(20~34세)에 관한 설명으로 옳지 않은 것은?

① 신체적 기능이 최고조에 달하는 시기다.
② 주요 발달과업은 진로 및 직업선택, 혼인준비 등이다.
③ 발달과업에서 신체적 요소보다는 사회문화적 요소를 중요시한다.
④ 아동기 이후 인생의 과도기로서 신체적, 성적 성숙이 빠르게 진행된다.
⑤ 신체발달이 완성되어 매우 건강한 시기이다.

3 청년기(20~34세)의 설명으로 옳은 것은?

① 제2성장 급등기이다.
② 또래의 영향력이 가장 큰 시기이다.

③ 질병으로 인한 사망률이 가장 높아지는 시기이다.
④ 신체적 기능이 최고조에 달하며 이를 정점으로 쇠퇴하기 시작하는 시기이다.
⑤ 단기기억력은 약화되기 시작하지만 장기기억력은 변화하지 않는 시기이다.

4 중년기(40~64세)의 특징으로 옳은 것은?

① 학습능력은 증가하나 문제해결 능력은 감소한다.
② 남성이 여성보다 뚜렷한 갱년기를 경험한다.
③ 정서적 변화가 매우 심한 시기이다.
④ 시각, 미각, 청각, 후각 등의 감각 기능이 가장 좋은 시기이다.
⑤ 사회적, 가정적으로 인생의 전성기이지만 갑작스러운 실직을 경험하기도 한다.

5 중년기(40~64세)의 발달 특성으로 옳지 않은 것은?

① 성격이 성숙해지고 성 정체성이 확립된다.
② 삶의 경험으로 인해 문제해결 능력이 높아질 수 있다.
③ 노화가 점차 진행되며 신체적 능력과 건강이 약해진다.
④ 직업전환에 필요한 기술 습득을 위한 교육이 필요하다.
⑤ 호르몬의 변화로 성적 능력이 저하되며 빈둥지증후군이 나타날 수 있다.

정답 1. ① 2. ④ 3. ④ 4. ⑤ 5. ①

CHAPTER

05 노년기

1. 노년기의 개념

인간의 발달단계를 생애주기로 구분할 때, 노년기는 장년기 이후, 즉 65세 이후부터 죽음까지를 일컫는 인생의 마지막 단계이다. 물론 노년기의 시점에 관한 학자들과 사회적 견해는 다양하여 노년기의 시작 나이를 일률적으로 규정하기는 쉽지 않다. 노인에 대한 정의로 국제 노년학에서는 인간의 노화과정에서 나타나는 생리적, 심리적, 환경적 변화 및 행동의 변화가 상호작용을 하는 복합형태의 과정에 있는 사람이라고 한다. 이와 함께 노년에 대한 일반적인 정의는 환경변화에 적절히 반응할 수 있는 생리적 조직기능이 감퇴되고 있는 사람, 생체의 자체통합능력이 감퇴되고 있는 사람, 인체의 기관, 조직, 기능에 감퇴 현상이 일어나는 시기에 있는 사람, 조직의 대비능력이 감퇴하여 적응이 제대로 되지 않는 사람이라고 정의한다. 영어권에서는 노인을 늙은 사람(older person), 나이 든 사람(aged), 연장자(elderly), 황금연령(golden age) 등으로 부른다.

한편, 노년기에 들어서면 성인기에서의 생활로부터 급격한 삶의 변화를 경험한다. 신체적 능력의 쇠퇴로 취업활동을 비롯한 노년기 사회활동이 하향곡선을 그리면서 생활환경이 바뀌고 노화로 제반활동이 줄어들며, 결국 가족이나 노인복지시설에 의지하는 경향이 강하다. 아울러 임종과 함께 죽음을 맞이하는 노인들은 본인뿐 아니라 가족을 포함한 주변인들에게도 적지 않은 영향을 미친다. 이뿐만 아니라 노인들의 심리적 변화와 이들의 가족 간 관계가 불러일으킬 수 있는 여러 문제는 사회문제로까지 대두되고 있다(최옥채 외, 2021: 351).

이 시기에는 부부관계에 보다 초점을 맞추게 되고 또한 자녀들이 성인이 되는 등 중년기까지의 자신의 삶이 결혼생활과 자녀양육에서 그리고 직업 등에서 성공했는지 실패했는지를 평가할 수 있는 증거로 축적되고 남게 된다. 그러므로 노년기에는 지나온 삶에 대한 평가를 하게 되는데 이 과정에서 자신의 성취 한계를 깨닫고 어느 정도의 실망과 회한으로 불안감 또는 "이 정도면 괜찮지"라는 안심, 만족감 등으로 평가 위주의 회상을 하게 된다. 문제는 이러한 것들을 자신이 어떻게 받아들이는가에 따라 달라지는 양상을 보인다. 어떤 경우에는 지나온 삶을 돌아보면서 극도의 우울감에 빠져 현재의 어떤 경험도 그 우울을 보상하지 못하는 경우가 있는가 하면, 어떤 경우에는 지나온 삶에 대한 평가를 지나치게 긍정적으로 합리화하여 극도의 자신감을 표현하는 경우도 있다(김이영 외, 2015: 185).

노년기의 의미를 바라보는 관점은 긍정적 관점과 부정적 관점이 있다. 부정적 관점에서는 신체적 능력의 쇠퇴와 사회적 관계의 축소, 그리고 사회경제적 지위의 하락과 같은 쇠퇴가 일어나는 시기로 보는 시각이다. 다른 시각은 노년기까지 삶을 살아오는 데 축적된 경험과 지혜를 바탕으로 사회를 위해 봉사할 수 있으며, 죽음에 대비해 자신이 살아온 삶을 정리하는 과업이 중요한 시기로 보는 긍정적인 관점이 있다(지영주 외, 2016: 320).

2. 신체적 발달

노화는 인간발달과정에서 누구에게나 전 생애를 통해 일어나는 기능이 저하되는 과정이라고 할 수 있다. 이러한 현상은 지극히 자연스럽고 정상적인 삶의 과정이지만, 노화에는 유전과 환경의 영향으로 개인차가 존재한다(황민영 외, 2018).

노화(aging)는 정상적 성장과 발달의 한 과정으로 연령 증가에 따라 인간 유기체에서 일어나는 생리 및 신체, 심리 또는 사회적 측면의 쇠퇴나 무기력화 현상이라 정의할 수 있다. 더불어 노화는 비가역적인 현상으로 모든 발달의 부분에서 하향곡선을 경험하게 된다.

신체적 노화는 연령의 증가에 따라 일어나는 신체 구조적 및 신체 내적 기능의 변화를 의미한다. 이 시기에 들어서면 기능손상과 만성질환의 위험으로 스트레스를 경험한다. 또한 노인성 질병은 단독으로 발생하기보다는 하나의 질병에 걸리면 다른 질병이 동반되는 만성 퇴행성질환으로 이어진다. 그러나 어떤 노인성질환은 원인이 불분명하여 노화과정과 구분하기 어렵다.

신체적인 외모의 형태는 얼굴의 표피는 점차 얇아지고 주름이 지며, 발달이 점차 위축되어 성별의 특징이 사라지게 된다. 골격은 뼈의 경화, 뼈대 구조의 변화, 철분의 퇴적 현상이 나타나고 신장이 줄어들며, 근육은 탄력성을 잃고 섬유소가 증가한다. 또한 신체기능상의 변화도 뒤따르는데, 자율적 조정 능력이 감퇴하여 동작이 느려진다. 게다가 순발력과 유연성이 떨어지고, 동작 사이의 조정이 잘 이루어지지 않아 행동이 서툴고 어색하여 자연스럽지 않다(김경은 외, 2020: 161-162).

신체 내부의 장기는 40세부터 중량이 감소하지만, 심장은 말초혈관의 동맥경화에 의한 심장 비대, 지방분의 증가 등이 원인이 되어 오히려 중량이 늘어난다. 즉, 심박출량과 심장박동능력이 떨어지면서 노년기에는 각종 심장질환에 걸릴 가능성이 높아진다. 이에 따라 동맥경화나 혈관성 치매에 이를 가능성이 높아진다(정은, 2014: 280). 노년기는 치아 결손, 소화효소 분비량의 감소, 위 근육의 약화, 침 분비 감소 등으로 소화기능이 감퇴하게 된다. 또한 미뢰의 개수와 기능의 감소로 인한 미각 변화로 맛을 잘 느끼지 못하고, 나트륨과 당분을 과잉섭취하게 된다. 그러나 신맛과 쓴맛을 감지하는 미뢰의 기능은 더 잘 느끼게 된다. 그리고 폐용적의 감소로 폐 속에 잔기량(residual volume, RV)이 증가하여 기관지 질환이나 호흡기 질환에 걸릴 가능성도 높아진다.

노년기에는 수면에도 변화가 찾아오며, 전체 수면시간은 줄어들게 되고, 방광의 기능이 약화되어 자주 잠에서 깨어난다. 노인들은 하룻밤에 평균적으로 약 20번 잠에서 깨어나며, 밤 시간의 약 20%는 깨어 있다(Hayachi & Ende, 1982). 노인의 약 1/3이 불면증을 호소하고 있으며, 잠자는 동안 일시적으로 호흡이 중단되는 현상(apnea)도 노년기 수면의 한 특징이다. 호흡 중단은 한 번에 약 2초에서 2분간 지속되며, 하룻밤에도 여러 차례 나타날 수 있다. 이러한 불면증과 수면의 질은 우울, 불안의 심리적인 문제뿐만 아니라 치매에 걸릴 확률이 매우 높다고 보고한다.

감각기능의 손상 또한 현저하다. 감각기관의 능력이 감퇴하고 자극에 둔감해지며, 뇌의 무게가 줄고 뇌공은 팽창하며 피질조직은 좁아진다. 눈의 렌즈조절기능 약화로 인해 시야 가까이 다가오는 물체에 대한 시각적 예민성이 급격히 감소된다. 노안과 백내장 등의 안과 질환도 오게 되며, 하나 이상의 초점이 형성됨으로써 시야가 흐려지게 된다. 홍채의 유연성이 떨어져서 약한 불빛에서 동공의 크기가 확장되지 못하므로 밤눈이 어두워진다. 실제로 불빛이 흐린 상태에서 노인의 망막은 젊은이의 약 10~33%의 밝기밖에 받아들이지 못한다(Kosnik et al., 1988). 50대부터 색깔 변별능력이 낮아지는데, 초록과 파란색 계통의 변별력 손상이 먼저 오며 빨간색은 가장 늦게 나타난다. 이러한 시감각 능력의 변화는 시지각 감퇴를 유발한다. 또한 노화되면서 난청현상이 나타나 목소리를 구별하기 힘들어진다. 즉, 고음을 들을 수 있는 능력이 점차 저하되기 시작하여 이후에는 저음을 구별할 수 있는 능력도 감퇴된다. 특히, 남성의 청력 손상은 여성에 비해 3배 정도 높으며, 중년기에 비해 65~79세는 청력의 손실이 5배나 높다. 이러한 청각기능의 장애는 타인과의 의사소통과정에서 걸림돌이 되어 대인관계에도 문제를 가져오게 된다(이순형 · 성미애, 2014: 354).

연령 증가와 함께 모든 과정에서 신체 전반의 활동이 저하될 뿐만 아니라 항상성 효과가 줄어들어 생리적 적응 능력이 감소한다. 결론적으로 65세 이후에 신체적 문제가 전혀 없는 노인은 발견하기가 어렵다.

3. 인지적 발달

인간 성장의 의미에는 퇴화도 함축하고 있다. 소위 연륜이라는 개념도 고연령에서는 의미가 없을 수 있다. 이 시기의 인지적 변화는 정신연령과 달력연령의 결합된 결과라고 할 수 있다. 그러나 노화에 있어서 중요한 사실은 인지능력에서 정신연령과 역연령, 즉 달력연령이 반드시 비례하는 것은 아니라는 점이다. 왜냐하면 지금의 환경은 과거와 달리 좋아진 영양상태와 의학기술의 발달은 인간의 평균수명뿐만 아니라 건강수명까지도 연장시켰기 때문이다. 더불어 무병장수에 대한 건강의 인식도 많이 높아진 것에도 영향이 있다고 할 수 있다.

일반적으로 인지적 변화는 총체적인 측면에서 인지능력의 퇴화를 의미하는 것이지만, 부분적으로는 증진되는 능력도 있다. 달력연령의 쇠퇴는 능력들이 어느 순간을 기점으로 점진적으로 둔해지고 노년기의 지적 능력의 저하는 환경에 의한 산물이라는 지적도 있다(Newman & Newman, 2011). 노년기의 환경은 새로운 사고나 체계적 사고를 강화하고 격려하는 유형이 아니며, 이러한 요인이 인지적 능력의 쇠퇴에 기여한다. 예를 들어, 많은 노인들이 혼자서 살고 계시는데 이것은 지적 분화와 새로운 사고형성을 촉진하는 변화되고 다양한 사회적 상호작용이 결핍된 환경이다. 또한 노인들은 과거에 대해 이야기할 때 강화받는 경향이 있으며, 이렇게 회상에 사로잡히는 것은 새로운 방향의 사고를 수용하거나 허락하지 않을 경향이 높다. 이러한 환경들은 노인의 지능이나 기억력 등 정신능력의 감퇴로 이어진다.

언어능력의 변화를 살펴보면, 대체로 연령이 높아짐에 따라 음성이 느리고 높으며, 울림이 떨리는 것으로 달라지는데 이런 변화는 후두연골이 경화되어 탄력을 잃어서 생기는 것이다. 즉, 후두의 근육이 약화되면 이에 따라 성대도 약해져서 점막에 변화가 생기고 음성이 달라진다. 또한 대체로 연령이 높아짐에 따라 음성이 고음으로 변하며, 성대가 서서히 힘을 잃어가고 늘어져서 폭도 줄어든다. 그러므로 일상의 대화보다 음량을 크게 요구하는 성악활동이나 연설을 할 때 곤란을 느끼게 되지만 개인차는 존재한다. 노년기에는 말의 속도가 점점 느려지게 되는데 이는 발음기관의 변화에서 비롯된다기보다는 중추신경계통의 퇴화로 인해 생긴 결과이다. 그러나 어휘능력 면에서는 비교적 감퇴가 적으며, 어휘는 아동기부터 점차 확장되면서 일상생활에서 사용되기 때문에 다른 정신능력에 비해서 감퇴 정도가 약하고 감퇴 속도도 느리다. 어휘력은 연령보다는 오히려 흥미, 교육수준, 언어의 기회, 언어 사용의 질과 정도 등의 요인들이 더 크게 영향을 미친다(이순형 · 성미애, 2014: 360).

노년기에는 여러 가지 만성질환을 경험하지만 특히, 치매를 가장 노인들은 두려워하고 있다. 치매는 죽음보다 더 두렵다는 인식이 팽배하다. 이러한 인식은 치매라는 질병의 특성과 깊은 관련성이 있다.

치매란 나이가 들어가면서 뇌에 발행한 여러 질환으로 인해 인지기능을 상실하여 일상생활을 수행하기 어려운 질병이다. 치매는 기억력장애를 특징으로 뇌신경의 퇴행성 변화 그리고 후천적 뇌혈관 손상 등으로 인해 지남력과 실행기능 및 사회적기능이 손상이 되는 대표적인 퇴행성질환으로 진행됨에 따라 치매에 대한 행동과 심리증상도 같이 동반하는 특징을 가지고 있다.

중앙치매센터(2020)의 결과를 보면, 대한민국 치매현황은 전국 65세 이상 노인인구 중 추정치매환자 수는 2018년 약 75만 명으로 발표했다. 또한 이 환자들 중에는 여성이 약 48만 명(63%)으로 나타났으며, 남성(37%)에 비해 월등히 높은 비율을 차지하고 있다. 연령별 치매환자는 70-74세 구간에서부터 급증하여 85세 이상 고령일수록 치매질환의 확률이 매우 높게 나타났다. 2024년이 되면 노인 치매 환자 수가 100만 명을 넘을 것으로 전망하였고, 2025년에는 108만 명(10.6%)으로 늘어날 것으로 예정하였고, 2039년에는 200만 명을 넘는 것으로 추산하였다. 2040년 218만 명(12.7%)에 이르고, 2050년에는 303만 명(16.1%)의 노인이 치매를 앓게 된다고 보고하였다. 현재 65세 이상의 노인 약 네 사람 중 한 사람이 치매로 발전될 가능성이 있는 경도인지장애(MCI)인 것으로 추정할 정도로 치매의 위험성이 높아 우리나라 노인건강 문제 중에서도 특히 심각하다(중앙치매센터, 2020). 치매는 원인도 다양하지만 질병으로 나타나는 행동, 태도 등도 다양하다. 치매의 원인과 증상을 살펴보면 다음과 같다.

첫째, 원인으로는 비정상 물질이 뇌에 축적이 되는 알츠하이머병, 뇌혈관의 질환으로 혈관성 치매, 우울증과 약물 및 알코올 중독 등으로 생기는 대뇌병변이 있다.

둘째, 치매행동심리증상(Behavioral and Psychological Symptoms of Dementia, BPSD)으로는 인지장애인 기억력 저하, 언어능력 저하, 지남력 저하, 시공간 파악 능력 저하, 실행능력 저하 등으로 나타난다. 정신행동증상으로는 우울증, 정신증(망상, 환청, 환시), 초조와 공격성, 수면장애, 물건을 모아 숨기는 것, 침을 뱉는 등의 문제행동을 보인다. 이러한 치매질환을 예방하기 위해서는 고혈압, 당뇨병, 심장병 등의 성인병 관리를 철저히 해야 하며, 식사도 골고루, 운동도 꾸준하고 규칙적으로 해야 하며, 독서와 개인의 취미활동도 지속적으로 해야 하며, 사교모임,

사회생활도 계속해야 된다. 기억력 장애 증상이 보인다면 치매안심센터를 통해 조기검진을 받아야 한다.

노인치매는 심리적·신체적·사회적 기능을 저해시키는 질환으로서 단기적으로 치료가 되는 병이 아니라 장기적으로 치료를 요하는 질환이다. 가족과 간병인의 상시 보호가 필요한 질병이므로 한 인간과 가족에게는 거대한 재난으로 인식될 수밖에 없다. 이로 인해 치매노인 부양은 치매로부터 자유롭지 못한 주변 가족과 보호자 등 전체의 부담을 갖게 되고, 사회·경제·심리적 부담이 가중되고 있는 사회문제 중의 하나이다. 치매로 진단된 이후 저하된 인지기능을 정상 수준으로 회복시킬 수 있는 치료법은 알려져 있지 않다(조맹제, 2009). 하지만 완치가 어려운 치매라 하더라도 조기에 예방과 치료를 적절히 받는다면 진행속도를 늦출 수 있다. 그러므로 치매에 대한 예방 및 중재의 필요성이 증대되고 있다(민혜지 · 장진영, 2020).

스키너(Skinner, 1958b)는 노년기에 인지적 능력의 쇠퇴를 막기 위한 개입으로 타인들과 언어적 상호작용을 촉진하는 규칙적인 기회를 가질 것, 기억이 감퇴하는 것을 막기 위해 책이나 논문의 개요를 작성해 볼 것, 아이디어가 떠올랐을 때 즉시 행동에 옮길 것 등을 제시했다. 그리고 노년기의 지능이 반드시 쇠퇴한다고 단정하기는 사실상 어렵다. 결정적 지능으로 인해 지능의 한 부분은 점진적으로 퇴화하지만, 다른 한 부분은 속도가 다소 느릴 수는 있어도 계속적으로 증가하기도 한다.

4. 정서적 발달

노년기의 심리·신체적 변화에 관한 개인차의 특징은 자신의 노화를 어떻게 인식하는가와 관련된 주관적 개념으로 이러한 주관적 인식은 노후 삶의 질을 결정하는 중요한 요인이며, 노년기 삶의 질과 직결되어 있다(Allen et al., 2012; 정순돌 외, 2015; 김경화 · 최해경, 2019).

노년기에는 신체적 건강수준의 쇠퇴, 만성질환, 평생토록 함께 살아온 배우자의 죽음, 정년퇴직으로 인한 경제사정의 악화, 가족이나 사회로부터의 일상생활에 대한 통제력 약화 및 과거 회상 증가 등으로 인하여 외로움, 고독감, 불안감, 좌절감, 죄의식 등을 갖게 되어 우울증의 경향이 증가한다.

노년기에는 사회활동이 줄어들면서 노인들은 사회로부터 위축되어 내면의 자아로 몰두하게 되면서 내향성이 증가하게 된다. 또한 노인들은 어떤 일을 처리하는 데 있어서 스스로 노력이나 시도를 해보기도 전에 포기하거나, 문제해결을 우연에 맡기는 경향과 어떤 문제나 대답을 결정내리는 것을 망설이거나 때에 따라서는 중립의 입장을 지키려고 하며, 능동적이라기보다는 수동적인 태도를 취한다(양철수 외, 2018: 330).

노년기에는 융통성이 부족하고 경직성이 증가하여 환경의 변화에 적응하지 못하고 과거의 사고방식이나 태도를 고집하는 경향으로 인해 학습 능력과 문제해결 능력이 저하되는 시기이다. 또한 시각, 청각 등의 감각기관 퇴화와 과거의 경험을 바탕으로 한 정확성과 완벽성의 추구로 인하여 어떤 일을 할 때 조심성이 증가한다. 노인들은 가족구성원 간의 감정적 유대관계를 중요시하고 믿고 의지할 사람을 찾게 되며, 물질적 도움보다는 심리적으로 의존할 수 있는 대상을 필요로 한다. 노인이 되면 신체기능이 저하되면서 신체적인 의존과 역할상실감에 따른 경제적인 의존, 중추신경조직이 퇴화됨으로써 정신적 의존, 중요한 사람의 상실 등으로 심리적인 의존성이 늘어나게 된다. 이러한 의존성이 높게 되면 학대로 이어지는 경우도 있다. 게다가 자신이 오랫동안 소중하게 여겼던 물건들이나 주위의 친근한 사물에 대해 애착을 갖게 된다. 노년기에는 시간의 흐름에 대한 인식이 달라져 생애의 나날이 젊은 시절보다 더욱 빠르게 느껴지며, 자녀와 후세에 재산, 작품 등과 같은 유산을 남기고자 하는 경향이 나타나게 된다.

노년기에는 남성과 여성의 성역할 지각의 변화가 나타나 남성은 집 안에 있기를 좋아하는 반면, 여성은 사회활동을 좋아하게 된다. 남성은 친밀성, 관계지향성, 의존성이 증가하여 집 안에 있기를 좋아하는 반면, 여성은 공격성, 자기주장, 자가중심성이 증가하여 사회활동을 좋아하게 된다. 따라서 남성, 여성은 호르몬 등의 적용으로 여성과 남성의 구별이 많이 와해된다.

5. 사회적 발달

1) 노년기의 사회활동이론

일반적으로 노년기에 적용하는 이론으로 사회활동설과 사회유리설이 있다. 사회활동설은 은둔생활보다는 오히려 계속적으로 활동하는 노인이 생활만족도가 높고 적응을 잘한다는 이론으로 최근에 더 각광 받고 있다. 사회유리설(사회분리설)은 여러 가지 사회활동이나 직업적 책임에서 벗어나서 조용히 은둔생활을 즐기는 것이 심리적 적응을 잘하며, 만족한 노화과정이라는 이론이다. 두 이론은 노인 각자가 일생 동안 지녀왔던 성격특성과 행동경향에 따라 다르게 적용된다. 즉, 항상 능동적이며 적극적이었던 노인은 노년에도 적절한 수준의 활동을 통해 만족한 노년기를 보낼 수 있을 것이다. 반면, 은퇴 후에 아무런 책임 없이 조용히 보낼 수 있는 것을 오히려 다행으로 생각하는 노인은 사회와의 유리를 통해 더욱 적응을 잘할 수도 있다. 또한 노인의 활동을 더하고자 하는 욕구이론과 역할을 다루는 교환이론을 같이 살펴보고자 한다.

(1) 활동이론

활동이론(Havighurst, 1968 : Activity theory)에 따르면 사회활동참여를 연령 등으로 축소된 역할은 새로운 역할이나 활동으로 대체되어야만 심리적으로 지속적인 충족감을 경험한다고 제안하였다. 역할이론에서 연장된 이론으로 노년기 역할상실에 대한 대처 전략이 중요함을 설명하고 있다. Chan 등의 동료(2020)들은 활동적인 노인은 부정적인 고정관념은 감소, 면역력과 자아통합감이 높게 검증되었으며, 심리적 의존 감소(윤은경 · 조윤득, 2020)와 우울 감소뿐만 아니라 삶의 질 향상

(김남현 · 정민숙, 2017) 등으로 사회활동의 중요성과 보호요인으로 강조하고 있다. 이 이론은 사회유리이론과 반대되는 이론으로 성공적인 노화를 위해서 기존의 역할과 과업으로부터 벗어날 것이 아니라 지속하고 유지해야 한다고 주장한다. 노년기에는 자녀의 성장, 은퇴, 능력감퇴 등 여러 가지 여건의 변화 때문에 불가피하게 이전의 역할을 계속하지 못하는 상황이 오게 된다. 활동이론에서는 성공적인 노화를 위해서 활동의 내용을 대치전략으로 노후 적응과정을 위해 안정된 활동수준을 유지해야 한다고 주장한다(Havighurst, 1968).

노인들에게 활동과 생활만족도에 관해 조사한 연구로 1,000명 이상을 조사한 결과에 의하면, 가장 높은 만족을 얻은 노년기 삶은 친구들과 대면적으로 만나는 것과 가족들과 함께 비공식적인 활동에 많이 참여하는 삶이었다. TV 시청, 독서, 취미 등은 노년기 만족도 수준에 영향을 미치지 않았으며, 공식적이며 구조화된 단체활동에 참여하는 것은 노년기 생활만족도에 부정적인 영향을 미치는 것으로 밝혀졌다(Lognino & Kart, 1982). 노년기 동안 계속적인 활동은 인생만족, 소속감 증가, 삶의 활력소, 유연성, 자기효능감 등을 더 많이 경험하는 높은 상관관계가 있다고 주장한다(최현철, 2021). 더불어 사회활동은 자존감 하락, 우울, 노화로 인한 쇠약, 불안, 삶의 만족도 감소를 예방하는 효과가 있다(Jang & Chirboga, 2011).

(2) 사회유리설

사회유리설(Social disengagement theory)은 분리이론이라고도 말한다. 이 이론에서 노인과 사회가 서로 자발적으로 분리된다고 설명하고 있다. 노인들은 생의 마지막을 예견하면서 스스로 사회적 활동량을 줄이는 반면, 자신의 내면을 더 성찰하는 데 주력한다는 이론이다.

분리이론에서 성공적인 노화는 일과 사회적 역할로부터 점차 벗어나 자유로워져 가는 과정이다. 노년기의 사회적 역할로부터 유리되는 것은 단절과 고립 또는 수동적이며, 비활동적인 삶을 의미할 수 있지만, 다른 면에서는 일로부터 오는 과도한 스트레스를 줄여주며, 신체 및 인지적 쇠퇴에 잘 적응할 수 있게 해줌으로써 내적 평온을 가져다주는 적응적 가치를 갖는다. 그러나 분리이론은 자신에게 몰두하고 일상생활의 대상에 대한 관심이 감소되는 노년기 발달단계와 밀접한 관계가 있다. 따라서 사회유리설은 편안하게 쉬면서 인생만족을 증가시키는 요인이라는 것이 이론의 핵심이다.

사회적 유리는 사회로부터 활동의 요구가 줄어들고, 사회적 및 가정적 역할의 중요성이 감소하는 중년 후기부터 시작하여 노년기에 들어서면서 더욱 급격하게 진행된다. 근래에 유리이론은 노년기 적응양상을 부분적으로 설명해 줄 수는 있으나, 노인들의 사회적 철회를 종용한다는 비판과 보편적 적응양상은 아니라는 비판이 가해지고 있다(송명자, 2008: 402).

(3) 욕구이론

매슬로우의 욕구이론(Abraham Maslow, 1970 : Need theory)에 따르며 욕구의 형태로 기본적인 욕구 및 결핍성의 욕구와 더불어 성장의 욕구 및 자아실현의 욕구가 모두 포함이 되며, 이것에 관련된 활동이라고 규정할 수 있다. 그러므로 노인이라도 자신의 잠재능력, 기능, 재능을 발휘할 수 있어야 한다. 또한 타인으로부터 소외감이 없는 소속감 등으로 안정감을 느끼고, 타인들로부터 존경을 받는 대상으로서 노인의 욕구를 해소하여야 한다.

노인의 욕구에 대한 해소로 사회에 참여하는 활동을 한다면 참여에 어떤 목적이 있고 효과적인 결과를 가져올 수 있는 생산적 활동과 타인과 사회적 관계를 맺는 친밀감, 기쁨, 행복감을 갖는 여유로운 관계적 활동으로 피력한다(김은명, 2021). 노년기의 사람들은 변화에 적응하기 위해 스스로가 선택한 우선순위에 따라 활동범위를 결정 및 제한하고, 그 제한된 범위 내에서 역할수행을 최적화한다. 이러한 욕구이론에 따라 활동은 역할상실에 대한 빈자리를 채우기 위한 노인의 특성으로도 볼 수 있다.

(4) 교환이론

사회교환이론(Homan, 1961 : Social exchange theory)은 사회에서 유형 또는 무형의 가치 있는 자원을 가지고 서로 상호작용을 통하여 교환되고, 개개인들이 보유하고 있는 자원을 바탕으로 발생하게 된다. 이때 교환의 방식은 자신이 지불하는 비용을 최소화하고 보상을 극대화하는 것에 기초하여 발생된다(Bengtson et al., 1997). 여기서 보상은 교환의 결과로 발생되는 것으로 금전, 즐거움, 쾌락, 만족, 행복 등을 의미하며, 교환을 위한 비용은 직접이든 간접적인 비용으로 시간 및 노력, 금전 등을 의미한다(Lawler, 2001). 이 이론에 근거할 때 노년기에서 사회활동에 적극 참여하고 헌신하는 활동이 증가함으로 인해 정신적 만족과 자기 가치감도 같이 상승하여 그들의 만족감인 행복감도 함께 증가할 것을 예측해 볼 수 있다. 그러나 교환이론에 근거한다면 노인의 경우 자신이 소유하고 있는 것들의 교환할 가치가 낮아진다고 볼 수 있다.

2) 사회관계적 변화

노년기의 사회적 발달은 많은 측면에서 변화를 경험한다. 자신의 건강 악화 및 배우자, 친구, 친인척 등의 상실과 퇴직으로 인해 2차 집단 간의 유대관계와 참여가 감소되면서 전반적으로 사회적 관계망이 축소된다. 그러므로 이 시기는 공식적, 비공식적 관계망이 축소될 경향이 매우 높다. 그러나 2차적 관계는 축소가 되지만 가족과 자녀들로의 가족관계가 중심이 되는 1차적 관계가 핵심적인 관계망이 된다. 노년기가 될수록 사회적 지지, 사회관계망이 더 필요한 시기임에도 불구하고 축소되는 경향이 높다.

노년기에는 성인 자녀와 적절한 유대관계를 형성해야 하지만 노인이 부양자의 지위에서 피부양자의 지위로 전환하는 과정에서 많은 어려움을 겪기도 한다. 특히, 핵가족화 및 소가족화의 영향으로 자녀와 별거하는 비율이 높아지고 있다. 부모-자녀 간의 정서적 유대관계도 소원해지는 등 질적 관계에서도 많은 변화가 일어나고 있다. 취업과 결혼 등으로 인해 자녀가 모두 부모의 곁을 떠나고, 노부부만 남게 되는 '빈둥지(empty nest)시기'가 길어지고 있다. 이 때를 자녀들의 교육 등에서 벗어나 자유롭게 자기 자신을 개발할 수 있는 기회로 활용하는 경우가 있는가 하면, 자녀가 떠난 빈자리로 인하여 우울을 경험하는 경우도 있다. 노년기에 부모-자녀관계를 원만하게 유지하기 위해서는 자녀에게 일방적으로 의존하기보다는 상호 지원관계를 유지하는 것이 좋은 관계로 이어진다. 또한 신체적 건강을 유지하고, 안정된 소득기반의 조성과 심리적 건강 등을 확보하여야 한다.

노년기에 들어서 새로운 친구를 많이 사귄다는 것은 어려운 일이지만, 오래된 친한 친구의 존재는 노인의 삶의 의욕을 유지시키고 인생의 만족감을 경험하게 하는 요인으로 작용한다. 이 시기에도 친구관계는 친밀감을 제공하며 여가활동을 함께하고 인지적인 자극을 주는 역할을 하며, 노년기의 즐거움과 기쁨의 원천이 된다. 또한 친밀한 관계의 친구는 일상생활에서의 긴장이나 스트레스를 경감시키고 통제할 수 있도록 도움을 주는 역할을 한다.

노년기에는 기존의 사회적 관계가 축소됨에 따라 대부분 지역적으로 가까운 곳에 사는 이웃 노인이 친구가 되는 경우가 많다. 따라서 노년기에 친밀한 친구관계를 유지하기 위해서는 건강상태가 양호해야 하고 경제적으로 안정되어 있어야 하며, 동일한 지역에서 오래 거주하는 것이 바람직하다. 대다수의 노인들은 낡은 집이라도 자신이 거주했던 집에서 오래 살고 싶어 하고, 주거지를 변경하는 경우는 많지 않다.

3) 사회화와 사회적 역할

사회화(socialization)란 사회적 상호작용을 통하여 사회의 규범, 가치, 역할기대 등을 학습하고, 사회생활에 필요한 사회적 기술들을 발전시키게 하는 사회적 학습과정이다(Atchely & Barusch, 2003). 노인들의 경우 사회의 연령규범과 사회화에 대한 기대에 순응하여야만 적응적인 삶을 영위할 수 있게 된다. 한 사회의 연령규범이 명확할수록 구성원들의 사회화과정은 보다 쉽게 이루어질 수 있다. 그러나 급격한 변화를 경험한 우리 사회는 노년기에 대한 긍정적 시각과 부정적 시각이 혼재해 있고 노년기의 사회적 역할과 연령 적합행동에 대한 사회적 합의가 이루어지지 못하고 있는 실정이다(권중돈, 2021: 291).

노년기에는 중요하고 가치 있는 사회적 지위와 역할을 상실(무위, 無爲)하는 경우가 많다. 그래서 노년기를 두고, '상실의 시기(time of loss)' 또는 '역할 없는 역할(roleless role)을 갖는 시기'라고 말하기도 한다. 그러나 노년기가 꼭 사회적 지위나 역할을 잃기만 하는 것은 아니며, 새로운 역할을 얻기도 하고, 동일한 역할을 수행하더라도 그 수행방법이 달라지며, 역할 자체의 중요성이 변화되는 등 다양한 역할전환을 경험할 수도 있다. 그러므로 노년기의 역할전환이 항상 부정적 결과를 초래하는 것은 아니며, 대다수의 노인들은 이러한 역할전환에 성공적으로 적응하고 있고, 새롭게 획득한 지위와 역할에 만족하는 경우도 많이 있다.

4) 퇴직자(은퇴자)의 역할

퇴직은 새로운 인생과 지위에 직면하는 것을 의미하며, 퇴직한다는 것은 개인의 삶의 많은 부분을 바꾸게 된다. 또한 준비되지 않은 퇴직은 다양한 문제가 발생할 가능성이 높다. 특히, 우리나라는 개인의 일상생활이나 사회적 관계, 자아정체감 등이 직업을 중심으로 형성되어 왔기 때문이다. 퇴직은 어느 정도 예측된 사건이므로 사전에 준비를 충실히 할수록 퇴직자의 역할에 대한 적응이 순조로운 것으로 알려져 있다. 그러나 퇴직이 갑작스러울수록, 그리고 그 사람의 직업역할에 깊이 뿌리박고 있을수록 퇴직자의 역할 적응에 어려움을 겪는 것으로 나타나고 있다. 게다가 개인적으로 여러 가지 여건이 좋지 못한 상황에서 퇴직한 노인들의 생활은 어려운 문제, 즉 빈곤에 봉착하게 된다. 그럼에도 불구하고 우리 사회는 젊은 노동자를 대상으로 하는 노동시장 진출과 관련한 교육 및 다양한 제도를 개발해 온 반면, 노인이 퇴직을 준비하는 데 필요한 제도는 거의 개발해 오지 않았다(지영주 외, 2016: 333). 이러한 현실은 고도의 경제성장과는 배치되는 결과이다(Helliwell et al., 2020). 한국 고령층이 OECD 국가 중에서 불행지수가 가장 높게 나타나고 있다(통계청, 2016). 이러한 이유에는 노인의 건강 문제도 있겠지만 노인 빈곤문제가 주류를 이루고 있다. 이것은 OECD 국가 중 노인빈곤율 1위가 노인자살률 1위로 이어져 사회문제가 되고 있다(길태영 · 이진용, 2017).

통계청(2018: 40)에서 2017년 노년기에 '노후를 보내고 싶은 방법'의 조사에 따르면, 65세 이상 고령자의 58.2%는 '취미활동'을 하며 노후를 보내고 싶어 하는 것으로 나타났다. 이러한 결과는 2년 전보다 '취미활동'은 감소한 반면, '자원봉사활동', '종교활동', '소득창출활동'은 증가하고 있다. 남녀 모두 '취미활동'이 각각 60.0%, 56.8%로 가장 많고, 그다음으로 남자는 '소득창출활동(20.8%)' 여자는 '종교활동(17.7%)'을 하면서 노후를 보내고 싶다고 생각하고 있는 것으로 나타났다.

결론적으로 '자원봉사활동'이나 '종교활동'이 70%를 초과하는 현상은 매우 바람직스러운 경향으로 평가될 수 있으나, '소득창출활동'이 17.1%를 점유하고 있는 현상은 노년기 소득안정이 이루어지지 않고 있다는 것을 증명하는 것이며, 이러한 이유로 우리나라는 OECD 34개 국가 중 고령자 취업률이 1위를 기록하고 있다.

5) 가족관계적 변화

(1) 가정에서의 역할 변화

과거에는 노인의 죽음에 대한 속담으로 '노인 한 분이 돌아가시면 도서관 하나가 사라진다'고 했다. 전통적인 가정에서 노인은 삶을 통한 오랜 경험, 지식, 지혜 등을 토대로 가정의 중요한 문제와 최종결정자로서 자손의 교육과 진로지도의 역할을 수행하였다. 그러나 현대에 들어와서 급격한 산업구조의 변화와 가족구조의 변화에 따라 가족과 사회 속에서 노인의 역할이 크게 변화하였다. 가족 내에서 노인의 역할 변화에 가장 큰 영향을 미친 것은 핵가족화 현상이다. 그러므로 가족의 기능도 과거의 가족이 수행하였던 경제적·사회적·문화적 기능이 크게 변화되면서 가족의 의미가 크게 축소되고 다양화되었다.

(2) 조부모로서의 활동

노년기의 역할 변화 중 하나는 조부모의 역할이다. 손자녀의 출생으로 인하여 이전에 경험해 보지 못했던 조부모의 역할을 수행하게 된다.

조부모의 역할이란 손자, 손녀의 만남으로 손자녀에게 오래된 동화를 이야기해 주거나, 놀이터에 데려가서 함께 놀아주거나, 함께 지내면서 즐거움을 느끼며, 자신의 어린 시절과 자녀를 키울 때를 되돌아보기도 한다. 이러한 조부모의 활동을 하기 위해 가족의 주거 형태가 자녀와 근거리에 살면서 손자녀의 돌봄을 하는 수정확대가족으로 형성되기도 한다.

전통적으로 노인들이 수행해 온 조부모의 역할은 보통 대리부모의 역할, 정서적 지지자의 역할, 훈계자의 역할, 손자녀를 위한 수단적 역할, 가계역사를 계승하는 역할, 성역할 경험자로서 조언자의 역할 등으로 정리할 수 있다. 대부분의 조부모는 조부모의 역할을 통해 자아개념과 목적의식에 중요한 의미를 가지며 손자녀에게 자부심과 만족감을 느낀다(지영주 외, 2016: 332-333).

조부모의 역할을 수행하는 데 필요한 기술이나 지식은 부모역할로서 요구되는 것 이상으로 어려운 것이다. 또한 손자녀 보모의 역할은 육체적, 경제적, 심리적 어려움을 겪고 있는 것으로 나타나기도 했다(세계일보, 2019).

(3) 부부관계 및 배우자 사별로 인한 역할 변화

노년기는 역할의 변화가 찾아오며, 그 역할을 수용하고 적응하는 데 심혈을 기울여야 한다. 그 중에서 부부관계는 과거에는 자녀관계가 중심이 되었던 관계가 배우자로 이동하여 부부관계가 더욱 밀접하고 중요한 핵심관계가 된다.

노년기가 되면 자녀는 거의 중년기에 가까워져 부모와 같이 사는 것보다는 독립하여 사는 경우가 대부분이다. 다양한 관계들도 건강 및 경제여건 등의 여러 가지 상황으로 서서히 단절이 되어 간다. 그러므로 친밀감의 대상은 인생의 반려자인 배우자가 유일한 대상이 된다. 이 시기의 부부만족도는 중년기보다 높으며 비교적 안정적으로 나타난다. 노년기에 부부관계가 원만한 것은 주관적 행복감, 삶의 만족도를 유지하는 데 필수적이다. 부부관계를 원만하게 유지하기 위해서는 가정 내에서 역할과 생활범위도 조정할 필요가 있다. 더불어 신체, 경제, 심리적 자립이 되어야 하며, 서로 존중과 이해, 부부의 애정, 동료의식, 공통 관심사 증진, 상호 간 충성심 증가, 서로 감정을 솔직하게 표현할 수 있는 기회 증진 등이 필요하다(이근홍, 2015 재인용).

노년기의 배우자 사별은 가장 적응하기 어려운 사건으로 심각한 스트레스를 경험하게 된다. 누구나 배우자 사별은 힘들지만 특히, 노인들의 배우자 사별은 슬픔, 우울, 극심한 불안뿐만 아니라 죄의식, 혼란 등으로 정신적 장애를 경험할 확률이 매우 높다. 이러한 경험은 여성노인보다 남성노인의 충격이 더 심하며, 여성노인의 경우 배우자의 사망은 만성질환이 더욱 진전되기도 하며, 의존성이 높아진다. 남성노인의 경우 배우자 사별 6개월 후 사망할 확률이 높게 나타난다(Zastrow et al, 1997: 585).

인간에게는 죽음에 대한 적응단계도 있다. 배우자 죽음의 적응 단계도 3단계로 나누어지는데 처음에는 상실감의 시기로 우울감과 비탄의 시간, 애도의 시간이 주어진다. 그 다음에는 배우자가 없는 생활을 받아들이고 혼자된 사람으로서의 정체감을 지닌다. 마지막으로 혼자 사는 삶을 적극적으로 개척하는 과정을 거친다.

한편, 여러 가지 역할관계에서 변화를 잘 적응하지 못한다면, 부부간의 갈등으로 인하여 노년기 이혼율로 나타나고 있어 소위 '황혼이혼'이 사회적 관심을 받고 있다. 최근의 이혼통계에 의하면, 20년 이상 동거한 부부의 이혼 비중이 지속적으로 증가하고 있으며, 55세 이상 연령에서의 이혼 비율이 연령별 분포에서 증가추세를 보이고 있다. 이러한 이혼을 회피하기 위한 수단으로 '졸혼'이라는 신풍속도가 노인들 사이에서 나타나고 있다.

6. 노년기와 사회복지실천

노년기에는 퇴직 후 사회적 지위나 역할 상실로 고독과 소외, 자존감 하락, 소득 감소 등이 초래된다. 의료 및 보건기술의 발달로 평균수명은 연장되었으나 노화에 따른 건강약화로 유병장수(有病長壽) 히므로 지속적인 의료비 부담 및 간병 등의 문제가 주요한 문제로 도출된다. 그러므로 사회복지실천 현장에서 사회복지사는 사회, 심리체계 측면에서 실천할 수 있어야 한다.

1) 사회체계 측면

일반적으로 노인이 경험하는 4고(苦), 즉 빈고(家難), 병고(疾病), 고독고(孤獨), 무위고(無爲)를 의미한다. 노인의 문제 유형은 아래와 같다.

첫째, 소득감소와 경제적 의존으로 노인의 경제적인 여건은 매우 어려운 실정이다. 이러한 이유는 연금제도와 같은 공적연금제도의 미비로 빈곤이 야기되고 우리나라가 해결해야 하는 가장 시급한 노인문제이다. 이러한 노후설계의 미비는 노화를 목전에 두고 있는 퇴직자만을 교육하는 것이 아니라 예비노인부터 노년기 생활에 대한 전반적인 것을 준비하는 프로그램이 절실히 필요하다.

둘째, 건강약화와 보호문제로 치매 등 만성질환은 증상이 완화되는 질병이 아니며, 가족들에게도 심한 충격으로 다가온다. 이러한 만성질환의 가장 큰 문제는 의료비 부담이다. 만성질환이 없는 노인에 비해 만성질환을 보유한 노인이 전체 의료비용의 95%를 차지하며(이윤환, 2012), 또한 만성질환을 1개라도 보유한 경우에는 입원 의료서비스를 8배 더 높게 이용하는 것으로 나타났다(이원식, 2018). 그러므로 경제적 문제, 간호문제, 일상생활을 유지하는데 케어해 줄 사람들이 필요하다.

셋째, 역할상실과 지위상실, 사회활동 참여의 기회상실 등으로 인한 고통은 여가활동문제와 연결되어 노인의 중대한 사회문제가 되고 있다. 노인들의 여가활동 공간으로 경로당은 재정상태가 열악하여 비조직적으로 운영이 되고 활성화된 여가프로그램이 부족한 실정이다. 노인복지관의 경우에는 기초수급자를 최우선 대상으로 하기 때문에 프로그램에서 제외되는 경우가 많다. 효과적인 사회활동 참여 및 여가활동에 참여할 수 있는 프로그램 개발이 이루어져야 한다. 또한 노인들의 여가활동 공간과 프로그램을 다양화해야 하며, 접근성(accessibility)도 편리하게 강화하고, 참여대상자를 보편화하는 복지가 되도록 해야 한다. 기초수급자 위주가 아니라 일반 노인들도 복지관이나 경로당 프로그램에 참여할 수 있도록 활성화되어야 한다(노수희, 2021: 99).

넷째, 심리사회적 고립과 고독, 소외는 배우자 및 친구, 친인척의 사망으로 심한 상실감, 허무감, 절망감, 고독감 등의 정신질환을 경험하는 경우가 많다. 이러한 문제를 극복하기 위해서는 사회적 지지체계와 사회관계망이 더 폭넓게 필요하다. 노인에 대한 교육프로그램 개발뿐만 아니라 프로그램이 다양화되고 활성화되어야 한다. 또한 배우자 사별, 친구, 친인척에 대한 사별은 경험 이후 노인의 정신장애가 급격히 악화되므로 배우자와 주변인 등의 사별에 대한 준비과정도 필요하다.

다섯째, 노인의 성문제로 노년기 부부에게는 성적 적응에 관한 관심사가 크다. 우리 사회는 노인이 성적 관심을 보이면 점잖지 않다고 간주하는 편견이 있다. 그러나 부부생활에서 성생활은 자연스러운 일이며, 인간의 본능 차원에서 노년기 부부도 예외가 아니다. 이러한 성적 관심을 금기시하는 태도는 바뀌어야 하고 활기찬 노년을 위해서 활발한 성생활을 유지하는 것도 필요하다. 사회복지사는 성에 대한 올바른 정보제공, 재혼을 위한 상담 및 프로그램 제공, 노인 성에 대한 성상담전문가 육성과 전문상담소가 필요하다.

여섯째, 노인학대에 관련된 문제는 노인에게 신체적, 정서적, 언어적, 성적, 경제적으로 고통 및 장해를 주는 행위로 노인에게 필요한 노인보호서비스, 학대예방을 위한 제도적 장치의 보안이 필요하다. 노인학대는 연령별로는 70대(44.2%)가 가장 많고 그 다음이 80대(30.9%)이다. 학대 장소는 가정 내 학대 발생률(89.3)이 가장 높았으며, 학대행위자는 아들(37.5%)이 가장 많았고 정서적 학대(42.0%)와 신체적 학대(36.4%)가 가장 많이 나타났다(중앙노인보호전문기관, 2018). 또한 노인학대는 여성, 학력이 낮을수록, 경제력이 어려울수록, 사회적 지지체계가 빈

약할수록 나타났다. 이와 함께 노인의 만성질환으로 의존성이 높거나 부양의무자의 과중한 부양부담이 노인학대로 이어지는 경우가 많다. 그러므로 가족 수발을 보충 지원하는 서비스체계, 노인부양에 대한 사회적 원조가 더 확대가 요구된다.

2) 심리체계 측면

첫째, 죽음에 대한 태도이다. 죽음불안(death anxiety)은 죽음은 인간이 피할 수 없는 자연스러운 현상이지만 죽음이라는 사건과 죽음이라는 것은 공포, 혐오감, 부인 등의 부정적인 감정을 유발한다. 죽음불안은 노년기에 더 직접적인 영향을 미치지만 죽음은 자신뿐만 아니라 가족, 친지, 친구의 죽음에 대해서도 수용하는 태도가 필요하다. 그러므로 노인이 혼자 된 삶을 적응하기 위해서는 가족, 자녀의 지지, 자아존중감 향상 등이 필요하다. 또한 비애의 관리 과정과 죽음에 대한 교육, 즉 'well dying' 교육프로그램도 이러한 맥락에서 권장된다. 노년기를 죽음으로 치닫는 과정으로만 볼 것이 아니라 삶을 통합, 완성하는 과정으로 바라보는 사회적 인식이 더 확장되도록 하는 인문학 프로그램도 활성화될 필요가 요구된다. 이러한 맥락에서 각종 종교적 활동도 노인들에게 어느 정도 도움이 될 것으로 판단된다(노수희, 2021: 98).

둘째, 자아통합이다. 자신이 살아온 세월을 회상하였을 때 만족과 보람을 느끼게 된다면 자아통합이 이루어지지만 반면에, 삶이 무의미했고, 허망하고 후회스럽다면 원망, 절망과 우울을 경험하게 된다. 그러므로 남은 삶이 자아통합을 이루게 되면 평온하여 죽음에 대한 동요도 없이 유연하게 대처할 수 있으나 자아통합을 이루지 못한다면 인생을 잘못 살았다는 회한으로 죽음에 대한 불안을 느끼게 된다. 이러한 과정을 사회복지사는 현장에서 적용하여 노인들의 성공적인 노화과정에 개입할 수 있다.

셋째, 호스피스이다. 임종과 죽음을 앞두고 있는 노인들을 위해 합당한 기술과 서비스를 토대로 다양한 프로그램이 개발되어야 한다. 가족에게도 노인의 죽음에 대한 교육제공으로 조력자의 역할을 할 수 있도록 하여야 한다. 호스피스의 활동적인 목표는 죽음이 예고된 환자의 고통과 공포를 완화시키고 심리적 지원으로 편안함을 주는 것이다. 또한 가족들에게도 마지막 순간을 편안하게 맞이하도록 환자가족을 여러 상황의 요구를 충족시키며, 사별가족의 슬픔과 고통을 경감시키는 총체적인 돌봄이다.

넷째, 그 밖에 노년기에 대한 원조로는 심리적으로 위축된 문제를 해결하기 위한 지지적 상담프로그램, 소외와 고독을 극복할 수 있도록 사회교육프로그램 등을 실시하여야 하며, 특히 치매, 만성질환, 빈곤 등을 위한 전문적 치료프로그램, 각종 상담 및 교육프로그램, 가정봉사원 파견 프로그램이 더 구체적, 체계적으로 확장되고 보완되어야 한다.

연습문제

1 다음 중 노년기의 심리적 특성을 올바르게 설명한 것은?

① 우울 성향이 증가하고 과거에 대한 회상을 기피하려고 한다.
② 외적사물, 행동보다 내적측면에 관심을 가진다.
③ 성역할 지각이 고정화되어 남성성, 여성성이 보다 더 강해진다.
④ 여생을 고려하여 지금까지 해결하지 못한 것을 덮으려고 한다.
⑤ 사용해 온 물건에 대한 애착이 줄어든다.

2 노년기(65세 이상)의 특징으로 옳지 않은 것은?

① 죽음에 대한 공포, 혐오감 등 부정적인 감정이 유발되기도 한다.
② 치매는 인지기능과 정신기능의 감퇴로 일상적 사회활동에 지장을 준다.
③ 조심성, 경직성, 능동성, 외향성이 증가된다.
④ 남성노인은 생식기능, 성교 능력이 저하되긴 하지만 여성노인은 기능의 저하가 덜하다.
⑤ 일반적으로 단기기억 능력이 감퇴한다.

3 노년기(65세 이상)의 특징으로 옳은 것은?

① 연령이 증가함에 따라 수면시간이 증가한다.
② 장기기억은 약화되지만 최근 기억은 강화된다.

③ 우리사회는 노년기 연령규범에 대한 명확한 합의가 있다.
④ 제도적 지위와 역할은 늘어나며 비공식적 역할은 축소된다.
⑤ 중년기부터 나타나기 시작한 시각기능의 원시현상이 더욱 뚜렷해진다.

4 노년기(65세 이상)의 특징으로 옳은 것은?

① 결정할 일이 너무 많아 심리적 유예기간이 필요한 시기이다.
② 살아온 세월을 회상하였을 때 만족과 보람을 느끼게 된다면 자아정체감이 이루어진다.
③ 죽음이라는 사건과 죽음이라는 것은 공포, 혐오감, 부인 등의 긍정적인 감정을 유발한다.
④ 단기기억보다는 장기기억의 감퇴 속도가 느리다.
⑤ 노년을 위해서 성생활을 유지하는 것보다는 건강을 위해 성적 관심은 불필요하다.

5 노년기(65세 이상)의 설명으로 옳은 것을 모두 고른 것은?

가. 노년기의 과업은 자신의 삶을 수용하는 것이다.
나. 사회적 역할의 축소는 고독과 소외를 초래하기도 한다.
다. 전반적으로 반응속도가 저하되어 안전사고를 당할 가능성이 높다.
라. 기능손상과 만성질환의 위험으로 인한 스트레스를 경험하기 쉽다.

① 가, 나, 다, 라 ② 가 ③ 가, 다
④ 가, 다, 라 ⑤ 가, 나, 다

6 노년기에 대한 사회복지실천과 거리가 먼 것은?

① 노인의 여가활동 및 사회활동참여 개발
② 폐경 경험에 대한 준비가 필요
③ 우울성향에 대한 개입
④ 노인학대 발견 시 신고
⑤ 죽음에 대한 준비를 원조

7 노년기 사회복지실천에 대한 설명으로 옳은 것은?

① 불안과 우울성을 감소하기 위해 준비 없는 죽음을 맞이할 수 있도록 원조한다.
② 노년기에 경험하는 4고(苦)인 질병, 빈곤, 고독, 무위(역할 상실)에 대해 지원한다.
③ 배우자 상실 등에 대한 슬픔을 시간 내에 빨리 끝낼 수 있도록 지원한다.
④ 말기 암환자 등에 대한 활동은 경제적 지원에 초점을 두고 지지한다.
⑤ 타인의 보편적인 세계와 자신의 독특한 세계를 구별할 수 있도록 지원한다.

정답 1. ② 2. ③ 3. ⑤ 4. ④ 5. ① 6. ② 7. ②

PART 03

인간행동

CHAPTER

06

정신분석 : 프로이트

1. 정신역동이론의 개요

정신역동이론(psychoanalytic theory)은 프로이트의 정신분석에서 출발하여 이 이론에 영향을 받아 탄생한 아들러의 개인심리학(individual psychology), 융의 분석심리학(analytic psychology), 그리고 에릭슨의 심리사회적 이론(psychosocial theory), 설리반(Stack Sullivan, 1892~1949)의 대인관계이론까지 폭넓게 일컫는다. 이 이론들을 정신역동이론이라고 하는 이유는 이 이론들이 대부분 인간행동을 '정신 내의 운동과 상호작용'에 초점을 두기 때문이다(천정웅 외, 2019: 135).

이론들에 따라 주요 초점과 병리의 출발점은 서로 다르지만, 대부분 정신이 행동을 어떻게 자극하는지를 알고자 하였다. 그리고 정신과 행동이 개인의 사회환경과 어떻게 서로 영향을 주고받는지를 강조한다는 점에서 정신역동이론이라고 한다(최옥채 외, 2021: 41).

정신역동이론은 인간의 심리정서적 요소는 개인의 심리 내부에서 출발한다고 주장한다. 사고, 느낌, 행동 등의 현상들을 욕구충족과 현상들을 방해하는 조건 간의 상호작용이나 충돌의 결과로 설명하는 정신분석이론의 한 측면을 가리키는 용어이다. 이 이론은 정신치료(psychotherapy)라는 직접적으로 접근하는 실천체계의 토대가 되었고, 문학 및 예술의 배경으로서도 기능한다. 모든 이론들이 현상을 규정하고 개념을 설명하며, 그 이론을 통해 실천에 접근하게 한다. 정신역동이론뿐만 아니라 어떤 이론이라도 실천에 접근할 때 장단점을 가지고 있다. 정신역동이론은 개인의 심리를 지각하는 외부현실 속에서 성, 관계, 생존 등의 욕구를 해소하는 과정에서 발생하는 행동체계를 이해하고자 한다. 또한 심리작용이 대개 무의식의 과정을 통해 발생하기 때문에 개인은 심리정서의 원인을 제대로 알아차리지 못한다고 가정한다(이영호 외, 2018: 31).

정신역동은 정신결정론(psychic determinism)과 무의식(unconsciousness)을 기초로 인간의 심리현상과 행동을 설명한다. 정신결정론이란 사람들의 지금의 생각이나 행동은 과거의 경험에서 영향을 받는다는 것이다. 무의식은 의식적인 수준에서 일어나지 않는 정신적 활동을 의미하는데, 정신역동에서는 인간행동이 무의식적 동기나 의도의 영향을 받는다고 설명한다.

사회복지실천의 역사에서 볼 때, 1920년대에 출현한 진단주의학파(diagnostic schools)에 프로이트의 정신분석이론은 적극 수용되어 이론적 토대로 기능하였다. 그러나 정신역동이론은 지나치게 병리적이고 결정론적이며, 환경을 고려하지 않아서 비판을 받기도 하였다.

여기에서는 정신역동이론의 출발점이라고 할 수 있는 프로이트이론과 프로이트의 영향을 받아 무의식을 개인과 집단무의식으로 강조한 융의 이론, 무의식보다 자아의 영향을 강조하고 사회적 관계의 중요성을 제시한 에릭슨의 이론과 아들러이론의 핵심 개념과 발달단계를 살펴보고자 한다. 그리고 이러한 정신역동이론들이 미시적 접근의 사회복지실천에 미친 영향을 살펴보고자 한다.

2. 정신분석 : 프로이트

1) 정신분석의 개요

정신분석이론(psychoanalytic theory)은 20세기 서구문명의 지적 충격을 주었던 이론으로서 프로이트에 의해 최초로 개발된 성격발달이론이다. 이 이론은 인간의 행동, 사고, 감정은 무의식적 동기를 지니고 있다는 무의식에 초점을 두었다. 이와 함께 무의식적인 성적·공격적 충동에 의해 발생하는 갈등이 행동으로 표출되는 것을 파악하고 이를 분석한 이론이다. 프로이트이론의 특징은 인간의 성격발달에서 성적 욕망을 강조하고 있다(정서영 외, 2017b: 36).

프로이트는 다양한 정신장애를 지닌 환자들을 면담하며 치료하는 과정에서 무의식과 성적인 욕구의 중요성을 깨달았다. 또한 자기분석의 경험에 근거하여 인간의 무의식적인 내면세계를 설명하는 성격이론을 제시함으로써 인간을 이해하는 새로운 지평을 열었다. 그는 현재를 사는 우리들에게 자신이 모르는 마음의 세계가 있다는 것을 가르쳐 주었다.

프로이트의 이론은 인생의 초기 경험, 즉 어릴 때의 경험이 인간의 성격발달에 미치는 영향을 강조하였다. 또한 성적 에너지인 리비도의 욕구충족이 발달에 큰 영향을 미친다고 보았기 때문에 '심리성적 발달이론(psychosexual development theory)'이라고도 불린다(박희숙 · 강민희, 2017: 15).

정신분석이론에서는 개인의 행동과 감정, 생각 등이 우연히 일어난 것이 아니라, 무의식적인 성적·공격적 충동에 의한 것이라 여기며, 결정론적 관점에 바탕을 두고 있다.

2) 프로이트의 생애와 사상

프로이트(Sigmund Freud, 1856~1939)는 1856년 5월 6일 모라비아(Moravia, 체코 동부) 지방의 프라이베르크에서 유대인으로 출생하였다. 그의 아버지는 세 번째 결혼한 아말리에(Amalie)와의 사이에서 프로이트를 낳았다. 그의 이복형은 어머니와 나이가 비슷했으며, 이복형제들에 비해 어머니의 보살핌을 많이 받았고, 김나지움(Gymnasium, 독일의 중등교육기관) 7학년 내내 최우수 학생으로 총명했다. 빈대학교(University of Vienna) 의학부에 입학하여 폰 브뤼케(Ernst Wilhelm von Brueke, 1819~1892) 실험실에서 신경해부학(neuroanatomy)을 공부하였다. 1885년 파리 살페트리에르(Salpetriere) 정신병원에서 샤르코(Jean-Martin Charcot, 1825~1893)의 지도 아래 히스테리(hysteric) 환자들을 관찰하였다. 1889년 여름에는 낭시(Nancy, 프랑스 북동부)의 베르넴과 레보 밑에서 최면술을 보게 되어, 인간의 마음에는 본인이 의식하지 못하는 과정, 즉 무의식이 존재한다는 것을 믿게 되었다.

프로이트가 최면술에 관심을 가진 것은 브로이어(J. Breuer)가 히스테리 환자에게 최면술을 걸어 잊혀 가는 마음의 상처(심적 외상)를 상기시키면 히스테리가 치유된다는 사실을 발견하였기 때문이다. 그는 브로이어와 공동으로 그 치유의 방법을 연구하였고, 1893년 카타르시스(katharsis, 정화)법을 확립하였다. 그러나 얼마 후 이 치유법에 결함이 있음을 깨닫고 최면술 대신 자유연상법을 사용하여 히스테리를 치료하는 방법을 발견하였으며, 1896년 이 치료법에 '정신분석'이라는 이름을 붙였다.

1902년에는 빈대학교에 의학부 교수로 재직하면서 점차 뜻을 같이하는 사람들(슈테켈, 아들러, 융, 브로일러 등)이 나타났으며, 1908년에는 제1회 국제정신분석학회가 개최되어 잡지 『정신병리학·정신분석학연구연보(1908~1914)』, 『국제정신분석학잡지』 등이 간행되었다. 또 1909년 클라크대학교 20주년 기념식에 초청되어 행한 강연은 정신분석을 미국에 보급시키는 계기가 되었다. 제1차 세계대전 후 사변적 경향을 강화하여 원초아, 자아, 초자아와 같은 생각과, 생의 본능인 에로스, 죽음의 본능인 타나토스(Thanatos) 등의 이론을 주장하였다. 1938년 오스트리아가 독일에 합병되자 나치스에 쫓겨 런던으로 망명하였고, 이듬해 암으로 세상을 떠났다. 그의 유골은 지금 런던의 골더스 그린(Golders Green)에 안장되었고, 그가 마지막 저서를 집필했던 마레스필드(Maresfield) 가든 20번지에는 프로이트 박물관이 세워졌다.

그가 좋아했던 성경과 문학에 대한 해박한 지식은 그의 정신분석학적 용어에 대해 큰 영향을 끼친다. '오이디푸스 콤플렉스(Oedipus complex)'나 '나르시시즘(narcissism)' 같은 이론은 문학작품이나 신화를 통해 설명되었으며, 무의식 개념을 새로운 미학으로 인문학에 영향을 미치게 된다.

20세기의 사상가로 프로이트만큼 큰 영향을 끼친 인물은 없다고 평가된다. 또한 그는 무에서 유를 창조한 사람으로 심리학, 정신의학뿐만 아니라 사회학, 사회심리학, 문화인류학, 교육학, 범죄학, 문예비평에도 큰 영향을 끼쳤다. 그러나 수많은 학자들이 추종도 하였지만 극렬한 비판도 동시에 가져 여러 연구자들과 결별을 했다.

주요 저서에는 『히스테리 연구(*Studien über Hysterie*, 1895)』, 『꿈의 해석(*Die Traumdeutung*, 1900)』, 『일상생활의 정신병리학(*Zur Psychopathologie des Alltagslebens*, 1902)』, 『성욕에 관한 세 편의 에세이(*Drei Abhandlungen zur Sexualtheorie*, 1905)』, 『토템과 터부(*Totem und Tabu*, 1913)』, 『정신분석입문(*Vorlesungen zur Einführung in die Psychoanalyse*, 1916)』, 『쾌락원칙을 넘어서(*Beyond The Pleasure Principle*, 1920)』, 『새로운 정신분석입문(*Neue Folge der Vorlesungen zur Einführung in die Psychoanalyse*, 1932)』, 『정신분석학 개요(*Abriß der Psychoanalyse*, 1943)』 등이 있다.

3) 인간론

프로이트는 인간을 수동적이며, 비합리적이고 결정론적인 존재 그리고 투쟁적 인간으로 보고 있다. 이렇게 본 이유를 인간의 행동은 성적본능과 공격적 본능인 무의식적인 본능에 의해 결정되기 때문이라고 설명한다. 더불어 인간의 자유의지, 자기결정, 자율성이 없는 비합리적이고 자신을 통제할 수 없는 무의식적인 본능에 의해 지배 받는 수동적 존재로 보았다. 뿐만 아니라 인간은 현재보다 오히려 과거의 생활경험들에 의해 더 큰 영향을 받아 자신의 생각, 말, 행동 등의 행위를 결정하고, 그에 따른 책임을 질 수 있는 주체자로서 행동하지 못한다고 보았다.

프로이트가 설명한 정신결정론은 인간이 태어난 이후 초기 아동기인 5~6세 사이의 경험이 무의식 속에 잠재해 있는 심리성적인 사건들에 의하여 결정되어 있는 존재라는 것이다. 즉, 인간의 모든 사고, 감정, 행동은 무의식적인 성적 본능과 공격적 본능에 의해 결정된다고 보았다. 그는 인간을 이런 본능적 긴장을 해소하기 위해 행동을 하는 과거 속의 포로와 같은 존재로 보았다. 더불어 자신의 행복을 위해서는 사회에 지속적으로 대항하고 무의식 속에 내포하고 있는 내적 충동, 즉 긴장상태를 제거하기 위해 쾌락을 추구하는 속성이 있다고 주장한다.

프로이트에 따르면, 인간에게 나타나는 대부분의 행동은 근원적으로 성적인 충동에 의한 것이며, 그러한 충동이 사회적으로 수용될 수 있는 형태로 변형되어 나타난 것이다. 그는 인간의 마음을 움직이는 가장 중요한 동기를 성욕, 즉 리비도(libido)라고 보았다.

정신분석에서 인간의 본능은 태어나면서 나타나는 것으로 신체적 흥분이나 요구가 소망의 형태로 나타난 것으로 흥분상태를 말하며, 인간의 행동은 이러한 본능에 의해 이루어진다. 인간의 본능(instinct)을 두 개의 상반된 본능으로 강조하며, 삶의 본능(life instinct)과 죽음의 본능(death instinct)으로 나누어 설명한다. 삶의 본능은 '에로스(eros)'라고도 하며, 배고픔과 같이 삶을 유지, 타인과 사랑을 나누고 종족을 번식시키는 성, 즉 성적 본능과 같은 것 등을 말한다. 성에 대한 본능은 개인의 정신구조, 성격발달에서 상당히 중요한 역할을 하므로 프로이트는 이것의 영향력이 가장 큰 삶의 본능이라 생각했다. 성 본능에 내재된 리비도(libido, 라틴어의 '소망', '욕구'에서 유래)라는 것인데, 이는 생존본능의 힘을 일컫는 것이 되었다. 그리고 다른 하나는 '타나토스(thanatos)'라고 하는 죽음의 본능이다. 이것은 인간 모두가 가지고 있는 죽음과 파괴, 즉 부정적인 힘에 대한 경향을 말한다. 타나토스는 인간이 가지는 공격성, 잔인성, 자살, 전쟁 심지어 소리를 지르거나 욕을 하는 것도 해당된다. 프로이트는 이러한 감정을 조금씩 해소하지 않고 한꺼번에 감정이 폭발하게 되어 폭력, 살인, 방화 등을 하게 되거나, 사이코패스 같은 정신분열병에 걸리게 된다는 것이다(이우언 외, 2017: 150-151).

삶과 죽음의 본능은 서로 영향을 미치며, 서로 융합되어 있기도 하는 것으로 예를 들어, 음식을 먹는 것은 배고픔을 해결하고자 하는 삶의 본능적 표현이지만, 음식물을 파괴하여 섭취한다는 점에서 죽음의 본능이다.

4) 주요 내용

(1) 인간의 정신세계

프로이트이론은 인간의 의식수준을 지형학적 모형과 성격구조를 구조적 모형으로 제시하고 있으며, 지형학적 모형은 우리의 심리를 나타내는 것으로 무의식, 전의식, 의식으로 구분된다. 마음을 나타내는 구조적인 모형은 원초아, 자아, 초자아로 구분되며, 이 각각의 삼차원의 구조가 상호작용하여 전체 성격체계를 구성하고, 각각의 하위체계는 개인의 행동에 각기 다른 영향을 미친다.

① 지형학적 모형

프로이트는 보이지 않는 인간의 정신을 보다 잘 설명하기 위해 의식, 전의식, 무의식이란 개념을 포함한 정신의 지도를 빙산(iceberg)에 비유하여 그려 냈다. 즉, 우리가 볼 수 있는 빙산은 거대한 실체의 일부이듯 인간의 '의식'은 우리 정신세계의 극히 일부이며, 우리가 의식하지 못하는 '무의식'이라는 거대한 부분이 인간 정신의 내면 깊은 곳에 있다는 것이다. 또한 의식, 전의식, 무의식의 기제들은 서로 다르게 작동한다. 그리고 무의식을 다시 전의식과 무의식으로 구분하였다(Freud, 1905, 1923; 박언하 외, 2019: 33-35; 강상경, 2018: 62-67; 정서영, 2017a: 94-98).

의식

의식(conscious)은 현재 인간이 감지하고 느끼는 모든 것을 의미하며, 외부세계와 직접 맞닿아 있는 영역이다(Freud, 1923). 또한 개인이 순간에 알아차리고 인식할 수 있는 생각이나 기억, 느낄 수 있는 감정, 사고와 감각을 말한다. 그러나 의식은 새로운 생각이 들어오면서 오랜 생각은 물러나기도 하면서 계속 변한다. 당신이 생각하여 현재 어떤 것을 얘기할 때, 당신은 아마도 의식의 일부분을 표현하고 있다고 할 수 있다. 프로이트는 우리가 자각하고 있는 의식은 정신생활에 중심이 아니라 빙산의 일각에 불과하며, 우리가 자각하지 못한 부분이 더 많다는 것을 강조하였다. 정신생활 영역, 즉 깨어 있을 때 작용하는 영역인 의식보다는 의식 영역 밖의 훨씬 큰 세계가 전의식과 무의식이란 이름으로 인간의 성격과 행동에 지대한 영향력을 행사하고 있다고 믿었다.

전의식

전의식(preconscious)은 지금 현재, 어느 순간에는 의식되지는 않지만, 기억해 내려고 노력하여 마음을 집중하면 비교적 쉽게 의식될 수 있는 영역이다. 예를 들어, 길을 가다가 낯익은 한 사람을 만났다. 그 사람이 반갑게 아는 척을 하며 다가오는데 잘 기억이 나지 않는다. 그때 그 사람이 자신이 초등학교 6학년 때 같은 반 친구였음을 알려오면 불현듯 그 시절의 잊고 지냈던 추억들이 되살아난다. 전의식은 의식과 무의식의 중간에 있는 자각으로서 필요할 때 용이하게 의식으로 가져올 수 있는 정신의 부분이다. 엄격히 말하면, 전의식은 무의식의 부분으로 의식 속에는 없지만 쉽게 거기에 저장된 기억, 지각, 생각이 의식으로 변화될 수 있는 정신세계의 일부분으로 의식의 아랫부분에 위치하여 이용 가능한 기억이다. 전의식은 무의식과 의식을 연결하는 가교역할을 하는데, 정신분석치료에 의해 무의식 속에 잠재되었던 내용이 전의식으로 나오고 전의식 수준에서 다시 의식될 수 있다.

✩ 무의식

프로이트는 의식된 현실에서 받아들여지기 어려운 충동이나 욕구 혹은 고통스러운 기억과 감정을 의식 아래로 억압하는 경향이 있다고 주장하였다. 평소에는 의식하지 못하는 부분으로 이를 설명하기 위해 무의식(unconscious)이란 개념을 학문에 최초로 사용하였다. 프로이트의 가장 큰 공헌은 무의식에 대한 인식이다. 무의식은 정신의 가장 깊은 곳에 자리하고 있으며, 개인이 자각하지 못하는 경험과 기억으로 구성된다. 무의식은 개인적인 노력으로 의식화될 수 없으나 부지불식간, 즉 우연히 자신도 모르게 나타날 수도 있고, 리비도 같은 정신에너지의 원천으로 인간의 생각과 행동을 결정하는 원동력이다. 무의식에 대한 임상적인 증거는 꿈, 말실수, 망각, 자유연상이나 도출된 자료, 최면 암시, 정신적 증상의 상징적 내용 등이 있다. 또한 그는 사람들이 무의식의 자료를 의식하지는 못하지만 인간의 행동을 결정한다고 보았다. 경험에 기초한 무의식은 평소에는 억압의 상태로 저장되어 있지만 가만히 정체되어 있는 것이 아니라 기회만 되면 의식으로 나타나는 속성을 가지고 있어 사람들이 행하는 행동에 영향을 미친다. 따라서 그의 이론의 핵심은 무의식이라고 해도 과언이 아니다.

② 구조적 모형

프로이트는 1923년 자신의 저서 『자아와 원초아(*the Ego and the Id*)』를 통해서 자아, 원초아, 초자아의 삼원적 구조모형(tripartite structural model)을 소개하였다. 그는 원초아, 자아, 초자아라는 세 가지 성격 구조를 제안했으며, 특히 자아의 기능을 중요하게 여겼다. 인간의 정신세계는 매우 충동적이고 비합리적인 마음, 현실을 인식하는 합리적인 마음, 도덕과 양심을 중시하는 마음이 서로 충돌하고 타협하면서 외부세계와 상호작용한다고 하였다(이우언 외, 2017: 153).

✩ 원초아

원초아(Id)는 원초적 자아 또는 자아의 원초(原初)라는 뜻의 한자 조어로 프로이트의 이론에서는 배고픔과 목마름 같은 생리적 욕구들과 성과 공격의 충동들로 쾌락원칙을 따르며 일차과정적 사고로 기능한다.

일차과정이란 욕구충족의 방식이면서 사고의 양식이다. 일차과정적 욕구충족은 즉각적인 대신 대상이나 방법이 유동적이다. 배고픈 아기는 엄마가 자기 앞에서 우유를 타고 있는데도 즉각적 충족을 요구하며, 울어대지만 엄마가 빈 젖꼭지(소위 '공갈 젖꼭지')를 물려주면 그치고 또한 자기 손가락을 빨며 울음을 그치기도 한다. 물론 빈 젖꼭지나 손가락에서 젖이 나오는 것이 아니므로 아기는 곧 다시 운다. 배고픈 아기가 마구 울다가 젖을 먹으면 웃는 것처럼, 충동들이 만들어 내는 긴장이 해소될 때 즐거움과 행복이 느껴진다.

일차과정적 사고양식은 비합리적이고 시각적 심상에 의존하며, 시간의식이 없는 것이 특징이다. 꿈의 사고가 바로 이러한 양식으로 주로 시각적 심상들로 나타나며 과거와 현재가 뒤섞이는 꿈의 사고는 비합리적이어서 '사고'라고 말하기 어렵다.

원초아는 심리적 에너지의 원천이자 본능이 자리 잡고 있는 곳이다. 그리고 근본적으로 성적이고 공격적인 충동으로 마음에 대한 본능적 압력의 종합적인 조직을 나타낸다. 이는 쾌락의 원리(pleasure principle)에 따라 본능적 욕구를 충족시키기 위하여 비논리적이고 맹목적으로 작용한다. 원초아에는 욕망 실현을 위한 사고능력이 없으며, 단지 욕망의 충족을 소망하고 그것을 위해 움직일 뿐이다. 원초아는 무의식적(unconscious)이거나, 의식 외적(out of awareness)인 존재이다. 반사작용으로 생리적이며 자동적 반응, 즉 눈 깜박임, 재채기 등도 포함된다.

✩ 자아

라틴어 *ego*의 번역인 '자아(Ego)'는 '나'는 보고 들으며, 기억하고, 감정을 느끼며, 판단을 내린다. '나'는 수의적 운동을 맡는다는 점에서 성격의 '집행자'이다. 즉, 원초아와 초자아의 제한을 고려하여 원초아의 충동적 욕구를 현실적으로 충족시키고자 노력하는 합리적, 현실지향적 성격구조이다. 자아는 너무 강한 자극들은 피하고 적당한 자극들을 찾아내며, 결국 바깥세계에서 유리한 쪽으로 변화시키기를 배운다. 또한 현실의 원리에 의해 작동되며, 생후 4~6개월부터 발달한다.

현실의 원리(realism)에 입각하여 욕구충족을 위해 적합한 대상이 발견될 때까지 긴장해소를 보류할 수 있다. 이차적 과정으로 현실적 사고과정을 통하여 통제하고 반응할 환경의 성질을 검토, 선정하고 욕구를 어떤 방법으로 만족시킬 수 있는가 결정한다. 자아는 원초아와 초자아 사이에서 균형을 유지하며, 갈등을 소화해 내는 기능을 한다. 현실을 무시하고 쾌락의 원리에 입각하여 작용하는 원초아(Id)와 이상을 지향하는 초자아(Superego)를 통합, 조정하는 중재자 역할을 한다. 예를 들어, 목이 마를 때 '물'의 심상을 떠올리는 것이 아니라, 기다리면 물을 가져다줄 것이라고 기대하는 것이다.

✩ 초자아

초자아(Superego)란 사회의 기준과 옳고 그름을 판단, 결정하는 마음의 지침이며, 타인과 사회가 인정하는 도덕 기준, 즉 사회규범에 따라 행동을 유도하는 기능이다. 쾌락보다는 완벽함을 추구하고 현실보다는 이상적인 것을 기대하며, 자아와 함께 자신의 행동을 옳고 그름으로 통제한다.

3~5세 사이에 발달하는 초자아는 가장 마지막에 발달하는 체계로서 부모의 영향과 부모를 동일시 과정을 통해 발달한다. 부모의 영향에는 물론 부모의 개성뿐 아니라 부모가 이어가는 가족, 민족 전통의 영향, 부모가 대표하는 당시의 사회적 환경의 요구들도 작용한다. 또한 아동이 커가면서 초자아는 부모의 대리인들, 즉 교육자, 주양육자, 공적인 모델 등이 주는 영향도 받게 된다.

이는 자아에서 분리된 부분으로 개인이 생의 초기에 받는 도덕적 훈련의 잔재이며, 가장 중요한 아동기 동일시와 이상적인 포부의 침전물이다. 따라서 초자아는 선천적인 것은 아니며, 사회기준을 내면화하여 부모나 선생님 등이 주는 심리적인 보상과 처벌로 발달한다. 보상이란 자존심과 자기애의 느낌이고 벌이란 죄의식과 열등감의 느낌이다. 부모가 어린이에게 설명해 줌으로써 부모가 어린이에게 주는 보상이나 벌에 대한 반응으로 발달한다. 또한 초자아는 정신구조의 최고 단계로서 양심과 자아이상의 두 측면을 설명한다. 양심은 부모가 자녀의 행동에 대하여 부적합하다고 하거나 벌하는 것으로 발달한다. 그러나 자아이상은 자녀의 행동을 승인, 칭찬해 주는 것으로 발달하여 선에 대한 개념이 발전한다.

원초아는 생물학적 요소이며 무의식에 속한다면 자아는 심리적 요소, 초자아는 사회적 요소에 대응한다고 할 수 있으며, 자아와 초자아는 의식과 무의식에 걸쳐 있다고 할 수 있다. 원초아, 자아, 초자아의 관계는 각 고유한 기능과 특성, 역동성을 지니며, 성격발달과 형성에 중요한 요소이다. 이것들은 각자가 고정되어 있는 것이 아니라 서로 강, 약의 관계를 주고받으면서 상호작용한다. 이 세 가지의 관계가 모두 전체적으로 기능하고 서로 조화롭게 또는 상황에 맞도록 욕구를 충족시킨다면 정신상태가 건강하게 유지될 수 있다. 또한 어느 것이 통제력을 더 많이 행사하느냐에 따라 인간의 행동의 특성이 결정된다.

(2) 불안(anxiety)

프로이트는 신경증 치료를 하면서 불안현상에 흥미를 갖게 되었다. 불안은 원초아의 지나친 욕구와 초자아의 규제로 인해 자아 사이에서 갈등을 한다. 이때에 분출하지 못하는 성 본능이 존재할 때 주로 느끼게 되고 이러한 갈등은 긴장상태를 만들어 내어 불안을 느끼게 된다. 이러한 자아에 대한 불안을 해소하기 위해 방어기제를 사용한다. 프로이트는 불안을 중요한 개념으로 신경증의 원인으로 보았다. 자아를 위협하는 외적환경과 원초아, 초자아에 따라 도덕적 불안, 현실적 불안, 신경증 불안의 형태로 나눌 수 있다.

① 도덕적 불안(moral anxiety)은 개인의 양심에 따른 두려움으로 원초아와 초자아 간의 갈등에서 비롯되며, 원초아의 욕구를 충족시키는 것이 도덕적 원칙, 사회규범, 가치관 등을 위배했을 경우에 경험하는 불안이다. 예를 들면, 아동이 부모의 돈을 몰래 사용할 때 부모의 처벌을 두려워하는 경우에 경험하는 불안이다.

② 현실적 불안(reality anxiety)은 현실세계에서 일어날 수 있는 현상의 위험에 대한 정서적 반응과 두려움 혹은 고통스러운 심리적 체험으로 인해 경험하는 불안이다. 또한 불안은 위험을 직면하게 되면 어떤 행동을 해서라도 위험을 회피, 감소, 해소시켜야 한다는 것을 미리 고지하는 자극의 역할을 한다. 현실 불안은 근거 있는 불안으로 제거가 되면 자연스럽게 해소된다. 예를 들면, 내일 당장 시험 치는 날인데 시험공부를 충분히 안 해서 느끼는 불안이다.

③ 신경증 불안(neurotic anxiety)은 공격적 본능, 성적 본능 등의 원초아 욕구를 표출하려는 것에 자아가 조절이 불가능하고 위협을 느낄 때 경험하는 정서적 불안이다. 주로 원초아 욕구가 의식으로 나타날 때 자아의 갈등, 충돌로 나타나며, 신경증의 주요 원인이 된다. 이 불안은 아버지의 꾸중에 대들고 싶은 충동을 참는 경우가 속하며, 어떤 일에서도 꾸중만 계속 듣게 된다면 충동을 억압하여 나타나는 것이 신경증 불안으로 이어질 수 있다.

(3) 방어기제

방어기제(defense mechanism)는 자아를 보호하는 기능으로 무의식 영역에서 주로 일어나는 적응기제에 포함되는 심리기제인 바, 적응기제에는 방어기제, 도피기제, 공격기제 등이 있다. 프로이트가 밝힌 자아방어는 유기체의 자아가 불안하여 그 나름대로의 심리적 평형을 이루려는 노력의 결과로 나타난다. 방어기제를 사용하는 것은 그 자체는 부적응적이거나 이상행동이 아니지만 각기의 기제가 과도하게 이용되는 경우, 방어기제의 균형과 강도, 연령의 적절성, 철회의 가능성 등을 통해서 판단한다. 그러나 방어기제는 무분별하게 사용하거나 지나치게 의존한다면 병리적 증상을 초래할 수 있다. 그럼에도 불구하고 방어기제는 때로는 긍정적인 사회적 결과를 가져오기도 하며, 자존심을 유지시키고 실패나 박탈감, 죄책감을 줄이려고 사용되기도 하며, 성격의 성숙수준을 나타낸다.

방어기제에 대한 개념은 프로이트가 먼저 제시했지만 그의 막내딸인 안나 프로이트의 저서 『자아와 방어기제(*The Ego and the Mechanisms of Defense*, 1936)』를 통해 보다 구체적으로 체계화하였다. 방어기제를 사용함으로써 자신을 보호하고 그들이 속한 사회와 조화를 이루며 살아갈 수도 있는 반면, 오히려 정신건강을 더욱 해치고 사회 부적응적인 양상으로 나타나는 등의 부정적인 결과를 초래할 수도 있다(손병덕 외, 2019: 47). 다양한 방어기제들 중 대표적인 유형 아홉 가지의 방어기제의 유형과 그 내용을 살펴보면 다음과 같다.

① 부정

부정(denial)은 의식수준으로 표출되면 감당할 수 없는 생각, 욕구, 충동 등을 거절하는 것이다. 엄연히 존재하는 현실 속에서 사실과 경험 등을 받아들이는 것을 거부하다가 그를 인정함에서 오는 불쾌감이나 불안을 피하고자 하는 방어기제이다. 이 기제는 다른 모든 방어기제들의 기저에 깔려 있는 정신기제이기도 하다. 부정은 특히 자신의 좋지 않은 습관을 받아들이지 않기 위해 많이 사용하는데, 대표적인 예가 알코올 중독자들이 자신은 중독된 것이 아니라, 사회생활을 위해 적당히 마시는 것이라고 하는 것이다. 또 다른 예로, 가까운 사람의 죽음을 받아들이는 것이 너무 고통스러워 그 사람은 잠시 여행을 간 것이라고 믿어 버림으로써 그 사실을 인정하지 않는 것이다. 하지만 부정된 기억과 감정은 잠깐의 안정감은 줄 수 있어도 결국은 다시금 문제가 된다.

② 억압

억압(repression)은 가장 많이 사용하고 일차적 기제로서 불안을 야기하는 생각이나 충동, 공포, 소원 등을 의식세계로부터 배제시키고자 무의식 속으로 밀어넣으며, 의식화되는 것을 막는 심리기제이다. 이러한 것들에 대해 더 이상 의식하지 않게 되면 불안은 감소되거나 해소되는 것이다. 프로이트는 이것이 불안을 감소시키는 데 사용되는 가장 기본적인 기제로 보았다. 그 예로서, 어려운 과세물이 있으면 그 과제를 아예 잊어버리는 경우이다.

특히 억압은 수치심, 죄책감, 자존심이 심하게 상하게 하는 경험, 용납할 수 없는 생각, 충동 등이 억압의 대상이 된다. 그러나 억압된 내용들은 소멸되어 버리는 것이 아니라, 어떤 상황하에서는 다시 의식의 세계로 항시 되돌아올 수 있는 소지를 지니고 있다. 억압된 내용이나 재료는 실언이나 꿈, 그 밖의 어떤 예외적 행동으로 나타나기도 한다. 엄밀히 말한다면, 실언은 실언이 아닌 것이며, 그가 억압한 것(의식적이든 무의식적이든)의 내용인 것이다.

③ 합리화

합리화(rationlization)는 용납하기 힘든 충동, 행위 또는 받아들일 수 없는 태도나 행동 혹은 믿음 등을 정당화하기 위하여 합리적인 설명을 하거나, 사회적으로 이치에 닿는 이유를 대는 심리기제이다. 즉, 현실을 왜곡하여 자존심을 보호하는 행동기제로서 현실적·사회적으로 용납되지 않는 동기를 용납되는 동기로 바꾸는 것이다.

구체적으로 '남이 하면 스캔들, 내가 하면 로맨스, 흔히 내로남불', '남이 받으면 뇌물, 내가 받으면 떡값', '실력 없는 목수 연장 탓한다' 등이 이에 해당되며, 스스로 위안하는 행위이다.

④ 투사

투사(projection)는 자신이 용납할 수 없거나 자신이 스스로 받아들일 수 없는 충동이나 태도 등을 무의식적으로 타인이나 환경의 탓으로 돌리는 행동기제이다. 이 기제는 자신의 결점을 다른 사람이나 사물에 전가시켜 비난하여 자신의 결함이나 약점 때문에 갖게 되는 위험이나 불안으로부터 자아를 보호한다. 자신의 성적 문란, 결점, 허물 등에 대한 객관적인 증거가 없을 때 이를 타인의 탓으로 돌려 자신이 받아들일 수 없는 충격을 완화하는 것이다. 예를 들어, 춤바람이 나서 도망간 여자를 맹렬히 비난하는 여자는 실상 자기의 부도덕한 성충동을 투사하고 있는 것이다. 외도를 저지르고 있으면서 의처증, 의부증의 심리 등이 속한다.

이 투사의 정도가 심하고 오래 지속되면 인간관계는 비뚤어지고 사람들과의 관계는 더 멀어지는 악순환이 계속된다. 투사를 하면 할수록 사람들은 못 미더워 보이고 그들을 의심하게 되며, 적대시하게 되고 더 나아가서 피해망상에 이르게도 된다. 이는 망상형(과대망상이나 피해망상, 관계망상 등) 조현병 환자에게서 흔히 발견되는 대표적 증세이기도 하다.

⑤ 반동형성

불안을 야기하는 의식에서의 성적, 공격적 충동, 감정, 생각 등을 억제하지 않고 충동에 대한 의식수준에서의 반동형성(reaction formation)은 억압과 마찬가지로 충동을 의식에서 추방한다. 그 방법적으로는 무의식 속의 용납할 수 없는 충동을 반대의 감정으로 대치시켜 표현한다. 즉, 바람직하지 못하다고 생각되는 생각, 소원, 충동 등을 정반대의 것으로 표현하는 것이다. 불안을 피하고자 하는 목적 때문에 겉으로 드러나는 태도나 언행이 자연스럽지 못하고 상당히 융통성이 없이 표현되는 특성도 보인다.

예로는, '미운 놈 떡 하나 더 준다'는 속담, 사랑을 미움으로 표현하는 경우, 부인에 대해 성난 감정을 무의식적으로 억압하는 남편이 애정이 각별한 것처럼 행동하는 경우를 들 수 있다. 현실적으로 적응에 문제를 일으키지 않는 한 불안을 막는 유용한 방어기제로 사용된다.

⑥ 전치

전치(displacement)는 어떤 대상이나 사물에 향했던 본능적이고 충동적 감정을 덜 위험하거나, 편안한 대상이나 사물로 향하게 하여 긴장을 완화시키는 방어기제이다. 예를 들어, '한강에서 빰 맞고 종로에서 화풀이 한다'는 속담, 아버지에게 혼이 난 아이가 마당의 개를 발로 차 버림으로써 화를 푸는 것, 젖꼭지를 빨고자 하는 욕구가 차단될 경우에 그와 유사한 손가락을 빠는 경우, 아버지로부터 꾸중을 들은 아이가 동생에게 화풀이하는 경우, 남편에 대한 공격 대신 그릇 낚는 소리를 요란하게 내고 깨버리기도 하는 행위 등이 있다. 그러나 본래의 대상과 유사한 것이라도 원래의 대상이 주는 만족보다는 못하기 때문에 긴장이 완전히 해소되지는 않는다.

⑦ 보상

보상(compensation)은 성격이나 외모 또는 지능 등에서 느껴지는 자신의 결함을 메우려는 심리로 실제적인 것인지, 상상 속의 것인지 자신의 결함을 다루는 것으로 보상받기 위해 자신의 강점을 지나치게 강조하는 심리기제이다. 또한 어떤 분야에서 특별히 뛰어나다는 인정을 받음으로써 다른 분야에서의 실패나 약점을 보충하고자 하는 방어기전이다. 예를 들면, 부모가 일찍 돌아가셔서 효도를 하지 못해서 이웃노인을 보면 그냥 지나치지 않고 관심을 보이는 경우, '작은 고추가 맵다', '가난할수록 기와집 짓는다', '빈 수레가 더 요란하다' 등이 있다.

⑧ 승화

승화(sublimation)는 본능적인 에너지를 직접적인 목적으로 사용하지 않고 초자아에 의해 용인되고 문화적으로 인정되고 승인이 되는 행동으로 나타낸다. 즉, 공격적 성적 에너지를 개인적, 사회적으로나 용납되는 형태로 유용하게 목적이나 대상에게 향할 수 있게 하는 기제이다. 예를 들면, 이혼했다는 소리를 듣기 싫어 다른 일에 더 열심히 하는 경우, 폭력적인 성향의 사람이 권투선수가 되는 경우, 어려서 굽은 나무가 안정감이 좋다 등이 있다. 프로이트는 전치에서 대치물이 높은 수준의 문화적인 목적을 가지고 있는 경우에 승화라고 하였으며, 이는 인류의 문명발달의 원동력이 되었다고 보았다.

⑨ 취소

취소(undoing)는 자신의 성적 혹은 공격적 욕망이나 충동으로 상대방에게 피해를 주었다고 생각해 무의식적으로 죄책감을 지워버리려고 상대가 입은 피해를 원상복구하려는 행위의 기제이다. 용납될 수 없는 자신의 행동 동기를 위장하여 합리적으로 설명함으로써 자기를 보호하고 사회적 승인을 얻으려는 방어기전이다. 예를 들면, 순간적으로 화가 나서 딸을 때리고는 곧바로 "엄마가 잘못했다. 아팠지? 미안해" 하면서 쓰다듬어 주는 경우나 너를 사랑해서 그런 거라고 하는 경우, 부인을 때리고 꽃을 사다주는 남편의 경우, '병 주고 약 준다'는 속담도 여기에 해당된다.

5) 심리성적 발달단계

프로이트는 1905년 그의 저서 『성욕에 관한 세 편의 에세이(*Three essays on the theory of sexuality*)』에서 심리성적 발달단계(psychosexual development)를 제안했는데, 이는 발달심리학에서 최초의 발달단계이론 중 하나이다. 심리성적 발달단계는 인간의 발달이 에너지의 원천, 성 에너지(libido)의 집중 부위를 중심으로 단계별로 이루어진다는 이론이다. 즉, 프로이트는 인간의 성격과 행동이 심리성적 발달단계에 따라 형성되며, 영아기부터 청소년기까지 다섯 단계로 나누었다. 특히 이 발달단계는 입, 항문, 성기 등 리비도가 집중되는 부위에 따라 유아기의 발달단계를 설명하면서 성격형성에 결정적인 역할을 한다고 주장한다. 또한 한 단계에서 다음 단계로 넘어갈 때 방해를 받는다면 특정 단계에서 리비도가 정지해 있는 고착이 될 수 있다. 이러한 고착은 과도할 때보다 결핍될 때 더 강한 고착증세를 낳으며, 성인기 성격에도 영향을 미친다.

(1) 구강기

구강기(oral stage)는 태어나서부터 18개월까지를 말한다. 처음 태어난 영아는 입 주변에서 만족감, 즉 입, 혀, 입술에서 느끼는 구강기의 상태이다. 신생아의 젖 찾기 반사나 빨기반사는 이들이 이 시기에 보이는 대표적인 반사행동으로 먹는 것에 집중되어 있는 것과 영양분의 공급이라는 점에서 빠는 것은 물론 매우 중요한 행위이다. 프로이트(Freud, 1920)는 "만약 영아가 표현할 수만 있다면, 엄마의 젖을 빠는 행위가 인생에서 가장 중요한 것이라고 말할 것임에 의심의 여지가 없다."라고 했다. 그리고 구강기 후기에서는 씹거나 깨무는 행동으로 리비도를 충족시켜 이 시기부터 양육자에 대한 최초의 양가감정을 느낀다. 그러나 프로이트는 여기서 더 나아가 빠는 행위 자체가 쾌감도 준다고 보았다. 프로이트는 이러한 쾌감을 자애적(auto-erotic) 쾌감이라 했는데 아기가 자기 손을 빠는 것을 통해 리비도가 타인이 아닌 자기 자신의 몸을 통해 만족을 얻는 것이 그 예이다(Freud, 2021).

보통 생애 초기의 구강 만족을 제공하는 대상자는 양육자이고, 따라서 아이는 자연스럽게 양육자에게 애착하게 된다. 프로이트(Freud, 1933, 1964)에 따르면, 사랑이란 영양공급의 욕구를 만족시키는 것을 애착관계가 형성된다고 설명한다. 프로이트는 구강기에 고착된다면 우리는 계속 음식에 집착하거나, 사물이나 손톱 등을 물어뜯거나 빠는 행위를 반복적으로 보이며, 이로 인한 만족을 느낀다. 이들은 구강성교에서 쾌감을 느끼기도 하며, 흡연이나 음주에 몰두하게 된다고 보았다(Freud, 2021; Crain, 2010). 이러한 고착증상은 개인이 스트레스를 겪을 때 특히 두드러지게 나타난다. 이것은 심한 스트레스를 받으면 어린 시절의 특정 발달단계의 행동이나 특징이 발견되기 때문이다. 프로이트는 이를 '퇴행(regression)'이라고 했는데, 현재의 좌절이 크고 고착의 강도가 클수록 퇴행 경향이 더 강하게 나타난다고 보았다(Freud, 2020). 예를 들어, 스트레스를 받은 성인이 갑자기 손톱을 물어뜯는 행동을 강하게 보인다면 이러한 행동을 프로이트의 관점에서는 그가 구강기에 고착되어 퇴행행동을 보이는 것으로 해석된다. 구강기에 형성되는 성격의 유형은 구강수동적과 공격적 성격이다. 구강수동적은 타인에게 과도한 의존과 잘 속는 경향이 있으며, 미성숙으로 본인이 희생하면서도 인정 받고 싶어 하고 낙천적인 성향의 경우가 많다. 구강공격적은 비판적이고 비꼬기를 잘하며, 타인을 이용하거나 지배하려고 하며, 비관론적 성향이 많다.

(2) 항문기

항문기(anal stage)는 생후 18개월에서 3세까지를 말한다. 2~3세의 유아는 리비도가 구강영역에서 항문영역으로 옮겨가게 되어 주위가 성적 관심의 초점이 되는 항문기로 들어가게 된다. 아동이 괄약근을 조절할 수 있을 만큼 성숙하면, 이들은 배설을 참아 내다 최후의 순간에 배에 힘을 주면서 배설물을 쏟아 내는 방출의 쾌감을 높이는 행동에 몰두한다. 또 그러한 배설물에 자주 흥미를 느껴서 가지고 놀거나 만지는 것을 즐기는 동시에 공격의 무기가 된다(Freud, 1913, 1959). 문제는 이러한 행동이 부모들에게는 용납되지 않는 것으로 대부분의 부모들은 이 시기 아동들에게 배변훈련을 시키기 시작하는 경우가 많다.

항문기에 고착된 성격은 두 가지로 나타난다. 첫째, 항문기의 폭발적 성격으로 물건을 낭비하고 자신을 지저분하게 함으로써 반항하는 것이다. 둘째, 부모가 정한 규율에 지나치게 동조하여 발달된 성격인 항문기의 강박적 성격으로 깨끗하고 질서정연하며, 정돈하고 싶은 욕구에 집착한다. 이 시기에 고착된 사람은 반동형성의 방어기제를 많이 사용하여 배변훈련을 시키는 부모와 권위적 인물에게 분노를 느끼지만 분노 대신에 철저한 복종을 표현한다. 또한 권위에 대한 불만으로 분노, 적개심, 무책임, 무질서, 고집, 인색 등의 행동으로 표출한다.

정신분석가들에 따르면, 이러한 항문기 폭발적(anal expulsive) 성격은 성인이 되어서 나타나기도 한다(Hall, 1954). 어떤 아동들은 부모로부터 거부당할까 두려워 오히려 지나치게 청결한 행동을 보이기도 하는데(Freud, 1959), 이러한 항문기 강박적(anal compulsive) 성격인 경우는 분노를 공개적으로 표현하지 못하지만, 소극적이며 매우 완곡한 성격으로 발전시킨다(Crain, 2010). 매우 검소하고 인색한 사람이 이 예에 해당된다.

(3) 남근기

남근기(phallic stage)는 3~6세까지를 말한다. 이 시기는 리비도가 아동의 성기에 집중되어 자신의 성기를 자극하여 자신의 몸도 보호하며, 남의 것과 비교하고 싶어 하고 남녀의 성기가 서로 다른 것에 많은 호기심을 갖는다.

프로이트의 심리성적 발달단계 중 가장 유명한 단계이자 가장 논란이 큰 단계는 남근기이다. 남아의 경우에는 오이디푸스 콤플렉스를 갖는 시기라 하고, 여아의 경우에는 엘렉트라 콤플렉스(Electra complex)를 갖는 시기인데, 프로이트는 이 시기를 주로 오이디푸스 콤플렉스로 설명하였다.

프로이트의 설명은 주로 남아를 중심으로 발달단계를 논의했기 때문에 대부분의 남근기에 대한 이야기는 남자아이의 이야기가 된다. 이 시기 아동들은 곧잘 자신의 성기를 만지고, 여자들의 성기를 보려고 한다. 그리고 남성으로서 자신의 역할을 상상하기 시작하며, 고정관념적인 공격적이고 영웅적인 모습을 상상하곤 한다(Crain, 2010). 이들은 영웅의 환상을 실험해 보고 싶어 하는 대상이 어머니지만 어머니 옆에는 아버지라는 강력한 경쟁대상자가 있기 때문에 아버지에 대한 질투와 증오를 발달시킨다. 이 질투와 증오가 있어도 표현을 할 수 없으며 그럼에도 불구하고 아버지의 사랑과 칭찬은 필요로 하고 또한 거세의 위협을 느끼기도 한다. 이러한 남근기의 남아들은 자신의 용납될 수 없는 감정을 아버지가 알게 된다면 자신의 성기를 거세시키는 처벌을 가할지도 모른다는 잠재적 공포를 느끼게 된다. 프로이트는 이러한 복합적 감정을 자기도 모르는 사이에 아버지를 살해하고 어머니와 결혼한 그리스 신화의 오이디푸스 이야기를 따서 '오이디푸스 콤플렉스(Oedipus complex)'라고 불렀다(Crain, 2010).

프로이트는 또한 여아에게도 자신에게 음경이 없다는 사실에 분노하며, 자신을 불완전하게 만든 엄마에게 비난의 화살을 돌린다(Freud, 1961). 이러한 현상은 남근 선망(penis envy), 즉 남근을 갖고 싶어 하는 욕망이라 일컫는다(Crain, 2010). 이 시기의 아동들은 거세불안에 대한 방어기전으로 주로 억압, 반동형성, 동일시를 사용하여 불안을 극복한다. 또한 여아들은 남근 선망을 아버지에 대한 사랑을 통해 해결하려 하지만 역시 아버지 곁에는 어머니가 있으며, 어머니에 대한 경쟁심을 보이게 된다. 프로이트는 이러한 상태를 '엘렉트라 콤플렉스(Electra complex)'라고 불렀다(Freud, 2014).

이들은 부모의 거부를 두려워하여 결국 초자아를 형성하지만 거세 불안이 없는 만큼 여성은 더 약한 초자아를 형성할 수밖에 없다(Crain, 2010). 여성의 도덕성이 남성보다 덜 발달되어 여성은 도덕적 논리가 아닌 정서에 의해 보다 좌우되는 존재라는 결론에 이르게 된다(Freud, 1961).

이 시기에 고착된 사람은 남성의 경우 대부분 경솔하며 과장되고 야심적이며 항상 남자다움으로 강한 자부심, 난잡한 성행위 등을 나타내려고 노력한다. 또한 여성의 경우 성관계에서 순진하고 결백해 보이지만, 난잡하고 유혹적이며 경박한 기질을 갖거나 아니면 강하게 자기주장을 하여 남성을 능가하고자 하는 노력을 한다고 프로이트는 보았다.

(4) 잠복기

잠복기(latency period)는 6세부터 사춘기 이전의 12~13세까지를 말한다. 이때는 리비도가 특정 부위에 집중되어 있지 않고 잠재되어 있는 시기, 즉 성적이나 공격적인 환상들이 대부분 드러나지 않는 잠복기 상태에 들어간다. 프로이트는 이 시기의 억압은 매우 전반적이어서 남근기뿐 아니라 구강기나 항문기의 요소까지도 모두 억압된다고 보았다(Freud, 2021). 이제 이들은 위험스러운 충동에 방황하지 않고 비교적 평온하게 리비도가 승화되어 자신이 원하는 스포츠 활동이나 지적 활동, 공부 등 사회적으로 용인되는 일에 에너지를 쏟는다(Crain, 2010).

이때의 에너지는 신체의 발육과 성장, 지적 활동, 친구와의 우정에 집중되어 성적 관심은 줄어들게 되며, 사회적 기술을 습득하는 시기이다. 따라서 이드보다 자아와 초자아가 강해지고 리비도가 친구에게로 특히 동성친구에게로 향하게 되어 동성친구 대상으로 동일시를 경험하기도 한다. 그러나 잠복기에 고착되면 성인이 되어서도 이성에 대한 정상적 관심을 발달시키지 못하고 동성 간의 우정에 집착할 수 있다. 그러나 이 시기에 좌절을 경험하게 되면 열등감이 형성되고 소극적이며 회피적인 성격특성을 나타낼 수 있다.

(5) 생식기

사춘기가 시작되어 성적 관심과 충동, 즉 이성에 대한 관심이 생기면서 생식기(genital stage)가 시작된다. 사춘기가 시작되면 성적 에너지가 다시 분출하는데, 남근기와 다른 점은 이들은 그러한 감정들을 현실에서 수행할 만큼 성장했다는 점이다(Freud, 2020). 이들은 2차 성징이 나타나고 부모로부터 독립하여 성적 파트너를 발견하려 하며 아버지와의 경쟁심은 버리고 아버지의 지배로부터 자유로워지고 싶어 한다. 이러한 특징들이 두드러지게 표현되는 시기가 바로 청소년기이다.

프로이트에 따르면, 사춘기 이후 중요한 과제는 '부모로부터 자유로워지는 독립'이라고 하면서 이러한 독립이 오랫동안 부모에게 의존하여 오던 상태에서 쉽게 이루어지지 않고 독립이 매우 고통스럽게 받아들여질 수 있다고 하였다. 그러나 정신분석이론에서는 생식기적 성격을 가장 이상적인 성격 유형으로 보았다. 이런 성격의 사람은 일하고 사랑할 수 있는 능력을 갖추어 사회적·성적 인간관계가 원만하며 책임감이 잘 발달되어 이성과의 사랑이 만족스럽다고 하였다.

사실 생식기에 대한 프로이트의 언급은 그다지 많지 않고 딸인 안나 프로이트가 아버지보다 더 자세히 언급하고 있다. 그녀는 청소년기의 방황과 혼란을 프로이트의 오이디푸스적 감정의 부활을 통해 설명하려 했다. 그리고 이 시기 청소년들의 행동이 정상적이며, 자신이 독립하고자 하는 정신분석학적 이유에서 비롯된다고 보았다. 청소년기에 대한 안나 프로이트의 언급은 그녀와 같이 정신분석학을 통해 교류했던 에릭슨(Erik Erikson)의 청소년기 자아정체감 이론을 만드는 데 중요한 공헌을 했다.

다음 <표 6-1>은 프로이트의 심리성적 발달 다섯 단계를 요약 정리한 것이다.

표 6-1 프로이트의 심리성적 발달 5단계

심리성적 발달단계			
단계	연령	특성	주요내용
① 구강기	출생~ 18개월	• 리비도가 입에 집중 • 음식섭취	• 입이 자극과 상호작용의 초점, 수유와 이유, 최초의 양가감정 • 고착 결과 : 구강수동적, 구강공격적 성격
② 항문기	18개월~ 3세	• 리비도가 항문에 집중 • 대상관계가 발달	• 항문이 자극과 상호작용의 초점, 배설과 배변훈련 • 변을 참거나 내보내는 쾌감 • 고착성격 : 항문공격적, 항문보유적 성격
③ 남근기	3~6세	• 리비도가 성기에 집중 • 거세불안(오이디푸스 콤플렉스) • 남근선망(엘렉트라 콤플렉스)	• 생식기가 자극의 초점, 성역할과 도덕발달 • 성격발달에서 가장 중요한 시기 • 거세불안에 대한 자아의 방어기제 : 억압, 동일시, 반동형성
④ 잠복기	6세~ 12~13세	• 성 본능 잠재 • 성 본능과 관련 없는 기술 습득 • 동성끼리 어울림, 경쟁의식, 사회화	• 성적 활동이 잠재되는 시기, 신체발달과 지적발달 • 리비도는 승화되어 지적 관심, 운동, 동성 간의 우정, 공부 등으로 표출
⑤ 생식기	사춘기 이후	• 부모로부터 독립이 중요한 과제 • 정신적·신체적 성숙이 거의 완성됨	• 생식기가 자극의 초점, 성적 관심과 충동이 다시 증가, 충분히 사랑과 일을 할 수 있는 시기 • 성숙한 성적 관계로 발전

6) 사회복지실천과의 연계 및 평가

프로이트가 확립한 정신분석은 광범위하게 인간에 대한 이해 및 심리적 문제 해결에 적용되어 왔다. 정신분석은 사회복지실천에서도 클라이언트와 관계형성 및 사정, 그리고 개별 및 집단 면담의 과정에서 실천적이고 이론적인 도구로 타 이론과 혼용하여 활용되고 있으며, 사회복지실천과 오랜 역사를 공유하고 있다(엄태완, 2020: 60). 프로이트의 정신분석이론과 사회복지실천과의 연계를 살펴보면 다음과 같다(장수환, 2017: 152-153).

(1) 정신분석과 사회복지실천

먼저 정신분석은 클라이언트 개입에 마땅한 개입도구가 없어 전문성을 비판받고 있을 때 등장하여 진단주의학파에 영향을 주었으며, 해밀튼, 홀리스 등이 개별사회사업(case work)을 발달시키는 데 큰 영향을 미쳤다.

둘째, 경청 등으로 정보를 받으면서 대화로 클라이언트를 변화시킬 수 있다는 토대를 제공하였다. 클라이언트의 가족력과 개인력을 자세하게 밝혀 클라이언트가 현재 가지고 있는 문제에 대한 특징을 파악할 수 있도록 도와준다. 따라서 사회복지사는 클라이언트의 현 문제를 이해하기 위해 과거의 경험과 충동을 통찰력을 가지고 인식하도록 하여 현재의 문제를 이해할 수 있도록 돕는 데 그 목적이 있다.

셋째, 어떤 문제라도 문제에는 일정한 원인이 있다는 직선론적 원인론을 채택하게 되어 사회복지사에게 이해의 틀을 마련하였다. 클라이언트가 어떻게 행동하고, 왜 그런 행동을 하는지에 대한 이해를 사회복지사가 사회복지실천에 적용하게 되는 토대를 제공하였다. 사회복지사는 클라이언트를 이해할 때 어느 단계에 고착 및 퇴행이 되었는지를 파악하여 개인 성장을 위한 갈등 등을 해결할 수 있도록 도와준다.

넷째, 사회복지사에게 실천현장에서 인간을 면접, 사정하는 객관적인 준거틀을 제공하였다. 사회복지사가 클라이언트의 문제를 심리적, 가족적 요인에게 어떻게 영향을 받는지를 규명하도록 도와준다. 클라이언트가 면담이나 개입과정 중에 실수, 실언의 행위 등을 할 경우에, 사회복지사는 그런 클라이언트의 실수와 관련하여 클라이언트의 무의식에 존재하고 있는 잠재적 갈등이나 감정을 이해함으로써 클라이언트의 현재 심리상태를 적절하게 사정할 수 있다.

(2) 정신분석의 평가

정신분석은 프로이트 자신의 문제의 원인에 대한 철저한 '자기분석'으로부터 탄생하였다. 정신분석이 출현하기 전까지는 개인의 심리적 문제인 불안, 초조, 우울 등을 꾀병으로 취급하여 이러한 심리적 현상들이 왜 생기는지에 대한 관심과 방법도 모르고 있었다. 이 이론의 출현으로 상담의 기술을 풍부하게 하여 이론가들을 자극하였다. 이 이론에서는 이러한 현 문제에 대한 치료적 처방을 제공하기보다는 클라이언트의 통찰력 혹은 문제인식능력과 이해력을 향상시키는 데 그 초점을 두고 있다(손병덕 외, 2019: 29). 더불어 공격적 성향은 영화나 운동경기 등을 관람하면서 평상시에 조금씩 내면 밖으로 내보내야 한다고 주장한다. 만약 해소하지 못하면 댐 둑이 한방에 무너지듯, 한꺼번에 감정이 폭발하게 되어 정신분열병에 걸리게 된다는 것이다(이우언 외, 2017: 150-151).

정신분석이론은 깊은 무의식으로부터 오는 성적 본능과 그것을 억압하는 힘을 기계론적으로 설명하고 있다. 그리고 자아가 스스로를 제어하는 '초자아'가 있어, 이 초자아에 반하는 경우에 자책감이 생기고 여기로부터 우울이나 불안감 등이 생기게 된다. 억압되어 있는 불안감 등을 어떤 방법으로든 해방시키는 것에 신경증 요법의 의미가 있다.

정신분석이론이 완벽하지는 않아도 인간을 이해하고 심리적인 문제를 이해, 해결하는 준거틀을 제공으로 지대한 공헌을 하였다는 점에서 그의 업적은 누구와 비교하기 어렵다. 20세기 인류문명에 막대한 영향력을 주었으며, 최초로 인간의 심리적인 문제, 발달단계, 성격구조를 체계적으로 이론을 정립하였다. 전 세계에서 가장 영향력 있는 100인에 선정될 정도이다. 그러나 장점과 세계 최초라는 수식어에도 불구하고 다음과 한계점을 지닌다(Zastrow et al., 1997).

먼저 인간에 대해 스스로는 아무것도 할 수 없는 사람으로 지나치게 결정론적, 비합리적인 인간관으로 묘사한 것에 대한 비판을 받았다. 성격발달을 유아기, 아동기의 어떤 경험을 했는지에 따라 결정되는 현재보다 과거를 중시하는 입장을 보이며, 그의 이론의 남근선망, 리비도, 거세불안, 무의식적 갈등 등을 검증하기가 어렵다. 이런 이론들은 다른 비교문화의 결과 보편성이 증명되지 못하였다. 즉, 문화의 특수성에 따라 갈등을 경험하지 않아도 이룰 수 있으며, 남녀의 역할도 바뀌기 때문이다.

둘째, 인간의 성장 잠재력과 문제해결능력 등을 과소평가하고 사회적 관계에 대한 욕구는 무시한 경향과 학습, 교육으로나 자유의지로도 어느 정도 변할 수 있는 적극적이라는 존재를 간과하였다.

셋째, 성격발달에 있어 성적 욕망을 지나치게 강조하였으며, 유아기의 성욕을 더 강조한 점, 여성의 성차별적 관점을 지니고 있다고 비판받았다. 즉, 여성의 초자아 발달이 남성보다 부족하다는 점과 여성이 남근선망이 있다는 점으로 여성주의자들에게 강한 반론과 비판을 받았다.

넷째, 프로이트는 사춘기 이후의 성격발달은 무시하였다. 다른 이론가들은 인생 전반에 걸쳐 성격은 발달한다고 하였지만 프로이트는 무관심하였다. 성격발달은 프로이트의 시대상을 반영한 것으로 성격발달을 전부 설명하기에는 무리가 있고 과학적인 검증이 불가능하다.

연습문제

1 방어기전에 대한 설명으로 틀린 것은?

① 자아의 무의식 영역에서 일어나는 심리기전이다.
② 자아의 불안에 대응하기 위한 기전이다.
③ 자존감을 유지하고 죄책감을 줄이려는 시도이다.
④ 대부분의 경우 한 번에 한 가지 이상의 방어기전이 사용된다.
⑤ 정신치료에서는 방어기전을 제거하는 것이 우선목표이다.

2 프로이트 이론에 관한 설명으로 틀린 것은?

① 아동의 성격발달에 대한 부모의 영향을 강조한다.
② 자아는 성격의 자율적 구조이다.
③ 성격은 단계적으로 발달한다.
④ 자아는 이드를 언제나 통제한다.
⑤ 인간에 대한 비관론적 견해를 가진다.

3 프로이트가 말한 원초아에 대한 설명으로 알맞은 것은?

① 현실원칙에 의해 작용한다.
② 유기체의 본능적인 요소와 주위환경의 상태를 적절히 조정하여 개인생활을 유지시키는 기능을 한다.
③ 인간 마음의 도덕적 가르침에 따른다.

④ 성격의 가장 원시적인 성격체계로 모든 인간생활의 일차적인 원리이다.
⑤ 성격구조 중 마지막으로 발달하는 체계이다.

4 **자신이 용납할 수 없는 충동, 생각, 행동의 경우 무의식적으로 다른 사람이 이러한 충동, 생각, 행동을 느끼거나 행동하는 것으로 믿는 방어기제는?**

① 억압 ② 격리 ③ 퇴행
④ 투사 ⑤ 반동형성

5 **프로이트(S. Freud)의 이론이 사회복지실천에 미친 영향으로 옳지 않은 것은?**

① 무의식적 동기의 중요성을 인식하는 데 유용하다.
② 인간 자유의지의 중요성을 인식하는 데 유용하다.
③ 유아기 경험의 중요성을 인식하는 데 유용하다.
④ 방어기제의 중요성을 인식하는 데 유용하다.
⑤ 본능의 중요성을 인식하는 데 유용하다.

6 **다음 중 프로이트(S. Freud)의 심리성적발달단계에 대한 설명을 바르게 나타낸 것은?**

① 심리성적 발달단계는 모두 성공적으로 진행되는 경우가 일반적이다.
② 유아기부터 성인기까지 여덟 단계로 구분된다.
③ 본능적인 성적 에너지가 행동과 사고의 동기가 된다.
④ 구강기부터 원초아, 자아, 초자아가 역동적으로 작용하기 시작한다.
⑤ 항문기 때 최초의 양가감정을 경험하게 된다.

정답 1. ⑤ 2. ② 3. ④ 4. ④ 5. ② 6. ③

CHAPTER

07

심리사회적 이론 : 에릭슨

1. 심리사회적 이론의 개요

정신분석가이며 자아심리학자인 에릭슨에 의해 체계화된 심리사회적 이론(psychosocial theory)은 프로이트가 성본능(libido)을 중시한 것과는 달리, 인간의 성격 발달에서 개인의 자아와 사회, 문화적 역할을 모두 중요시하였다. 특히, 사회문화가 성격발달에 미치는 영향을 강조하였기 때문에 그의 이론을 '심리사회적 이론'이라고 부르며, 자아기능을 강조했기 때문에 '자아심리학'이라고도 한다.

에릭슨(Erikson, 1950, 1982)에 따르면, 개인의 심리사회적 발달은 전 생애를 통해 계속되며, 내적 본능 및 욕구와 외적 문화·사회적 요구 간의 상호작용으로 이루어진다. 이러한 발달에는 내재된 '기초안(ground plan)'인 점성원칙에 의해 이루어진다고 믿었다. 그는 핵심 개념으로 자아정체감의 발달을 특히 강조하였다.

에릭슨은 성격구조 설명에서 인간은 전 생애를 통해 여덟 가지의 위기(또는 갈등상황)를 성공적으로 해결해야 한다. 매 단계마다 긍정적인 결과와 부정적인 결과를 초래할 수 있다고 규정하였다. 즉, 여덟 개의 발달단계마다 나름의 갈등이 있으며, 그 갈등은 양극의 결과를 초래할 수 있다. 부정과 긍정의 양극에서 발달과제가 어떻게 해결되느냐에 따라 개인의 특성적인 행동패턴이 결정된다. '성공적인 해결'은 반드시 긍정적인 측면만을 의미하는 것은 아니다. 최상의 해결책은 긍정적인 측면과 부정적인 측면이 균형을 이루는 것이다.

에릭슨은 다른 발달단계 이론가들과는 달리, 특정 단계의 과업이나 위기를 완전히 해결하지 않고서도 다음 단계에 진입할 수 있으며, 일정한 연령에 도달하면 생물학적 성숙이나 사회적 압력에 의해 다음 단계로 진행하게 된다고 보았다. 새로운 단계에서는 새로운 윤리와 새로운 갈등을 만나게 되지만 해결하지 못한 과업이 누적이 될 경우가 많아 60세나 70세가 되었을 때에 자아통합감을 이루고자 할 때 장애가 된다.

에릭슨은 '전 생애발달(life-span development)'이라는 개념을 제안한 최초의 인물이며, 그는 성격의 발달이 점성적(후성설) 원리(epigenetic principle), 즉 앞 단계의 발달이 이후의 연속된 단계를 예측할 수 있다는 원리에 의해 진행된다고 보았다.

그의 이론에서도 프로이트의 영향력으로 연령, 혹은 시기에 따른 단계적 발달을 제안하고 있으며 최소한 청소년기까지의 발달단계의 구분은 프로이트의 심리성적 발달단계의 연령대와 매우 유사하다.

2. 에릭슨의 생애와 사상

에릭슨(Erik Homburger Erikson, 1902~1994)은 덴마크계 독일인, 미국인 발달심리학자이자 정신분석학자이다. 인간의 사회성 발달이론으로 유명하고 '정체감 위기'라는 말을 만들어 냈다.

그는 1902년 6월 5일 독일 프랑크푸르트 암 마인(Frankfurt am Main)에서 출생하였다. 1909년 에릭 에릭슨의 이름은 '에릭 살로몬센'에서 '에릭 홈부르거'가 되었고, 에릭 에릭슨은 1911년 '에릭 홈부르거'로서 법적으로 계부의 아들이 되었다.

유대교 가정에서 자란 푸른 눈을 가진 금발의 소년 에릭슨은 사원학교에서는 노르만인이라며 괴롭힘을 당했고, 문법학교에서는 유대인이라며 놀림을 당했다. 그의 어머니는 철학과 문학, 예술에 깊은 관심을 가지고 있었으며, 에릭슨은 이런 분위기 속에서 성장하였다.

에릭슨은 초등학교를 수학하고, 18세에 김나지움(Gymnasium, 독일의 중등교육기관)을 졸업한 것이 최종 학력이다. 그는 대학에 진학하지 않고 유럽을 여행하면서 방랑과 방황을 하였으며, 이때 독학으로 독서와 사색에만 몰두하였다. 방황기에 피렌체(Firenze)에서 만난 아동 정신분석학자 페이스 블로스의 추천으로 카를스루에(Karlsruhe)에서 학교운영을 돕는 역할을 하였다. 이를 계기로 에릭슨은 정신분석학을 접하게 되었으며 인생의 전환기를 맞이하게 되었다. 즉, 에릭슨은 미술학도이면서 빈 사립학교 교사로 재직할 때 프로이트의 딸인 안나 프로이트를 알게 되었다. 이를 계기로 빈 정신분석연구소에서 정신분석학을 배우면서 몬테소리교육법을 아동발달에 초점을 두어 공부하였다. 특히, 그는 학교와 아버지의 병원에서 아이들을 관찰하게 되어 폭넓은 체험을 바탕으로 31세에 보스턴 최초의 아동정신분석학자가 되었다. 1936년 예일대학교(Yale University)에서 강의하였고, 1938년 인디언 아동에 관해 연구하였다. 1939년 버클리대학교(University of California, Berkeley)에서 아동발달에 대한 연구를 진행하였으며, 이 연구의 결과로 『아동기와 사회(*Childhood and Society*, 1950)』를 저술하였다. 1960년대의 흑인 해방운동과 인종집단이나 학생의 저항운동 속에서 중요한 역할을 하였다.

1960~1970년 하버드대학교(Harvard University) 교수로 재직하였으며, 1994년 5월 사망하였다. 그의 업적에서 심리사회적 발달단계(8단계설), 동일성(identity), 자아동일성(ego identity), 동일성 위기(identity crisis), 동일성 확산(identity diffusion), 기본적 신뢰(basic trust), 모라토리엄(moratorium) 등의 개념이 유명하다.

주요 저서로는 발달의 사회성을 주창하는 『아동기와 사회(*Childhood and Society*, 1950)』, 『정체성과 생애주기(*Identity and the Life Cycle*, 1959)』, 개인생활사와 역사의 만남을 예증하는 『청년 루터(*Young Man Luther*, 1962)』, 『간디의 진리(*Gandhi's Truth: On the Origins of Militant Nonviolence*, 1970)』 등이 있다.

3. 인간관

에릭슨은 인간에 대한 관점을 프로이트와는 달리 합리적, 적극적이며, 더 나아가 창조적인 존재로 보았다. 즉, 인간은 자신의 정체성을 확립하며 환경의 변화에 적응적이고 동시에 극복할 수 있는 환경 속의 존재로 이해하였다. 그러므로 인간은 개인의 문제나 갈등을 합리적으로 탐색하고 창조적으로 해결할 수 있으며, 실패하더라도 새로운 대안을 마련할 수 있는 존재로 보았다(Erikson, 1975).

에릭슨은 인간행동이 프로이트의 이론처럼 무의식에 의해 결정되는 것이 아니라 의식의 수준에서 자아의 통제가 가능하고 또는 자아에 의해 동기화된다. 즉, 그는 인간행동 발달의 결정요소를 심리사회적 경험으로 보았으며(Schultz &

Schultz, 1994), 자아의 발달과 기능에 큰 관심을 기울였다. 에릭슨은 인간이 성장을 지시하는 잠재성을 가지고 있다고 보았으며, 인간행동의 발달에서 유전적 요소보다는 가족이나 친구 간의 사회적 접촉을 통한 사회화의 기능과 문화적 요인을 강조하였다(이근홍, 2020: 183).

에릭슨에 따르면, 인간은 가변성을 지니고 있으며 새로운 발달과업을 달성하려고 노력하는 성장지향적인 존재로 보았다. 뿐만 아니라 인간은 심리사회적 위기를 극복할 수 있는 잠재적 가능성을 지니고 있으며, 이러한 극복을 통해서, 인간이 성장해 나간다는 낙관적인 견해를 가지고 있다.

4. 주요 내용

1) 자아

프로이트는 자아(ego)가 원초아와 초자아의 세력 중간에 있다고 보았다. 그러나 에릭슨은 이 두 세력을 어느 정도 무시하고 자아를 더 강조하고 자아는 자율적인 기능을 하는 것으로 간주했다(Erikson, 1963). 또한 자아는 원초아에서 분화된 것이 아니라 그 자체로 형성되며, 환경에 대한 유능성과 지배감을 확보하려고 하기 때문에 발달에 중요한 역할을 한다고 강조한다. 이 차이는 성격이 어떻게 기능하는지에 관한 에릭슨의 관점을 암시하고 있다. 성격은 주로 본능이나 부모의 영향을 받는 것으로 생각하는 것이 아니라, 에릭슨은 부모, 형제자매, 교사, 친구 및 다른 사람들을 포함한 사회의 모든 구성원의 영향을 받는다고 보는 것이다. 그리고 성격이 아동기 초기에 거의 형성된다고 믿는 것보다는 성장하면서 지속적으로 사회와 관계되어 발달한다고 보았다.

2) 점성원칙

심리사회적 자아발달은 점성원칙(epigenetic principle)을 토대로 지속적인 영향을 받는다(Erikson, 1965). 점성원칙이란 성장하는 모든 것은 기초안을 가지고 있으며, 이 기초안으로부터 부분이 발생하며 각 부분이 특별히 우세해지는 시기가 있다. 즉, 특정 단계의 발달은 이전 단계에서 성취한 발달 과업의 영향을 받게 된다. 이러한 모든 부분이 발생하여 기능하는 전체를 이루게 되며, 각 요소는 결정적 시기가 정상적으로 도달하기 전에도 어떤 형태로든 존재한다. 아동들의 단계에서 요구하는 것으로부터 보호하거나, 멀리하거나 또는 그 속도를 늦춰서도 안 되지만 또한 빨리 성인기로 재촉할 필요도 없다. 이와 같이 생물학적으로 인간은 수태되면서 이미 기본적 요소들은 존재하고 있다. 또한 시간의 경과에 따라 이 요소들이 결합, 재결합하여 새로운 구조를 형성하듯이 심리사회적 성장도 이 원리를 따른다. 즉, 건강한 성격은 각 요소가 다른 모든 요소에 체계적으로 서로 관련되면서 적절하게 연속적으로 발달하게 된다.

3) 자아정체감

에릭슨(1994b: 295)에 따르면, 자아정체감(ego identity)은 총체적인 자기지각을 말하며, 시간이 흐름에 따라 변하는 자기자신을 현재의 자신과 같은 존재로 지각하고 수용하는 시간적 동일성과 자기연속성으로 인식하였다. 또한 자아정체감은 인격체를 통합하는 방식에 자기 존재의 독특성을 지속하고 발전시켜 나가는 자아의 자질이라고 설명했다.

에릭슨은 심리사회학적 발달단계에 있어서 청소년기 아이덴티티에 대해 논하고 있으며, 기술과 도구의 세계(the world of skills and tools)와 좋은 초기 관계를 형성한다. 더불어 청소년기(youth)와 함께 사춘기(puberty)가 시작되는 시기이며, 이 시기가 됨과 동시에 아동기(childhood)는 막을 내린다. 초기 아동기(early childhood)의 신체성장과 동등한 신체성장의 급속성, 새로이 부가된 생식기관의 성숙 때문에 이런 동일성과 성숙성에 대한 의문이 생기게 된다. 발달하는 청소년들(growing and developing youths)은 자신들 내부에서의 이런 생리적 혁명에 직면해서 이제 일차적으로 자신들이 타인들의 눈에 어떻게 보이는지, 자신 스스로 자신에게 느끼는 점들과 비교해서 생각하게 되고 이전 시기에 길러둔 역할과 기술들을 당시의 직업적 원형(occupational prototypes)과 연결시키는 방법을 생각하게 된다. 그리고 그들은 궁극적인 '아이덴티티의 수호자(guardians of a final identity)'로서 장기간 지속되는 '우상과 이상(idols and ideals)'을 자리에 앉힐 준비가 되어 있다(Erikson, 1993a: 261).

4) 기본적 덕목(미덕) 및 위기

에릭슨은 각 단계별 위기를 해결하면 기본적 강점, 긍정적인 자아특질이 강화되고 건전한 발달이 이루어진다. 이 발달단계에 대응하는 여덟 가지 기본적 덕목이 있다. 각 발달단계의 덕목은 다음과 같다(노안영 · 강영신, 2011: 229-230).

1단계, 기본적인 신뢰에서 비롯되는 자신감이나 견고한 믿음으로 희망(hope), 2단계, 자율성인 선택의 자유와 자기통제를 실천하기 위한 거부할 수 없는 확고한 자기결심인 의지(will), 3단계, 주도성에서 비롯되는 목적(purpose)은 중요한 목표를 계획하고 수행하려는 용기를 수반한다. 더불어 4단계, 근면성에서 비롯되는 유능성은 장인정신이라고 불릴 수 있는데, 그것은 주어진 임무를 수행하고 완성하는 데에 있어서 기술과 지혜를 가지고 힘쓰는 것, 즉 능력(competence)을 의미한다. 5단계, 자아정체감에서 비롯되는 충실성(fidelity)은 타인과의 관계에서의 기본적인 성실함이나 의무감 그리고 정직, 순수함을 유지하는 것을 의미한다. 6단계, 친밀감에서 나오는 사랑(love)을 에릭슨은 가장 위대하고, 인간에게 지배적인 덕목이라고 여겼다. 7단계, 생산성으로부터 생겨나는 돌봄(care)은 다른 사람을 향한 폭넓은 관심과 염려로 가르치고 지도하고자 하는 욕구에서 나타난다. 8단계, 자아통합에서 나온다. 지혜(wisdom)는 삶의 문제에 의연한 방식, 통합된 경험을 다음 세대에게 유산으로 전달해 주기 때문이다.

한편 에릭슨은 각 단계마다 개인마다 심리적인 요구를 하는데 이것을 위기로 표현하였다. 위기에서 경험하는 스트레스와 갈등을 적응하고자 노력하는 것이

다음 단계의 위기에 준비하는 것이다. 개인의 성장과정에서 심리적 위기를 해소하지 못하거나 갈등이 지속된다면 자아발달에 손상을 입어 부정적 자아특질이 강화된다고 설명하였다. 부정적인 자아특질로는 사회적 관계로부터 철퇴의 경향으로 위축, 강박적 행동, 용기와 의지 부족, 금지의 감정으로 억제, 비활동성으로 무력함, 거절 및 부인, 배타성(배척), 거부와 권위주의, 마지막 노년기에는 경멸 등으로 절망에 빠지는 특징을 경험한다.

5) 심리사회적 발달단계

에릭슨은 1950년 그의 저서 『아동기와 사회(*Child and Society*)』에서 생애주기발달을 8단계로 설명하고 있다. 에릭슨의 발달이론은 '심리사회적(psychosocial) 발달단계'라고 한다.

에릭슨은 각 단계마다 극복해야 할 심리사회적 위기를 제시하고 있다. 이러한 위기는 모든 사람들에게 보편적인 현상이지만 문화에 따라 이를 해결하고 지지하는 방식이 다를 수 있다.

각 단계를 살펴보면 다음과 같다(Erikson, 1950).

(1) 1단계 : 기본적 신뢰감 대 불신감(basic mistrust vs. trust)

1단계는 프로이트의 구강기에 해당되는 인생 주기의 초기 단계이며, 연령은 출생에서 18개월까지로, 가장 중요한 단계이다. 이 단계에서 어머니는 어린아이 세계에서 가장 중요한 존재이다. 이때 영아의 사회적 관계는 주로 양육자인 어머니와의 관계이다. 어머니가 영아의 욕구인 먹고, 자고, 배변 등의 생리적 욕구가 원활히 충족되면서 긴장 없이 이루어지면 영아는 어머니를 신뢰하게 되며, 기본적 신뢰감을 형성한다. 하지만 적절히 응해주지 못하거나 태도나 감정에 일관성 없이 대하면 영아는 좌절하고 세상과 타인을 불신하는 불신감을 갖게 된다. 불신은 아이의 사회적 상호작용 위축을 가져오며, 대인관계의 기초가 되고 이는 발달단계의 전 과정 동안 지속될 수 있다. 인생의 초기 단계에 신뢰감을 형성하는 것은 성장하면서 맺는 모든 관계의 성공 여부와 관련되므로 가장 중요한 시기라고 할 수 있다.

부모와 영아와의 관계에서 영아가 신뢰감만을 갖고 불신감을 전혀 경험하지 않는 것도 바람직하지 않으며, 불신감보다 신뢰감을 훨씬 더 많이 경험할 수 있도록 해야 한다. 에릭슨에 의하면, 영아의 건전한 성장·발달은 전적으로 신뢰감에서만 기인하는 것이 아니라, 신뢰감과 불신감을 적절하게 혼합할 필요가 있다.

이 시기에 형성된 신뢰감이나 다음 단계의 성격발달에 직접적인 영향을 미치게 되고 일단 형성된 불신감은 변화되기 어려운 특성이 있다. 갈등이 성공적으로 해결되면 심리사회적 능력 또는 자아특질인 희망을 얻게 된다. 희망은 확신감과 관련되어 있으며, 양육자가 제공하는 보호의 질에 의해 결정된다. 그러나 이러한 위기가 적절하게 해결되지 못하면 첫 번째 위기의 부정적 결과로 철퇴 또는 위축을 가지게 된다. 이것은 자기비하, 정체감 혼란, 우울증 등을 초래할 수 있다.

(2) 2단계 : 자율성 대 수치심과 의심(autonomy vs. shame and doubt)

2단계는 프로이트의 항문기에 해당되는 시기로 18개월에서 3세까지이다. 이 시기는 상반되는 여러 충동 사이에서 스스로 선택하고자 하는 과정을 통해 자신의 의지를 나타내고자 하는 자율성을 갖게 되는 단계이다.

유아에게 대소변 가리기 훈련은 자신의 행위에 대한 독립심을 키워 주게 되어 자율성 개발의 기초가 된다. 대소변을 가리는 훈련과정에서 부모나 주 양육자가 자녀에게 칭찬과 유아가 능력을 발휘할 수 있도록 적절히 도와주어야 한다. 이러한 도움으로 유아는 자신의 신체와 주변환경을 통제할 수 있다는 자신감이 자율성으로 발전된다.

대소변의 통제가 가능해지는 시기로 부모의 배변훈련을 통해 사회의 기대 및 적합한 행동을 알게 된다. 하지만 덜 성숙한 상태에서 너무 엄격한 부모는 유아에게 무능감을 줄 수 있으며, 이 때문에 유아는 사회가 기대하는 행동을 적절히 수행하지 못하는 자신과 통제에 미약함에 대해 수치심을 느끼게 될 수 있다. 이러한 행동 양식은 단지 항문 부위에 국한된 것은 아니다. 물건을 잡거나 던지는 행동 역시 같은 패턴으로 이해할 수 있다(Erikson, 1982).

유아에게서 두드러진 신체적 변화는 걷고, 말하고, 소위 '환경에 대한 통제'가 가능한 시기가 된다. 이와 함께 무엇을 행동으로 할지, 말지에 대한 자신의 세상에 대한 통제를 표출함과 더불어 이를 사회적으로 적합한 행동으로 표현함으로써 자기 자신 역시 통제하는 법을 익힌다. 언어에서도 '나', '내 것' 등의 말을 자주 반복하며 자율성을 드러내고, '안 해', '싫어'라는 말로 자기주장도 표현하고 자기세계를 분명히 한다. 이 때에는 부모가 유아로 하여금 자율적으로 경험할 수 있게 이끌어 주는 태도를 보일 때, 유아는 자율성을 획득하게 된다. 유아가 자율성을 충분히 획득하게 되면, 유아의 신뢰감이 높아져 이후에 창의성·생산성·독립성·자존심 등을 갖게 된다. 자율성 대 수치심과 의심의 갈등이 성공적으로 해결되면, 심리사회적 능력, 덕성 또는 자아특질인 의지력을 얻게 된다. 그러나 이러한 위기가 적절하게 해결되지 못하면, 강박적 행동, 피해망상, 편집증 등을 초래할 수 있으며, 이러한 부정적인 결과는 충동을 제한하기 위해 반복적 행동을 하는 경우가 많다. 이러한 자율성 대 수치와 의심의 극복은 일생 동안 지속되는 자기통제력의 기초가 된다.

부모가 과잉보호 또는 무관심으로 유아는 환경에 적절히 대처할 능력을 배울 수 없게 되어도 타인에 대해 수치심과 의심을 갖게 된다. 이러한 유아는 자신의 의지력을 불신하게 되어 자기의심, 무기력 등과 같은 심리사회적 태도를 갖게 된다.

(3) 3단계 : 주도성 대 죄책감(initiative vs. guilt)

3단계는 프로이트의 남근기에 해당되는 시기로 대략 3세에서 6세까지이다. 이 시기에는 언어능력, 운동기능이 향상되고 환경탐색과 성인들의 행동에도 관심을 기울이며, 성인의 일에서 자기능력을 평가해 보려 한다. 언어능력과 운동기술의 발달로 활발하고 자유롭게 움직이는 것을 허락하는 부모와 가족에 의해 주도성과 솔선성을 격려 받고 독립적임을 확신하게 된다. 하지만 반대로 유아가 무언가를 주도적으로 하려 할 때, 부모가 심하게 꾸짖거나 과도한 벌, 유아의 질문에 충실히 답을 해주지 않거나, 언어활동이나 신체활동을 제안하고 간섭하거나, 목표를 이루지 못하거나, 새로운 행동들이 나쁜 것이라고 느끼게 되면 죄의식을 발달시키게 된다. 또한 이 시기는 목표나 계획을 이루려는 목표 지향적인 행동을 하게 되는 시기이며, 새로운 과제와 기술을 배우게 된다. 더불어 가정의 생활에서 이동하여 가정 밖에서 사회적 생활과 놀이에 참여하게 된다. 그러므로 이 시기에 부모, 주 양육자, 교사는 유아가 가지는 환상의 좌절, 죄의식, 처벌에 대한 두려움 등에 방해 받지 않도록 해야 한다. 더불어 가치 있는 목표를 설정하고 추구하면서 아동이 주도성을 발달시키는 데 방해하지 않으면서 감독해야 한다.

유아가 자신의 죄의식을 바람직하게 극복하고 주도성을 지닌 채 이 단계를 무사히 지나갈 것인가의 여부는 부모와 주 양육자가 유아의 주도적 행동에 어떻게 반응하는가에 달려 있다. 즉, 유아가 자기 스스로의 활동을 추구하도록 격려하는 아동은 주도성 또는 솔선성이 더욱 강화된다. 주도성의 발달은 부모가 자녀의 호기심을 인식하고, 환상적인 행동을 우스꽝스럽게 여기거나 금지하지 않을 때 더욱 강화된다.

주도성을 갖지 못하고 죄의식에 의해 몸이 굳어진 유아는 체념, 무가치감 등을 가지며, 자신을 내세우는 데 두려워하고 동료집단의 주변에만 머뭇거리며 어른에게 심하게 의존한다. 뿐만 아니라 목표를 수립하고 추구하려는 목적의식이나 용기가 부족하게 된다. 주도성의 획득은 생산적으로 일할 수 있는 기반이 되며, 이후에 포부 수준을 형성하는 데 중요한 토양분이 된다. 주도성 대 죄의식의 갈등이 성공적으로 해결되면 심리사회적 능력, 덕성 또는 자아특질인 목적의식을 갖게 된다. 그러나 과도하게 방해를 받게 되면 목표달성에 대한 의지와 용기 부족, 금지의 감정을 경험하여 생각과 표현의 자유를 방해하는 억제가 강하게 나타난다. 또한 이러한 위기가 적절하게 해결되지 못하면 소극성, 성적 무기력, 불감증 등을 초래할 수 있다(Hjelle & Ziegler, 1992). 따라서 이 단계의 성공적 발달은 아동으로 하여금 목표 지향적이 되도록 하는 것이며, 그럴 때 아동은 위대한 사람이 될 것을 꿈꾸며, 그가 이해하고 존경하는 성격과 직업을 가진 사람과 동일시한다.

(4) 4단계 : 근면성 대 열등감(industry vs. inferiority)

프로이트의 잠복기에 해당되며, 연령은 대략 6세에서 12세 사이이다. 이 시기에는 중요하지 않는 것은 아니지만 상대적으로 다른 시기에 비해 내적 갈등과 새로운 성취에 대한 갈등이 적다고 보았다(Erikson, 1982). 특히 사회화에 필요한 핵심적인 인지적 기술과 사회적 기술을 습득하고, 숙달시키려는 근면성이 형성되는 시기이다. 이 단계의 아동들은 학령기로서 학교에 입학하고 사회에서 규정한 공식적인 학교 시스템에 편입된다. 학교에서 지적인 기술을 습득하는 과정에 몰입하면서 근면성을 발달시키는데, 여기서의 근면성은 혼자 열심히 하는 것뿐만 아니라 또래들과 놀이, 운동에서 협동하여 규칙에 순응하는 것도 포함하여 다양한 유형의 학습의 기회가 제공된다. 아동이 성공을 경험하면 근면성을 가지게 되지만, 실패 시 부정적 자아상과 열등감을 가져 학습추구의 동기를 잃게 된다. 따라서 이 시기에는 가정에서 가족 및 부모의 역할과 함께 교사의 태도가 매우 중요하다.

한편, 이 단계를 성공적으로 극복하면 개인적으로나 사회적으로 의미 있는 목표를 추구하면서 사회환경에 적극적인 영향력을 발휘할 수 있다는 자신감인 유능감을 갖게 된다. 그러나 이 단계에서 실패하게 되면 무능력감, 즉 열등감을 가지게 된다.

아동은 학교에서 부과하는 여러 가지 과제들에 꾸준히 주의를 기울여 사물을 만들고 조작하는 방법에 몰두하는 등을 성실히 작업에 임하는 과정 속에서 근면성을 획득하게 된다. 이러한 근면성을 통해 전 생애 동안 중요하게 여기는 과업성실성을 갖게 된다. 아동이 학교에서나 가정에서 자신에게 주어진 일에 적절한 성취를 느끼지 못하면 열등감과 무력함, 비활동성에 빠지게 된다. 이러한 점에서 아동을 격려하며 재능을 발견하고 용기를 북돋워 줄 수 있는 교사나 부모의 태도가 중요시된다. 근면성의 획득은 과업에 대한 성실성을 기초로 하여 이후의 학교생활 적응, 학업성취, 나아가 사회생활에서 개인의 일과 의무에 대한 기본적인 태도 등을 형성하게 한다.

(5) 5단계 : 정체성 대 역할 혼란(identity vs. role confusion)

이 단계는 프로이트의 생식기에 해당되며, 연령은 대략 12세에서 20세까지의 청소년기이다. 이 시기는 아동기에서 성인기로 옮겨가는 전환기로 정신적 성장이 급격한 신체적 변화를 따라가지 못하는 변화의 시기이다. 에릭슨은 심리사회적 발달과정 가운데 특히 청소년기의 발달을 중요시하였다. 그 이유는 이 단계에서 '내가 누구인가'에 대한 의문과 탐색을 통해 이제까지의 심리적 정체성을 재규정하게 되며 적절한 제한 속에서 스스로 독립적으로 행동하는 시도를 할 때, 자신의 정체감, 즉 자아정체감이 발달된다. 하지만 심리적 과거와 현재, 미래를 통합하지 못하거나, 다양한 역할에 통합하지 못하고 상충하는 역할에 적응하지 못하여 어려움을 겪고 방황하게 되면 정체감 혼란에 이르게 된다. 이러한 혼란은 책임 있는 성인처럼 행동하기를 미루거나, 성인기의 책임을 회피하는 어린 시절의 퇴행 방식으로 표현될 수 있다.

이 시기에는 모든 결정이 다른 가능성을 줄인다고 생각하기 때문에 결정하기 전 스스로 타임아웃 시기를 가지는 것을 '심리사회적 유예기간(psychosocial moratorium)'이라고 한다. 이 유예기간 동안 다양한 맥락에서 청소년은 자신의 위치를 시험해 보기도 하고 자신을 잘 탐색하게 된다.

청소년이 자아정체감을 확립하기 위해서는 자기자신이 내적 동일성과 일관성을 가진 것으로 지각해야 하며, 다른 사람 또한 자기를 동일성과 일관성이 있는 사람으로 지각해야 하고 믿어주어야 한다. 이러한 일관성에 대한 자신감이 있어야 한다는 것이다.

한편, 이 시기에 자아정체감 발달에는 적절한 성역할에 대한 동일시가 있어야 한다. 이러한 다양한 자신의 탐색을 통해 자기 자신에 강한 확신을 갖게 되고 자기의 위치, 능력, 역할 및 책임에 대한 인식을 하게 된다. 이것은 장래의 진로와 직업 선택, 배우자 선택, 인생관 확립 등에 중요한 역할을 한다. 그러나 자신에 대한 확신을 가지지 못한다면 자신의 역할에 대한 혼란과 미래의 불안을 경험하게 된다. 그러므로 불행한 어린 시절의 경험이나 현재의 사회환경 때문에 청소년이 정체감 발달에 실패한다면 정체감 위기를 초래한다. 이것은 직업선택을 못하거나, 추후의 교육을 추구하지 못하는 것으로 나타나며 무력감, 혼란감, 허무감, 부족감, 비인간화, 소외감 등을 느끼게 하고 부정적 정체감으로 역할의 혼란을 추구하게 한다(Hjelle & Ziegler, 1992).

정체감 대 역할 혼란의 갈등이 성공적으로 해결되면, 심리사회적 능력과 자아특질인 충성심을 갖게 된다. 그러나 해결하지 못하면 역할과 자신의 가치를 거부한다. 이러한 충성심은 사회적 습관, 사회적 윤리, 사회의 이데올로기를 지각하고 이를 지키는 청소년의 능력을 나타낸다.

(6) 6단계 : 친밀감 대 고립감(intimacy vs. isolation)

성인생활이 시작되는 때이며 대략 20세에서 40세에 해당하는 기간이다. 이 시기에 경험하게 되는 심리사회적 능력과 위기는 친밀감 대 고립감이다. 이 단계에서는 부모로부터 독립하면서 직업을 선택하고 배우자를 만나게 되며, 배우자나 직장동료 등 다른 사람과 친밀감을 이루는 것이 중요한 과업이다. 에릭슨에 의하면 진정한 친밀감은 합리적인 자아정체감이 확립되었을 때만 가능하다. 이러한 친밀감은 성적인 것 이상으로 타인의 복지에 대한 관심과 지적인 자극을 유발하는 상호작용에 대한 관심 등 사회적 친밀감을 모두 포함한다. 그러므로 이 시기에는 개인적 정체감과 함께 사랑, 친교, 안정된 관계를 맺는 능력이 발달한다.

이 시기의 친밀감의 획득이 가능한 사람은 심리사회적 자아특질인 사랑의 능력이 생기게 되어 다른 사람을 사랑하고 일할 능력이 있는 사람이다. 친밀감은 다른 사람들과 감정과 가치를 교류하는 성숙된 인간관계를 필요로 하기 때문에 자아정체감이 잘 확립되어 있는 사람만이 진정한 의미의 친밀감을 나눌 수 있다. 즉, 다른 사람이나 자신과 친밀해지려면 자신이 누구이며, 무엇인가에 대한 확고한 느낌이 발달되어 있어야 한다. 이러한 친밀감은 혼인생활을 성공적으로 수행하는 데 결정적인 역할을 한다. 이러한 사랑은 자신을 타인에게 관여시키고, 이 관여를 지키려는 능력이며, 다른 사람에 대한 보호, 존중, 책임의 태도를 가질 때 나타난다.

한편, 이러한 친밀감이 형성되지 못할 때 심리사회적 부정적 자아특질로서 자신에게만 몰두하고 사회적 관계를 회피하며, 다른 사람을 거절, 친밀감을 나타내는 것이 자신의 자아정체감에 대한 위협으로 보기 때문에 친밀감을 두려워하고, 혼자 지내기를 좋아하여 고립이 일어난다(Schultz & Schultz, 1994). 이것은 안락하고 친밀한 인간관계를 맺을 수 없으며, 사회적 공허감이나 소외감을 느끼게 한다. 특히, 자신에게 도취된 사람은 단순히 공식적, 피상적인 인간관계를 추구하며, 친밀감의 요구를 위협으로 느껴 다른 사람들과 친근감을 나누지 못하고 자신을 고립시킨다.

이 단계의 긍정적인 결과는 성적 친밀감, 진정한 우정, 안정된 사랑, 혼인생활의 지속 등을 포함한 친밀감의 유지이지만, 부정적 결과는 고립, 고독, 이혼, 별거 등으로 배척 또는 배타성을 얻게 된다.

(7) 7단계 : 생성감 대 침체(generation vs. stagnation)

성인초기를 지나 성인기 혹은 중년기에 해당하는 이 시기는 어느 때보다 경제적으로 안정이 되어 가고, 다양한 삶의 경험으로 지혜를 얻고 가정이나 사회에서 중요한 역할을 수행하는 기간이다. 이 시기에는 자녀에 대한 교육과 다음 세대를 양성하는 데 관심과 노력을 기울이게 되며, 또한 다른 사람에게 필요한 사람이 되고 싶은 소망으로 생산성(생성감)을 획득하는 시기이다. 이러한 생산성은 자신의 아이를 출산, 양육, 교육하며, 지식, 자신의 능력이나 가치를 전수하고 다른 사람을 가르치거나 직업적 성취를 통해 나타날 수도 있다. 이 시기의 심리사회적 위기를 성공적으로 해결하면 타인을 배려하는 능력과 자녀양육뿐만 아니라 동료, 부하직원들을 잘 보호하고 직업, 사회활동, 여가활동 등에 참여하여 얻게 되는 창조성도 포함된다. 그러나 그렇지 못할 경우 개인적 욕구나 안위를 주된 관심으로 하는 이기주의나 권위주의를 경험하게 된다.

생산성을 제대로 발달시키지 못하면, 성격은 침체되고, 황폐해져 자신의 에너지와 기술을 오로지 자기중심적으로 과도한 자기 몰두, 공허, 지루함 등을 사용하게 된다. 즉, 다음 세대에 대한 관심이나 배려를 하지 않고 자기자신의 신체적·물질적 측면에만 치중하게 되면 타인에 대한 관대함이 결여되며, 침체성에 빠지게 된다. 그들은 생산적으로 사회의 일원으로서 기능하지 못하고 자신의 욕구를 만족시키기 위해 살며, 타인에게 충분한 관심을 표현하지 못하여 거절(rejection)을 경험하고 이러한 사람들은 인간관계는 거의 거부하고 없으며, 중년의 위기를 경험하게 된다.

생성감 대 침체의 갈등이 성공적으로 해결되면, 심리사회적 능력과 자아특질인 돌봄과 배려로 나타난다. 이러한 배려는 심리적인 무관심의 반대 개념으로 다른 사람을 위해 마음을 쓰고 돌보는 것이며, 무엇인가 또는 누군가에게 문제가 있다는 느낌으로부터 비롯된다(이근홍, 2020: 194).

(8) 8단계 : 자아통합 대 절망(ego integrity and despair)

통합성 대 절망감(integrity vs despair)은 노년기에 경험하는 심리사회적 능력과 위기로서 65세 이후부터 사망에 이르는 기간이다. 이 시기는 신체적, 사회적 상실에 직면하는 시기이다. 노년기는 은퇴, 신체적 노쇠, 친구나 배우자의 사망 등을 경험하게 된다. 이러한 심각한 스트레스와 함께 자신의 삶을 회상하였을 때 삶이 무의미한 것이었다고 느끼고 후회와 회환에 싸이면 절망에 빠지게 된다. 그러나 자신의 인생을 수용하고 그래도 삶이 보람된다고 생각하게 되면 자신의 삶에 대한 지혜를 가지게 된다. 지혜를 가지게 되면 보다 높은 차원의 인생철학으로 발전시켜 자아통합을 이루게 된다.

자아통합이란 자신의 인생을 수용하고 성공, 기쁨, 보람, 행복 등과 갈등, 실패, 실망 등을 전체 삶 속에 포함시키는 것을 의미한다. 즉, 통합성은 모든 관점에서 자신의 인생을 돌이켜 보면서 겸허하고 그러나 확고하게 '나는 만족스럽다'라고 확신하는 능력에서 생긴다(Hjelle & Ziegler, 1994). 이 시기는 이전의 7단계를 종합하고 통합 및 평가하는 기간으로 지금까지 자신이 살아온 삶을 돌아보는 시기로서 심리사회적 위기를 성공적으로 해결하면, 다가오는 죽음에 대해서도 위험과 용기로 직면할 수 있는 능력이 생긴다. 이와 함께 자아는 지혜라는 능력을 얻게 되지만, 그렇지 못할 경우 인생이 무의미하다고 느끼게 되고 죽음에 대한 두려움과 지나온 삶에 대한 회환으로 경멸 혹은 절망감에 빠지기 쉽다. 이러한 절망감으로 죽음에 대해 공포를 느끼는 노인들은 성취감을 이루지 못한 지금까지의 인생을 다른 방향으로 바꾸기에는 시간이 너무 짧다는 것을 인식하여 초조해지기 시작한다. 희망이 없고 고독감에 찬 노인들은 비참한 절망감에서 인생을 끝내게 되는 것이다. 그러므로 이러한 위기가 적절하게 해결되지 못하면 자기 자신을 경멸하고 우울증, 피해망상 등을 초래할 수 있다. 이 시기의 지혜는 죽음에 직면하여 인생에는 초연하고 이에 대해 아주 적극적 관심을 갖는 것이다.

다음은 에릭슨의 심리사회 발달 여덟 단계를 요약 정리하였다(표 7-1).

표 7-1 에릭슨의 심리사회 발달 8단계

시기	연령	심리사회적 위기	심리사회적 능력	중요한 관계범위	중요사건	주요 병리	프로이트 (성 심리)
유아기	출생~ 18개월	신뢰 대 불신	희망	주 양육자, 어머니	스스로 먹기	위축	구강기
초기 아동기	18개월 ~ 3세	자율성 대 수치심(의심)	의지	부모	스스로 용변보기	강박적 행동, 편집증	항문기
학령 전기	3~6세	주도성 대 죄의식	목적	가족	운동	억제 (의지와 용기 부족, 금지의 감정)	남근기
학령기	6~ 12세	근면성 대 열등감	능력, 유능성	이웃, 학교(교사)	취학	무력함 (비활동성)	잠복기
청소년기	12~ 20세	자아정체감 대 역할혼란	충성심, 성실성	또래집단 외 집단(친구)	또래집단	역할과 가치 거부(거절)	생식기
성인 초기	20~ 40세	친밀감 대 고립감	사랑	우정, 애정, 경쟁, 협동의 대상	애정관계	배척 (배타성)	
중년기	40~ 65세	생산성(생성) 대 침체	배려	직장, 확대가족	부모역할, 창조성	거절(거부, 권위주의)	
노년기	65세 이후	자아통합 대 절망	지혜	인류, 동족	인생회고와 수용	경멸	

6) 프로이트 이론과의 비교

에릭슨의 이론은 프로이트 이론과 비교할 때 크게 두드러진 차이점을 보인다(한국심리학회, 2014).

먼저, 인간행동의 동기를 프로이트는 원초아(id)와 무의식에 초점을 두었으며, 성격발달도 본능적 측면을 강조하였으나 에릭슨은 자아(ego), 즉 의식을 강조하였다. 자아(ego)에 대해서도 프로이트는 원초아의 욕구가 현실세계에서 만족을 추구하기 위해서 자아가 형성되므로 원초아에서 분화된다고 하였다. 그러나 에릭슨은 원초아에서 분화된 것이 아니라 그 자체로 형성되고 독립적으로 기능하는 성격을 자율구조로 강조하였다. 그러므로 인간의 문제해결 능력에도 논리적, 합리적으로 묘사했다.

둘째, 인간의 발달단계 형성에서 프로이트는 아동의 성적 쾌감의 원천이 구강에서 항문, 성기로 옮겨가면서 발달단계가 나눈다. 반면, 에릭슨의 이론은 성적 쾌감을 포함하는 동시에 아동과 그들에게 중요한 인물, 혹은 아동을 둘러싼 사회문화적 맥락 간의 상호작용에서 발달의 원천을 찾고자 했다. 또한 개인이 새로운 발달 시기에 획득한 능력에 관심을 기울였다. 그러므로 인간이 삶의 심리사회적 위험을 사회의 요구와 그 요구에 맞게 극복할 수 있는 개인의 능력에 많은 관심을 가졌다. 더불어 발달단계마다 사회적 상호작용의 본질이 다르다고 설명한다.

셋째, 프로이트는 성격발달을 아동초기의 경험과 부모의 영향을 강조하였고, 청소년기 이전에 이루어진다고 보는 반면, 에릭슨은 개인과 사회와의 상호작용을 강조했기 때문에 변화와 성장은 청소년기 이후에도 청년기, 중년기, 노년기에도 계속된다고 주장했다. 따라서 그의 발달 이론은 영아기에서 죽음에 이르는 전 생애에 걸쳐 제시된다. 즉, 개인의 생물학적 욕구보다는 개인을 둘러싼 사회적 관계가 성격형성에 더 중요하다고 보았다. 또한 청소년기에 요동치는 정체감 형성을 중요하게 보았고 성인기도 발달과정의 한 형태로 보았다.

넷째, 사회·문화적 환경의 영향을 프로이트는 발달의 추진력으로 작용하지 않는다고 하였으나 에릭슨은 발달에서 환경이 중요함을 인식하게 하였다. 그러나 전적으로 생물학적, 환경적 영향에 좌우되는 것이 아니라 인간 스스로 심리적 발달에 주도하는 능력이 있다고 강조하였다.

다섯째, 인간관과 심리적 문제를 프로이트는 무의식이 지배하는 수동적인 인간으로 보았고 어린 시절, 초기 외상이 성인기의 정신병리의 원인으로 보았다. 그러나 에릭슨은 잠재가능성이 있는 능동적인 인간, 즉 긍정적인 측면에서 보았으며, 초기문제를 부적절하게 처리하면 성장 후 어려움을 겪는다고 하였다.

5. 사회복지실천과 연계 및 평가

1) 심리사회이론과 사회복지실천

사회복지실천현장에 사회복지사들은 에릭슨의 이론을 선호한다. 그 이유는 프로이트는 성적 본능을 지나치게 강조하여 인간을 결정적으로 보아 변화하지 못하는 쪽에 더 방점을 찍었다. 그러나 심리사회이론은 이성과 적응을 강조하였기 때문에 실천현장에 적용하기도 유용하여 훨씬 더 매력과 호소력이 있기 때문이다.

먼저, 사회복지실천에서 클라이언트 개인뿐만 아니라, 클라이언트를 둘러싼 환경의 중요성, 즉 '환경 속의 인간(Person In Environment, PIE)'에 대한 시각을 제공하였다. 전통적으로 사회복지는 환경 속의 인간을 강조하며, 이를 클라이언트 사정과 개입의 기초로 삼아 왔기 때문에 사회복지실천에 잘 부합되는 이론이다.

둘째, 인간의 정상적인 위기와 사건을 정확하게 이해할 수 있는 준거틀을 제공하였다. 초기아동기에 대한 환경에 미치는 영향으로 아동의 탐구와 활동으로 가득차 있다. 이러한 연구는 통찰을 바탕으로 부모는 아이에게 적절한 기대와 행동의 통제기술을 개발할 수 있도록 하여 부모의 통찰력을 돕는 역할을 한다.

셋째, 인간이 전 생애를 통하여 성장하며 변화한다는 이론은 인간발달에 대해 새로운 관점을 제시하였다. 이전에 인간발달은 10대 말까지 완성되는 것으로 알려졌으나, 에릭슨의 전 생애 발달이론으로 인간의 발달은 평생 지속됨을 인식하게 되었다. 따라서 노인에 대한 새로운 시각을 제시하였고, 이에 따라 노인복지정책의 수립과 서비스 제공에도 영향을 미쳤다(오창순 외, 2015: 136-137).

넷째, 청소년 클라이언트를 위한 사회복지실천 현장에서 사회복지사들이 준거틀을 제공하였다. 청소년기의 행동에 대한 역동성을 이해하고 단계별 특징적 상호관계를 이해해야 한다. 더불어 청소년기의 갈등은 매우 자연스러운 현상으로 부모와 청소년 자녀 간의 갈등은 청소년기에 일어날 수 있는 보편적인 일로 보아야 한다. 그리고 클라이언트 청소년 자신의 느낌, 행동에 대해 통찰력을 가질 수 있도록 원조해야 한다.

한편 이러한 심리사회적이론은 사회복지를 전공하는 학생들 자신에 대한 이해에도 도움이 될 수 있다. 그러므로 심리사회적 발달단계를 누구나 자신의 인생에 적용하여 자서전 및 자기분석보고서를 작성해 보는 것도 유용할 것이다.

2) 심리사회이론의 평가

심리사회이론은 생애주기를 통한 전 생애 발달을 강조하였다. 또한 사회문화적 요인을 배경으로 인간의 발달과 성격구조를 이해하게 해줌으로써 정신분석학의 타당성과 실용성을 확대시키고 정신분석학적 자아심리학을 비약적으로 발전시켰다. 인간 성격의 건전한 발달을 위한 가능성과 자아의 성장 가능성을 제시하였다. 또한 성숙의 개념을 폭넓은 의미로 활용하고 이해할 수 있게 하였으며, 인간의 건강한 발달에 새로운 통찰력을 부여하였다. 그리고 심리사회이론은 자아발달이 부모, 양육자뿐만 아니라 교사, 주변 사람들과 사회환경, 가치체제, 사회제도, 문화환경 등과 밀접한 관계가 있다고 보았다. 그러나 이러한 에릭슨 이론에서도 몇 가지 부분에서 비판을 받는다.

먼저, 발달의 원인이 무엇인지에 대한 설명이 부족하고 개념 정의가 불명확하다. 즉, 사회정서 발달에 대한 설명은 없고 기술만 있으며, 단계이론은 각 단계마다 전환은 어떻게 이루어지는지, 성숙이 어떻게 성인기에 영향을 미치는지에 대한 기제가 명확하지 않다는 것이 문제점으로 지적된다.

둘째, 자아발달의 여러 측면들을 신체부위마다 자아가 외부세계와 상호작용하는 특징적 양식이 존재한다고 보았지만 그렇지 않다는 것이다. 예를 들면, 유아의 자율성을 획득하려는 노력에 배설의 보유와 항문의 통제방식과 관계가 있다고 보기는 어려움이 있기 때문이다.

셋째, 발달단계의 구분에 대한 이론체계가 명료하지 못하고 모호하며, 과학적 근거와 실증적 연구가 부족함이 있다. 자아발달의 여러 측면을 프로이트의 성적 신체부위에 너무 무리하게 연결시키려 했다는 점이 한계점으로 지적받는다.

연습문제

1 에릭슨의 심리사회적 자아발달 이론의 특징이 올바르게 연결된 것은?

가. 일생에 걸친 성장을 논하고 있다.
나. 인간이 생물학적 또는 환경적 영향에 의해 전적으로 좌우되지는 않는다.
다. 개인의 성장에 문화가 기여하는 측면을 강조하였다.
라. 인간의 행동과 기능의 기초로 원초아를 강조하였다.

① 가, 나, 다 ② 가, 다 ③ 나, 라
④ 라 ⑤ 가, 나, 다, 라

2 프로이트와 에릭슨의 성격발달 이론의 특성을 비교한 것으로 틀린 것은?

① 프로이트는 성격발달에서 원초아가 지배적인 것으로 보았다.
② 에릭슨은 역사적, 인종적 집단에 대한 결속력으로 성격이 강화된다고 보았다.
③ 에릭슨은 성격발달이 초기 아동기에 형성되는 것으로 보았다.
④ 프로이트의 성격발달 이론은 불안과 무의식적 욕구에 의해 위협 받는 것으로 보았다.
⑤ 에릭슨의 성격발달은 개방체계에 근거한다.

3 다음이 설명하고 있는 개념은 무엇인가?

> 성장하는 모든 것에는 생물학적인 원칙에 따르는 기본 선이 있고, 이에 따라 부분이 생성, 발달하고 전체로서 기능하는 형태를 이룬다. 성격은 적절한 연쇄과정에 따라 발달하는데, 결정적인 시기가 있고 시간이 흐르면서 점진적으로 성숙한다.

① 자아의 자율적인 기능 ② 점성원리 ③ 자아정체감
④ 발달위기 ⑤ 자아의 자기연속성

4 에릭슨(E. Erikson)의 심리사회적 이론의 기본가정에 관한 설명으로 옳지 않은 것은?

① 발달은 점성원칙을 따른다.
② 인간의 공격성과 성적 충동의 영향력을 강조한다.
③ 인간을 합리적, 창조적, 이성적인 존재로 간주한다.
④ 인간의 행동은 의식 수준에서 통제 가능한 자아(ego)에 의해 동기화된다.
⑤ 발달단계에서 외부 환경에 대처하고 적응하는 과정을 중요하게 다룬다.

5 다음 중 에릭슨(E. Erikson) 이론의 각 단계별 특성을 옳게 연결한 것은?

① 초기 아동기 – 기본적 신뢰감 대 불신감
② 학령전기(유희기) – 자율성 대 수치심 · 회의
③ 학령기(아동기) – 주도성 대 죄의식
④ 성인기 – 친밀 대 고립
⑤ 노년기 – 자아통합 대 절망

6 에릭슨(E. Erikson)에 관한 설명으로 옳지 않은 것은?

① 에릭슨은 자아심리이론가이다.
② 에릭슨의 이론을 심리사회적 이론이라고 한다.
③ 개인의 발달은 사회를 풍요롭게 한다고 하였다.
④ 성격발달에서 유전적인 요인의 영향력을 배제하였다.
⑤ 각 단계별 심리사회적 위기를 극복하면 자아특질이 강화된다고 하였다.

7 에릭슨(E. Erikson)과 프로이트(S. Freud)의 발달단계의 연결로 옳은 것은?

① 자율성 대 수치심 – 생식기
② 근면성 대 열등감 – 남근기
③ 신뢰감 대 불신감 – 구강기
④ 친밀감 대 고립감 – 항문기
⑤ 정체감 대 정체감 혼란 – 잠복기

정답 1. ① 2. ③ 3. ② 4. ② 5. ⑤ 6. ④ 7. ③

CHAPTER

08

개인심리학 : 아들러

1. 개인심리학의 개요

개인심리학(individual psychology)은 아들러에 의해 정립된 이론이다. 인간에 대해 현상학, 사회학적 관점을 가진 심리치료의 이론인 동시에 사회심리학이다. 아들러가 자신의 이론을 '개인심리학'이라고 명명한 것은 인간을 나눌 수도 없고 단일화할 수 없는 총체적(whole)인 존재로 보았기 때문이다.

개인심리학은 심리치료, 정신병리, 성격 등의 이론과 방법을 다룬 심리학이라 할 수 있다. 또한 인간은 그 자체가 모순이 없는 통합된 실체로 보았다. 그러므로 이 이론은 개인을 중점적으로 다루며, 성격발달의 과정에서 개인성격의 통일과 통일하는 양식, 열등감의 역할을 강조하였다. 이와 함께 인간의 성격형성과 발달에 사회적 요인의 중요성을 설명하였다.

인간의 사회적 관심은 선천적인 것으로 개인이 사회적 관계의 확대와 함께 경험하게 되는 열등감은 극복이라는 보상의 노력으로 우월성을 추구하게 한다. 이 과정에서 성격의 핵심인 생활양식이 형성된다고 보았다. 아들러가 주장하는 사회적으로 유용한 생활양식(socially useful lifestyle)의 의미는 정신적으로 건강한 개인들이 일(work), 성(sex), 사회(society)와 더불어 자기 자신에 대한 개인적인 관심을 사회적 관심과 일치하도록 노력하는 것이다(장수복 외, 2020: 161).

아들러는 개인에 대한 독자적 전체성을 강조하면서 인간이 행동하고, 움직이는 최대의 동기로 '우월에 대한 욕구'를 꼽았다. 프로이트와 달리, 그는 인간이 사회심리학적이며 목적론적인 동기에 의해 움직이고, 인간을 비결정론적 인간관을 중심으로 가정하였다. 이러한 관점에서 볼 때, 인간은 원초아, 자아, 초자아라는 분리된 내적 요인의 갈등에 의해 구성된 것이 아니라 정서, 기억, 행동의 총체적인 합으로서 구성되는 것이다. 이렇듯 아들러는 인간을 개인의 분리 불가능성, 통합성, 총체성 등의 개념으로 설명하였다. 그러므로 아들러는 인간의 모든 행동이 목적성을 지니고 있고, 미래의 목표를 향해 창조적으로 삶을 개척해 나간다고 설명한다. 뿐만 아니라 인간은 삶을 개척해 나가기 위해 누구나 가지고 있는 궁극적인 목표를 '가상적인 최종목표(fictional finalism)'라고 부른다.

이것은 인간에게 선천적으로 열등감을 극복하려는 노력들이 인간발달의 근원으로 보았다. 이럴 때 개인의 열등감은 그것을 극복한 우월성, 안정성 등의 숙련을 통해 이루어지고, 이렇게 이루어진 것이 유능감 등을 통해 보상된다. 그러므로 인간은 이러한 유능감을 통해 더욱 발전되고 향상되며, 확장된 자기 모습을 경험할 수 있다.

2. 아들러의 생애와 사상

아들러(Alfred W. Adler, 1870~1937)는 오스트리아 출신의 심리학자이자 정신의학자이다. 그의 아버지는 곡물상을 하였고, 오스트리아 빈(Vienna)에서 6남매 중 둘째로 태어난 유대인이다. 그러나 그는 아동기에 매우 병약하여 구루병(rickets)을 앓았다. 빈대학교(Universität Wien) 의학부 졸업을 하였으며, 트로츠키의 친구인 러시아 여성과 결혼하였다. 그의 친구 중에는 사회주의자가 많았고, 그 자신도 사회주의자였다. 그는 여성의 권리를 위해 캠페인을 벌였고 소수자를 향한 부당함에 대해 자주 발언하였다.

아들러는 프로이트의 강연에 매혹되어 제자로 문하에 들어가 빈 정신분석학회(Wiener Psychoanalytische Vereinigung, Vienna Psychoanalytic Society: WPV)를 결성하고 초대 회장을 맡았다. 아들러는 1902년부터 프로이트와 함께 '수요모임'에서 활동하였고 프로이트의 저서인 『꿈의 해석(*Die Traumdeutung*, 1900)』을 서평하였다. 그러나 근본적인 견해 차이로 프로이트의 이론을 거부하고 분파하여 사회적 요소인 사회의 역할을 중요시하게 되었다.

아들러는 1912년 프로이트의 원인론적 분석을 비판하면서 목적론적 분석의 기반인 자신의 학설을 '개인심리학(individual psychologie)'이라고 이름 짓고, 동료들과 함께 '개인심리학회'를 설립하였다. 이를 중심으로 독자적인 학문 세계를 구축해 나갔으며, 1914년에는 『국제개인심리학잡지』를 창간했다.

그는 1934년 미국으로 이주하여 많은 사람들에게 직접 만나 상담과 치료,

강연을 하였다. 1937년 5월 강연을 위해 영국 스코틀랜드 북부 에버딘대학교(University of Aberdeen) 강연 뒤 길거리에서 심근경색으로 돌연사 했다. 그는 인간을 이해하는 것이 곧바로 삶의 주인이 되는 길인 것을 알려준 최초의 인본주의 심리학자이다.

아들러는 형과의 사이가 좋지 않아 연구한 출생순위와 성격관계에 주목하던 중 열등감을 특히 중요시하게 되었다. 만일 보상될 수 없는 열등감이나 과도하게 보상된 열등감이 있으면 인격의 왜곡이 생긴다고 주장하며, 이를 시정하기 위한 재교육이 중요하다고 하였다. 그 때문에 정신분석에 관심을 가지면서도 성욕주의를 혐오하고 있는 교육자, 종교가, 사회사업가 등에게 환영을 받았다(Sweeny, 2015).

아들러는 전 생애에 걸쳐 300권 이상의 책과 저작을 남겼는데, 그다지 인지도가 높지 않았다. 그러다가 아들러의 목적론을 기반으로 일본인 철학자 기시미 이치로와 작가 고가 후미타케의 저서『미움 받을 용기』가 베스트셀러 반열에 오르면서 최근 일본뿐만 아니라 우리나라에서 아들러와 그의 목적론이 각광을 받기 시작했다.

주요 저서에는『기관 열등성의 연구(*Studie uber die Minderwertigkeit der Organe*, 1907)』,『신경증 기질(*Uber den nervosen Charakter*, 1912)』,『개인심리학의 실제와 이론(*The Practice and Theory of Individual Psychology*, 1920)』 등이 있다.

3. 인간관

개인심리학에서 중요한 것은 인간을 바라보는 관점을 이해하는 것이다. 그는 인간을 사회적 맥락과 환경 속에서 끊임없이 변화하고 발전해 가는 목표지향적인 존재로 보았다. 특히, 열등감은 타인과의 비교를 통해서 보다 나은 자기완성을 추구하게 하는 의지로 긍정적인 동기부여 역할을 한다고 보았다(유성이, 2017: 60). 뿐만 아니라 인간은 현상적 자아에서 가공적 목적(fictional goal)을 끊임없이 추구하는 창조의 존재, 책임지는 존재, 선을 실현하는 존재로 완성을 향해 '형성되어 가는 존재'라고 주장하였다. 그러므로 인간은 단순히 유전형질이나 환경에 의해 결정되는 것도 아니며, 또 어떻게 태어났는가 하는 것이 중요한 것이 아니다. 단지 우리가 가진 능력으로 무엇을 어떻게 활용하느냐 하는 것이 더 중요하다고 믿었다(권육상, 2008: 167). 그러나 그는 생애초기 경험이나 어린 시절 경험, 즉 5세경에 발달은 거의 형성이 된다고 주장한다. 그 이후에는 변화가 없어 이러한 것은 성인기에서도 영향을 미친다는 설명은 프로이트와 동일하게 설명한다. 그러나 그는 개인의 환경은 주관적으로 파악하고 이러한 믿음에 따라 행동한다고 하였다.

아들러의 이론은 인간을 유일하고 분해할 수 없으며, 자아일치적이고 통합된 실체로 보았다. 게다가 개인의 창조적 자아의 중요성을 강조하였으며, 성장을 위해 스스로 노력한다고 보았다. 더불어 인간은 창조적 능력이 있기 때문에 목표를 달성할 수 있다고 설명한다. 또한 목적과 가치에 일치되는 삶의 방식을 찾고 그것을 해석하는 자기만의 눈을 가지고 있는 합리적인 존재이다.

아들러의 이론은 인간을 성장 모형에 근거하고 있으며, 가치, 신념, 목표, 관심, 태도, 개인의 현실적 지각과 같은 내적 결정인자를 강조하였다. 심리학에 있어 접근의 선구자로 인간에 대한 이해를 총체적, 사회적, 목표지향적, 인본주의적 접근의 개척가라 할 수 있다.

4. 주요 내용

1) 열등감과 보상

모든 인간은 열등감(inferiority complex)을 가지고 있으며, 인간의 기본 동기는 열등감을 극복하고 우월감, 완전함, 전체성을 얻고자 노력하는 데 있다(Adler, 1964b). 열등감은 매우 보편적이고 정상적인 발전에 원동력이 될 수 있다. 더불어 성격형성에 중요하며, 스스로가 부족하다고 느끼는 것에 대한 불만족에 의해 시작되는데, 자신을 다른 사람이나 사회적 요구와 비교함으로써 얻어지는 주관적인 경험에 의해서 형성된다(유성이, 2017: 62). 열등감을 극복하고 완전성을 추구하려는 동기는 선천적인 것으로 보았다. 반면에, 열등감을 회피하거나 지나치게 열등하다고 평가하면 열등 콤플렉스가 되어 자신이 적응, 성장할 수 있는 능력을 손상시킨다.

아들러는 열등감 콤플렉스의 세 가지 원인으로서 신체, 기관의 열등감, 과잉보호, 양육태만을 제시하였다(노안영 · 강영신, 2011: 195-296).

열등감과 우월감 혹은 자기완성은 동전의 양면이다. 아들러가 지적한 것처럼 열등감을 어떻게 극복하느냐가 자기완성을 위해 중요하다고 설명한다. 열등감의 보상과정은 심리학적인 측면에도 적용될 수 있다고 하였는데, 즉 개인은 신체의 열등감뿐만 아니라 심리적인 또는 사회적인 무능감으로부터 생기는 주관적인 열등의식도 보상하고자 한다. 아들러는 '인간이 된다는 것은 자신이 열등하게 느끼는 것을 의미한다(To be a human being means to feel oneself inferior)'고 주장하였다.

2) 가족구도와 출생순위

아들러의 이론 중에서 형제간의 출생순위가 성격형성에 미치는 영향이다. 한 부모에게서 태어난 자녀들도 그 출생순위에 따라 부모의 기대치, 관심의 정도, 양육태도 등으로 그들이 자라면서 경험하는 환경은 다르며, 이는 그들의 성격형성에 영향을 미치는 주요한 변수라는 것이다(Adler, 1927).

아들러는 가족구도(family constellation)와 출생순위(birth order)가 우리의 생활양식 형성에 중요하다는 것을 강조하였다. 가정에서 부모를 중심으로 자녀와의 가족관계가 어떠한 가족구도를 형성하고 있는가는 자녀의 생활양식을 형성하는 데 매우 중요하다. 이와 함께 자녀의 수가 몇 명인지와 이 자녀들의 출생순위도 성격형성에 많은 영향을 미친다. 첫째 아이가 남자인 경우 혹은 여자인 경우, 독자인 경우 등에 따라 부모가 자녀에게 대하는 심리적 태도가 다를 수 있다.

우리나라는 유교문화의 전통 속에서 오랫동안 부모들이 아들을 선호해 왔다. 요즘에는 자녀들이 하나 아니면 둘이지만 세 명 이상인 경우에는 자녀가 딸, 딸 그리고 아들이거나 딸, 딸, 딸 다음에 아들일 확률이 높다. 이것은 꼭 아들이 있어야 한다는 남호선호 사상인 우리의 문화적 풍토를 반영한 것이다. 부모를 중심으로 한 가족구도 속에서 부모가 민주적으로 모든 자녀에게 공평하고 대등한 관계에서 자녀를 양육하지 못할 경우 어떤 자녀는 심리적 상처를 받을 수 있다(노안영 · 강영신, 2011: 98). 그러므로 출생순위와 가족 내 위치에 대한 해석은 어른이 되었을 때 세상과 상호작용하는 방식에 큰 영향을 미친다. 아동기에 타인과 관계하는 독특한 스타일을 배워서 익히게 되며, 그들은 성인이 되었을 때도 그 상호작용 양식을 답습한다.

아들러학파의 치료에서는 가족역동, 특히 형제간의 관계를 다루는 것을 매우 중요시한다. 따라서 어떤 유형으로 나누어 전형화하는 것은 피해야 할 일이지만, 아동기에 형제간 경쟁의 결과로 생겨난 성격 경향이 개인의 남은 삶을 통해서 재현되는가를 살피는 것도 도움이 될 것이다. 일반적으로 어떤 특정한 출생순위에 태어난 아이들은 일반적인 특징들을 가지고 있는데 그것을 살펴보면 다음과 같다.

- 첫째 : 맏이는 잠시 동안 부모의 사랑과 관심을 독차지하지만 동생이 태어나면서 사랑을 빼앗기게 되고 그것을 되찾으려고 노력한다. 그러나 실패하여 보통 열등감을 경험하고 버릇이 없는 경향이 있다. 그 결과 스스로 고립해서 적응해 나가며, 다른 사람의 애정이나 인정을 얻고자 하는 욕구에 초연해 혼자 생존해 가는 전략을 습득해 간다. 때문에 일반적으로 다른 성인들과 좋은 관계를 맺으며 타인의 기대에 쉽게 순응하고 사회적인 책임을 잘 감당하는 특징을 보인다. 또한 윗사람을 동조하는 생활양식을 발전, 성장시키고 성장 후에는 권위 행사, 규칙과 법을 중시하며, 보수적인 성향과 책임감이 강한 경우가 많다.
- 둘째 : 둘째아이는 날 때부터 형이나 누나라는 경쟁자 또는 조정자를 가지고 있으므로 그들의 장점을 능가하기 위한 자극과 도전을 받는다. 이러한

이유로 첫째보다 훨씬 빠른 발전을 보이기도 한다. 그 결과 아주 경쟁심이 강하고 대단한 야망을 가진 성격이 되기 쉬운 특징이 있다. 그의 생활양식은 자신이 형보다 낫다는 것을 증명하기 위해 노력하는 경향이 짙어 첫째와는 반대되는 성격으로 발달시키며, 진보적, 융통성, 목적지향성이 강하다.

- 막내 : 막내는 동생에게 자리를 빼앗기는 자리를 경험하지 않고 귀염둥이로 자라게 되어 과잉보호될 가능성도 있지만 때로는 전혀 관심을 받지 못할 수도 있다. 또한 자기보다 크고 힘이 세고 특권이 있는 형들에게 둘러싸여 독립심의 부족과 함께 강한 열등감을 경험하기 쉽다. 게다가 다른 사람이 자기 대신 자기의 생활을 만들어 주기를 바라는 경향이 있다. 또한 막내는 형제자매를 능가하려는 강한 동기가 작용한다는 이점이 있지만 과잉보호 가능성으로 의존성이 많을 수 있다. 더불어 창의성이 뛰어나기도 한다.
- 독자(녀) : 외동아이는 경쟁할 형제가 없으므로 응석받이가 되기 쉬우며 이러한 생활양식으로 인해 의존심과 자기중심성이 현저하게 나타나고 경쟁의 경험도 없다. 나누어 가지거나 다른 아동과 협동하는 것을 배우지는 못하나 어른들을 어떻게 다루어야 하는지는 잘 배운다. 항상 무대의 중앙에 있기를 원하며, 성취지향적인 특성을 가지고 있고 그 위치가 도전을 받으면 그것을 불공평하다고 느낀다. 자신의 중요성과 능력에 대해 과장된 견해를 가질 수 있다.
- 중간아이 : 위, 아래로 형제자매를 두고 있어 강한 압박감을 느낀다. 삶이란 불공평한 것이라고 확신할 수 있으며 속았다는 느낌을 받게 되면 자신의 능력을 확신하지 못한 채 무력감을 느끼며, 의존형의 태도를 나타낼 수 있다. "불쌍한 나"라는 태도를 가질 수 있으며, 또한 문제아가 될 수도 있지만 그 대신 친구를 사귀거나 사회적 관계를 맺는 일에 강점을 보일 수 있다. 그러므로 중간아이의 특징으로는 갈등조정자, 평화유지군의 역할을 할 수 있다.

3) 생활양식

생활양식(life style)이란 개인의 성격유형으로 독특성과 존재를 특정 짓는 것을 말한다. 이것은 삶에 대한 개인의 방식, 즉 삶의 목적, 생활의 전략, 가치, 태도 등을 포함하며 삶의 목표를 향해 나아가는 방식이다(정서영 외, 2017a: 130). 이러한 생활양식은 개인이 세상에 지닌 신념체계일 뿐만 아니라 일상적인 생활을 할 때에 사용되는 감정, 행동방식을 의미한다. 이러한 과정은 어린 시절 가족들과의 경험에서 발달되고 기인된다.

아들러는 인생의 과업으로 직업, 우정, 사랑과 결혼을 꼽았다. 이 세 가지 인생과업에 대한 태도인 자신의 활동수준과 사회적 관심이라는 대인관계의 두 가지 차원을 통하여 네 가지 생활양식으로 구분하였다(Hjelle & Ziegler, 1992).

(1) 지배형

지배형(ruling type)은 타인을 대할 때 지배적인 태도를 보이는 사람들이며, 대부분 관계에서 사회적 인식이나 관심은 거의 없다. 더불어 이 유형은 부모가 지배하고 독재형으로 자녀를 양육할 경우에 나타나는 생활양식이다. 더불어 이 유형은 사회적 관심이 낮고 활동수준이 높아 활동적이지만 공격적인 성향이 있다. 인생과업에 있어서 반사회적이며 독단적으로 다른 사람에 대한 배려는 고려하지 않는다. 알코올 중독자, 약물이나 마약 중독자, 자살의 가능성이 있는 사람이다.

(2) 획득형

획득형(getting type)은 부모가 지나치게 과잉보호와 간섭하며 지배를 한 방식이다. 이 유형은 사회적 관심은 낮고 활동수준은 중간 정도로 외부세계와 관계를 맺으며, 다른 사람에게 의존하여 욕구를 충족하는 방식이다. 다른 사람을 자신의 욕구충족을 위하여 도구로 사용하려고 하며, 다른 사람들로부터 더 많은 것을 얻으려고 하는 경향이 있다. 또한 이들은 무기력 성격을 가지고 있으며, 기생적인 방법으로 외부세계와 관계를 맺고 사회적 환원이 매우 낮은 특성을 보인다.

(3) 회피형

회피형(avoiding type)은 사회적 관심도 낮고 인생에 참여하는 활동수준도 낮다. 이러한 유형은 인생의 모든 문제를 직면하려는 용기가 전혀 없을 뿐만 아니라 회피하여 한 치의 실패 가능성도 모면하려는 경향이 높다. 부모가 자녀의 하고자 하는 기를 꺾어버리게 되면 회피형의 생활양식을 갖게 된다. 이들은 성공을 바라기보다는 실패를 두려워하는 유형으로 생활과제를 포기한다. 주로 우울, 신경증, 정신병 환자 등에게서 볼 수 있다.

(4) 사회적 유용형

사회적 유용형(socially useful type)은 타인에게 도움이 되는 방식으로 문제해결을 위해 노력하는 사람들로 심리적으로 건강한 사람의 모델이다. 이 유형의 사람들은 개인의 활동수준과 사회적 관심이 높은 사람으로 자신의 욕구는 물론, 다른 사람의 복지와 배려에도 관심을 가진다. 뿐만 아니라 일과 우정, 사랑 같은 사회적 관심을 중요시한다. 또한 문제를 해결하기 위하여 다른 사람을 존중하며, 협력하는 태도와 용기를 가지고 적극적으로 대처한다.

4) 사회적 관심

아들러의 이론 중 정신건강의 주요한 지표로 제시한 독특한 개념이 사회적 관심(social interest)이다. 사회적 관심은 개인이 이상적인 사회의 목표를 달성하고자 할 때 사회에 공헌하려고 하는 성향이다. 게다가 이것은 가족관계와 다른 아동기 경험에서 발달하고, 어머니 및 주양육자가 가장 큰 영향을 미치며, 심리적 성숙에 주요한 기준이 된다. 그는 사회적 관심의 발달 측면을 일체감이나 공감과 같다고 설명한다. 이것은 "다른 사람의 눈으로 보고, 다른 사람의 귀로 듣고, 다른 사람의 가슴으로 느끼는 것"이라고 했다. 사회적 관심이 발달함에 따라 열등감과 소외감은 감소하는데 이것은 가르치고, 배우고, 사용할수록 더 발달한다고 보았다.

개인심리학은 우리의 행복과 성공은 대개 사회적 유대와 관련되어 있다는 핵심사상에 근거하고 있다. 우리는 사회의 일원이기 때문에 사회구조를 떠나 고립된 존재로 이해될 수 없다. 삶을 통해 소속되고자 하는 욕구가 인간행동의 기본이 된다. 우리가 경험하는 문제의 대부분은 자신이 가치를 두는 사람들에게 수용되지 못한다는 두려움에 관련되어 있다. 만약 이러한 소속감이 충족되지 못하면 불안이 발생한다. 아들러는 우리는 소속되고자 하는 강한 욕구를 가졌고 또 소속감을 가질 때만이 문제에 직면하고 그것을 처리하기 위해 노력한다고 주장하고 있다.

사회적 관심은 다른 차원으로 두 가지로 나누어 이해할 수 있다. 먼저 타인이

표 8-1 생활방식의 유형

성격유형	활동 수준	사회적 관심	성격특성
지배형 (ruling type)	높음	낮음	다른 사람들에게 지배적인 태도와 공격적이고 독단적이며 활동적이지만, 사회적인 인식이나 관심은 거의 없고 인생과업에 있어서 반사회적이며, 타인의 안녕은 아랑곳하지 않는다.
획득형 (getting type)	중간	낮음	타인으로부터 많은 것을 기대하며, 기생적인 방법으로 외부세계와 관계를 맺고 다른 사람에게 의존하여 욕구를 충족하는 형이다. 이런 유형은 부모가 지나치게 자녀를 과잉보호할 때 나타나는 유형이다.
회피형 (avoiding type)	낮음	낮음	타인과의 갈등, 거부를 경험하지 않기 위해 대인관계를 회피하는 유형이다. 인생에 참여하려 하지 않고 사회적 관심도 거의 없다. 인생의 모든 문제를 회피함으로써 한 치의 실패 가능성도 모면하려는 것이다.
사회형 (socially useful	높음	높음	타인에게 도움이 되는 방식으로 문제해결을 위해 노력하며, 활동수준도 높지만 사회적 관심도 높은

성격유형	활동 수준	사회적 관심	성격특성
type)			유형이다. 심리적으로 건강한 사람의 표본이다. 사회적 관심이 많아 자신의 욕구는 물론 다른 사람의 복지를 위해서 협력하려는 의지를 가진다. 또한 인생과업을 완수하기 위해 사람들과 협동한다. 이들은 사회에서 유용하고 꼭 필요한 사람으로 꼽힌다.

나 사회적 환경과 조화를 이루기 위해 타협하고 협동하려는 노력을 의미하는 것으로 일체감이나 공감과 같은 것이다. 다른 차원은 사회적 이익과 발전을 위해서 자신을 희생하고 기여하려는 노력을 뜻한다. 이러한 사회적 관심은 특히 다른 사람을 배려하기 어려운 상황에서 협동하고 헌신하려는 의지와 행동을 통해 평가될 수 있다. 또한 사회적 관심은 개인이 타인이나 사회적 집단을 넘어서 우주 전체와의 연결성 속에서 자신의 삶을 영위하려는 이상적인 태도로 확장될 수 있다. 게다가 심리석 성숙의 기준이 되며, 부부관계 역시도 자녀의 사회적 관심 발달에 지대한 영향을 미친다. 이러한 사회적 관심은 의식적으로 개발해야 되며, 교육과 훈련으로 달성해야 한다.

아들러는 사회적 관심을 개인의 장래에 모든 적응이 되는 중요한 문제로 간주하였다. 개인이 사회적 관심에 대한 수준을 가지고, 그 개인의 심리적 건강을 추정하는 척도로 사용하였으며, 사회적 관심이 부족한 사람은 사회의 적응이 어렵다고 주장하였다(Adler, 1964).

5) 우월감 추구

아들러는 초기에 인간행동을 좌우하는 위대한 역동적인 힘, 즉 방해물을 극복하기 위한 강한 동기이며, 개인이 완성으로 향해 노력하는 의지(will)이다. 그는 인간이 부족감과 열등감을 대체하려는 노력으로 갖게 되는 보상의 욕구로 나타

을 두어 가족상담에 유용한 지식기반을 제공하였다. 또 집단사회사업에서 유용하게 활용되고 있으나 아들러 이론에서도 비판점이 있다.

먼저, 아들러는 자신의 이론을 잘 다듬고 체계적으로 조직하기보다는 실행과 교수를 강조하였다. 따라서 그의 저술은 대부분 어딘가 느슨하게 상식심리학에 근거하고 있고 지나치게 간결한 경향이 있다.

둘째, 개념들의 경험적인 검증은 수적으로 빈약하다. 개인주의 심리학 개념의 경험적 검증이 어렵다. 또한 그의 이론적 체계가 구체적인 하위수준에 대한 개념이 부족하고 너무 일반적인 특성을 지녔기 때문이다. 예를 들어 우월을 향한 노력, 자기의 창조적 힘, 열등감 등의 기본 개념들이 잘 정의되어 있지 않고 두리뭉실하다. 그래서 아들러는 상식적인 감각의 심리학이라는 비판을 받았으며 복합적 개념을 지나치게 단순화하고 있다는 비난을 받았다.

셋째, 급히 해결해야 할 문제를 가지고 있는 내담자들에게도 아들러식 치료는 좀 문제가 있다. 그런 내담자들은 자신의 아동기, 초기기억, 가족 내의 역동을 탐색하는 데 별 관심이 없기 때문이다.

연습문제

1 아들러의 개인심리학적 성격이론의 전제로 옳은 것은?

가. 인간은 통일되고 자아 일치된 유기체이다.
나. 개인의 자기 삶을 결정할 수 있는 창조적인 힘을 가지고 있다.
다. 모든 사람은 사회적 관계를 맺을 수 있는 선천적 능력을 타고 난다.
라. 인식의 근원은 유아의 생물학적 능력에 있다고 가정한다.

① 가, 나, 다　② 가, 다　③ 나, 라
④ 라　⑤ 가, 나, 다, 라

2 아들러의 개인 심리이론에 대한 설명으로 옳지 않은 것은?

① 발달이란 완전한 것을 향한 능동적인 능력이다.
② 인간은 독특하며 더 이상 분해할 수 없다.
③ 개인은 환경을 주관적으로 파악한다.
④ 자아는 창조적인 힘을 가지고 있다.
⑤ 발달의 기본적인 구조는 시간에 걸쳐 끊임없이 변화한다.

3 유아기에 나타나는 부족, 무능력의 느낌으로 우월을 향한 추구의 기반이 되는 것은 무엇인가?

① 과잉보상　② 병적우월감　③ 열등감

④ 우월에의 추구 ⑤ 사회적 관심

4 다음 중 아들러(A. Adler) 이론의 주요 개념이 아닌 것은?

① 솔선성 ② 생활양식 ③ 열등감과 보상
④ 창조적 자아 ⑤ 우월에의 추구

5 아들러(A. Adler) 이론에 관한 설명으로 옳지 않은 것은?

① 인간행동의 객관성과 보편성을 강조한다.
② 인간을 하나의 통합된 유기체로 인식한다.
③ 출생순위는 생활양식 형성에 영향을 미친다.
④ 사회적 관심은 선천적이지만 의식적인 개발을 필요로 한다.
⑤ 개인의 성장과 발달은 열등감을 극복하려는 시도에서 나온다.

정답 1. ① 2. ⑤ 3. ③ 4. ① 5. ①

CHAPTER

09

분석심리학 : 융

1. 분석심리학의 개요

분석심리이론은 융에 의해서 창시된 이론이다. 분석심리학(analytische psychologie, analytical psychology)은 정신분석이론의 인간정신 구조와 정신역동에 대해서는 대부분 인정을 한다. 그러나 그는 정신분석이론의 관점에 이의를 제기하였으며, 의식의 중요성을 간과해서는 안 된다고 주장했다. 이 이론의 관점은 심리적 안녕상태를 의식이 무의식을 감독 및 지도하면서 조화를 이루어 균형상태를 유지하는 것이라고 정의된다(강상경, 2018: 97).

융은 1913년 어느 강연을 할 때 자신의 이론을 '분석심리학'이라고 명명했으며, 이 이론은 인간의 행동을 의식과 무의식으로 두 가지 힘에 의해 형성된다. 또한 무의식을 개인무의식과 집단무의식으로 나누었으며, 인간의 집단무의식은 선조부터 내려오는 무의식적 사고인 고태형을 가정한다. 게다가 꿈이나 신화의 분석을 통해 무의식적인 내용을 의식화하는 과정을 중시하였다. 그러므로 무의식에 영향을 받지만 의식에 의해 조정된다. 이러한 무의식의 일부는 프로이트로부터 영향을 받았기 때문이고, 이 개념을 확장하여 체계적 이론을 구축하였다.

분석심리학에서 성격의 발달은 전 생애에 걸쳐 일어나는 개성화, 즉 자신의 실현 과정이며, 인생의 전반기와 후반기에는 각기 다른 특징을 보인다고 주장한다. 이러한 것들은 살아가는 경험에 따라 다르게 표현된다. 그러나 개인은 자기실현과정을 통해 사회발전에 기여하며, 융은 아동기보다 성인기 발달에 더 관심을 더 두었다. 융은 개인의 의식에 따라 유형을 나누었는데, 심리적 태도와 의식의 기능을 조합하여 여덟 가지 심리적 유형을 정리하였다. 융의 성격유형 이론을 기초로 하여 브릭스(K. C. Briggs)와 그의 딸 마이어스(I. B. Myers)가 고안한 자기보고식 성격유형검사(MBTI : Myers-Briggs Type Indicator)가 있다.

2. 융의 생애와 사상

융(Carl Gustav Jung, 1875~1961)은 20세기 뛰어난 심리학적 사상가로 1875년 스위스 바젤(Basel)서 개신교회 목사 집안에서 출생하였다. 그의 집안사람들은 바젤에서 명망 있었으며, 의사와 종교인이 많았다. 융의 할아버지는 바젤대학교(University of Basel) 의과대학 학장을 지냈으며, 외할아버지는 바젤지역의 개신교목사협회 회장을 지냈다. 그러나 어린 시절 건강이 좋지 않은 어머니 때문에 혼자 보내는 시간이 많아 내성적이었다. 어린 시절 유일한 친구는 나무로 만든 인형이었다.

1895년 바젤대학교 자연과학부에 입학하여 해부학, 생물학 등 의학공부에 필요한 과정을 배웠으며, 정신의학을 전공분야로 선택하여 1900년 의학학위를 받았다. 청년기에는 아버지가 정신병원 상담목사로 활동하면서 정신분석에 관심을 가지게 되었다.

1904년경부터 정신병 환자를 치료하기 위해서 정신분석의 유효성을 인식하게 되면서 단어를 통한 연상실험법을 만들게 되었다. 그는 단어연상법으로 프로이트가 『꿈의 해석』을 통해서 제기한 억압이론을 증명하고, 그것을 '콤플렉스(complex)'라고 이름 지었다. 1906년 정신분열병(조현병)의 증상을 이해하는 데 정신분석이 유효하다는 것을 입증하였다. 1907년 융은 『꿈의 해석』을 읽고 감명을 받아 오스트리아 빈에 살고 있는 프로이트를 방문하여 서로의 연구에 공감, 교류하게 되어 프로이트의 후계자가 되었다. 1908년 4월 오스트리아에서 개최된 최초의 국제정신분석학회 제창자가 되었으며, 이 회의에서 발행하기로 결정한 기관지 『정신분석학·정신병리학 연구연보』를 편찬하는 사람으로 뽑혔다. 그러나 그 후 그는 프로이트의 성이론에 대한 학문적 관점의 차이로 의견이 대립되어 1914년에 정신분석학회를 탈퇴하였다. 그 이후 자신의 심리학(분석심리학)을 수립하는 데 노력하였다. 융은 1961년 6월 6일 색전증(embolism)으로 자택에서 사망했다.

융은 20세기 유럽이 낳은 정신 과학자 중에서 동양 사상을 누구보다도 깊이 이해한 학자이다. 또한 동서 사상의 가교 역할과 인류가 무엇을 보고 어떻게 살아야 할 것인가를 제시하였다(김종운, 2013: 169). 특히, 융이 생각한 연금술은 개성화에 있어서 중요한 모델이 되었다. 더불어 그의 심리학은 신화학, 종교학 분야의 연구에 큰 영향을 미쳤다(정서영 외, 2017a: 139).

대표적인 저서로는 『변용의 상징(*Symbols of Transformation*, 1914~1952)』, 『심리유형론(*Psychological Types*, 1921)』, 『심리학과 연금술(*Psychology and Alchemy*, 1944~1951)』 등 18권이라는 전집을 집필하였다.

3. 인간론

융은 인간을 하나의 전체적인 존재로 간주한다. 즉, 인간은 생물학, 심리학, 사회문화적 특성을 반영한 존재로 보았다. 다시 말해, 인간은 이미 하나의 전체로 전체성을 가지고 태어난다고 인정한다. 이는 제각기 흩어져 제멋대로 움직이며, 갈등을 일으키는 여러 체계로 분열, 즉 왜곡된 인격이 되는 것을 막는 것이라고 주장하였다. 따라서 융은 정신분석의 궁극적인 목적은 정신통합에 있다(장성화 외, 2016: 160). 그러므로 인간은 자기 목표를 실현하기 위해서 앞으로 나아가는 경향을 지닌 성장지향적인 존재라고 주장한다.

프로이트의 정신분석이론과 융의 분석심리학을 비교해 보면 가장 큰 관점의 차이는 프로이트는 인간에 대해 무의식에 의해서 결정되는 불변적 존재라고 가정한 반면, 융은 인간을 무의식의 영향을 받기도 하지만 의식에 의해 조절할 수 있는 가변적 존재라고 가정하는 미래지향적인 존재로서 정신구조는 살아가는 과정을 통해 후천적으로 변한다고 보았다.

분석심리학에서는 인간을 의식과 무의식 간의 본질적인 대립의 양상을 극복하고 의식에 의한 조절을 통해서 의식과 무의식을 통일해 나가는 전체적 존재로 인식한다. 이러한 의미에서 인간은 역사적이면서 자기실현을 위해 나아가고자 하는 경향을 지닌 성장지향적, 미래지향적 존재이고 목표달성을 위해서 노력하고 행동을 조절할 수 있는 존재이다(강상경, 2018: 97). 즉, 인간은 자신의 미래의 목표 가능성에 의해 인간행동은 조정된다.

4. 주요 내용

1) 의식과 무의식

융은 무의식에 주된 관심을 두면서 성격기능에 여러 가지 체계가 포괄되어 발달한다고 보았다. 심지어 개인은 역사적으로 연결되어 있고 사회규범, 문화 등의 요구에 적응하면서 자기를 실현하며, 사회 발전에도 기여한다고 보았다. 즉, 개인이 타고난 것과 사회문화적의 원형이 서로 상호작용하는 것을 이해하지 않고서는 인간의 정신을 이해하지 못한다고 믿었다. 더불어 융은 중년기의 중요성을 강조하였고, 프로이트와 달리 정신을 의식과 무의식으로 나누고 무의식을 개인무의식과 집단무의식으로 구분하여 두 개의 층으로 구성된다고 보았다.

(1) 의식

의식은 인간이 유일하게 태어날 때부터 죽을 때까지 성장해 가며 직접적으로 알 수 있는 부분이다. 타인과 구별되는 자신만의 존재로 성장하는데, 이러한 과정을 융은 '개성화(individuation)'라고 지칭했다. 개성화는 개인이 가능한 한 완전하게 자신의 전체성을 인식하는 것과 자기실현의 과정으로 자기인식의 확장에 있다. 또한 개성화는 무의식의 내용을 의식의 내용으로 가져옴으로써 이룰 수 있으며, 그 중심에는 자아(ego)가 존재한다(이영호 외, 2018: 67).

자아(ego)는 의식적인 지각, 기억, 사고 및 감정으로 이루어져 있으며, 정신의 일부분으로 의식적인 마음이다. 개인의 정체성과 자기 가치감을 추구하며, 자신과 타인과의 경계를 수립하여 구분하는 기능을 한다. 자아는 정신 전체 속에서 자신에 대한 의식으로 작은 부분을 차지하고 있지만, 외부세계에 대한 자각도 포함하고 있어 의식에 이르는 문지기라는 중요한 역할을 하고 있다. 뿐만 아니라 자아에서 그 무엇의 존재가 인정되지 않으면 관념, 감정, 기억 및 지각은 자각될 수 없다. 자아는 또한 우리 스스로의 자각이며, 고도로 의식될지 여부를 판단하는 선택적이고 우리가 현실세계에서 활동하는 책임과도 관련이 있다. 그러므로 의식의 심층을 형성하고 있는 개성화와 자아는 독특하면서도 늘 전진하는 인격의 향상에 서로 긴밀히 협력하고 있다. 인간은 자아가 경험의 의식화를 허용하는 한계 내에서만 개성화를 달성할 수 있다(Hall, 1999).

(2) 무의식

융은 무의식에 대해 '생각하고 그것을 느끼며, 바라고 행하는 모든 것으로 나의 내면 속에 구형되어 있는 미래사, 이것이 언젠가는 의식으로 될 모든 것'으로 무의식을 설명한다.

① 개인무의식

개인무의식(personal unconsciousness)은 프로이트의 전의식과 유사하여 무의식의 표면에 위치하여 무의식까지 포함하는 개념이라고 할 수 있다. 출생 이후 개인의 경험세계에서 억압 또는 희미한 의식의 경험이거나 망각된 개인적인 정신내용들이다. 즉, 한 때는 의식하고 있었으나, 그 후 억압해 버렸거나 잊어버린 경험 등으로 구성된다. 수용하기 고통스런 느낌이나 생각들은 억압되고 무시당한 채로 무의식 속에 남아 있는 개인의 과거 경험으로부터 비롯된 내용으로 억압된 자료의 저장소이다(박언하 외, 2019: 69).

융은 콤플렉스를 개인무의식에 포함되는 흥미 있는 특징으로 설명하며, 많은 기억을 축적하는 과정에서 발생한다. 그러나 이것을 의식화하는 것이 인격 성숙의 과제이다(Hall, 1999).

② 집단무의식

집단무의식(collective unconsciousness)은 융의 가장 핵심적인 개념으로 제안한 독창적인 분석심리학의 이론체계이다. 게다가 프로이트보다 더 포괄적이고 철저하게 사용하였으며, 그 형태는 모든 사람에게 있어서 유사하며, 모든 인류가 신화적인 방식으로 공유하는 어떤 것이라고 설명한다. 집단무의식은 개인의 경험과 상관없이 인간에게 출생과 함께 종족이 공통적으로 전해 내려오는 것으로, 이미 갖추어져 있던 선험적인 내용으로서 과거의 조상들로부터 물려받은 것 등이다. 또한 이것을 한 세대에서 다음 세대로 전달되어 온 중대한 기억들로 '정신활동의 뿌리'이다. 즉, 보편적이고 신화적인 모티브의 표상을 형성하고 공유하는 것을 말한다. 따라서 사람들이 역사와 문화를 통해 공유해 온 모든 정신적 자료의 저장소이다. 이것은 인류역사를 통해 선조로부터 물려받은 우리의 행동에 영향을 주는 정신적 소인인 수없이 많은 원형(archetype)으로 구성되어 있다. 또한 직접적으로 의식화되지는 않지만 인류역사의 산물인 신화, 민속, 예술 등이 지니고 있는 간접적으로 관찰될 수 있다. 또 이러한 신화가 아이의 발달인 유아기에서 성숙기로 이행해 나갈 때 동화적 언어로 설명한다(박언하 외, 2019: 68-69).

2) 태고유형(원형)

집단무의식의 여러 가지 내용은 태고유형(archetype)이라고 하며, 그 동의어는 '원형(prototype)'이다(Hall, 1999). 태고유형은 내용을 지니지 않고 단지 형태만을 지닌 심리적 반응양식이며, 인간의 근원적인 행동조건이 되고 또한 그 수가 무수히 많고 언제, 어디서 생겨났는지 알 수 없지만 그러나 미리 형성되어 있다. 따라서 인간이 갖는 표상 불가능한 보편적, 집단적, 선험적, 무의식적 이미지이다. 오랫동안 반복되어 온 경험이 마음속에 축적되어 나타난다. 원형은 직접적으로 알 수 없으며, 시간, 인종, 문화에 관계없이 보편적으로 존재하는 인류의 원초적인 행동으로 오랫동안 반복된 경험이 마음속에 축적되어 나타난다. 고정관념이나 누구나 생각하는 기본적인 생각으로 영웅과 악마, 사기꾼의 선입견이나 고정관념 같은 것이라 할 수 있다.

원형으로는 페르소나, 아니마, 아니무스, 그림자, 자기, 개성화 등이 있다.

(1) 페르소나

페르소나(persona)란 극중에서 배우가 맡은 특정한 역할을 하기 위해 쓰는 가면을 말한다. 자아의 가면으로 외부 세계에 적응하는 공적 얼굴로 타인과 원만한 관계를 맺을 수 있게 해준다. 즉, 이것은 반드시 자신의 성격이 아닌 성격을 연기하며, 개인의 가면 또는 외관으로 사회의 인정을 받을 수 있도록 좋은 인상을 주려고 한다(Hall, 1999). 외부세계로 표출되는 자아를 말하며, 사회적 요구와 역할기대에 부응하는 외적 성격인 공적인 얼굴이다. 이러한 것을 우리는 도리, 본분, 역할, 체면 등의 사회적 의미로 말한다. 융에 따르면, 사회생활에 적응하기 위해 페르소나를 적절히 사용하는 것이 유익하나 그것에 심취하거나 빠져있으면 자기소외를 가져온다(고명수 외, 2018: 69-70). 특히 한국사회는 페르소나가 강조되며, 개인이 싫든 좋든 그 역할에 따르도록 강요되는 사회이다. 그러므로 개인의 욕구와 사회적 욕구가 일치하지 않을수록 또한 이 차이가 클수록 스트레스가 심하게 된다.

(2) 아니마, 아니무스

아니마와 아니무스는 자신 안에 있는 반대 성적인 심리요소를 가리키는 분석심리학의 용어이다. 페르소나가 자아와 외부로 드러낸 모습으로 접촉을 중재해 주는 요소라면 자아와 무의식인 내면세계의 접촉을 중재해 주는 것은 아니마(anima)와 아니무스(animus)이다. 이 두 용어는 자기 자신 안에 있는 반대의 성적인 요소이다. 이것은 무의식 속의 다른 이성의 속성으로 남성 속에 있는 여성적 심리요소를 '아니마'라고 하며, 아니마는 남성에 있어서 다른 성으로 전형적인 여성에 관해 경험, 즉 부드러움, 헌신 등의 모든 것들이다. 더불어 여성 속에 있는 남성적 심리요소를 '아니무스'라고 하며, 아니무스는 여성에 있어서 다른 성으로 조상 대대로 남성에 관한 경험, 즉 강하고, 용감한 등의 모든 것들이다.

인격이 조화롭게 균형을 유지하며, 잘 적응하고 있으면 여성인격의 남성적 측면과 남성인격의 여성적 측면이 의식 및 행동으로 표출되는 것이 허용된다(강기정 외, 2015: 62-63).

아니마와 아니무스는 정신의 전체적인 통합을 지향해 나아가게 하는 역동적인 삶을 살게 하는 정신요소이다(표갑수 외, 2021: 211). 뿐만 아니라 융은 지적, 영웅적 생각, 스포츠맨적인 명성, 자연의 정복은 남성의 원리로 보았으며, 양육, 감정, 예술 및 자연과의 일치는 여성적 원리로 보았다. 이러한 사회적인 성차 때문에 여성에게는 남성적인 측면, 남성에게는 여성적인 측면이 억압되어 있다고 보았다. 아니마와 아니무스의 인식은 우리에게 자신의 자각과 발전 또는 관계에 긍정적인 영향을 줄 수 있고 이러한 이성을 이해해야 하며, 개발이 필요하다. 그럼에도 불구하고 페르소나에 과도하게 묶여 있는 사람들은 자신들의 아니마와 아니무스를 지각하지 못하기 쉬우며, 사람들과의 관계를 잘못 전달하는 방식으로 타인들에게 그것을 투사하게 된다.

(3) 그림자

그림자(shadow)는 당사자 자신의 성을 대표하고 동성인 사람과의 관계에 영향을 미치는 태고유형이다. 이것은 성격이 어둡고 부정적인 측면을 나타내며, 인간이 기본적으로 동물적 본성을 가지고 있다고 설명한다. 가장 강력하고 잠재적으로 위험한 것이며, 사람들은 이 부분을 자신에게서 인식하는 것을 좋아하지 않는다. 즉, 스스로 의식하기 싫은 자신의 부정적인 측면이다.

그림자는 집단무의식과 개인무의식 모두에서 나타날 수 있다. 더불어 개인은 사회생활을 무리 없이 적응하기 위해 그림자에 포함된 동물적 본성을 자제하려고 페르소나를 발달시킨다. 그림자는 불쾌한 특징이나 충동 등을 사회적, 도덕적으로 용인되지 않거나 수치스럽고 사악한 행동, 감정, 생각 등을 끌어내는 가능성을 포함한다. 페르소나는 사회적 수용과 승인을 추구하는 반면, 그림자는 사회적으로 적절하지 않은 것을 받아들인다. 그러므로 어떤 의미에서는 그림자와 페르소나는 반대라고 할 수 있고 사회생활을 위해서는 그림자, 즉 동물의 본성을 자제하여야 한다. 인간이 동물적 본성을 억제하면 문명인이 될 수 있지만, 그러나 너무 억제한다면 좋은 그림자인 자발성, 창조성, 통찰력 등의 인간성에 필수적인 원동력을 잃어버릴 수 있다(이영호 외, 2018: 69). 그러므로 그림자에 대한 통찰은 자기 자각과 성격 통합의 첫걸음이 되고 자아와 그림자가 조화를 이루면 생기와 활력이 넘치게 된다. 융은 인간관계의 모든 갈등은 그림자의 투사에 의해 발생한다고 보았으나 투사 때문에 그림자를 인식하기가 쉽지 않다. 자신의 일부임에도 불구하고 외면했던 그림자가 상대방에게서 발견될 때 적개심이나 질투심을 느끼게 된다는 것이다.

(4) 자기

자기(self)는 의식과 무의식을 포함한 성격 전체의 중심이며, 성격을 통합하는 에너지를 제공하는 일을 한다. 따라서 의식과 무의식을 모두 포괄하는 전체 인격과 정신의 중심이 된다. 자아가 의식세계의 '나'라면, 자기는 무의식 세계를 모두 포괄하는 진정한 '나'를 의미하며, 성격 전체를 포함하고 있는 통합성을 추구하는 원형이다. 집단무의식 내에 존재하며, 타고난 핵심 원형으로 의식과 무의식의 주인이다. 콤플렉스와 원형을 모두 끌어들여서 성격을 조화 및 통일시키는 본래적이며, 선험적인 '나'이다. 또한 자아와 협력하여 자아실현이 가능하게 하며, 자기가 성격의 모든 부분을 한데 묶어 조화롭고 균형 있게 하는 것으로 보았다. 그러므로 성격의 모든 부분의 통일성, 완전성 및 전체성을 향해 노력하는 것으로 자기를 본 것이다.

융은 자기실현이 인간 삶에 있어 궁극적인 목표라고 보았다. 그러나 개성화가 나타나지 않는 미숙한 사람들의 경우에는 자기가 무의식의 중심에 묻혀 있어서 다른 원형과 콤플렉스를 잘 인식하지 못한다. 이처럼 자기는 성격발달의 목표로 성격에 통합, 안정성, 평형을 제공하지만 좀처럼 도달되지는 않는다(안범희, 2011: 123).

(5) 개성화

개성화(individuation)는 생애 전체에 걸친 과정으로서, 개인이 심리적으로 분할할 수 없는 개별적인 존재 또는 전체(whole)가 되는 것을 말한다(Jung, 1961, p. 383). 원래의 구조 안에 잠재된 가능성을 의식에서 발현시켜 사용할 수 있게 하고, 긴장 안에 내재된 상반되는 요소들을 서로 화해시키거나 조절할 수 있게 하는 과정이다. 즉, 고유한 자기 자신이 되는 것으로 무의식적 내용을 의식화하고 통합해 가는 과정이다. 자신을 아는 것, 즉 '자기인식'에 있으며, 자신을 정확히 인식하지 못하면 자기실현은 불가능하다고 보았다. 자기(self)는 중년기에 이르기까지 표현되지 않다가 개성화과정을 통해 자기실현, 자기를 충분히 발달하도록 하여야 자기가 표면화된다. 융에 따르면 자기실현을 이루는 것보다 더 중요한 것은 자기인식이라 하였다.

중년기는 인생의 반을 살아오면서 자기의 가치나 행동을 재검토하는 시기로, 인생의 전반기가 외부세계와의 적응을 통해 자아를 강화하는 데 목적이 있었다면, 후반기는 내면세계에 초점을 두고 무의식을 의식화하면서 자기를 강화시키는 것이 목적이 있다. 따라서 자기실현은 결국 자신의 개성을 찾는 개성화 과정을 의미한다고 볼 수 있다(김재원 외, 2020: 246).

3) 성격유형과 발달

융은 1921년 그의 저서 『심리유형론(*Psychological Types*)』에서 성격에 따라 여덟 가지 유형을 제시한다. 융은 개인의 다양한 성격의 현상들을 기술하기 위해 내향성(introversion)과 외향성(extroversion)의 두 기본적인 태도로 구분하였고 정신기능인 사고와 감정, 감각과 직관이라는 네 가지 심리적 기능으로 구분하여 8가지 성격 유형으로 개념적 모델을 발달시켰다.

(1) 외향성과 내향성의 두 가지 태도

융은 자아의 기본적인 태도가 태어날 때부터 결정된다고 보았으며, 이를 외향성 및 내향성으로 구분하였다. 모든 사람은 두 가지 성향을 다 가지고 있으며, 어느 한 성향이 우세한가에 따라 그 행동의 유형이 결정된다. 이 태도는 의식에 공존할 수는 없으며, 서로 배타적으로 번갈아 가면서 나타날 수는 있다. 정신에너지인 리비도 방향이 외부의 대상으로 향하면 외향성이고 내부의 대상으로 정신구조나 성찰로 향하면 내향성이라 할 수 있다.

외향형(extroversion)은 정신에너지인 리비도가 객관적 세계를 지향한다. 또는 에너지가 외부세계를 향해 있어 남성적이다. 이런 유형의 특징으로는 폭넓은 대인관계, 사교적, 정열적, 활동적, 적극적, 능동적으로 외부 변화에 쉽게 적응하고 혼자보다는 타인 및 사회에서 대인관계 상황에 부담이 없다. 진취적이고 실천적이며 적극적이다. 그러나 때로는 사려 깊지 못하고 공격적이 되기도 한다.

내향형(introversion)은 리비도가 주관적 세계를 지향하여 주관적으로 판단하고 행동할 때가 많으며, 내적 가치기준에 의해 행동한다. 외향성과 반대로 에너지가 내부로 향할 때 편안하며, 여성적이다. 이런 유형의 특징으로는 깊이 있는 대인관계, 조용하고 신중함, 소극적이고 수동적이며, 이해하고 경험하는 성향이다. 또한 정확하지만 융통성과 결단력이 없고 소극적이며, 적응력이 부족하다. 혼자 있을 때 에너지를 보충하며, 여러 사람들이 있는 것을 부담스러워 한다. 예컨대, 피험자가 파티에 가기보다는 집에서 책을 읽고 있는 편이 더 좋고 편안하다고 대답한다면, 이 대답은 내향성의 지표다.

(2) 정신기능의 네 가지 기능

정신기능은 외부세계와 내면세계를 지각하고 이해하기 위해 사용한다고 보았다. 사고, 감정, 직관 그리고 감각을 말하며 사물, 사람, 사건, 생각들을 지각할 때 나타나는 차이점을 이해할 수 있도록 하는 인식과정을 감각(sensing)과 직관(intuition)은 비합리적 기능으로 구분하였다. 또한 우리가 인식한 바에 따라 결론을 이끌어 내는 방법들의 차이점을 알 수 있도록 하는 판단과정은 사고(thinking)와 감정(feeling)은 합리적 기능으로 분류했다.

표 9-1 자아의 정신기능

비합리적 기능	감각 (sensing)	• 이 유형은 주로 남자가 많다. 오감에 의존하며 실제의 경험을 중시한다. 사실을 수집하는 데 흥미를 느끼고 현실주의적이며, 실제적이고 빈틈이 없다. • 지금 현재에 초점을 맞추며, 정확하고 철저하게 일을 처리한다. 더불어 다양하게 여러 가지 체험을 하는 것을 좋아한다.
	직관 (intuition)	• 육감 내지 영감, 정신적인 감각에 의존하며, 미래지향적이고 가능성과 의미를 추구하지만 오래 흥미를 갖지 못한다. • 신속하고 비약적으로 일을 처리하는 경우가 있지만 새로운 가능성을 추구하여 이미지에서 이미지로 찾아다니지만, 실제로는 자기의 직관을 발전시키지 못한다.
합리적 기능	사고 (thinking)	• 물건을 이해하고자 하는 지적 기능으로 진실과 사실에 큰 관심을 가진다. 객관적 세계에 대해서도 될 수 있는 대로 많이 배우는 데 전력투구하는 성향이다. 자연현상의 이해, 자연법칙의 발견, 이론 구성이 그의 목적이다. • 지적으로 반응하고 인식력이 있고 논리적이고 분석적이며, 객관적으로 판단한다.
	감정 (feeling)	• 평가의 기능을 말하며, 사고 기능과 반대이다. 사고보다 감정을 우위에 놓고 있다. 사람과 관계에 큰 관심을 가진다. • 주로 정서적으로 반응하고 긍정적, 부정적 감정에 따라 그 관념을 수용할 것인지, 않을 것인지 결정한다. 상황적 의미가 더 중요하며, 정상을 참작한 설명을 한다. 주로 여자가 많다.

(3) MBTI

MBTI(Myers-Briggs Type Indicator)의 기초는 융의 심리유형론에서 각 개인이 외부로부터 정보를 수집하는 인식기능과 자신이 수집한 정보에 근거해서 행동에 대한 결정을 내리는 판단기능에 있어서 각 개인이 선호하는 방법이 근본적으로 다르다는 것에서 출발한다. 그러므로 MBTI는 서로 다른 성격 유형으로 대인관계 및 부부관계에서 갈등이 유발되면 성격 유형이 서로 다르다는 것을 이해하고 서로가 상대방의 독특성과 차이점을 인정하고 수용함으로써 해결의 실마리를 제공할 수 있게 한다.

MBTI는 성격 유형을 측정하는 검사로 융의 외향성 및 내향성에 따른 8가지 성격 유형에 기초를 두고 있다. 이러한 개념적 도식은 16개 범주의 성격 유형론(typology)을 토대로 세분화하여 이에 따른 검사지를 개발했다(안범희, 2011: 131). 이 검사지는 보다 쉽고 일상생활에 유용하게 활용할 수 있도록 고안한 자기보고식 성격 유형 지표로 우리나라에서도 광범위하게 사용되고 있다.

MBTI에서는 사물, 사람, 사건, 생각들을 지각할 때 나타나는 차이점을 이해할 수 있도록 하는 인식과정을 감각(sensing)과 직관(intuition)으로 구분하며, 우리가 인식한 바에 따라 결론을 이끌어 내는 방법들의 차이점을 알 수 있도록 하는 판단과정은 사고(thinking)와 감정(feeling)으로 구분해 준다. 그리고 이러한 기능을 사용할 때 어떤 태도를 취하는가에 따라 외향성(extroversion)과 내향성(introversion) 및 판단(judging)과 인식(perceiving)으로 구분하여 심리적으로 흐르는 에너지의 방향과 생활양식들을 이해할 수 있도록 한다(정서영 외, 2017a: 149).

MBTI는 융의 이론에 바탕을 둔 성격 유형검사로서 네 가지 차원을 조합한 것이다. 이러한 네 가지 차원은 다음과 같다(노안영 · 강영신, 2011: 128).

첫째, 자아(ego)와 대상(object)과의 관계에서 자아가 주체가 되어 반응하는 외향성 및 외부 자극이 왔을 때만 반응을 나타내는 내향성으로 나눈다.

둘째, 자아와 관련된 정신적 기능에서 합리적 차원인 사고와 감정이다.

셋째, 자아와 관련된 비합리적 차원의 직관과 감각이다.

넷째, 감각과 직관을 통한 인식과 사고와 감정을 통한 판단으로 이루어진 인식과 판단 차원이다.

4) 발달단계

융은 그의 저서 『인생의 단계(*The stage of life*, 1960)』에서 인생의 발달단계를 논하고 있는데, 그는 생애주기를 4단계로 설명하고 있다. 그러나 융은 연령별 발달단계를 정교하게 설명하지 않았고 성격발달을 4단계로 아동기, 청년기, 중년기 그리고 노년기로 구분하였다. 그러나 특히 중년기에 초점을 두었으며, 성격발달은 자기실현과정으로 개성화를 통해 이루어진다고 보았다.

(1) 아동기

이 단계는 출생에서 시작하여 사춘기 또는 성적 성숙기까지 계속된다. 출생 시 및 그 후의 몇 해 동안은 의식적인 자아 형성이 미숙한 상태이기 때문에 어린이에게 아무런 심리적인 문제도 생기지 않는다. 정신생활이 모두 본능에 의해 지배되고 있는 최초의 몇 해 동안 어린이는 의식은 있지만 지각이 조직화되어 있지 않아 전적으로 부모에게 의존하고 있다. 그러므로 부모에 의해 조성된 정신적 분위기에 휩싸여서 살아가고 있다. 본능 덕택에 약간의 질서는 정기적으로 공복과 갈증을 느끼고, 방광 또는 장이 가득 차면 배설하고, 피로하면 잠을 잔다. 그러나 그의 생활 속에서 질서의 대부분은 부모가 미리 정해 주어야 한다.

이 단계의 후반이 되면 어느 정도 기억이 연장되고 또 주위에 자기 동일성의 감각('나'라는 것)과 결부된 지각이 쌓여 자아 콤플렉스가 에너지의 공급을 받아 개성화되기 때문에 자아가 형성되기 시작한다. 어린이는 자기자신을 일인칭으로 이야기하기 시작한다. 이러한 과정에서 유전, 어린 시절의 부모와의 경험과 교육 등으로 많은 조건에 의해 능동적, 수동적 영향을 받으면서 성장한다. 학교에 들어가면 어린이는 부모의 울타리에서 빠져나오기 시작한다.

(2) 청년기 및 젊은 성인기

이 단계는 사춘기에서 40세 전후의 나이로 이 단계가 시작된 것을 보여 주는 것은 사춘기에 일어나는 생리학적 변화다. 융에 따르면, 생리학적 변화는 정신적 혁명을 가져온다고 한다. 융은 이 시기를 '정신적 출생'이라고 부르며, 정신이 형성되는 시기이다. 개인이 큰 힘과 열의를 가지고 자기주장을 하게 되었을 때에는 정신적 혁명이 시작된 것이지만 그러나 청년기는 때때로 감당하기 어려운 시기라고 말한다. 이 시기는 생의 전반기로 외적, 신체적 팽창의 시기로 성숙함에 따라 자아가 발달하고 외부세계에 대한 대처능력이 향상되고 발휘된다.

본인의 준비, 적응, 자각이 충분히 발달되면, 아동기의 활동에서 직업생활로의 이행은 별다른 어려움 없이 이루어질 수 있다. 그러나 아동기의 환상에 매달려 현실을 인식하지 못하게 되면, 청년들은 많은 문제에 부딪히게 될 것이다. 그러나 이 시기의 개인들은 타인과의 교제를 통해 사회의 보상을 가능한 한 많이 성취하고자 노력한다. 더불어 남성과 여성의 각자의 측면에서 성공을 얻기 위해 노력하고 더 발달시킨다.

이 시기에 개인이 직면하는 문제는 오히려 외향적인 가치와 관계가 있으며, 그는 세상에서 자기의 위치를 구축해야 하기 때문에 굳센 의지가 가장 중요하다. 더불어 외적 환경의 요구에 확고하고 완고하게 대처하여 자기자신 및 가족을 위해 물질적인 만족을 확보할 수 있는 충분한 의지를 가지고 있어야 한다.

(3) 중년기

융은 3단계인 중년기는 40세 전후에서 노년기 전까지로 변화하는 것에 깊은 관심을 가졌다. 이 시기에 관심을 갖게 된 이유는 융의 대부분의 환자가 이 3단계에 있었기 때문이다. 이 시기는 대체로 많든 적든 외적 환경에 잘 적응하고 있다. 가정과 사회에서 지위는 안정되어 있고, 시민으로서 사회에 적극적으로 참여하여 상당한 만족감을 얻는 시기이다. 좌절, 실망, 불만을 때때로 느끼겠지만, 이것을 제외하면 중년의 남녀는 인생의 후반을 비교적 안정된 상태에서 보낼 수 있을 것으로 생각될지 모른다. 그러나 이 시기의 인생의 후반기에는 성격의 변화가 일어나 적응해야 하는 특유한 문제가 있다. 개인은 이에 대한 마음의 준비가 부족할 경우 이 단계에서 중요한 일로 행하고 있었던 가치가 새로운 가치체계를 중심으로 생활을 바꾸어 나가는 것에 대한 갈등이 찾아온다. 지금까지 삶의 기반을 위해 가정, 직장, 지역사회에서 안정된 지위 확보를 위해 모험, 열정, 야망 등으로 외적 적응을 위해 에너지를 투자하였다. 그러나 40대 이후부터는 이러한 에너지가 사라지고 성취한 뒤에 오는 공허, 허무감 등으로 더 이상의 인생의 의미를 잃게 되어 우울감, 침체감을 경험하게 된다. 이 시기에는 결혼생활에 문제를 초래할 수도 있으며 금전, 위신 명예, 지위 등으로부터 지배받지 않고 한 발 물러선다. 더불어 지금까지 소홀했던 외향적 에너지를 내면적 에너지인 새로운 가치로 돌려야 한다. 즉, 정신에너지의 흐름을 내부로 향하게 하는 것이다(Hall, 1999). 특히 이러한 전환을 융은 개성화라고 하였다. 중년기에는 자기실현을 위해 자기(self)를 인식하는 과정을 시작하는 시기로 설명한다. 이 때는 내면의 세계에 대한 탐색이 강화되면서 의식과 무의식이 통합되면서 심리적으로 긍정적인 건강상태를 이루게 된다. 중년기에는 무의식의 소리에 직면하고 받아들여야 하며, 지금까지 해왔던 행동과 가치, 즉 물질적 목표를 달성하기 위한 성격의 특성을 버려야 한다.

(4) 노년기

이 시기는 인생의 마지막 단계인 노령의 시기이며, 거의 융에게는 흥미가 없었다. 노년기를 융은 아동기와 비슷하다고 생각했다. 아동은 개인무의식이 의식으로 떠오르지만 노인은 무의식 속에 가라앉아 소멸한다고 설명한다. 이와 함께 노년기에는 명상과 회고가 많아지고 죽음 앞에서 생의 본질을 이해하려는 시기이다. 또한 내세에 대한 관심이 높아지는데, 융은 내세를 여러 종교와 신화의 주제로 무의식적 기반이 지닌 것으로 여겼다. 내세에 대한 이미지를 획득하지 못한다면 건전한 죽음을 맞이하기는 어렵다. 융은 죽음 이후의 문제를 다루기를 주저하지 않았다. 수많은 신화와 꿈의 테마인 내세의 관념을 단지 미신이라고 경멸해서는 안 된다고 융은 생각했다. 왜냐하면 이 관념에는 어떤 무의식적인 기반이 있을 것이라고 생각해 사후의 삶이라는 관념이 정신 개성화의 또 하나의 단계를 나타내고 있다는 것이다. 정신은 완전한 자기실현을 달성하지 못했으므로 정신생활은 사후에도 계속된다고 추측할 수도 있다.

5. 사회복지실천과 연계 및 평가

1) 분석심리학과 사회복지실천

먼저, 융의 이론은 인간행동과 발달에 대한 이해를 넓히는 데 도움을 주었으며, 특히 중년기의 개성화, 성격발달에 대한 특성과 마음에 관한 연구는 사회복지실천현장에서 중년기의 내담자를 이해하는 데 유용한 지침을 제시한다.

둘째, 대부분 클라이언트 치료과정에서 비롯된 연구로 삶을 통합하는 데 필요한 경험과 무의식의 본질을 이해하는 데 도움을 주는 임상사회복지사가 적용이 가능하다.

셋째, 미시적 수준의 상담, 정신치료의 접근에 대한 기여를 하였고 마음에 관심인 통찰력의 중요성으로 면담, 즉 상담방법에 상당한 기여를 하였다.

넷째, 인간의 페르소나의 개념은 사회복지실천 현장에서는 사회적 기능과 같은 개념이라고 할 수 있다. 클라이언트의 페르소나를 구축시켜 클라이언트의 본성과 다른 측면으로 표현하게 하여 클라이언트의 사회적 기능 향상을 위해 원조할 수 있다.

다섯째, 융은 중년기에 무의식적으로 남아 있는 성장을 위해 잠재력과 새로운 이익 및 가치를 개발하고, 사회적인 일에 능동적으로 참여할 수 있다고 한다. 이것은 사회복지사에게 중년기에 있는 클라이언트에게 새로운 사고와 대처방식을 발견하도록 하였으며, 이를 수용할 수 있도록 원조하는 기초를 마련한 점에서 사회복지실천에 유용한 이론이라고 할 수 있다.

2) 분석심리학의 평가

분석심리학은 인간의 정신인 무의식의 세계에 대한 심층적인 접근과 이해로 현대 심리학에 발전에 영향을 미쳤다는 점에서 의의를 갖는다. 현대 심리학뿐만 아니라 정신의학, 철학, 종교학 등 다양한 학문 분야에 발전에 기여했다. 더불어 내적 경험의 중요성, 인간 본성에 대한 양면성, 상징주의, 중년기 발달에 대한 관심 등은 현재에도 중요하게 다루어지고 있다. 그리고 활용할 수 있는 MBTI라는 성격유형이론에도 많은 기여를 했다. 학문의 공헌에도 불구하고 몇 가지 측면에서 한계점을 가진다.

먼저, 이론이 너무 이해하기 어렵다는 비난과 다른 정신역동이론에 비해 체계석이지 못하고 개념의 명료성이 부족하다.

둘째, 신비로움과 초자연적인 것과 깊이 관련되어 불안정하고 모호하다. 또한 이론 간 관련성이 애매하고 과학적인 검증이 어렵다. 치료환자의 치료과정에서 나타난 경험으로 한 이론 위주로 신화, 상징, 연금술 등 실증적인 검증이 어렵다.

셋째, 사회적으로 크게 성공하여 최고의 업적을 쌓고 상당한 지위를 얻은 남녀들이라는 것은 성공하지 못한 사람, 즉 클라이언트의 경험보다 엘리트를 위주로 한 지적 상담치료로 자신의 이해가 부족한 클라이언트에게 적용하기에는 한계가 있다.

연습문제

1 융 이론의 주요 개념에 대한 설명으로 틀린 것은?

① 페르소나는 개인이 외부에 표출하는 이미지이다.
② 자기(self)는 의식할 수 없는 지각, 기억, 사고 등으로 이루어진다.
③ 콤플렉스는 무의식 속의 관념덩어리이다.
④ 아니마는 의식 속에 존재하는 남성의 여성적인 측면이다.
⑤ 원형은 인간정신의 보편적이고 근원적인 핵을 의미하며, 집단무의식을 구성한다.

2 융의 성격이론에 대한 설명으로 옳지 않은 것은?

① 성인 초기까지 외적으로 팽창하는 시기이다.
② 성격의 태도로 외향성, 내향성으로 나누었다.
③ 사고, 감정, 감각, 직관의 네 가지 심리적 기능이 있다.
④ 40세 이전에 우울감과 침체감을 경험한다.
⑤ 노인이 되면 죽음 앞에서 생의 본질을 이해하게 된다.

3 다음 중 융(C. G. Jung)의 주요 개념을 바르게 설명한 것은?

① 페르소나는 영적인 특질을 가진 창조적 생명력이다.
② 아니마는 무의식 속에 존재하는 여성의 남성적인 면이다.

③ 음영은 생명을 유지, 발전시키고 사랑하게 하는 본능이다.
④ 원형은 성적 충동과 공격적 충동에 대한 무의식적 과정을 통해 이루어진다.
⑤ 콤플렉스는 특수한 종류의 감정으로 이루어진 무의식 속의 관념 덩어리이다.

4 융(C. G. Jung) 이론에 관한 설명으로 옳은 것은?

① 개인의 성격형성은 과거와 무관함을 주장하였다.
② 4가지 정신기능으로 사고, 감정, 판단, 인식을 주장하였다.
③ 자기(Self)는 개인무의식 내에 존재하는 핵심적인 원형이다.
④ 자기실현(self-actualization)은 인간발달의 궁극적 목표이다.
⑤ 생애주기에서 중년기와 노년기보다 유년기와 청년기를 강조하였다.

5 인간행동이 의식에 의해 조절될 수 있지만 집단무의식의 영향을 받는다고 보는 이론은?

① 프로이트(S. Freud)의 정신분석이론
② 매슬로우(A. Maslow)의 자아실현이론
③ 융(C. G. Jung)의 분석심리이론
④ 피아제(J. Piaget)의 인지발달이론
⑤ 로저스(C. Rogers)의 현상학이론

정답 1. ④ 2. ④ 3. ⑤ 4. ④ 5. ③

CHAPTER

10

행동주의 및 사회학습이론

1. 행동주의이론의 개요

심리학의 제2세력인 행동주의는 인간행동을 연구한 주요한 세력이다. 이 이론은 인간에게서 관찰될 수 있는 행동만이 과학적 심리학의 연구주제가 되며, 정신역동이론의 비과학성을 비판하면서 등장하였다. 특히, 행동주의는 실용주의가 지배하는 미국의 성향에 부합하여 1930~1960년대까지 미국에서부터 막강한 영향력으로 전성기를 이루었다.

행동주의이론은 인간이 하는 대부분의 행동은 미리 학습되거나 학습에 의해 수정된다는 기본 전제에 근거를 두고 있기 때문에 '학습이론(learning theory)'이라고도 불린다. 즉, 인간의 내면의 심리적 역동보다는 외부환경에 의해 성격이 강화되는 행동패턴으로 여긴다. 인간은 학습을 통하여 지식과 언어를 습득하고 태도와 가치를 형성하며, 능력을 터득하고 경험을 통해 자신에 대한 통찰력을 기른다. 이러한 학습은 인간이 주어진 환경의 조건에 따라서 결정된다. 즉, 인간의 내면의 심리적 역동보다는 외부환경에 의해 성격이 강화되는 행동패턴으로 여긴다. 특히, 스키너는 대부분의 인간행동은 내적 충동보다는 외적 자극에 의해 동기화된다고 주장하였다. 인간행동은 그 결과, 즉 보상과 처벌에 의해 유지되므로 인간을 이해하기 위해서는 무의식, 의식 등의 경험적 실증이 불가능한 것을 연구하기보다는 '경험적 실증이 가능한 행동'을 연구하여야 한다고 주장하였다.

초기에, 행동치료는 이러한 학습원리를 인간활동에 논리적으로 확장한 것으로 간주되었다. 그러나 오늘날의 행동치료는 더 이상 고전적 조건화와 조작적 조건화이론의 임상적 적용이라고 단순히 정의할 수 없을 정도로 다양한 발전을 이룩하였다.

행동주의와 사회학습이론의 전통을 이어받은 반두라(A. Bandura)는 단점을 보안하고자 인지의 중요성을 설명하면서 심리학의 다른 개념을 행동주의에 통합시키려고 노력하였다. 그러나 이들의 이론은 단순한 실험실에서 동물을 상대로 하였기 때문에 강력한 비판을 받았다. 그러므로 단순한 상황보다는 복잡한 사회적 맥락에서 인간을 대상으로 연구하여 행동의 원리를 밝혀야 함을 강조하였다(노안영 · 강영신, 2011: 365). 그러나 행동주의자들은 인간이 조건화의 산물이라고 보며, 모든 인간학습의 기본적 유형으로서 자극 - 반응의 패러다임을 주장하였다. 행동주의의 주요한 변화는 1960년대 학습의 인지에 대한 중요성이 점차 수용되면서 사회적 학습이론으로 발전되었다.

여기서는 성격에 대한 행동 및 사회적 학습관점으로 행동주의의 권위라고 할 수 있는 파블로프의 고전적 조건화(classical conditioning), 스키너의 조작적 조건화(operant conditioning), 반두라의 사회학습이론(social learning theory)이라는 세 가지 접근방법으로 분류하여 살펴보고자 한다.

2. 인간관

행동주의 이론에서는 인간행동이 자연현상과 마찬가지로 일정한 법칙성을 지니고 있다. 즉, 인간의 행동은 내적 충동보다는 외적인 자극에 의해 동기화된다. 그러므로 인간행동은 여러 가지 변인에 의해 결정되며, 이 변인과 행동을 지배하는 법칙을 밝혀낼 수 있다면 인간의 행동은 미리 예언하고 수정도 할 수 있다고 보았다. 따라서 인간행동이 환경적 사건에 의해 형성되고 결정된다는 입장을 취한다. 초기 행동주의자들의 인간관은 주로 인간을 환경에 반응하는 수동적인 존재로 보는 기계론적이고 결정론적인 입장이었다. 그러나 최근에 들어와서는 행동주의 심리학자들의 인간관은 인간의 자유의지에 의한 선택을 중심으로 인간의 능동적인 측면이 강조되는 경향으로 변화하였다. 이에 따라 최근 행동주의에서는 자기지도, 자기관리, 자기통제 등의 개념이 나오면서 인간이 자신의 행동을 스스로 수정할 수 있는 능력이 있다는 점이 더 강조되고 있다.

행동주의이론에서는 인간행동은 학습원리에 의해 생겨나기도 하고 없어지기도 하는 것으로 본다. 그러므로 바람직한 행동과 바람직하지 않은 행동은 모두 같은 학습원리에 의해 학습된다고 보는 것이다.

행동주의에서는 인간의 본성을 다음 세 가지로 가정한다(강진령, 2013a: 114).

첫째, 학습결과에 따라 행동하는 존재이다. 즉, 행동주의의 관점에서 긍정적이지도 부정적이지도 않으며, 그 행동은 학습결과에 따라 행동하는 존재다. 따라서 행동치료에서는 주로 관찰되고 측정 가능하며, 계량화할 수 있는 행동에 초점을 맞춘다.

둘째, 행동주의는 관찰할 수 없는 성격구조, 발달, 역동, 특성보다는 관찰 가능한 구체적인 행동과 그 변화에 관심이 있다. 행동의 변화는 성격구조에 의한 것이 아니라 자극과 반응, 반응에 대한 결과 그리고 인지구조의 상호관계에 의한 것이라고 믿기 때문이다.

셋째, 학습원리에 의해 행동습득이 가능한 존재이다. 즉, 행동주의는 정상행동과 신경증적 행동을 포함한 문제행동이나 증상도 병적으로 일어나는 것이 아니다. 이것은 특정 환경 조건하에서 발생한 학습의 결과로 보고 학습원리에 의해 없어지기도 한다고 믿는다. 따라서 행동치료는 구체적인 행동상의 목표, 치료방법 그리고 일정 설정을 치료를 위한 재교육·재학습 과정으로 설명한다. 이러한 과정에서 적응적·생산적 행동은 강화되고, 부적응적·역기능적 행동은 소거 시킨다고 주장한다.

3. 고전적 조전화 : 파블로프

1) 파블로프의 생애와 사상

파블로프(Ivan Petrovich Pavlov, 1849~1936)는 시골 목사의 맏아들로 중앙러시아의 랴잔(Ryazan)에서 태어나 어린 시절을 보냈다. 1870년에는 신학 공부를 포기하고, 상트페테르부르크대학교(Saint Petersburg State University)에서 화학과 생리학을 공부했다. 의학아카데미에서 의사자격을 취득(1883)한 후, 루트비히와 공동으로 연구하면서 순환계에 대해 독자적인 연구를 하기 시작했다. 그는 능숙한 외과의사가 되어 마취를 하지 않고도 고통 없이 개의 대퇴부 동맥에 카테터(catheter)를 주입하고 다양한 약리적·정서적인 자극이 혈압에 미치는 영향을 기록할 수 있었다. 1890년 그는 임피리얼의학학회(imperial medicine academy)의 생리학 교수가 되어 1924년 사임할 때까지 일하였다. 1890년경부터 위나 침샘의 누공수술을 한 개의 심리적 자극효과에 주목하여 조건반사학의 새로운 분야를 개척하였다. 파블로프는 생리학자이면서 학습심리학분야에서 유명한 인물 가운데 한 사람이지만, 양육비가 없어서 첫째 아들을 잃은 뒤, 실험에 빠져 둘째 아이를 위해 제자들이 갹출한 돈마저도 실험용 동물을 구입하는 데 썼을 정도이다. 개의 소화계 생리에 관한 연구인 조건반사실험을 통해 1904년에 노벨생리학상을 수상하였다. 만년에는 수면, 본능, 신경증의 연구를 진행하였으며, 소련의 기초과학발달에도 많은 영향을 미쳤다. 또한 조건반사의 연구를 계속해서 대뇌 생리학의 진보에 공헌했다.

대표적인 저서로는 『조건반사학 강의(*Lectures on conditioned reflexes*, 1927)』, 『심리학자들에 대한 생리학자의 대답(*The reply of a physiologist to psychologists*, 1932)』 등이 있다.

2) 주요 개념

(1) 고전적 조건화 실험

고전적 조건화 이론(classical conditional theory)은 일정한 자극에 의해 선천적으로 유발되는 반사를 처음에는 그것과 아무런 관계가 없던 중립자극과 연합시킴으로써 이 중립자극이 선천적인 반사반응을 유발하게 되는 것을 말한다. 파블로프는 소화에 대해 연구하여 노벨상을 수상한 러시아의 생리학자이다. 식사시간에 실험실을 드나들다가 개가 침을 흘리는 사실을 착안하여 자신이 개에게 하나의 신호 또는 예언적 자극대상이라는 것을 발견하고 정식실험을 하였다. 우연한 발견에 의해 시작된 이 실험은 '고전적 조건화(classical conditioning)' 또는 '반응적 조건화(respondent conditioning)'라고 불리며, 이 우연한 '개 실험'이 심리학의 역사에서 중요한 변환점이 되었다(이주희 외, 2013: 171).

개의 침샘 일부를 외과적으로 적출하여 먹이를 먹을 때마다 분비되는 침의 양을 측정하는 연구를 하고 있었는데, 어느 날 개가 먹이 주는 사람 발소리를 듣거나, 빈 밥그릇만 보아도 침을 분비한다는 것을 발견하였다. 그 유명한 파블로프의 고전적 조건화의 개념이 바로 여기에서부터 출발했다. 즉, 그 개는 발소리와 그릇이 먹이와 함께 나타난다는 일종의 '연합'을 학습한 것임을 발견한다. 처음에는 개의 침 분비와 아무런 상관이 없었던 소리와 그릇이 먹이와 같은 효력을 지니게 된 것이다. 파블로프는 과학적 실험에 흥미를 갖고 이를 보다 구체적으로 알기 위해 먹이를 주기 전에 항상 불빛을 보여 주며, 먹이와 같은 효과를 가질 수 있는가를 알아보았는데 그 결과는 적중했다. 이러한 실험의 결과로 고전적 조건화는 다음과 같은 네 가지의 요소가 필요하다.

① 무조건적 자극(Unconditional Stimulus, US): 자동적·생득적 반응을 유발하는 자극(예, 먹이)

② 무조건적 반응(Unconditional Response, UR): 학습되지 않은 자동적·생득적 반응(예, 먹이에 대한 침 분비)

③ 조건화된 자극(Conditional Stimulus, CS): 무조건자극과 짝지어져 새로운 반응(즉, 무조건적 반응)을 유발하는 조건자극(예, 발소리, 빈 밥그릇, 종소리 또는 불빛)

④ 조건화된 반응(Conditional Response, CR): 조건자극에 의해 새로이 형성된 반응(예, 조건자극에 대한 침 분비)

연구의 실험으로 개를 실험실에 묶어 놓고 환경을 동일하게 만들어 개의 턱 밑으로 관을 연결한다. 개의 타액의 양이 얼마나 나오는지에 대해 타액을 모으고 측정하고 연구자는 밖에서 개의 행동을 관찰하는 것이다. 실험에서 불빛이나 종소리 등이 개로 하여금 타액을 분비하게 만드는 과정은 최초에는 무조건적 자극(먹이)에 의한 무조건적 반응(침 분비)만이 존재할 것이다. 그러나 무조건적 자극(먹이)과 조건자극(불빛, 종소리)이 계속적으로 같이 제시됨으로써 그 이후에는 조건자극만 제시되어도 무조건적 반응과 동일한 조건화된 반응을 이끌어 내어 개가 타액을 분비하는 것이 가능하다. 이러한 고전적 조건화는 환경에 적응하기 위해서 반드시 필요하다. 왜냐하면 사건들(CS와 US) 사이의 관계성을 학습하여 다가올 사건, 사고에 대한 준비가 필요 있기 때문이다. 예를 들어, 번개(CS)가 치면 귀를 막고 있으면 조금 후 경험하게 될 천둥소리(US)에 대비하여 귀의 손상을 막는다든지 혹은 긴급한 자극에 대비해 생명을 유지하는 것을 가능하게 해 순다.

그림 10-1 파블로프의 개와 실험장치(좌), 고전적 조건화 절차(우)

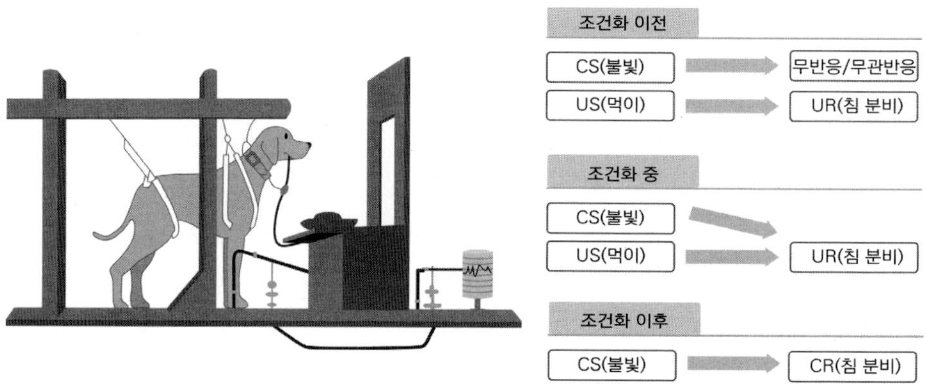

자료: 윤가현 외(2019: 123) 재인용.

(2) 고전적 조건화의 주요 원리

① 조건반응의 습득

고전적 조건형성(조건화)에서 습득(acquisition)은 새로운 조건반응이 형성 또는 확립되었다는 것을 의미한다. 조건형성이 잘 되기 위해서는 일상적인 자극보다는 새롭고 강력한 자극이 효과적이다. 왜냐하면 이러한 자극들이 일상적인 자극에 비해서 더 뚜렷하고 분명한 차이가 있기 때문이다(이주희 외, 2013: 173).

파블로프는 조건반응이 형성되려면 조건자극(CS)과 무조건자극(US)이 짝지어지는 횟수와 두 간격 간의 어느 정도 시간간격으로 제시하는가 하는 점이 매우 중요하다. 두 자극의 시간적 접근(temporal contiguity)에 의해 조건화된 반응이 획득된다고 보았다. 조건자극과 무조건자극의 시간간격에 따른 조건형성의 유형은 [그림 10-2]에 제시되어 있다. [그림 10-2]에 제시된 네 가지 조건화 가운데 어느 것이 가장 효과적인 짝짓기가 될 것인가를 탐구한 실험결과에 의하면 지연조건화(delayed conditioning)로 조건자극이 무조건자극보다 약 0.5초 먼저 제시되는 것이 가장 효과적이다(Heth & Rescorla, 1973; Kamin, 1965). 그러나 역행조건화(backward conditioning)는 조건자극이 무조건자극을 전혀 예측해 주지 못해 가장 비효과적인 짝짓기이다. 동시조건화(simultaneous conditioning)와 흔적조건화(trace conditioning)는 역행조건화보다는 연결성이 낮지만 지연조건화와 비교할 때 효과적인 짝짓기는 되지 못한다(현성용 외, 2020: 126). 가장 효과적인 방법은 지연조건화 형성이고 가장 이상적인 시간간격은 0.5초이다(Heth & Rescorla, 1973).

그림 10-2 고전적 조건화에서 CS와 US 사이의 시간적 관계

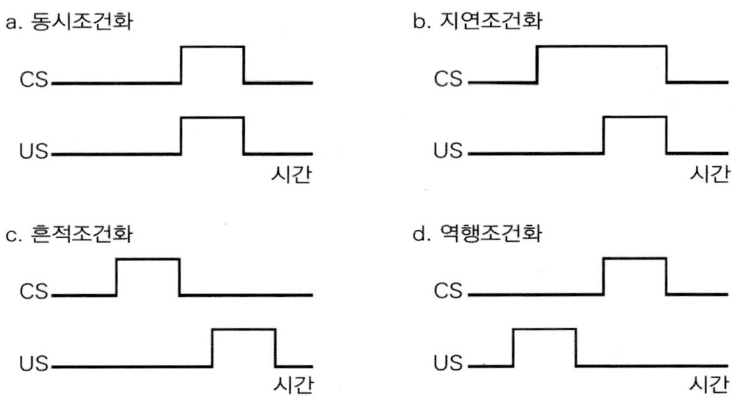

자료: 현성용 외(2020: 126).

② 소거와 자발적 회복

소거(extinction)는 조건화된 반응이 사라지는 것을 말한다. 파블로프 실험을 보면, 소거가 진행됨에 따라 개의 침 분비가 줄어들지만 반응이 소거되었다고 해서 완전하게 상실되는 것은 아니다(김남일, 2005: 207). 종소리에 타액 분비는 조건화된 반응이 완전히 소거된 개에게 일정한 시간이 지난 후 다시 소리를 제시하게 되면 타액 분비하는 반응이 다시 나타난다. 이와 같이 소거된 조건화된 반응도 일정 기간이 지난 후 조건자극을 제시하면 조건화된 반응이 다시 나타나는데, 이러한 현상을 '자발적 회복(spontaneous recovery)'이라고 부른다. 이러한 이유는 소거된 조건화된 반응이 완전히 사라진 것이 아니라 일시적으로 억압되어 있는 것임을 보여 준다. 그러나 자발적 회복은 처음 습득되었던 조건화된 반응의 강도보다는 약하고 지속기간도 일시적이다[그림 10-3].

그림 10-3 습득, 소거, 자발적 회복을 나타내는 학습 곡선

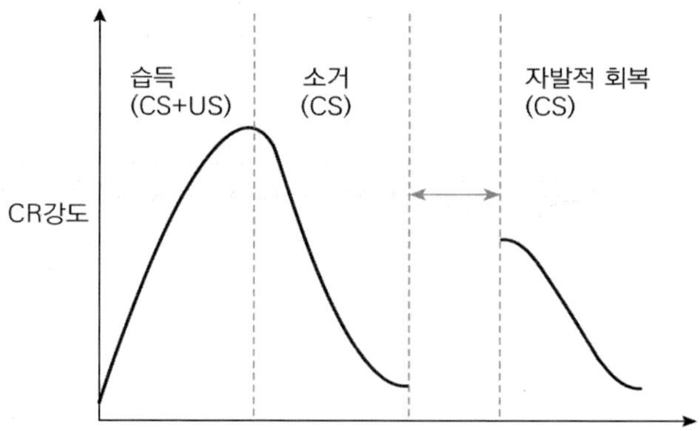

자료: 현성용 외(2020: 127).

③ 자극일반화와 변별

조건화가 일어난 후에 유기체는 조건화 과정에서 경험하였던 조건자극(CS)이 아니더라도 그것과 유사한 자극은 조건반응 유발이 가능하다. 예를 들어, 파블로프의 개는 조건자극인 종소리가 아닌 부저소리에 대해서도 타액을 분비하고, 이와 같이 특정 자극에 대해서 반응하는 것을 학습한 유기체는 원래의 자극과 유사한 새로운 자극에 대해서도 비슷한 방식으로 반응하는데, 이것을 '자극일반화'라고 한다(현성용 외, 2015: 142). 이를테면, 파블로프실험에서 종소리에 타액을 분비한 개는 후에 부저(buzzer)나 메트로놈(metronome) 소리에도 침을 흘렸다. 우리 옛말에 "자라 보고 놀란 가슴 솥뚜껑 보고도 놀란다"는 말이 바로 이런 자극의 일반화를 일컫는 말이다(김남일, 2005: 208).

자극일반화에 관심이 많았던 왓슨은 자신의 부인인 레이너(Rayner)와 함께 무조건적인 정서적 반사가 어떻게 해서 조건자극에 조건화 되는지를 알아보기 위해 생후 11개월 된 아이 앨버트(Albert)를 대상으로 실험을 하였다.

> 어린아이들은 처음에는 쥐를 두려워하지 않는다. 앨버트도 처음에는 보통의 아이들처럼 쥐를 장난감처럼 만지면서 전혀 공포를 느끼지 않았다. 그렇게 앨버트가 쥐를 만질 때 왓슨은 쇠막대기를 두들겨 큰 소리를 울렸다. 앨버트는 큰소리에 놀라 펄쩍 뛰었다가 앞으로 넘어졌다. 그러나 조금 지나자 앨버트는 다시 쥐를 만지려고 하였다. 이때 또다시 쇠막대기를 두들겨 큰 소리를 내자 앨버트는 깜짝 놀라며 울기 시작했다. 이러한 절차를 여러 번 반복했더니 처음에는 쥐에 대해 아무런 공포심이 없던 앨버트가 쥐를 보여 주기만 해도 놀라 울면서 쥐에 대한 공포반응을 보였다. 즉, 중립자극이었던 쥐와 쇠막대기 소리가 연합이 되어 조건형성이 된 것이다. 그리고 이 공포는 쥐와 비슷한 털을 가진 다람쥐, 개, 모피, 외투, 산타클로스의 수염에도 일반화되어 나타났다.

왓슨과 레이너의 실험은 <표 10-1>과 같다.

표 10-1 왓슨의 레이너의 실험

구분	실험내용
조건형성 전	흰쥐(CS) ———— 무반응 큰소리(US) ———— 두려움, 놀람, 울음(UR)
조건형성	흰쥐(CS) + 큰소리(US)
조건형성 후	흰쥐(CS) ———— 두려움, 놀람, 울음(CR) 다람쥐(CS와 유사자극) ———— 두려움, 놀람, 울음(UR) ⇒ 일반화

자료: 이주희 외(2013: 175).

자극일반화의 유용성은 원래의 조건자극(CS)과 새로운 자극 간의 유사성에 달려 있다. 즉, 원래의 조건자극(CS)과 새로운 자극이 유사할수록 일반화 가능성은 커진다. 반면 유사성이 적을수록 일반화 정도는 감소한다. 다시 말해 앨버트는 쥐와 전혀 닮지 않은 나무토막이나 총 등에 대해서는 공포가 유발되지 않았나. 이와 같이 조건이 형성된 조건자극(CS)과 다른 자극을 구별하여 반응하는 것을 '변별(discrimination)'이라고 한다. 일반화와 상반된 현상이 변별이다. 자극변별이란 특정 자극에 대해 반응을 학습한 유기체가 원래의 자극과 유사한 다른 어떤 자극에 대해 점점 변별력이 생겨 동일한 반응을 하지 않는 현상을 말한다.

④ **고차적 조건형성**

하나의 조건화는 그것을 기반으로 하여 새로운 조건화가 되기도 한다. 먹이와 종소리를 반복 제시하여 종소리에 대한 타액반응, 즉 침을 흘리는 반응을 조건화시킨 후 종소리와 새로운 자극인 불빛을 반복해서 제시하면 불빛에 대해서도 침을 흘리는 반응이 나타난다. 여기서 불빛은 먹이와 짝지어진 적이 한 번도 없었지만 종소리와 짝지어짐으로써 타액 분비를 유발할 수 있는 능력을 획득한 것이다. 조건자극(종소리)이 마치 무조건적 자극(먹이)과 같은 역할을 하는 것이다. 이와 같이 조건자극에 제2의 중립자극을 연합시키면 조건반응을 유발하는 것을 '고차적 조건화(high-order conditioning)'라고 한다. 이러한 방식으로 제3자극, 제4자극의 조건자극으로 조건화된 반응을 만들어 내는 것으로 인간의 반응 중 많은 부분은 고차적 조건화의 결과로 활용된다(Rescorla, 1980). 또한 조건적 반응을 유발하는 힘을 획득하고 나면 제2의 자극에 새로운 반응을 일으키는 자극력이 될 수 있다(표 10-2).

표 10-2 고차적 조건형성의 절차

CS1 (종소리)	CR1 (타액 분비)
CS2 (불빛) + CS1 (종소리)	CR1 (타액 분비)
CS2 (불빛만 제시)	CR2 (타액 분비)

자료: 김보기 외(2019: 143).

⑤ 일상생활과 고전적 조건화

고전적 조건화는 주로 일상생활에서 공포와 불안과 같은 정서적 반응의 습득과 반응을 형성하는 데 관련된다. 인간의 주관적 감정이나 정서반응, 생리적 반응 등은 어떤 특정한 자극에 대한 조건반사의 현상적인 측면을 가지고 있다. 예를 들면 병원에서 주사를 맞아서 아픈 경험을 한 어린이는 주사에 대한 공포를 학습할 것이고, 주사를 놓는 간호사와 연합되어서 흰 가운으로 일반화되는 현상은 고전적 조건화의 결과라고 할 수 있다. 이와 같이 이 조건화를 통해 형성된 정서반응을 '조건화된 정서반응'이라고 한다.

쾌락 또는 고통을 유발하는 무조건적 자극과 연합되어 있는 조건자극을 경험할 때 나타나는 긍정적 감정 또는 부정적 감정, 즉 조건화된 반응을 가리킨다(이주희 외, 2013: 177). 이 같은 원리는 상업적인 광고에도 많이 활용되고 있다. 광고에서 대개 매력적인 유명 연예인은 광고를 보는 사람들에게 정적인 감정을 유발하는 무조건적 자극(US)이다. 이처럼 무조건적인 자극(US)과 상품(CS)을 연합시켜 광고를 하게 되면 그 상품에 대해 정적인 감정을 가지게 될 것이고, 구매행동도 증가할 것이라고 기대할 수 있다.

이러한 절차를 현실적인 공포와 불안과 같은 정서반응을 극복하도록 임상에 적용하여 사용할 수 있다. 예컨대, 좁은 장소를 두려워하는 사람에게는 '지하실'이나 '엘리베이터'라는 말만 들어도 두려움을 느끼게 한다. 이를 '폐소공포증'이라고 한다. 또한 공황장애 등의 불안장애는 이를 통제할 수 있도록 도와주는 행동기법으로 역조건화(counter-conditioning)의 원리를 이용한 행동치료로 체계적

둔감법(systematic desensitization)을 통해 극복할 수 있다. 그러나 파블로프의 고전적 조건화는 자극에 의해 통제되는 반사적 반응을 가장 잘 설명하고 있으나 불수의적 반응(involuntary response)으로 나타나는 많은 행동을 설명할 수 없다. 예를 들면, 학생이 열심히 공부를 하거나, 회사원이 직장에서 열심히 일하는 행동은 반사석인 반응이 아니라 성적이나 취직 또는 승진이나 보너스 등과 같은 결과의 영향을 받는다.

4. 조작적 조건화 : 스키너

1) 조작적 조건화의 개요

고전적으로 조건화되는 반응은 불수의적인 것으로 파블로프의 개 실험처럼 타액 분비를 스스로 조절할 수 없다. 그리고 우리 역시도 일반적으로 손바닥에 땀이 나는 것이나 부끄러울 때 얼굴이 붉어지는 것을 마음대로 조절하지 못한다. 그러나 대부분의 인간행동은 수의적인 것이다. 우리는 좋은 결과를 가져다주는 것을 추구하고 반대로 나쁜 결과를 가져다주는 것을 피하려고 한다. 이와 같이 결과를 바탕으로 행동을 변화시키는 능력은 조작적 조건화 원리로 설명할 수 있다(현성용 외, 2020: 133-134). 유기체가 자신의 행동과 그 결과 사이의 관계를 학습하는 것을 '조작적 조건화(operant conditioning)'라고 한다(이주희 외, 2013: 179).

스키너는 행동을 반응적 행동(respondent behavior)과 조작적 행동(operant behavior)으로 구분하였다. 파블로프의 고전적 조건화는 유기체의 의도와 상관없이 이루어지는 학습인 반면, 조작적 행동은 유기체가 다양한 환경조건에서 능동적으로 적절한 반응을 함으로써 보상(강화)을 받거나 유리하게 적응, 학습하는 것을 말한다. 이러한 종류의 학습을 '조작적 조건화(operant conditioning)'라고 하였다. 여기서 조작적이란 유기체가 자극에 대해 단순히 반응하는 것이 아니라 환경을 조작하여 변화시킨다는 의미이다. 즉, 학습은 반응에 수반하는 결과의 영향을 받는다는 것이다. 그러므로 조작적 조건화는 수의적 반응이 그 결과에 의해 통제를 받기 때문에 자발적인 인간행동의 설명에 더 큰 비중을 차지하고 있다(이주희 외, 2013: 181).

스키너는 유기체가 어떠한 반응을 한 후에 보상이 있느냐 없느냐에 따라 조작행동은 강해지거나 또는 약해진다고 보았다. 또한 자신이 실험하던 실험상자를 자신의 이름으로 활용하여 '스키너상자(Skinner Box)'라고 하였다[그림 10-4].

실험상자 안의 비둘기 또는 흰쥐가 지렛대를 누르면 먹이가 나오게 하여 먹이가 나오게 되면 갈수록 지렛대를 누르는 횟수가 증가하게 되었다. 이 실험은 유기체가 스스로 어떤 반응을 하고 그 반응이 긍정적 보상을 가져다주게 된다면, 그 후에도 그와 비슷한 반응을 나타낼 확률이 높아진다는 것을 보여주는 것이다. 이와 같이 보상(reward)의 결과를 유기체의 특정 반응 뒤에 얻어지게 함으로써 반응률을 높이는 과정을 스키너는 '강화(reinforcement)'라고 하였다.

그림 10-4 스키너상자

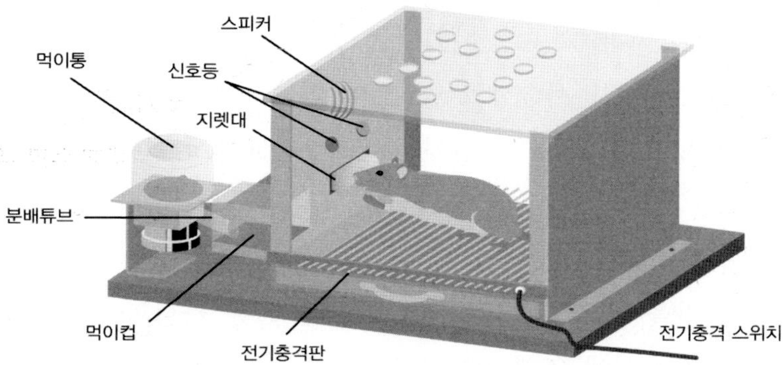

2) 스키너의 생애와 사상

스키너(Burrhus Frederic Skinner, 1904~1990)는 1904년 미국 펜실베이니아(Pennsylvania) 주에 있는 작은 마을 서스퀴해너(Susquehanna)에서 출생하였다. 부친은 변호사로 그에게 옳고 그름에 대한 확실한 감각이 몸에 배도록 엄격한 교육을 하였다.

스키너는 자서전에서 어머니는 자신이 올바른 길에서 벗어나면 사람들이 어떻게 생각할지에 대해 생각해 보도록 하여 행동을 통제하려 했다고 밝혔다. 주일학교를 다니면서 12~13세쯤에 종교적 권위라는 것이 일종의 행동강화기제에 불과하다는 생각을 하기 시작했다는 그의 회상으로 볼 때, 스키너 개인에게는 종교교육이 행동형성에 크게 작용하지 않은 듯하다.

1926년 해밀턴대학교(Hamilton College)에서 영문학을 전공한 후 시와 소설을 습작하였으나, 성과 없이 지내다가 파블로프와 왓슨(John B. Watson, 1878~1958)의 글에 매료되면서 하버드대학교(Harvard University)에 재입학, 심리학을 공부하여 석사·박사학위를 취득하였다. 1938년에는 학위논문을 체계화하여 『유기체의 행동(*Behavior of Organism*)』을 집필하였다. 행동의 실험분석에 대한 이 독창적인 설명은 심리학에 대한 그의 가장 중요한 공헌에 포함되며 새로운 분야, 즉 행동분석의 토대가 되었다. 이후 1948년에 하버드대학교로 돌아가 그 곳에서 행동에 대한 비둘기실험을 하였다.

1953년에는 『과학과 인간의 행동(*Science and Human Behavior*)』을 출판했는데, 이 책은 개인행동(예, 자기통제와 사고), 사회적 상호작용(예, 공격성) 등을 제시하면서 그것을 변화시키는 방법을 서술하고 있다. 이 연구는 행동치료와 응용행동분석의 토대가 되었다. 스키너는 1974년에 하버드대학교에서 명예교수로 은퇴하였으며, 같은 해에 자신의 체계를 개관한 『행동주의(*About Behaviorism*)』를 출간하였다.

스키너는 동물실험으로 인간과 동물을 동일시함으로써 심리학의 역사에서 가장 많은 논란을 일으킨 장본인이기도 하다. 그는 가설의 구성이나 설명보다도 조작주의적 분석에 의해 선행조건과 귀결과의 관계만을 기술하는 입장을 주장하여 스키너학파를 이루었다. 이 실험연구는 일반 심리학뿐만 아니라, 생리심리학, 약리심리학, 교육심리학, 임상심리학에도 이용된다. 1968년 국가과학훈장이 수여되었으며, 1990년 백혈병으로 사망하였다. 스키너는 행동주의의 대표이며, 현대 심리학자 중 가장 유명하고, 가장 영향력을 미치는 심리학자라 말할 수 있다(한국교육심리학회, 2000: 217).

주요 저서로는 『유기체의 행동(*Behavior of Organism*, 1938)』, 『과학과 인간의 행동

(*Science and Human Behavior*, 1953)』, 『자유와 존엄을 넘어서(*Beyond Freedom and Dignity*, 1971)』, 『행동주의(*About Behaviorism*, 1974)』, 『행동주의자가 되다(*Shaping of a Behaviorist*, 1979)』, 『결과의 문제(*A Matter of Consequences*, 1983)』 등이 있다.

3) 주요 내용

(1) 조형

스키너상자 안의 흰쥐 혹은 비둘기는 처음부터 지렛대를 누르지 않는다. 그러므로 실험자가 원하는 행동을 유도하기 위해 목표에 대한 행동을 단계적으로 조작할 필요가 있다. 예를 들면, 상자 안의 흰쥐에게 최초에 동물이 지렛대 쪽으로 고개를 돌릴 때, 지렛대에 접근 또는 가까이 갔을 때, 먹이(콩)를 주다가 마침내는 지렛대를 눌러야만 먹이를 주는 식으로 단계적으로 일련의 반응에 대해 강화물, 즉 먹이(보상)를 제공하는 절차가 필요하다.

조작적 조건화에서는 조성(shaping, 조형), 또는 계기적 근사법(successive approximation, 점진적 접근법)이라는 과정을 통해서 조작적 반응을 유도한다. 즉, 조형이란 바라는 목표 행동을 이끌어 내기 위해 목표행동에 가까운 반응을 단계적으로 조작하는 과정으로 새로운 행동을 유도하는 것을 말한다. 예컨대, 조형을 통하여 서커스에서 곰이나 돌고래가 여러 가지 재주를 부리거나, 원숭이가 자전거를 타는 등의 재주를 부리도록 학습을 시킨다. 이러한 조형에는 차별적 강화와 계속적 접근 두 가지 요소를 적용하여 이루어진다. 먼저 차별강화(differential reinforcement)로 어떤 반응은 강화를 주고 어떤 반응은 강화를 주지 않는 것과 계속적 접근(successive approximation)으로 실험자가 원하는 반응에 접근할 때만 강화를 주는 것이다.

(2) 소거와 자발적 회복

고전적 조건화와 마찬가지로 조작적 조건화에서도 보상을 제거하면 일시적으로 소거(extinction)가 일어난다. 조작적 조건화에서 소거란 피험자가 아무리 반응을 해도 더 이상 강화물이 제공되지 않아 반응경향성이 감소되어 사라지는 것을 말한다. 예컨대, 스키너상자에서 동물이 지렛대를 누르는데도 먹이를 주지 않으면 소거가 일어나 더 이상은 반응하지 않게 된다.

조작적 조건화에서 한 가지 중요한 현상은 강화물을 중단할 때 소거에 대한 저항과 관련된 문제이다. 소거에 대한 저항(resistance to extinction)이란 강화물을 철회한 뒤에도 조작화된 반응을 계속하려는 경향을 말한다. 소거에 대한 저항이 크면 클수록 반응을 계속할 가능성도 높다. 예를 들면, 지렛대를 누르는 반응이 소거된 동물을 일정 기간 동안 다른 곳에 있도록 한 뒤에 다시 스키너상자에 넣어도 동물은 다시 지렛대를 누르는 반응을 한다. 이러한 현상을 '자발적 회복(spontaneous recovery)'이라고 한다. 이때 스키너상자의 동물에게 다시 보상을 주면 처음 조건화된 반응을 시킬 때보다 빠르게 지렛대를 누르는 것을 학습한다. 이와 같이 처음 학습 때보다 학습시간이 단축된 현상을 '재조건화(reconditioning)'라고 한다.

(3) 미신적 행동

미신적 행동(superstitious behavior)은 행동을 할 때 강화와 반응이 우연히 연관되어 형성된 것이다. 유기체는 자신의 반응이 그 결과의 원인인 것처럼 행동하는 것이다. 그런데 만약 어떤 반응에 강화가 우연히 뒤따르는 결과, 즉 우발적 강화가 주어지면 그것이 연관되어 일어났다고 믿는 것이다.

스키너는 상자 안의 동물에게 행동과 상관없이 매 15초마다 무조건 먹이를 제공하는데 동물들은 매우 독특한 행동으로 학습하는 것을 발견하였다. 즉, 매번 먹이가 떨어지기 전 어떤 동물은 시계방향으로 두 바퀴 돌고 또 어떤 동물은 상자의 구석에 머리를 박아 넣는 등의 행동이 반복적으로 일어나는 것을 발견하였다. 이와 같은 동물의 행동은 먹이가 떨어지는 것과 전혀 관계가 없음에도 불구하고 마치 이것이 먹이를 이끌어 내는 것처럼 착각하는 것으로 우연히 특정 행동과 그 결과가 조건화되었기 때문이다.

스키너가 제안한 미신적 행동의 원리는 특정 행동이 일어난 후 우연히 어떤 강화가 주어지면 그 특정 행동은 강화될 가능성이 높다는 것을 보여 준다. 인간이 하는 행동에 있어서도 많은 미신적 행동을 찾아볼 수 있다. 예를 들면, 수험생이 시험 당일 미역국을 먹지 않는다거나, 시험을 보거나 운동선수가 우연히 속옷을 뒤집어 입고 갔다가 좋은 결과를 얻은 사람은 매번 시험과 경기를 할 때마다 속옷을 뒤집어 입는 미신적 행동을 지속한다. 중요한 시합이 있기 전에는 수염을 깎지 않는 운동선수, '13'이라는 숫자를 피함으로써 불행을 멀리하는 것 등 인간은 일상생활에서 많은 미신적 행동을 한다. 또한 특정 행동에 더 강화가 될 가능성이 높은 것을 예로 들면, 카지노에서 도박을 하는 사람이 카지노를 갈 때 빨간 속옷을 입고 가야 한다면 이 사람은 그것이 실제로 주사위를 던져서 나오는 숫자와는 아무런 연관이 없다는 것을 알고 있음에도 불구하고 빨간 속옷을 입는 행동을 계속한다. 왜 그럴까? 도박자는 이전에 우연히 그 속옷을 입고 갔을 때 돈을 딴 경험이 있다면, 그 행동은 돈을 땄다는 결과에 의해 강화가 되고, 따라서 앞으로 더 빈번히 일어나게 된다고 설명할 수 있다. 이러한 행동들은 스키너상자 속에서 비둘기가 보이는 미신행동과 유사한 예이다(오경기 외, 2020: 195).

(4) 강화와 처벌

① 강화와 강화물

스키너의 조작적 조건화는 반응-자극의 학습원리, 즉 유기체에 의해 행동이 먼저 일어나고 그 결과로서 자극이 따르게 된다는 원리이다. 그는 이것을 행동주의에 '강화(reinforcement)'라는 개념으로 설명하였다. 강화는 반응에 이어서 주어지는 자극을 말하는데, 이 자극이 어떠냐에 따라서 그 반응의 빈도가 증가되기도 하고 감소되기도 한다.

강화는 긍정적 강화(positive reinforcement)와 부정적 강화(negative reinforcement) 두 가지로 구분된다. 긍정적 강화는 사람들이 선호하는 것을 제공함으로써 바람직한 행동의 강도와 빈도를 증가시키는 것을 의미한다. 예를 들면, 노트 정리를 잘하는 학생에게 칭찬을 해줌으로써 더욱 노트 정리를 잘하도록 유도하도록 하는 것이다. 반면에, 부정적 강화는 사람들이 바라지 않거나, 혐오하는 것을 제거하여 바람직한 행동의 강도와 빈도를 증가시키는 것을 의미한다. 예를 들면, 수업시간에 집중을 잘하고 좋은 질문을 하는 학생들에게 청소당번을 면제해 주는 경우가 해당된다.

한편, 강화물은 일차적 강화물(primary reinforcer)과 이차적 강화물(secondary reinforcer)로 구분되는데, 일차적 강화물이란 아무런 학습과정을 거치지 않고도 선천적 강화 기능으로 욕구를 만족시켜 주기 때문에 그 자체가 강화속성을 지닌 강화물을 말한다. 예컨대, 인간의 경우 음식, 물, 성, 수면, 온도 등은 일차적 강화물의 예이다. 이차적 강화물은 일차적 강화물과 결합되어 후천적으로 학습을 통해 강화물의 기능을 하는 강화물을 말한다. 따라서 '학습된 강화물(learned reinforcer)'이라고도 한다. 이차적 강화물의 예는 칭찬, 인정, 성적, 지위, 자격증 등이 있다. 이차적 강화물 중 여러 개의 일차적 강화물과 결합된 강화물들이 있는데 이를 '일반화된 강화물(generalized reinforcer)'이라고 하며 주로 돈, 지위, 권력, 명예 등이다. 특히, 가장 대표적인 일반화된 강화물은 '돈'이라고 할 수 있으며, 무수히 많은 일차적 강화물과 결합되어 있다고 할 수 있다(김보기 외, 2017: 130 재인용).

② 강화계획

강화계획(reinforcement schedule)은 구체적인 강화물을 언제, 어떻게 공급할 것인가 하는 규칙 또는 방식을 말한다. 사람들에게 새로운 학습을 시키고자 할 때는 원하는 반응을 할 때마다 강화를 하는 것이 가장 효과적이다. 그러나 이러한 계속적 강화(continuous reinforcement)는 바로 학습을 촉진시키지만 강화가 중지되면 학습된 것이 빨리 소거된다. 또한 같은 강화는 시간이 지날수록 효과가 점점 약해진다. 이에 비해, 목표반응 중에서 일부만 강화하는 방식인 부분강화(partial reinforcement) 혹은 간헐적 강화(intermittent reinforcement)는 계속적 강화보다 소거에 대한 저항이 강하기 때문에 쉽게 소거가 되지 않는다. 그러므로 새로운 학습을 시키는 초기에는 계속적 강화를 주고 완전히 학습한 뒤에는 간헐적 강화계획으로 바꾼다면 행동이 쉽게 소거되지 않는데 이러한 현상을 '간헐적 강화 효과(partial reinforcement effect, PRE)'라고 한다.

간헐적 강화계획은 다양하지만 강화를 주는 기준에 따라 크게 일정한 시간간격에 따라 강화물을 제시하는 방식인 간격강화(interval reinforcement)와 사전에 정해진 수만큼의 조작화된 반응이 있어야 강화물을 제공하는 비율강화(ratio reinforcement)로 구분할 수 있다. 그리고 시간 또는 반응횟수를 고정시키느냐 변동시키느냐에 따라 다음과 같이 네 가지의 강화계획이 가능하다(손병덕 외, 2019: 130)(표 10-3).

먼저, 고정간격 강화계획(fixed interval schedule, FI)은 일정한 시간이 지난 후에 나타나는 첫 번째 반응에 강화를 주는 강화계획이다. 예를 들면, 식사하고 두 시간이 지난 후에 간식을 주는 것, 월급 등이다.

둘째, 변동간격 강화계획(variable interval schedule, VI)은 강화를 주는 시간간격을 변화시키는 강화계획이다. 즉, 강화 사이의 간격이 예기치 않게 변화하면서 불규칙해지거나, 평균 시간이 지난 뒤 행동에 강화를 주는 것이다. 예를 들면, 불시에 시험, 몇 개월 안에 소방점검, 관공서에서 행정에 대한 불시점검 등이다.

셋째, 고정비율 강화계획(fixed ratio schedule, FR)은 반응하는 데 걸린 시간에 관계없이 항상 일정한 수만큼의 반응을 할 때마다 강화를 주는 계획이다. 예를 들면, 방 청소를 세 번 한 후 용돈을 주는 것, 자동차 몇 대 이상 팔면 보너스, 흰머리 몇 개 뽑으면 용돈을 주는 것 등이다.

넷째, 변동비율 강화계획(variable ratio schedule, VR)은 정해진 수의 반응이 있을 때마다 강화하지 않고 평균적으로 몇 번의 반응이 있을 때 강화를 주는 계획이다. 슬롯머신과 같은 자동도박게임기, 경마 등은 변동비율 강화에 따라 프로그램된 대표적인 경우이다.

표 10-3 강화계획

강화계획		의미	예시
간헐적 강화	고정간격 강화계획	특정한 시간 간격을 정해놓고 그 기간이 경과한 후 강화를 주는 것	규칙적 시험, 월급, 주급 등
	변동간격 강화계획	평균적인 시간이 지난 뒤 행동에 강화를 주는 것, 강화 사이의 시간 간격이 불규칙	불시에 시험, 불시에 행정 점검, 소방점검 등
	고정비율 강화계획	특정한 행동이 일정한 수만큼 일어났을 때 강화를 주는 것	자동차 10대 팔면 보너스 지급
	변동비율 강화계획	평균 몇 번의 반응이 일어난 후 강화를 주는 것	슬롯머신, 자동도박게임, 경마 등
계속적 강화		행동이 일어날 때마다 강화물 제시	아기가 울 때마다 젖 주는 것

③ 강화지연

조작적 조건화에서 반응이 발생할 때 즉각적인 보상을 주게 되면 학습효과가 높다. 만일 반응과 보상의 시간 간격이 지연된다면 그 반응은 강화받지 못할 수도 있다. 그러므로 반응과 강화물 제시 사이의 시간간격이 길어질수록 조건화의 속도는 느려질 수 있으며(Church, 1989), 이것은 강화물과 반응의 결과 간의 수반관계가 명확하지 않고 모호해지기 때문이다. 동물에게 있어서는 강화가 30초 이상 지연되면 학습이 이루어지지 않는다. 그러나 인간은 강화가 지연된다고 해서 항상 행동이 감소하지는 않는다. 예컨대 즉각적인 만족을 지연하는 일로 먼 훗날 합격을 위한 수험생들의 공부, 내 집 마련을 위한 장기적인 저축 등과 같은 훗날의 보상을 기대할 수 있기 때문이다. 그러하지만 인간에게 있어서도 즉각적인 보상은 매력적일 수 있다. 예를 들면, 사람들이 먹는 것에 대한 보상은 즉각적이지만 날씬해진 몸매에 대한 보상은 몇 달 후에나 나타나기 때문에 다이어트가 어려운 이유이다.

④ 처벌의 유형

강화는 특정한 반응확률, 즉 행동을 증가시킨다. 그러나 처벌(punishment)은 반응에 수반해서 혐오적인 자극을 제시하거나, 선호자극을 제거함으로써 반응경향, 즉 행동을 감소시키는 것을 말한다. 스키너상자의 동물이 지렛대를 누를 때마다 전기충격을 주면 지렛대를 누르는 반응률은 급속하게 감소한다. 이와 같이 전형적인 처벌은 혐오적인 자극을 제시하는 것이지만 보상적인 자극의 제거도 포함한다.

처벌은 제시형 처벌(presentation punishment)과 제거형 처벌(removal punishment)로 구분할 수 있다. 제시형 처벌은 바람직하지 않은 행동을 감소시키기 위해 혐오자극을 제시하는 처벌의 형태로서 긍정적 처벌 혹은 정적 처벌(positive punishment)이라고도 한다. 예를 들면, 교실 바닥에 습관적으로 휴지를 버리는 행동을 제거하기 위해 교사가 꾸지람을 하거나, 체벌을 하는 것은 정적 처벌에 해당한다. 반면, 제거형 처벌은 바람직하지 못한 행동을 할 때 선호자극을 제거함으로써 행동을 약화시키거나 감소시키는 것을 말하며, 이를 부정적 처벌(negative punishment) 또는 부적 처벌이라고 한다. 예컨대, 떠드는 학생을 교실에서 다른 장소로 격리시키거나, 방과 후에 학교에 남아 있도록 하는 것은 부정적 처벌이다.

강화와 처벌의 종류는 <표 10-4>와 같다.

표 10-4 강화와 처벌의 종류

구분	긍정적 자극(선호자극)	부정적 자극(혐오자극)
제시	긍정적 강화 (칭찬, 상, 안아주기 등)	긍정적 처벌 (꾸지람, 체벌 등)
제거	부정적 처벌 (만족이나 기쁨을 주는 것을 제거)	부정적 강화 (고통스러운 결과를 줄 수 있는 것 제거)

⑤ 처벌의 효과

처벌은 인간이나 동물의 행동을 통제하기 위해 오래전부터 가장 보편적으로 사용되어 왔지만 부작용, 즉 다른 결과를 가져올 수 있어 주의 깊게 사용하여야 한다. 스키너도 처벌은 반응강도를 약화시키는 것이 아니라, 일시적으로 억제하는 것이기 때문에 행동을 통제하는 강력한 수단이 아니라고 주장한다(Skinner, 1938). 훈육수단으로서 처벌을 사용할 때 생기는 부작용의 내용은 다음과 같다(정서영, 2017b: 174-175).

먼저, 다른 행동까지 억압시킬 수 있다. 스키너상자에서 전기충격을 받은 동물은 지렛대를 누르지 않을 뿐만 아니라 마치 얼어붙은 것처럼 보였다. 이처럼 아주 심한 처벌을 받은 아동은 감정억제, 소극적 행동, 사람을 피할 뿐만 아니라 처벌은 공포, 불안, 분노와 같은 부정적인 정서반응을 유발하기도 한다. 특히 신체적 처벌을 많이 받은 아동들은 다른 아동들에 비해 훨씬 더 공격적이다. 이러한 처벌의 부작용을 고려할 때, 처벌을 효과적인 훈육수단이라고 보기 어렵다. 처벌은 훈육수단으로 잘못 사용되기도 하지만 처벌의 효과가 반드시 나쁜 것만도 아니다. 처벌을 기술적으로 사용하면 처벌의 부작용을 최소화하고 훈육수단으로 유용하게 활용할 수 있으며, 비교적 효과적으로 사용할 수 있는 방법은 다음과 같다(김보기 외, 2017: 133 재인용).

첫째, 가능한 한 즉각적으로 처벌해야 한다. 강화를 지연하면 그 효과가 감소하듯이 처벌도 지연시키면 효과가 없고, 처벌은 효과가 있을 정도로 강해야 한다. 처벌이 강할수록 바람직하지 않은 반응을 약화시키지만 그만큼 부작용을 일으킬 가능성도 증가한다.

둘째, 처벌은 일관성이 있어야 한다. 바람직하지 않은 행동을 없애려면 그러한 행동을 할 때마다 처벌해야 하며, 간헐적 처벌은 혼란만 초래될 뿐이다. 더불어 처벌의 이유를 자세히 설명해야 하고 분명해야 효과적이다. 이와 함께 대안적인 반응을 제시하고 정적 강화를 주어야 한다. 처벌은 어떤 행동을 못하게 하는 것일 뿐으로 대안적 반응을 제시하지 않는 단점이 있다. 예를 들면, 아동들의 문제행동은 부모의 관심을 끌기 위한 것이 많기 때문에 이럴 경우

부모의 관심을 받을 수 있는 다른 바람직한 행동을 아동에게 제시해 주고, 이를 정적으로 강화하면 문제행동은 감소할 것이다.

셋째, 신체적 처벌은 최소화해야 한다. 왜냐하면 신체적 처벌은 적대감과 공격성을 유발하기 때문이다. 뿐만 아니라 기대하는 만큼 효과적이지도 않으며, 아동의 경우 아주 심한 체벌을 하더라도 한두 시간 지나면 잊어버리는 경향이 있다. 그러므로 오히려 소중히 여기는 특권을 철회하게 되면 아동들은 그 특권을 되찾기 위한 방법을 생각할 것이므로 이 방법이 더 효과적일 수 있다.

4) 사회복지실천과 연계 및 평가

(1) 행동주의 이론과 사회복지실천

실천에 있어 원조의 초점을 인간의 정신 내적 갈등에서 외적 행동으로 이동시켰다. 인간의 신체·심리적 발달에 있어 환경의 중요성에 대한 강조는 사회복지실천의 역할에 큰 토대를 이룬다. 클라이언트의 행동수정과 행동치료를 가능하게 하였으며, 사회복지사가 실천 현장에서 활용할 수 있는 다양한 개입방법을 제시했다.

(2) 평가

조작적 행동주의는 고전적 행동주의적 사고를 더욱 확장하였으며, 인간의 행동은 환경과의 상호작용에서 개인적인 특성이 촉진되거나 선택되는 자연스러운 선택과정에 의해서 형성된다고 주장하였다.

스키너는 인간행동을 설명하는 데 선행 조건을 강조했던 이론과 다르게 과학적 실험을 위주로 한 행동주의에 관한 이론을 전개한 것이 큰 공헌이다. 그의 실험적인 분석을 통한 조사는 그의 이론에 관한 구체적이고 명확하게 신뢰성을 제고하였다. 더불어 치료기법의 효과성을 중시하고 발전시킨 점과 치료기법에 대한 정밀한 측정을 강조한 점이 중요하게 평가 받고 있다. 또한 비교적 짧은 시간 내에 개입의 효과를 기대할 수 있다는 점이다. 그럼에도 불구하고 비판은 다음과 같다(이우언 외, 2017: 196-197).

먼저, 인간행동을 결정함에 있어서 고도의 정신과정이 중요함에도 불구하고 스키너는 인지의 창조적인 면을 염두에 두지 않았다. 합리성과 논리성이란 단지 그것을 이끌어 내는 강화 스케줄에 관련하여 이해할 수 있는 행동에 불과하다는 주장에 한계를 느낀다.

둘째, 인간의 모든 행동은 조작을 통하여 변화할 수 있다는 주장에 대해 주류적인 심리학에서는 전적으로 받아들이기 힘든 제한점을 안고 있다.

셋째, 스키너에 따르면 인간행동은 결과, 즉 보상과 처벌에 의해서 유지되며, 인간의 행동은 법칙적으로 결정되고 예측이 가능하며, 통제될 수 있다고 보았다. 그러므로 자율적인 인간의 성격, 심리 상태, 느낌, 계획이나 목적, 의도를 부정하였다.

넷째, 철저하게 통제된 스키너의 실험은 관찰되지 않은 절차나 과정의 추론을 어렵게 만들고 예기치 않은 자극이 일어나는 상황이나 과거의 자극이 예기치 않은 방식과 결합되는 상황에서 무엇이 발생할 것인지를 예측하기가 매우 어렵다는 점을 간과했다.

다섯째, 스키너의 연구는 실제 상황에서가 아니라 주로 실험 상황에서 이루어졌다. 반면에, 클라이언트가 직면하는 수많은 문제들은 실제생활에서 발생하기 때문에 실험실이나 치료실 내에서 발생하는 행동변화를 실제 상황으로까지 일반화하기가 어렵다. 또한 행동주의에서의 처벌원칙은 인간 서비스의 측면에서 보면 다소 비인간적인 면을 정당화시킨다는 점이다.

5. 사회학습이론 : 반두라

1) 사회학습이론의 개요

사회학습이론(social learning theory)은 반두라에 의해 세워진 이론으로 초기에는 행동주의학습이론에서 출발해 이후에는 인지적 측면을 중시하는 사회학습이론으로 발전시켰다. 사회학습이론은 사람의 행동은 다른 사람의 행동이나 어떤 주어진 상황을 관찰하고 나서 그것을 따라 하는 모방으로 이루어진다고 설명한다. 이런 점에서 보상이나 처벌의 조작결과로 인간행동이 결정된다는 종래의 학설과는 다르다.

이처럼 개인이 강화를 받는 것과 상관없이 단순히 다른 사람을 관찰하는 것으로 이루어지는 학습을 '관찰학습(observational learning)'이라고 한다. 관찰학습을 통해 사람들은 자기 가족 내에서 또는 자기 문화권에서 어떻게 행동하는지를 배우게 된다. 관찰학습을 학습으로 인사하고, 먹고, 웃고, 농담하는 법을 배우며, 교실과 캠퍼스에서 행동하는 법을 배운다. 우리는 다른 사람들을 관찰함으로써 당신은 사람들이 서로 어떻게 대화하는지, 어떤 옷이 '유행'에 맞는지, 선생님과 어떻게 상호작용하는지 등을 배운다(Kosslyn & Rosenberg, 2010: 169).

관찰학습에는 관찰한 것을 모방하는 모방학습뿐 아니라, 어떤 상황을 관찰하였으나 모방하지는 않는 학습까지 포함된다. 반두라는 이러한 학습이 인지적인 과정 때문이라고 설명한다. 따라서 사회학습이론에서는 밖으로 드러나는 행동에만 초점을 맞추는 행동주의 학습이론과 달리, 인간의 내면에서 일어나는 인지과정도 중시한다. 그러므로 관찰학습을 통해 형성된 정보는 자기 효율성이라는 강화를 통해 필요성이 있을 때마다 행동으로 옮겨진다.

결론적으로 사회학습이론에서는 다른 사람의 행동, 인지구조 등을 중시하는 것 외에 대중매체를 통해 제시되는 모델, 위인전에 나오는 사람들 등의 여러 환경의 상호작용도 중요한 학습요인으로 다룬다.

2) 반두라의 생애와 사상

반두라(Albert Bandura, 1925~2021)는 1925년 12월 4일 캐나다 앨버타(Alberta)주 북쪽 시골 마을인 문데어에서 폴란드인 아버지와 우크라이나인 어머니 사이에서 6남매 중 막내로 태어났다. 반두라는 교사 2명과 전교생 6명인 작은 초등학교를 다녔다.

1949년 반두라는 영국의 컬럼비아(British Columbia) 대학교에 입학하여 심리학 공부에 매진하였으며, 심리학부에서 볼로칸상(Bolocan Award)을 수상하였다. 1951~1952년 미국 아이오와(Iowa) 대학교에서 심리학 석사, 박사학위를 취득하였다. 초기에는 임상심리학에 흥미를 가졌지만, 후에 행동수정이론, 관찰학습, 자기효능감 등에 관한 연구로 옮겨 갔다. 그래서 반두라의 초기연구 중에는 심리치료과정, 아동의 공격성과 관련된 것이 있다. 1953년에 스탠퍼드대학교의 교수로 근무하였으며, 1974년에는 미국심리학회(APA)의 회장, 1980년에는 미국 서부심리학회장으로 선출되었다.

반두라는 밀러와 달러드(Miller & Dollard)가 쓴 『사회학습이론(*Social Learning Theory*)』의 영향을 받아 인지와 행동에 관심을 갖게 되었다. 아동의 공격적인 행동에 영향을 주는 요인에 관한 연구를 계속하면서, 그는 모방학습의 핵심적인 의미를 파악하였고, 수차례의 실험을 통해서 관찰과 모방에 의한 학습과정을 규명하였다.

스키너의 행동주의가 지배적인 시기에, 반두라는 고전적 조작조건화는 인간의 행동의 동기에 부적절한 경우가 많다고 주장하면서, 인간행동 중 많은 부분이 타인에게서 학습된다는 생각을 하였다. 이러한 생각으로 아동은 사회적 환경의 모방을 통해 학습한다는 주장으로 사회학습이론의 이해와 관심을 고조시켰다.

심리학과 학습이론에 대한 반두라의 혁혁한 공로는 1980년 미국심리학회에서 수여하는 우수과학공로상(Award for Distinguished Scientific Contributions), 2004년 미국심리학회 심리학상, 2008년 그라베마이어상(Grawemeyer Award) 등을 받은 것으로도 여실히 증명되었다. 특히, 행동주의와 인지심리학 간의 전환에 큰 영향을 미쳤다. 그는 1995년에는 『변화하는 사회에서의 자기효능감(*Self-Efficacy in Changing Societies*)』, 1997년에는 『자기효능감(*Self-Efficacy*)』 등을 출간하였다.

반두라의 업적은 1960년대 후반에 시작된 심리학의 인지적 혁명의 일부라는 평가를 받고 있으며, 성격심리학, 인지심리학, 교육학, 심리치료 등에 헤아릴 수 없는 영향을 미치고 있다.

주요 저서로는 1963년 월터스와 공동 집필한 『사회학습과 성격발달(*Social Learning and Personality Development*)』을 출간한 뒤, 1976년 현대 교육심리학 분야의 역저로 꼽히는 『사회학습이론(*Social Learning Theory*)』을 출간하였다. 그 밖의 저서로는 『공격성: 사회학습분석(*Aggression: A Social Learning Analysis*, 1973)』, 『변화하는 사회 속에서의 자기효능(*Self-Efficacy in Changing Societies*, 1995)』, 『자기효능(*Self-efficacy: the exercise of control*, 1997)』 등이 있다.

3) 인간관

반두라는 평생 갖게 되는 습관의 대부분이 다른 사람을 관찰하고 모방함으로써 배우는 것, 즉 사회학습의 경험이 성격을 형성한다고 주장하였다. 이러한 사회학습이론을 대리학습, 관찰학습, 본뜨기학습, 모방학습, 간접학습, 모델링(modeling)이라고도 한다(유성이, 2017: 95).

스키너와 반두라의 인간관에 있어서는 모두 인간행동을 불러일으키는 요인은 환경적 자극이라는 점에 동의하고 있다. 또한 두 사람 모두 관찰 가능한 행동에 초점을 두고 있기 때문에 과학적 연구를 통하여 인간본성을 설명할 수 있다는 점이다. 스키너는 강화속성을 변화시킴으로써 인간행동은 얼마든지 변화시킬 수 있다고 보고 있다. 더불어 반두라는 자기강화와 환경적 자극과 강화의 변화를 통하여 인간행동의 변화가 가능하다고 보고 있기 때문에 이 두 사람은 인간본성이 가변적 속성을 지니고 있다는 점을 인정하고 있다.

반두라는 인간의 행동 또는 성격의 결정요인으로 사회적 요소를 중요하게 생각하였다. 왜냐하면 대부분의 학습은 다른 사람의 행동을 관찰하고 모방한 결과로 이루어지기 때문이다. 그는 스키너와 다르게 인간이 스스로 자신의 인지적 능력을 활용하여 사려 깊고 창조적인 사고를 함으로써 합리적 행동을 계획할 수 있는 능력이 있다. 즉, 인지적 능력을 중시했다. 인간의 주관성 및 능동성을 인정하는 상호작용론적 관점으로 인간을 설명했다. 인간은 환경의 자극에 직접적으로 반응하여 행동을 형성할 뿐 아니라 타인의 행동을 직·간접으로 관찰하고 모델링함으로써 모방을 통해서도 학습한다고 주장했다. 그러므로 인간의 행동은 자기 주도적이며, 강화와 처벌은 행동과 학습 모두에 어떤 영향을 미치는지에 대한 예측은 불가능하며, 간접적인 영향을 미칠 수 있다고 주장했다.

4) 주요 내용

(1) 상호결정론

반두라에 따르면, 인간의 성격이란 개인적·행동적·환경적인 요소들 간의 지속적인 상호작용에 의하여 발달하는 것으로 이것을 상호결정론(reciprocal determinism)이라고 한다. 환경은 사람이 행동하는 상황을 제공하고, 사람은 인지와 지각을 통하여 그 상황을 분석하여 어떤 행동을 선택할 것인지 결정하며, 행동은 사람의 상황분석과 관련된 정보를 제공하고, 그 환경을 수정하기도 한다. 즉, 환경의 조절로 인간행동을 변화 혹은 수정할 수 있고 환경을 적절히 조절한다면 의도한 대로 학습도 조절이 가능하다. 그러므로 환경, 사람, 행동이라는 세 가지 요소는 서로 원인과 영향을 주며, 상호의존적이고 끊임없는 상호작용으로 힘의 체계를 이루고 있음을 이해해야 한다[그림 10-5].

그림 10-5 3요인 상호결정론

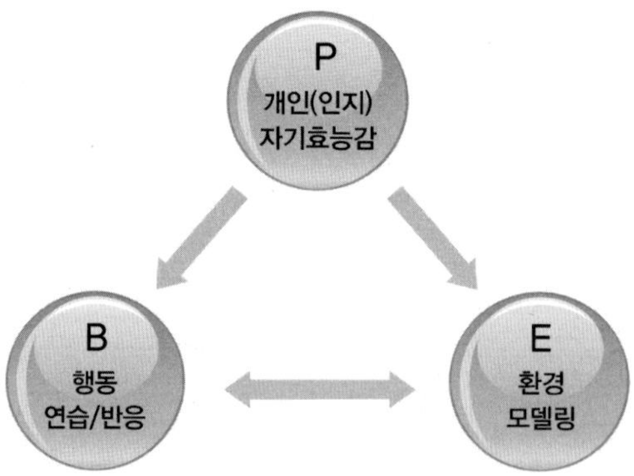

자료: 김보기 외(2019: 167) 재인용.

(2) 모방

모방(modeling)은 다른 사람이 행동하는 것을 보고, 듣고 관찰하면서 행동을 학습한 후 그 행동을 따라 하는 것이다(Bandura, 1969). 반두라는 사회학습에 있어서 중요한 과정은 '모방'이며, 이것을 관찰학습이라고도 한다. 새로운 반응들은 학습될 수 있으며, 직접적인 강화를 받지 않고도 다른 사람들의 행동을 관찰하거나 반응하는 결과를 통해 학습할 수 있다. 뿐만 아니라 그 학습으로 행동을 변화시킬 수 있다.

반두라는 모방학습을 효과적으로 사용하기 위해서는(Bandura, 1976) 모델링의 행동이 그 결과가 어떻게 되느냐에 따라 달라진다고 한다. 즉, 벌과 칭찬이 모델링한 관찰자에 영향을 미친다.

(3) 자기효능감

자기효능감(self-efficacy)이란 특정 상황에서 자신에게 주어진 일을 성공적으로 잘 해낼 수 있는 능력이 있다는 자신에 대한 믿음이나 신념을 의미한다. 또한 주어진 상황 속에서 효과적으로 대처하는 인간의 능력이기도 하다. 그는 인간이란 감정, 사고, 행동을 통제할 수 있는 자기반영적인 능력을 가지고 있기 때문에 개인의 행동은 자기강화와 외적인 영향요인에 의해서 결정된다고 보았다.

반두라는 한 개인이 주관적으로 개인적인 효능감에 대하여 어떤 개념을 가지고 있느냐가 중요하다고 보았는데, 이는 행동을 결정짓는 데 중요한 요소이다. 특히, 자기에 대해 확신을 가지느냐, 확신을 가지지 못해 자기불신이 있느냐 하는 것이 중요하다. 자신을 능력 있는 사람으로 판단하는 사람은 자신의 목적을 위해 수행할 수 있다고 믿는 과업과 도전을 잘 해낸다. 그러나 자신의 능력을 초과하는 일을 피하는 경향이 있다. 자기효능감이 있는 사람은 역경에 직면했을 때, 문제해결이나 그 상황에 잘 대처해 나간다. 반두라의 자기효능감의 개념은 역량강화이론과 관련이 높으며, 자기효능감이란 단일한 개념이 아니라 다양한 영역에서 사용된다고 하였다. 예를 들면, 어떤 사람이 운동에 있어서는 고도의 자기효능감이 있어도 사회적 관계에서는 낮은 효능감을 지닐 수가 있다.

한편, 자기효능감은 자주 자기존중감이란 용어와 같은 의미로 사용되는 경우가 있는데 이 두 가지 용어는 전혀 다르다. 즉, 자기효능감은 개인의 능력에 대한 판단과 관련 있지만 그러나 자기존중감은 자기가치에 대한 판단과 관련된다. 예를 들면, 노래를 못 부르는 사람은 자신이 잘하지 못하는 일에 대한 자기효능감이 낮을 수 있다. 그러나 노래를 못 부른다고 해서 자신을 가치 없는 사람이라고 보지는 않는다. 따라서 자기효능감은 특정 영역에 대해 지각하는 개인의 성취능력과 관계되는 것이다(김보기 외, 2019: 165 재인용).

(4) 자기규제

사회학습이론에서는 인간의 독특한 자기규제(self-regulation) 능력을 매우 강조하고 있다. 자기규제란 자신의 행동을 감독하고 스스로 자부심을 가지고 자기자신의 행동에 영향력을 행사하여 스스로 행동을 조절할 수 있는 개인의 능력을 의미한다. 이러한 인간행동은 자기강화에 의해 조정된다. 자기규제는 개인이 자신의 성과를 어떻게 평가한 것인지 개인적인 기준에 따라 다르게 평가되는 자기 평가적 반응과 관련이 있다. 예를 들어, 자신이 수행한 행동이 자신의 기대를 초과할 때에는 자부심을 느끼지만 자신의 기대에 미치지 못한다고 생각할 때에는 스스로 수치심을 가지거나 자신을 평가절하한다. 사람들은 자신의 행동을 내적인 기준, 즉 자신이 설정한 기준에 의해 스스로 보상과 벌을 주면서 행동을 조절해 나간다.

반두라는 사람들이 자기 스스로가 만든 기준뿐 아니라, 타인들이 만든 외적인 기준에도 맞추어 자신의 행동을 규정한다고 하였다. 그러므로 사람들은 스스로를 위해서 기준을 개발할 때 타인이 만든 외적인 기준에 맞추려고 노력한다. 자신이 이러한 기준에 맞을 때는 자기강화로써 보상이 되지만 기준에 맞지 않을 때는 죄책감 등과 같은 자기부담감을 가지고 자신을 처벌한다. 비록 그는 인간발달단계를 구분하지는 않았지만, 사람들은 인지적 성장과 사회적 성장에 있어 성숙을 향해서 발전하고자 하는 경향성이 있으며, 자기강화를 통하여 행동에 대한 자기 통제력을 증진시킨다고 믿고 있다.

5) 관찰학습

(1) 관찰학습의 개념

유기체가 직접 경험을 하는 대신에 다른 개체들의 반응을 보고서 학습을 하는 것을 관찰학습(observational learning) 또는 대리학습(vicarious learning)이라고 한다. 반두라는 타인의 행동 관찰로 학습하는 것은 인지과정의 중요성을 강조한다. 또한 행동을 모방하여 대리적 조건형성(vicarious conditioning)을 통해서 이루어진다고 주장한다. 이와 함께 행동을 결정짓는 방식에는 기대, 신념, 태도, 지식과 같은 개인요인과 사회적인 환경요인, 행동이나 언어, 선택 등과 같은 행동요인의 3요인이 있다. 이러한 3요인은 서로 상호작용하기 때문에 3요인 상호결정론을 강조한다. 그 내용은 [그림 10-5]와 같다.

인지적 사회학습이론은 아동발달과 행동이 아동과 환경 간의 계속적 상호작용에 의해 이루어진다고 주장한다. 즉, 아동이 경험하는 환경이 아동에게 영향을 미치고 아동의 행동도 환경에 영향을 미친다는 것이다. 이러한 점이 시사하는 것은, 아동은 자신과 부모, 교사는 아동의 성장과 발달에 영향을 미치는 환경조성에 적극적으로 참여한다는 것이다(유성이, 2017: 97).

(2) 모델링의 과정

관찰학습은 타인의 행동을 관찰하거나 모방하여 학습이 된다고 강조하기 때문에 모방, 즉 모델링을 중요하게 생각한다. 반두라는 모델링의 과정을 주의집중단계, 파지단계, 재생단계, 동기화단계 등 4단계로 설명한다(Bandura, 1976, [그림 10-6]).

그림 10-6 관찰학습 과정

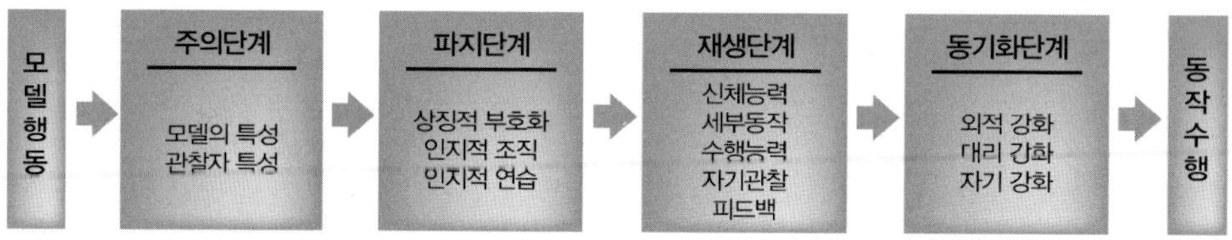

① **주의집중단계**(attention phase)

주의집중은 학습자가 모델의 중요한 행동에 주의나 관심을 기울이는 것에서부터 시작한다. 모델의 특성에 관심이 많고 주의를 기울일수록 모방할 가능성은 커진다. 즉, 모델의 성공, 명성, 세력, 권력 등 매력적인 특성을 갖추고 있으면 우리의 주의와 관심을 이끌 수 있게 된다.

② **파지단계**(retention phase)

파지단계는 주의를 기울였던 모델의 행동을 기억하거나 유지, 보존하는 과정이다. 이 단계에서는 시청각과 같은 감각으로 들어온 정보를 인지적인 기억으로 전이하는 과정이다. 파지과정은 심상이나 언어적 부호화를 통해 기억한다. 언어적 사고가 익숙하지 못한 아이들은 시각적 심상에 의존을 많이 한다. 또한 인지적 시연과 같은 내적 시연이 있고, 실제로 행동해 보는 운동시연과 같은 외적 시연이 있다.

③ **재생단계**(reproduction phase)

이 단계를 운동재생과정이라고도 하며, 주의집중을 통해 상징적 부호화가 된 기억을 행동으로 적절하게 전환시키는 과정이다. 재생과정은 모델처럼 잘하기 위해서는 신체 및 수행능력과 기술이 있어야 한다. 그러므로 모델행동을 모방하기 위해 같은 내용으로 연습을 많이 해야 한다. 또 시행착오를 거치거나 상징적 모델과 비교하여 자신의 행동을 전환시키거나 수정해 감으로써 자신의 행동으로 만든다. 정확한 모방을 하기 위해서는 피드백이나 지도가 필요하다.

④ **동기화단계(motivation phase)**

이 과정을 동기화과정이라고 부르는데 관찰된 학습을 자신의 행동으로 수행할지 말지가 강화와 동기에 의해 좌우된다. 아무리 학습이 일어났어도 수행으로 이루어지려면 동기화가 되어야 한다. 적절한 동기가 유발되면 학습이 수행으로 이어지고, 이때 외적 및 자기, 대리강화는 결과기대를 가져오므로 행동을 촉진시킨다. 즉, 관찰학습이나 사회학습은 강화기대나 결과기대가 있을 때 모델행동이 더 잘 일어날 뿐만 아니라 주의집중 과정이나 기억과정에도 영향을 미친다(이훈구, 1995).

(3) 사회학습에서의 강화

사회학습을 유도하는 강화에는 세 가지가 있다(김보기 외, 2019: 169).

첫째, 직접강화(direct reinforcement)로 외부로부터 오는 강화이다. 부모나 교사로부터의 칭찬이 여기에 속한다.

둘째, 대리강화(vicarious reinforcement)이다. 타인이 강화를 받는 행동을 관찰하게 되면 자신도 그 행동을 반복할 가능성이 높다. 그림을 잘 그려 선생님께 칭찬을 받는 친구를 보고 자신도 그림을 잘 그려 칭찬을 받고 싶다는 생각을 하는 경우에 강화될 가능성이 높다.

셋째, 자기강화(self reinforcement)이다. 외적 보상이 아니라 자기만족이나 성장으로 인해 관찰행동을 지속하는 경우이다. 자기효능감이 높은 개인은 목표를 달성하고자 노력하고 이러한 노력은 좋은 결과를 가져온다. 좋은 결과로 인해 교사 및 주변 사람들로부터 칭찬을 받게 되고 이러한 개인은 자신감을 가지고 더욱 노력하게 되며 성취감을 경험하고 더 도전하게 되는 것이다. 처음에 주어지는 교사 및 주변인들의 칭찬은 외적 강화이지만 성취감은 자기강화이다.

(4) 관찰학습의 영향요인

관찰학습에 영향을 주는 요인은 모델의 특성 및 관찰자의 특성, 보상결과가 있다(이억범 외, 2014: 65-66).

먼저, 모델의 특성은 학습자가 관찰대상과 비슷하고 또래일수록, 위대한 사람이라고 인식할수록, 지위가 있을수록, 유능하다고 지각할수록, 자신이 좋아할수록 관찰학습의 효과는 증가한다. 또한 자기와 동성인 모델을 이성인 모델보다 더 잘 모방한다. 그러므로 청소년의 희망직업이 가수나 연예인이 많은 것도 자신과 비슷한 또래인 아이돌 스타를 모방하기 때문이다. 연령대가 비슷하고 많은 수입과 인기가 있다고 지각하기에 연예인이 되고 싶은 것이다.

둘째, 관찰자의 특성이다. 이것은 관찰자의 자존감이나 발달단계에 따라 다르다. 자존감이 낮은 아동은 타인보다 부모의 행동을 모방할 확률이 높다. 폭력가정의 자녀들은 낮은 자존감으로 인해 부모의 폭력을 그대로 모방할 확률이 높아 폭력이 대물림되는 것이다.

셋째, 행동과 관련된 보상이다. 모델의 행동이 정적 강화로서의 보상이 있으면 행동을 모방할 가능성이 높아진다. 이 이론의 관점에서 보면 부모나 교사, 그리고 주변인들의 행동은 자녀나 학생에게는 중요한 모델링의 대상이 된다.

6) 사회복지실천과 연계 및 평가

(1) 사회학습이론과 사회복지실천

반두라는 스키너와 달리, 외부의 직접적인 환경의 자극 없이도 모델을 관찰하거나 대리강화를 통해서도 새로운 행동을 학습할 수 있다고 보았다. 이는 사회복지실천에서도 중요한 의미를 가진다. 예를 들어, 사회복지사는 아동들의 행동과 성격이 관계하는 아동과 관련 있는 모든 사람들에 의해서 언제, 어디서나 모방을 통해 형성되고 성격의 형성에 영향을 미치게 될 수 있음을 알아야 한다. 또한 특정 대상의 아동과 청소년들뿐만 아니라, 대중매체에서 보여 주는 공격성과 이미지들은 전체 아동, 청소년들에게 모방하는 기회를 제공한다. 따라서 사회복지사는 이러한 영향들을 고려할 수 있는 인식을 가짐과 동시에 사회 전체가 긍정적이고 바람직한 가치와 본보기를 형성하는 데 일조하도록 해야 한다. 이는 사회복지사가 전체 사회에 가지는 직업윤리에 따르는 책임과 같다(엄태완, 2020: 136). 사회학습이론이 사회복지실천에 미치는 영향은 다음과 같다(강세현 외, 2016: 213-214).

첫째, 사회복지사가 클라이언트 및 모든 사람의 행동을 명확히 인지하고, 이 행동이 서로 어떻게 연관되는지 파악하는 것을 가능하게 하였다. 이와 함께 효과적이고 바람직한 행동을 학습할 수 있는 마중물 역할의 근거를 제시하였고 클라이언트를 원조하게 한다.

둘째, 사회학습이론은 어떤 행동이 있을 때와 없을 때, 서로 어떻게 다른지 관찰하는 사정의 중요성을 강조하였다.

셋째, 임상 모델링을 통해 클라이언트의 문제행동을 제거하는 데 유용하다는 것이 입증되었다.

(2) 평가

사회학습이론은 오늘날 인간을 돕는 현장에서 매우 유용하게 활용되고 있으며, 인간을 더욱 낙관적으로 바라보며, 과거보다는 '지금-여기(here and now)', 또는 미래에 강조점을 두고 있다는 장점이 있다. 그리고 사회적 환경이 인간에게 얼마나 많은 영향을 미치는가에 대한 인식을 증진시킨다.

반두라는 사회학습이론을 자극반응모델의 패러다임 그 이상의 것으로 전개시키면서 모방학습의 중요성과 학습을 매개하는 인지적 요소의 중요성을 인식하게 해준다. 더불어 성격이론의 발달에서 중요한 분기점을 나타냄과 동시에 장래의 사회·심리적 사고의 발달을 위해서 크게 공헌하였다(최옥채 외, 2021: 114). 이러한 사회학습이론에도 한계가 존재한다.

먼저, 반두라의 사회학습이론은 인지가 행동의 원인이 될 수 없다고 주장하는 행동주의자들에 의해서 비판을 받았고, 정신역동이론에 비해서 인간행동을 잘 예견하지 못한다는 비판을 받기도 하였다. 또한 사회학습이론은 단지 인간의 공포증(phobia)과 같이 단순한 행동문제만 다룰 수 있을 뿐이라는 비판을 받기도 하였다(최옥채 외, 2021: 114).

둘째, 단순한 행동은 신속하고 쉽게 학습할 수 있다는 장점을 가지지만, 다양하고 복잡한 기능을 필요로 하는 행동의 학습을 설명하는 데는 한계가 있다.

셋째, 사회학습이론은 모두 연령별로 다르게 나타나는 학습과 관련된 인지적 수준을 고려하지 않았다는 한계를 지니고 있다.

연습문제

1 스키너의 행동주의적 학습이론의 특징으로 옳은 것은?

> 가. 인간은 기계적 존재이다.
> 나. 인지적 기능을 고려하지 않는다.
> 다. 경험적 실증이 불가능한 것은 연구할 필요가 없다.
> 라. 인간행동은 예측이 가능하며, 통제될 수 있다.

① 가, 나, 다　② 가, 다　③ 나, 라
④ 라　⑤ 가, 나, 다, 라

2 다음 보기의 예가 설명하는 개념은?

> 한 아이가 벽에 낙서를 했을 때, 선생님이 무서운 얼굴 표정을 지으면 이는 처벌을 받는다는 신호가 되어 아이는 낙서하는 행동을 멈추게 된다.

① 변별자극　② 조작적 행동　③ 반응적 행동
④ 벌　⑤ 강화

3 행동주의적 학습이론은 인간의 성격과 행동을 형성하는데 무엇을 강조하였는가?

① 개인의 능력　② 환경　③ 훈련　④ 욕구　⑤ 자아

4 반두라가 행동의 인지적 기본원리의 핵심 요소로 규정한 것은 무엇인가?

① 자기강화 ② 자기효율성 ③ 자기조정 ④ 모방 ⑤ 인지

5 다음 보기가 설명하는 강화계획모델은 무엇인가?

과수원에서 과일 한 바구니를 딸 때마다 보수를 1만 원씩 주거나, 동생 숙제를 봐줄 때마다 용돈을 2천 원씩 주는 것

① 가변간격 강화계획 ② 고정간격 강화계획
③ 가변비율 강화계획 ④ 고정비율 강화계획
⑤ 연속적 강화계획

6 사회학습이론에 대한 설명으로 옳은 것은?

① 인간행동은 외적 자극에 의해 동기화된다.
② 기계론적 환경결정론 입장을 취하고 있다.
③ 인간본성에 대한 합리적 여부 논의 자체를 거부한다.
④ 인간의 자기결정과 자유 가능성을 배제한다.
⑤ 인간은 행동을 모방하는 사회학습 경험으로 성격을 형성한다.

정답 1. ⑤ 2. ① 3. ② 4. ② 5. ④ 6. ⑤

CHAPTER

11 인본주의이론

1. 인본주의의 개요

인본주의(humanitarianism)는 인간의 성장과 변화에 대한 접근법으로 정신역동학파에서 말하는 무의식의 본능적인 개념과 행동주의 실험에 대한 환경결정론도 거부하면서 등장하였다. 인본주의적 상담이론은 1940년대 로저스에 의해 시작되었으며, 초창기에는 비지시적 상담으로 시작하여 50년대에는 '클라이언트 중심주의'라고 불렸다. 1974년을 기점으로 인간중심적 상담, 즉 인본주의라고 칭했으며, '제3의 심리학'이라고 불린다.

인본주의이론에서는 사랑, 의미, 가치, 자아실현, 선택, 창조성과 같은 인간의 자아실현의 경향성과 긍정적 측면에 초점을 둔다(Corey, 2016). 뿐만 아니라 문제해결 과정에서 클라이언트를 중심으로 이루어지게 하며, 클라이언트가 가지고 있는 능력이 문제해결에 충분히 반영되어야 함을 강조한다. 그러므로 이 이론에서는 인간은 누구나 잠재력을 소유하고 있다고 믿는다. 그들에게 잠재되어 있는 능력, 즉 개인 안에 이미 다 존재되어 있는 능력을 발현시키는 것을 심리치료의 목표로 삼고 있다. 따라서 이 이론의 핵심은 인간에 대한 성장가능성과 잠재능력에 대한 믿음이다. 이러한 인간에 대한 신뢰는 대인원조, 즉 사람을 상대하는 원조기관에 종사하는 전문가들은 누구나 가져야 하는 태도이자 자세이다.

클라이언트와 사회복지사가 만나는 관계에서 클라이언트가 진솔성이나 일치성, 정확한 공감적 이해 및 무조건적인 긍정적 존중을 지각하도록 하는 것이다. 이러한 과정에서 클라이언트의 성격 변화는 그의 존재가 자신의 내적 경험을 더 많이 인식하는 방향 또는 자신의 내적 경험이 유동적이고 변화할 수 있도록 허용하는 방향으로 진행이 될 수 있도록 원조하여야 한다. 이러한 원조를 클라이언트가 지각한다면 그의 내적 경험과 일치하게 행동하는 방향이 일어날 것으로 보고 있다(장수환 외, 2017: 259). 그러므로 치료자와 클라이언트의 관계를 중요시한다는 공통점이 있다. 게다가 문제해결 기법이 기술보다는 클라이언트에 대한 상담자, 즉 사회복지사의 태도를 더 중요시한다.

제3의 세력인 인본주의는 실존적인 철학에 근거를 두고 있으며, 인본주의의 발달에 기여한 주요 인물들 중에서 로저스는 '인간 중심적' 접근방법(personal-centered approach)을 제시하였다. 이 접근방법은 모든 인간이 긍정적 방향으로 성장하고자 하는 경향성과 자기결정 및 자아실현의 경향성을 가지고 있으며, 자신의 운명을 스스로 결정하고 자유롭게 선택하는 존재라는 점을 중시하였다. 그러므로 자기(self)에 관한 것에 초점을 두기 때문에 '현상학적 이론' 또는 '자아실현이론'이라고 불린다. 이와 함께 매슬로우(Abraham Maslow) 역시 인간을 자아실현을 위하여 노력하는 존재로 설명하였으며, '욕구위계이론'을 제시하였다.

2. 인간중심이론 : 로저스

1) 인간중심이론의 개요

1940년대부터 그 당시 상담 및 심리치료의 주요한 흐름에 도전하면서 탄생되었다. 즉, 로저스는 클라이언트에게 지시적 접근보다 비지시적 접근이 내담자를 변화시키는 데 더 효과적임을 주장하였다. 그는 인간의 기본적 동기로서 긍정적인 실현화 경향성을 가정하였으며, 성격을 변화시키고 향상시킬 능력이 이미 각 개인 속에 내재되어 있다는 것을 제안하였다. 그는 인간에 대한 지혜를 강조하였으며, 자신들의 경험을 통한 인간의 가치화, 성숙 과정을 필수적인 것으로 생각하였다(노안영 · 강영신, 2011: 320).

로저스의 성격이론은 모든 개인들이 겪는 독특하고 주관적인 경험을 강조한다. 그들은 자신의 삶 속에서 자신들이 그 사건을 경험해 보고 해석하는 방식이 행동에 결정적인 영향을 준다고 믿었다. 로저스의 저서 『클라이언트중심치료(*Client Centered Therapy*, 1965)』에 따르면, 각 개인은 자신만의 주관적 세계 속에서 생활하며, 이른바 과학자가 말하는 객관적 증거가 있음에도 불구하고 주관적인 지각, 목적 및 선택 등의 침전물이다. 어느 누구도 타인들의 내적 준거틀을 완전히 이해할 수 없기 때문에 개인 자신이 그 실체가 무엇인지에 대한 폭넓은 자각의 잠재력을 지닌다. 다시 말해서 개인은 자신에 대한 최고의 전문가이며, 본인에 대한 최상의 정보를 소유하고 있다. 인간중심주의에 있어서 행동은 자신이 지각되는 장에서 경험하는 인간의 욕구를 만족시키려는 인간의 전형적인 목표 지향적인 경향성의 시도이다.

2) 로저스의 생애와 사상

로저스(Carl Ransom Rogers, 1902~1987)는 일리노이(Illinois)주에 있는 오크파크(Oak Park)에서 태어났으며, 그는 어린 시절 친구가 없어 고교 시절까지 대부분의 시간을 독서와 사색으로 보냈다. 1919년에 위스콘신대학교(University of Wisconsin)에 입학한 후, 3학년 때에 그는 중국 북경에서 개최된 세계기독학생연합회에 12명의 미국 학생 중 한 사람으로 참가하였다. 그는 6개월 동안 중국에 머물면서 그곳에서 다양한 종교와 문화적인 특성을 지닌 외국인들을 많이 만나게 되었다. 그러한 경험들은 로저스로 하여금 자신의 인생관을 보다 자유롭게 다시 결정하는 계기가 되었다. 그는 그때의 경험을 통해 "나는 나 자신의 사고방식대로 생각할 수 있고, 나 자신의 결론에 도달할 수 있으며, 내 자신이 믿는 바에 따라 행동할 수 있다."는 인식을 갖게 되었다.

1940년 12월에 미네소타대학교(University of Minnesota)에서 상담에 대한 자신의 아이디어를 처음 발표한 논문에서 놀라운 반응을 일으켰다. 이를 토대로 하여 그는 『상담과 심리치료(*Counseling and psychotherapy*)』를 1942년에 출판하였다. 그 시절에 미국에서 주류를 이루고 있었던 상담 및 심리치료의 세력은 주로 지시적 접근과 정신분석적 접근이었기 때문에 이들은 모두 상담자의 지식과 기술에 의존하였다. 따라서 클라이언트를 진단하면서 해석하는 방법들이었다.

로저스는 그 후 1945~1957년까지 시카고대학교(University of Chicago)의 심리학 교수 및 상담소장의 일을 맡는 동안에 『내담자 중심치료(*Client-centered therapy*)』를 출판하였다. 또한 1956년, 1972년에 미국심리학회(American Psychological Association, APA)

의 우수과학공로상과 우수공로자상을 각각 수상하였다. 그는 인간의 잠재력에 접근하는 심리와 상담요법을 고안하여 실행한 성격연구의 혁신의 선구자이며, 참만남운동 등의 개척자로서 활동하다가 1987년에 사망하였다. 그는 미국 역사상 영향력 있는 심리학자이며 교육, 상담, 심리치료, 갈등해결과 평화분야 등 여러 분야에 크게 공헌하였다. 인본주의 심리학의 창시자로서 공감적인 삶, 실험적인 연구와 16권의 저서 및 200편이 넘는 많은 학술논문을 통해 전 세계에 영향을 미쳤다.

3) 인간관

로저스는 인간은 미리 정해진 성격의 패턴은 없으며, 살아가는 동안의 경험에 따라 각 개인의 성격은 달라진다. 그러므로 특정한 유형의 성격을 가지고 태어나는 것이 아니라 자신의 경험에 의해 자신을 형성한다. 그는 오랜 임상경험을 바탕으로 인간은 기본적으로 자유로우며, 자신의 행동에 책임지고 합리적이며, 건설적인 방향으로 성장해 나가는 미래 지향적 존재라고 본다. 인간은 자신 스스로 문제를 해결하고 이해할 수 있는 능력을 지니고 있으며, 사람의 발달은 고정된 것이 아니라 되어 가고 있는 진행 중의 단계로 보고 있다. 그러므로 이러한 선천적 잠재력을 발휘할 수 있도록 조건들이 적절히 갖추어진다면 인간은 무한한 성장 및 발전이 가능하다고 결론지었다. 따라서 로저스는 인간의 본성 속에는 개인주의적이고 부정적인 견해를 반대하는 선을 소유한 존재로 이해하고 있으며, 자아실현의 경향 그리고 자유, 합리성이 모든 인간에게 있다고 주장한다(장성화 외, 2016: 138-39).

로저스(Rogers, 1961)는 인간은 유아의 미분화된 현상학적 장에서 출발하여, 자아개념의 발달로 그 장(field)이 자아와 환경으로부터 분화된다. 그러므로 각 개인이 자아일치성(Self-consistency)을 계속 추구하는 데서 발달의 최고점에 도착할 수 있다고 하였다. 결론적으로 로저스는 인간을 통합적 존재로 규정하면서 개인의 자아개념이 잘 반영되어 있다고 설명한다. 이와 같이 로저스는 인간을 항상 전체성과 통합성, 협동성, 창조성을 향해 발전해 가는 존재로 신뢰받을 수 있는 사람들이라고 보고 있다.

4) 주요 내용

인본주의(현상학)는 개인의 주관적 경험, 감정 그리고 자신에 대한 개인적 견해와 사적 개념을 연구한다. 로저스는 사람의 행동은 개인이 그 세계를 어떻게 지각하느냐에 달려 있다고 보았다. 즉, 주관적 경험의 세계로 보았다. 현상학적 이론이 지니고 있는 주요 내용의 특징에 대하여 살펴보고자 한다.

(1) 통합된 유기체

로저스의 인간이해에 대한 입장은 현상학(phenomenology)의 영향을 받아 탄생되었으며, 심리학에서 현상학은 인간의 지각과 자각에 대한 연구를 의미한다. 즉, 현상학 학자들에게 중요한 것은 대상 및 사건의 그 자체가 아니라, 개인이 대상 및 사건을 어떻게 지각하고 이해하고 있는가이다. 그러므로 현상적 장은 개인이 경험하는 전체를 의미한다.

유기체(organism)란 개인의 사상, 행동, 신체 등의 모든 것을 포함하는 전체로서의 한 개인이며, 통합적인 존재로 인식한다. 어린아이가 성장할 때 다양한 경험이 계속되고 확대되지만 유기체는 자신이 거부당하는 경험을 선택하지 않으려고 한다. 즉, 아기는 배가 고프면 음식에 대해 긍정적인 가치를 부여하게 되는 반면, 배가 부르면 부정적인 가치를 부여하게 될 경향성이 높다. 여기서 긍정적인 가치개념은 따뜻함이나 돌봐줌과 관련되어 있다(권육상, 2008: 232).

우리 인간은 우리에게 어떤 것이 좋은 것인지, 나쁜 것인지를 구분할 수 있으며, 어릴 때부터 가치부여과정이 성장과 동시에 이어져 온다. 이러한 과정에서 융통성 있게 적용되도록 해야 하며, 더불어 긍정적이냐 부정적이냐의 기준은 유기체를 유지 및 확대하느냐 안 하느냐에 관계가 있다. 따라서 가치부여과정은 한 번 발달하게 되면 이것은 곧 자아가 된다. 가치부여과정은 개인의 내면

속에서 발생하는데 그 개인이 바람직하다고 느끼는 경험과 바람직하지 않다고 느끼는 경험이 함께 연결되어 있다. 그러므로 아동의 자기발달은 환경과 끊임없는 상호작용을 통해 형성되고 점차 분화되어 더 복잡해진다.

(2) 자기실현 경향성

자기실현 경향성(self-actualization tendency)이란 인간이 본능적으로 타고나는 것으로 자신의 보호 및 잠재력을 최대한 실현시켜 자신의 유지와 성장, 향상을 위해 노력하는 인간의 본성을 말한다. 이러한 자기실현 경향성은 생리적, 심리적 욕구와 연관되어 유기체를 유지하여 자신을 이끌어 나간다. 또한 어린아이로 하여금 경험적 잠재력을 확대하도록 하여 부모 또는 중요한 타인과의 상호작용이 일어나게 되어야 한다. 이러한 상호작용의 결과는 아기의 유기체적 경험의 일부가 되어 '자기' 또는 '자기개념'으로 분화된다.

자기실현 경향성은 성장과 퇴행 중 어느 하나를 선택하는 상황에 처하게 될 경우에 더욱 두드러지게 나타난다고 보았다. 그는 모든 인간은 퇴행적 동기도 지니고 있겠지만 그것보다는 성장 지향적 동기, 즉 자기실현욕구가 행동의 근원이라고 보았다. 그렇지만 현실지각이 왜곡되어 있을 경우, 퇴행적 동기가 더 우세하게 되며, 유아적 수준의 행동을 나타내는 경우도 있다. 그러므로 실현 경향성은 개인의 선택적이지만 긍정적인 방향성을 가지고 있다. 게다가 자기충족, 성숙을 지향하는 인간의 모든 노력을 포함하는 것으로 좀 더 능력 있는 사람이 되는 과정이라 할 수 있다. 그러나 자기실현의 과정은 완전한 최종상태를 말하는 것이 아니며, 죽을 때까지 보다 성장하는 유능한 인간으로 되어 가는 과정이다. 이러한 과정을 통하여 인간은 삶의 의미를 찾게 되고, 주관적인 자유를 실천해 나감으로써, 인간은 점진적으로 완성되어 간다는 점을 강조했다(이우언, 2017: 255).

(3) 일관성과 위협

사람은 현실적 자기와 경험 사이에서 일관성을 유지하려고 노력하며, 자기구조와 일관된 경험들은 지각되어 그 구조의 일부가 된다. 그러나 어떤 것들은 자아와 아무런 상관이 없는 것처럼 보여 그냥 지나쳐 버리게 된다. 자아와 일치하지 않거나 자아에 위배되는 체험은 개인에게 위협과 불안, 즉 개인에게 불행을 가져오기도 한다. 이러한 위협에 맞서기 위해 사람들은 이 체험을 거부하거나 흔히 그 의미를 왜곡시킨다. 개인은 자신의 자아를 유지하고 보호하려는 강한 욕구를 지니고 있기 때문에 자아에 위배되는 것은 쉽게 버리고자 하는 유혹을 강하게 받는다. 이는 개인에게 자아정체성 확립에 도움이 되는 특성이기도 하지만, 반면에 개인의 성격이나 행동이 변하기 어려운 측면을 설명해 주는 것이기도 하다. 많은 가치의 조건들도 위축된 자아개념을 형성하게 되며, 이러한 경우에는 그 사람은 경험에 개방적이지 못하게 된다. 따라서 자아에 위배되는 많은 경험, 지각, 기억들이 자신의 의식에 포함되지 못하고 결국 개인의 성장이 위축될 가능성이 높다(안범희, 2011: 366). 그러므로 인본주의 치료의 핵심이 되는 것은 바로 '왜곡된 자아상'의 실체를 스스로가 깨닫게 하는 데 있다.

(4) 완전히 기능하는 사람

로저스(Rogers, 1961)는 건강하고 이상적인 사람은 자기실현을 하는 사람이라고 했으며, 그는 임상경험을 통해 '충분히 기능하는 사람(fully functioning person)'에 대한 몇 가지 사항을 제시하였다. 그는 자기실현을 하는 사람은 자기 자신의 잠재력을 인식하고 능력과 자질을 발휘한다. 즉, 충분히 기능하는 사람은 자신을 완전히 자각하는 사람이다. 더불어 최적의 심리적 적응, 심리적 성숙, 완전한 일치, 경험에 완전히 개방되어 있는 사람이다. 또한 계속적으로 변화를 추구하고 변화하는 과정 중에 있는 사람으로 정적이지 않고 과정 지향적이다. 자신에 대한 이해와 경험을 풍부하게 하는 방향으로 나가는 사람을 일컫는다. 그러므로 심리적으로 자유로운 발달과 완전히 기능하는 방향으로 향하는 것은 사회적 진화의 바람직한 결과이다.

로저스가 주장하는 '훌륭한 삶(good life)을 살아가는 완전히 기능하는 사람'의 특성은 <표 11-1>과 같다.

표 11-1 충분히 기능하는 사람

구분	내용
경험에 대해 개방성	• 가치의 조건에 구애받지 않고, 자신의 모든 감정과 태도를 자유롭게 경험하고 개방적이다. • 위협받는 것이 전혀 없으므로 방어해야 하는 것도 전혀 없다. • 긍정적·부정적 정서들을 폭넓게 받아들인다.
실존적인 삶의 태도	• 매 순간 충실하게 살아가고 자기심상과 경험이 일치한다. • 존재하는 어느 순간에서나 완전하게 충분한 삶을 영위하며, 매 순간의 경험을 새롭고 신선하게 느낀다.
자기 유기체에 대한 신뢰감	• 자신을 신뢰하기 때문에 자신이 옳다고 느끼는 대로 행동하며, 타인의 판단에 의해 행동하는 것이 아니다. 또한 이성적이거나 지적인 요소들보다 더 믿을 만하다고 생각하고 합리적인 행동에 도달할 수 있는 능력을 보유하고 있다. • 결정에 도달하는 데 사용된 자료가 왜곡되지 않고 정확하므로 그들 스스로를 신뢰한다.
창조성	• 모든 영역에서 창의적인 소신과 삶으로 스스로를 표현하며, 사회규범과 문화적 배경에 얽매이지 않는다. • 문화에 단순히 적응하는 것이 아니라, 자신이 원하는 방식으로 그리고 자신만의 독특한 방식으로 살아간다.
경험적 자유	• 선택과 행동에서 자유롭고 자신이 스스로 선택한 행동과 그 결과에 대해서는 책임을 지며, 인생을 충분히 즐긴다. • 외적인 압력이나 강압으로부터도 그리고 자신의 내적인(혹은 잠재적인) 긴장이나 근심으로부터도 자유롭다.

자료: Schultz(1977).

(5) 현상학적 장

현상학적 장(phenomenal field)이란 자신만의 경험적 세계 혹은 주관적 경험의 세계를 의미한다. 언제, 어느 순간이라도 한 개인이 그 어떤 것에 대해 지각하고 경험하는 모든 것이다. 그러므로 모든 개인은 자신의 경험의 세계에서 존재하고 자신에게 일어나는 자연현상의 장을 경험하고 지각하는 대로 행동한다. 따라서 인간의 행동이란 개인이 그 세계를 지각하고 자신이 해석한 직접적인 사건의 결과로 생기기 때문이라고 주장한다. 인간행동을 잘 이해하기 위해서는 그 개인의 '내적 준거틀(internal frame of reference)'을 이해하는 것이 필요하다. 그러므로 인간은 지금의 생각과 행동을 결정짓는 것은 과거에 대한 개인이 느끼는 현재의 해석이라고 주장한다. 이러한 해석들이 전체적으로 체계화가 되어 생활하고 행동하는 것이다. 따라서 그는 인간을 전체론적 관점으로 설명하고 현상학 관점을 강하게 주장한다.

로저스는 동일한 사건과 문제를 보아도 개인마다 각자의 해석, 즉 느끼는 것이 다 다르기 때문에 다르게 행동한다. 이러한 속성이 모든 개인을 서로 다르게 독특한 특성, 개성이 보이는 것이라고 설명한다.

(6) 자기와 자기개념

로저스가 주요하게 다루는 개념으로 자기(self)는 주체로서의 '나(I)'와 객체로서의 '나(Me)'의 특징을 지각하고 다른 사람들과의 생활, 관계측면에서 자신의 지각으로 가치를 부여하는 조직적이고 일관성 있는 인식의 개념이다. 그러나 자기에 대한 강조가 항상 우선되는 것은 아니며, 반드시 의식되는 것도 아니지만 의식이 가능하다. 이것은 세상을 인식하는 관점이나 행동을 하는 데 있어 일관성을 유지하게 한다.

자기개념(self-concept)은 현재 자신이 어떤 존재인가 하는 개인의 개념으로 자기 자신에 대한 자아상(self image)이며, 조건화되고 일관성 있는 자신의 패턴이다. 자기개념은 현실적 자기와 이상적 자기로 구성되어 있는데 현실적 자기(actual self)

는 현재의 자신의 모습에 대한 인식이며, 이상적 자기(ideal self)는 앞으로 자신이 어떤 사람이 되어야 한다고 생각하는 것으로 어떤 존재가 되고 싶은지에 대한 인식이다. 이 양자가 일치되면 더 건강하고 적응적인 성격을 갖게 되며, 로저스(1959)는 현실적 자기와 이상적 자기 사이의 괴리가 적을수록 행복감이 증가한다고 주장한다. 반면에 그러하지 않으면 심리적 부적응(psychological maladjustment)적이고 병적인 성격을 가지게 된다고 보았다. 여기에서 로저스는 심리적 부적응은 자신에게 중요한 경험을 부인하거나 왜곡할 때 나타나므로 심리적 부적응 때문에 방어기제를 사용한다고 제시하고 있다.

5) 상담자(조력자)와 클라이언트의 관계

내담자를 조력하기 위해 상담자가 갖추어야 할 세 가지 태도 혹은 특성은 일치성(congruence or genuineness), 무조건적 긍정적 존중(unconditional positive regard) 그리고 공감적 이해(empathic understanding)이다(노안영 · 강영신, 2011: 333).

(1) 일치성

로저스가 조력자의 역할을 위한 세 가지 요소 중에서 가장 중요시한 것이 일치성이다. 진정한 상담자는 있는 그대로의 자신이 되려고 하며 또한 겉치레하지 않고, 개방적이며 진솔하다. 그렇게 하여야만 내담자는 상담자가 진실하다고 느끼게 되며, 일치성이 있는 상담자는 내담자와 인간 대 인간으로 만날 수 있다. 진실한 관계에서 상담자는 내담자와 부정적인 감정조차도 자유롭게 공유할 수 있어야 된다. 로저스는 상담자와 내담자의 관계가 일치성이 근거가 된다면 좋은 치료의 결과를 얻을 수 있다고 가정한다.

(2) 무조건적 긍정적 존중

로저스에 따르면, 무조건적 긍정적 존중은 내담자에게 결론을 강요하지 말고, 내담자가 자신의 감정표현을 완전하게 할 기회를 제공하는 것이라고 했다.

상담자는 내담자를 하나의 인격체로 진실되고 온화하게 비소유적인 보호를 해야 한다. 이와 함께 내담자를 수용함에 있어 특별한 규정 없이 무조건적으로 존중하고 있는 그대로의 모습으로 수용해야 한다. 상담자는 내담자를 한 인간으로 깊고 진실하게 도와준다는 것을 의미한다. 상담자가 내담자에게 무조건적 긍정적 존중 또는 수용을 제공할 때, 내담자가 스스로 자아탐색을 할 수 있게 된다. 또한 비소유적인 온화함으로 가치를 인정, 칭찬, 수용할수록 치료가 성공할 확률이 높다고 한다.

(3) 공감적 이해

상담은 현장에서 매 순간 서로 상호작용으로 나타나는 내담자의 경험과 감정, 행동, 비언어적 의사소통 등에 민감하고 정확하게 이해하는 것이다. 상담자가 마치 내담자라는 가정을 결코 잃지 않으면서 내담자의 내적 참조틀에 의해서 파악한 내담자의 주관적 가치나 감정에 빠져들지 않아야 된다. 이것은 자신의 감정인 것처럼 느끼며, 되돌려 주는 것을 의미한다. 내담자의 경험이나 내담자가 하는 말에 대해 따뜻하고 수용적인 분위기를 만들려고 노력해야 한다. 또한 그 자체를 하나의 존재로 보고 내담자와 함께 하는 것으로 내담자가 느낄 수 있도록 하여야 한다. 공감적 이해에는 클라이언트의 경청이 우선되어야 한다. 경청은 내담자에 의해 경험된 감정, 그리고 개인적인 의미를 이해하는 활동이며, 공감의 필수적인 요소이다.

6) 사회복지실천과 연계 및 평가

(1) 인간중심이론(현상학이론)과 사회복지실천

인본주의이론은 심리치료 및 상담 분야에서 변화를 가져온 주요한 원동력이다. 로저스는 인간본성에 대해 낙관적인 관점을 가지고, 상담가가 감정이입적, 무조건적인 긍정적 관심으로 클라이언트를 이해하고 수용하면 자신의 경험을 더 개방하고 변화가 일어난다고 보았다. 이러한 클라이언트 중심모델은 사회복지사와 클라이언트의 관계를 위계적, 지시적 접근에서 수평적 관계로 전환시켰고, 이는 사회복지실천 영역에서 사회복지사와 클라이언트의 관계를 설명하는 데 중요한 기반이 되었다. 또한 실천현장에서 인본주의이론의 중요한 원칙들이 사회복지실천에 많은 영향을 주었으며, 오늘날 사회복지실천 현장에서는 인본주의이론의 효과성이 입증되면서 활발하게 적용되고 있다.

사회복지사는 인간중심의 접근기술을 활용하여 클라이언트의 문제해결을 원조한다. 이 이론의 기본 철학으로 가장 중요하게 여기는 것이 인간의 존엄성이다. 모든 사람이 사랑과 수용에 대한 기본적인 욕구가 있다고 전제한다. 이에 상담자는 내담자에 대한 감정이입, 존중하기, 진실성에 초점을 맞추면서 개입해 나간다. 사회복지사는 클라이언트의 인격과 문제를 분리하여 바라보려는 노력, 즉 사람은 사람으로, 문제는 문제로의 시각이 필요하다. 이러한 관점은 한 개인에 대한 왜곡된 평가를 막을 수 있기 때문이다. 이와 함께 변화할 수 있다는 긍정적인 측면에 관심을 기울이면서 상담기술을 효과적으로 적용해야 한다(김경은 외, 2020: 255-256). 그러므로 로저스의 이론은 다양한 학문적 배경을 가진 상담전문직뿐만 아니라 사회복지학의 발전을 가져왔다. 특히, 인간중심치료는 교육, 건강, 산업, 군대 등 다양한 분야에서 상담기술을 훈련하는 사람들의 개입모델이 되었다.

(2) 평가

로저스이론은 인간 내면의 주관적 경험을 다룰 수 있는 새로운 과학적 연구모델이다. 또한 상담의 초점을 상담관계를 중요시하는 쪽으로 움직여 놓았다. 당시의 심리치료분야의 주류였던 정신분석과 지시적 상담에 회의를 느껴 클라이언트 중심의 비지시적, 비위협적, 비심판적 태도, 공감과 진실성, 무조건적인 긍정과 관심, 문제해결자로서의 클라이언트에게 중요성을 둔 치료방법을 개발하였다. 이러한 방법들이 심리치료의 영역에 대한 새로운 문을 열었다. 뿐만 아니라 일선에서 서비스를 제공하는 사람들의 치료방식과 실천적 자세 측면에서 전환점을 마련하였다. 이는 상담자의 기본적인 자질, 즉 자세와 태도로서 상담접근에 따라 어떤 방법을 사용하든 간에 상담자의 태도를 제시했다는 점에서 큰 의의를 가진다. 또한 상담사, 사회복지사, 심리학자 등을 훈련하는 과정에서 경청, 공감, 배려, 반영, 관계촉진기술 등이 주요 부분으로 포함되었다.

한편, 상담 장면을 테이프에 녹화하여 공개하여 상담기술의 체계화와 사회복지사가 개인상담으로 활용하게 보편화시켰다. 게다가 다양한 문화를 지닌 사람들의 상호 이해를 발전시키는 데 적용됨으로써, 인간관계와 다문화적 치료에 지대한 공헌을 하였다. 반면에 이 이론의 한계점도 있다(신기원 외, 2016: 212).

먼저, 인간본성에 대해 긍정적인 측면을 강조하고 인간의 부적응적인 면에 대한 설명이 부족하다. 또한 인간의 정서적, 감정적인 측면을 강조한 반면에 지적, 인지적인 측면을 무시하는 경향이 있다.

둘째, 치료자의 비지시적 태도가 모든 클라이언트에게 적용되기 어려우며, 상담자가 면접의 방향을 잡아야 할 책임이 있기 때문이다. 더불어 심리검사나 상담을 할 때에는 객관적인 자료를 활용하여 원조해 주는 때가 많으나 이 부분이 부족하다.

셋째, 학습을 통한 인간행동의 발달을 간과하고 있고 유기체적 경험, 자기개념, 완전히 기능하는 사람 등 현상학이론에서의 개념들이 너무 포괄적이고 모호해서 이해하기 어렵다.

넷째, 우리는 의식할 수 없는 행동과 어떤 개인이 자신에 관해 말하는 것은 무수히 많은 방어를 사용하는 것과 속임수를 사용할 수도 있고 또한 왜곡된다는 것을 알고 있다. 상담과정에서 사회복지사와 클라이언트의 관계는 가치중립적이어야 하며, 전적으로 가치를 배제하고 상담을 한다는 것은 거의 불가능하기 때문이다.

다섯째, 내담자가 표현하는 것에 전적으로 의존하기 때문에 내담자가 의식하지 못하는 무의식, 왜곡하여 전달하는 것 등을 무시했다는 점에서 비판을 받고 있다.

3. 욕구위계이론 : 매슬로우

1) 욕구위계이론의 개요

매슬로우(Maslow, 1968)가 체계화한 이론으로 자아실현이론으로도 불린다. 이 이론의 관점은 행동주의는 인간을 관찰 가능한 단순한 행동체계로만 보았으며, 가치관, 감정, 장래희망, 행동의 선택, 창조성 등의 인간적 측면을 간과하고 있다. 게다가 정신분석은 신경증적 행동을 병리적으로 강조한 결과 건강한 성격의 발달을 다루지 못했다는 것을 비판하였다.

욕구위계이론(hierarchy of needs theory)이란 인간의 욕구는 위계적으로 조직되어 있으며, 하위단계의 욕구충족이 상위계층 욕구가 생기는 조건이 된다는 매슬로우의 동기이론을 말한다. 인간의 동기를 설명하는 데 가장 보편적으로 이용되고 있는 욕구위계이론은 1943년에 발표한 논문 「인간 동기의 이론(A theory of human motivation)」에서 주장한 것으로 이는 임상실험에서 관찰된 대다수 사람들에 의해 소유되는 주요한 욕구들을 단계화함으로써 하나의 이론으로 발전시킨 것이다. 인간의 욕구에 위계적·계층적 질서가 존재한다는 의미를 담아 '욕구위계이론'이라고 하며, 또는 '매슬로우의 욕구이론'이라고 부른다.

한편, 매슬로우는 '욕구 5단계설(Maslow's hierarchy of needs)'을 주장하였는데 이러한 욕구들은 강도와 중요성에 따라 계층적, 위계 단계의 관계로 배열되어 있다.

2) 매슬로우의 생애와 사상

매슬로우(Abraham H. Maslow, 1908~1970)는 미국 뉴욕 브루클린(Brooklyn) 빈민가에서 7형제 중 첫째로 태어났다. 유대계 러시아인으로 미국으로 이주한 부친의 사업 성공으로 매슬로우는 뉴욕시립대학교(City University of New York)에서 법률학을 공부하였으며 1928년 위스콘신대학교(University of Wisconsin)에서 심리학으로 전공을 바꾸었다. 1934년 심리학 박사학위를 취득한 후 컬럼비아대학교(Columbia University)에서 손다이크(Edward Lee Thorndike, 1874~1949)와 연구활동을 진행하였으며, 이후 브루클

린대학교(Brooklyn College, CUNY의 하나)에서 14년간 강의하였다.

그 이후 프랜디스대학으로 옮겨 1951년부터 1969년까지 심리학과 교수로 재직했다. 이 기간 중에 그는 인본주의 운동으로 미국 심리학계에서 가장 유명한 인물이 되었다. 1962년에는 캘리포니아 첨단기업 초청연구원으로 재직 중 자아실현 개념을 기업환경에 적용하는 시도를 하였으며, 1968년 심리학협회 회장직을 맡았다. 1970년 심장마비로 사망하였다.

매슬로우는 정신적으로 문제가 있거나 신경증적 기질을 가진 사람들보다는 다른 대중에게 귀감이 될 만한 사람들, 이를테면 아인슈타인(Albert Einstein, 1879~1955), 아담스(Jane Addams, 1860~1935), 루스벨트(Eleanor Roosevelt, 1884~1962)와 같은 모범적인 인물을 탐구함으로써 인간 동기의 양상을 살펴보았다. 구체적으로는 가장 모범적이며, 건전하고 건강한 상위 1%의 학생집단을 대상으로 연구를 수행했다. 이러한 연구들을 매슬로우는 이론화하여 1954년 출간된 저서 『동기와 성격(*Motivation and personality*)』을 완성하였다.

그의 저서에는 『이상심리학 원리(*Principles of Abnormal Psychology*, 1941)』, 『존재의 심리학(*Towards a Psychology of Being*, 1968)』, 그리고 사후 출간된 『최상의 인간 본성(*The Farther Reaches of Human Nature*, 1971)』 등이 있다.

3) 인간관

매슬로우의 욕구위계이론은 인간의 성장단계를 설명하는 발달심리학의 많은 이론과 맥락을 같이 한다. 인간행동에 대한 기본 가정은 대부분의 인간행동은 선천적으로 자신의 삶을 의미 있고, 가치 있는 것으로 만들고자 한다. 또한 자기실현을 위해서는 개인의 목표를 달성하기 위한 욕구 혹은 노력하는 경향이 있다. 이러한 욕구를 '자아실현의 욕구'라고 하였는데, 이는 인간이 자신의 성격의 성숙을 포함하여 잠재력을 최대한 발휘하여 자신의 성장과 발전을 위해 노력하고, 자기가 원하는 사람이 되도록 하는 것이다(Bruno, 1977). 이와 함께 인간은 통합된 전체로 간주되고 또한 본질적으로 선하다. 그러므로 악하고 파괴적인 것은 나쁜 환경으로부터 비롯된 것이라고 주장한다. 매슬로우는 성장, 건강에 대한 열망, 자기실현, 정체감과 자율성의 추구 등으로 향하는 인간의 노력이 보편적인 성향으로 간주하였다(Maslow, 2013).

한편 매슬로우는 자기실현자들을 연구한 결과, 내적으로 잠재력을 완전히 실현한 사람, 즉 이런 사람들이 자유롭고 건강하며, 두려움 없이 사회에서 완전히 기능한다는 것을 발견하였다. 또한 그는 유전이 성격발달에 중요한 역할을 수행하며, 유전구조 속에 잠재적인 재능이나 흥미가 결정되어 있다고 인정하였다. 그러나 이러한 유전적 토대 위에서 자기실현은 환경에 의해 결정된다는 것을 강조하였다(이인정 · 최혜경, 2020: 379).

인간의 가장 보편적인 특성을 창조성으로 보았으며, 인간행동의 연구에서 건전하고 창조적인 측면을 기초로 하였다. 게다가 인간행동은 자신의 욕구를 추구하려는 동기에서 나타난다고 보았다. 즉, 인간이 항상 무엇인가 다른 존재가 되려고 하는 과정 중에서 형성되고 이 과정을 자아실현의 과정으로 보았다. 인간본성의 고유한 것으로 성장, 자아실현, 건강에 대한 열망, 정체감과 자율성의 추구, 향상을 향한 노력이 보편적 인간의 성향으로 간주되었다. 매슬로우에 따르면 인간은 자아실현의 욕구뿐만 아니라 본능적 욕구도 가지고 태어나며 이렇게 타고난 욕구들이 성격발달에 중요한 역할을 수행하고 인격도 성숙하게 한다고 설명한다.

4) 주요 내용

(1) 욕구

매슬로우는 1971년 그의 저서 『인간본성의 더 넓은 범위(*The Farther Reaches of Human Nature*)』에서 욕구를 두 가지 형태로 나누어 다른 이론의 욕구개념과 구별하고 있다. 제1형태는 기본적 욕구(basic needs) 또는 결핍성의 욕구(deficiency needs)이며, 제2형태는 성장욕구(meta needs) 또는 자기실현욕구(self-actualization needs)이다.

먼저, 기본적 욕구는 음식, 물, 신체의 안전, 애정, 존경, 쾌적한 온도 등이다.

기본적 욕구는 객관적, 주관적 특징을 가진다. 이러한 욕구가 결핍되면 병이 생기지만 충족되어 있으면 병이 예방되고 생긴 병도 회복된다. 더불어 자유롭게 선택할 수 있는 상황의 경우 충족이 결핍된 사람은 우선적으로 결핍된 것부터 충족하려고 한다. 그러나 건전한 사람에게는 결핍성의 욕구가 기능적으로 존재하지 않는다. 그리고 인간은 의식적 또는 무의식적 바람이 있고 이 바람이 부족하면 결핍감으로 느껴지게 된다. 이러한 기본적 욕구가 결핍되면 신경증이 생긴다고 보았다. 대부분의 신경증은 친밀한 애정관계, 안전, 소속, 존경과 체면에 대한 욕구가 충족되지 못한 것과 관련이 있기 때문이다.

두 번째, 자기실현욕구는 잠재능력, 기능, 재능을 발휘하려는 욕구이다. 매슬로우는 결핍성의 욕구를 저변으로 하여 자기실현욕구를 정점으로 하는 체계를 설명했다. 그는 성장욕구도 역시 결핍성의 욕구와 같이 선천적인 것으로 보았지만 성장욕구가 결핍욕구보다는 강도가 약하다. 그러나 심리적 건강을 유지하고 완전한 성장을 이루려면 성장욕구를 만족시켜야 한다. 그는 성장욕구에 의해 동기화된 사람들이 선, 조화, 법, 질서, 정의 등을 완전하게 추구한다고 보았다(Maslow, 2018).

(2) 인간 동기의 종류

매슬로우는 인간의 좌절을 극복하는 것보다는 균형을 회복하고 성장에 오히려 더 관심을 가졌다. 인간이 원하는 행복, 만족, 성장을 위해 활동하는 동기를 가지고 있다. 이러한 동기를 결핍동기(deficiency motivation)와 성장동기(growth motivation)로 구분하였다.

먼저, 결핍동기는 생명과 삶을 유지하기 위해 꼭 필요한 동기이다. 또한 인간은 결핍상태가 발생하면 결핍상태를 극복하기 위해 목표지향적 활동을 하게 된다. 이 결핍동기는 제1형태는 기본적 욕구를 포함한다. 결국 결핍이 동기로 작용을 하고 기본적인 욕구가 결핍동기로 더 강하게 작용할 수 있다.

두 번째, 성장동기는 기본적 욕구 이상의 높은 수준의 욕구인 성장욕구를 충족하고자 한다. 더불어 인간의 살아가는 기쁨과 열정을 증진시키고 새로운 경험을 다양하게 하려는 데 목표를 둔다. 또한 삶을 창조하려고 하며, 욕구단계설에서 하위 4가지 욕구가 어느 정도 충족이 되어야 작동하는 동기이다. 오직 자아실현욕구에서만 작동하고 작동하지 못하면 완전한 성장이 어렵다고 보았다.

성장욕구가 좌절되면 불신, 우울, 무관심, 절망 등의 심리상태로 직접, 즉각적으로는 나타나지 않지만 인간의 성장과 발달에 저해하는 요인이 되며 또한 잠재력을 충분히 발휘하지 못하게 된다(이인정 · 최해경, 2020: 389-390).

(3) 자기실현인의 특징

매슬로우는 자기실현에 대한 정의를 내린 후 그 정의에 맞는 사람들의 공통적 특성을 발견하고자 하였다. 이에 그는 평범한 사람들에 비해 그들을 움직이는 어떤 힘이 질적으로나 양적으로 다른 사람이 자기실현을 하는 사실을 인식하였다.

자기실현자는 존재가치에 의해 동기화되고 성장동기로서 존재가치가 경험을 확장하고 삶을 풍부하게 한다. 또한 자아실현자는 신경증 같은 병리 현상이 없고 연령적으로도 중년 이상이라고 보았다. 즉, 중년기 이전에는 자아실현을 이루기가 어렵다. 성인기에는 에너지가 성욕, 결혼과 부모역할, 교육, 직업경력 등으로 여러 방향으로 분산이 되기 때문이다. 그러나 중년기에는 이러한 욕구가 대부분 충족되고, 이제 자아성숙을 향한 노력에 에너지의 초점을 두어야 한다(정옥분, 2015: 213).

매슬로우가 주장하는 자아실현을 이룬 성숙한 사람들의 특징은 낙관적이지만 극소수 위인들에 불과하며, 인간이 승화된 모습이다. 우리 모두가 위인이 될 수 없듯이, 이러한 모습은 현실적으로 실현하기 매우 어려운 일이다. 그러나 한번쯤은 깊이 '인생을 어떻게 살아갈 것인가?'를 진지하게 생각하는 사람이라면 생각해 볼 가치가 있는 기준이다. 자아실현인의 특성은 다음과 같다(장수복 외, 2020: 257-528).

① 효율적인 현실 지각과 현실 중심적이다(reality-centered). 거짓, 부정직함, 가짜, 사기, 허위를 진실로부터 구별하는 능력이 있고 물체를 객관적으로 지각하고 있는 그대로 본다.

② 문제해결능력이 강하다(problem-centered). 어려움에 괴로워하거나 도망가려고 하지 않는다. 어려움과 역경을 문제해결을 위한 기회로 삼는다.

③ 수단과 목적, 선과 악을 분명하게 구분한다. 목적으로 수단을 정당화하지 않는다. 또한 옳고 그름, 선과 악을 구분하고 어느 상황에서나 뚜렷한 도덕적, 윤리적 기준을 가지고 있다.

④ 사생활을 즐긴다(need for privacy). 남들과 함께 하는 시간보다는 고독함을 종종 더 편안하게 느낀다. 타인에게 의존하지 않고 독립적이고 분리되어 있다.

⑤ 환경과 문화에 영향을 받지 않는다(independent of culture and environment). 자율적이며, 자부심이 강하고 주위 환경에 의해 쉽게 바뀌지 않는다. 자신의 경험과 판단에 더 의존한다.

⑥ 사회적인 압력에 굴하지 않는다(resisted enculturation). 항상 사회에 순응하며 살진 않는다. 겉으로는 평범해 보이지만 속으로는 반사회적이거나 부적응자의 심리를 갖고 있기도 하다.

⑦ 민주적인 가치를 존중한다(democratic values). 인종, 문화, 개인의 다양성에 열린 자세를 취하며 우호적이다.

⑧ 인간적이다(humane). 사회적 관심, 동정심, 인간미를 지니고 있다.

⑨ 심오한 인간관계를 한다(intimate personal relations). 수많은 사람들과 피상적인 관계를 맺는 것보다는 가족이나 소수의 친구들과 깊은 대인관계를 유지하고 형성한다.

⑩ 공격적이지 않은 유머를 즐긴다(un-hostile sense of humor). 자기 자신을 조롱하는 유머를 즐겨 사용한다. 적의가 있는 유머, 음탕한 유머, 우월적인 유머, 남을 비웃거나 모욕하는 유머 등은 삼간다.

⑪ 자신과 남을 있는 그대로 받아들인다(acceptance of self and others). 남들이 자신을 바라보는 시선이나 태도에 연연해하지 않고 자신을 있는 그대로 바라본다. 남에게도 마찬가지로 남을 가르치거나 바꾸려 하지 않고, 사람들의 결점에 대해서도 관대하다. 자신의 본성과 타인을 그대로 수용한다.

⑫ 자연스러움과 간결함과 솔직성을 좋아한다(spontaneity and simplicity). 자신의 행동을 인공적으로 꾸미는 것보다는 있는 그대로, 자연스럽게 표현하는 것을 더 좋아한다. 또한 삶의 모든 측면에서 솔직하며, 행동을 개방적이고 직접적인 방식으로 한다.

⑬ 풍부한 감성(freshness of appreciation)으로 반복적인 감상에도 새로운 것처럼 지속적으로 신선함을 가져야 한다. 주위의 사물이 평범한 것일지라도 감동으로 바라볼 수 있다.

⑭ 창의적이다(creative). 순수하게 어린아이처럼 창의적이고 독창적이며, 발명가적 기질이 있다.

⑮ 최대한 많은 것을 알고 경험하려 한다(peak experiences). 학문, 종교, 철학, 스포츠 등의 경험의 정점에 다다르기를 좋아하며, 경험의 순간이 최고조에 달했을 때 황홀한 기쁨과 자유를 경험한다.

5) 인간 욕구위계 5단계

매슬로우는 1954년 자신의 저서 『동기와 성격(*Motivation and Personality*)』에서, 인간의 욕구는 단계로 배열되어 있다고 보았다. 그는 인간의 동기가 작용하는 양상을 설명하기 위해 동기를 생리적 욕구, 안전의 욕구, 애정과 소속의 욕구, 존중의 욕구, 그리고 자아실현의 욕구 등 5단계로 구분했다. 5단계의 욕구 중에는 어떤 욕구는 다른 욕구보다 우선권을 가진다. 이러한 욕구의 위계적 계층은 고정되어 있는 것이 아니라 상대적으로 나타나는 것이다. 그러나 하위욕구가 충족되어야지만 유기체는 상위욕구를 추구하게 된다. 예를 들어, 배고픔과 같은 강한 생리적 욕구를 가지고 있는 사람은 다른 어떤 욕구에 의해서도 동기화되지 않는다. 그러므로 일단 이 욕구가 충족되면, 다음 단계의 욕구인 안전에 대한 욕구를 추구하게 된다. 안전에 대한 욕구가 충족되면 마찬가지로 다시 세 번째 수준의 욕구로 옮겨가게 되며, 다시 네 번째와 다섯 번째 욕구로 넘어간다. 또한 다섯 가지 욕구는 동시에 발생하는 것이 아니라 어떤 특정한 순간에 한 가지 욕구가 다른 욕구보다 더 강하게 나타난다.

욕구위계의 5가지 욕구 중에서 하위단계의 4가지 욕구는 충분히 충족되지 않거나, 부족할 경우 문제를 일으킬 수 있기 때문에 매슬로우는 이들을 '결핍욕구(deficiency needs)'라고 명명했다. 기본적인 욕구충족을 넘어서 지속적인 성장을 위해 노력하는 사람들의 동기, 즉 5번째 욕구인 자아실현의 욕구를 '성장 동기(meta motivation, 메타 동기)' 또는 상위욕구라는 용어로 설명했다. 경우에 따라 1, 2단계를 물질적 욕구, 3에서 5단계까지를 정신적 욕구로 분류하기도 한다.

그림 11-1 매슬로우의 욕구위계

자료: Maslow(2019).

(1) 생리적 욕구

피라미드 가장 하단에 위치하는 첫 단계로 생리적 욕구(physiological needs)는 인간에게 나타나는 가장 기본적이고도 강력한 욕구이다. 인간 생존을 위해 물리적으로 요구되는 필수조건이기 때문에 생리적 욕구가 충족되지 않으면 인간의 신체는 제대로 기능하지 못하게 되고 생존에 위협을 가할 수 있다. 주로 음식, 물, 성, 수면, 배설, 호흡 등과 같이 인간의 생존에 필요한 욕구가 생리적 욕구이다. 가장 기본적 욕구이기 때문에 다른 어느 욕구보다도 우선적으로 충족되어야 한다. 또한 생리적 욕구에 대한 열망도 가장 강하다.

(2) 안전의 욕구

생리적 욕구가 어느 정도 충족되면 두 번째 단계로 안전의 욕구(safety needs)가 생겨난다. 안전의 욕구는 평상심과 질서를 유지하고자 하는 욕구로 신체적 안전 및 심리적 안정을 모두 포함한다. 더불어 불안과 공포로부터 해방되고자 하는 욕구이다. 예를 들면, 경제 위기나 실업 등으로 인해 개인 삶의 불안을 정부에서는 사회구조나 사회보장제도로 경제적 안전이 보장되게 하려고 한다. 이러한 욕구를 위해 사람들은 고용보장제도에 대한 선호, 고충처리제도(grievance procedure) 등과 같은 방식으로 안전의 욕구 충족을 위해 지원 받기도 한다. 현대사회에서는 개인적, 재정적 안정과 건강과 안녕 또한 사고나 병으로부터 안전을 위해 보험 가입, 종교 귀의 행위 등으로 안전의 욕구를 실현하는 모습을 볼 수 있다.

(3) 애정과 소속의 욕구

생리적 욕구와 안전의 욕구가 충족되면 동반자와 가족들에 대한 욕구가 출현된다. 이와 함께 타인과 어울리고 애정을 나누는 대인관계로부터 발생하는 세 번째 단계로 애정과 소속의 욕구(need for love and belonging)가 생겨난다. 애정과 소속의 욕구는 사회적으로 조직을 이루고 그곳에 소속되어 함께하려는 성향으로 모든 인간에게는 기본적으로 존재한다. 애인, 배우자, 자녀, 친구, 단체 등이 필요해지고 사회적인 상호작용을 통해 전반적으로 타인과의 원활한 인간관계를 유지하고자 하는 욕구를 말한다.

학대부모 자녀에게는 폭력, 방만, 회피, 외면 등과 같이 애정과 소속의 욕구가 결핍되는 요인이 나타나게 되면 교우관계, 가족관계 등을 포함한 전반적인 사회적 관계를 형성하고 유지하는 데 장애를 형성할 수 있다.

매슬로우에 따르면, 인간은 누구나 규모가 크든 작든 그 사회집단 속에 소속되어 수용되고자 하는 욕구가 있으며, 인간은 사랑하기를 원하고 다른 이들에게서 사랑받기를 원한다. 많은 사람들은 애정과 소속의 욕구가 결핍되었을 때, 사회적 고통과 외로움을 느끼며, 스트레스나 임상적인 불안과 우울증 등에 취약해진다.

(4) 존중의 욕구

모든 사람들은 4번째 단계로 존중받고자 하는 욕구(need for esteem/respect)를 가지고 있다. 존중은 타인으로부터 인정받고, 가치 있는 존재가 되고 싶어 하는 것은 인간의 전형적인 욕구를 나타낸다. 사람들은 어떤 훌륭한 일을 하거나 무엇에 대해 잘하고 성취함으로써 다른 이들에게 인정을 얻고자 한다. 이러한 활동들은 사람들에게 자신이 가치 있다고 느끼는 것과 자신이 무언가에 기여하고 있다는 점과 자신이 이 사회에 필요한 사람이라는 느낌을 갖게 해 준다. 이러한 존중의 욕구가 충족되지 않게 되면 사람들은 자아존중감(self-esteem)이 낮아지거나 열등감을 갖게 된다.

매슬로우는 대부분의 사람들은 안정된 자아존중감을 갖기를 원하며, 자아존중감을 낮고, 높은 수준의 두 종류로 구분하였다. '낮은' 수준의 존중감은 다른 이로부터 존중받고자 하는 욕구로 지위나 인정, 명성, 위신 등의 욕구와 같이 외적으로 형성된 존중감이다. '높은' 수준의 존중감은 자기존중(self-respect)에 대한 욕구로 자신감, 독립성, 강인함, 경쟁력, 어떤 것의 숙달 및 자유와 같은 가치를 갖고자 한다. 이러한 낮은 수준의 존중감보다는 높은 수준의 존중감이 우위에 있는데, 그 이유는 높은 수준의 자기존중감은 경험을 통해 스스로 형성된 내적인 자기경쟁력을 가지게 해 주기 때문이다. 따라서 존중욕구는 낮은 수준과 높은 수준의 두 가지 측면이 결합되어야 한다. 즉, 스스로가 자신을 중요하다고 느낄 뿐만 아니라 타인으로부터도 인정을 받아야 비로소 궁극적인 의미에서 존중의 욕구가 충족되었다고 볼 수 있다. 사람들은 존중의 욕구에 불균형 및 결핍이 생기면 열등감, 무력감, 나약함 등과 같은 심리적 불안정에 시달릴 수 있다.

(5) 자아실현의 욕구

욕구 피라미드 중 5단계로 최상부에 위치한 자아실현의 욕구(self-actualization needs)는 각 개인의 타고난 성장 잠재력 혹은 능력을 실행하려는 욕구라 할 수 있다.

이 욕구는 자신의 역량을 최고조로 발휘와 함께 잠재력을 극대화시키고, 자신을 창조적인 경지까지 성장시켜 자기의 완성을 바라고 실현하려는 욕구이다. 그러나 이 욕구가 가장 피라미드에서 작은 공간을 점유하고 있다는 것은 인간의 모든 동기 중 약한 것으로 다른 동기나 환경으로부터 변화되고 지배 받을 수 있다는 것을 상징한다.

매슬로우에 따르면, 앞선 4단계의 욕구가 충족되지 않았을 경우에 생기는 욕구는 긴장을 해소하려는 방향으로 욕구 해소의 동기가 작용한다. 그러나 자아실현욕구는 가장 인간다운 욕구로 중요하다고 설명한다. 그 이유로는 이 욕구는 결핍상태에서 출발하는 것이 아니며, 이것은 성장을 향한 긍정적인 동기의 발현이라는 점에서 인간에게는 바람직하고 성숙한 동기라고 주장한다. 이와 함께 자신이 원하고 희망하는 바를 이루고자 하는 욕구는 삶에서 때로는 한계에 부딪치기도 하지만 이를 극복하면서 분발하는 것을 뜻하기 때문이다.

자아실현의 욕구는 사람마다 각기 다르게 구현되며, 자기 자신을 알아야 한다는 조건이 전제된다. 이러한 방향은 자기 내면의 경험을 근거로 반추하면서 내재적 동기가 중심이 되어 이루어져야 한다. 그러므로 자아실현 여부는 목표달성이라는 측면보다는 자아실현자들의 특징을 기준으로 개인이 얼마나 이런 특성을 경험하느냐, 못하느냐를 가지고 가늠할 수 있을 것이다.

한편, 매슬로우에 의하면 자아실현의 욕구는 모든 사람들이 다 경험하는 것이 아니다. 이 한 가지의 욕구가 나타나기 위해서는 이전의 단계의 욕구가 충족되어야 한다. 그러므로 이 단계의 욕구를 이해하기 위해서는 개인이 이전 4단계의 욕구가 충족되어야 할 뿐만 아니라, 욕구에 대한 숙달도 높아야 한다고 주장한다.

6) 사회복지실천과 연계 및 평가

(1) 욕구단계이론과 사회복지실천

인간을 이해하는 데 있어 긍정적인 관점은 인간을 전체로 다루고, 환경과 상호작용하는 존재로 보았다. 자신의 경험에 관한 해석과 이해를 존중하고, 클라이언트 중심의 개입을 가능하게 하였다. 이러한 관점은 사회복지실천의 기본적인 원칙과 가치에 잘 부합하는 측면이다.

특히, 욕구단계이론은 사회복지실천 현장에서 사회복지사가 클라이언트의 욕구를 사정과 개입계획을 세우고 평가하는 데 유용한 지침이 될 수 있다. 사회복지사가 클라이언트를 처음 접하고 충분한 정보가 없는 상태에서 우선 사정하고 개입계획을 세워야 할 때, 매슬로우의 욕구단계는 든든한 근거를 제공해 준다. 클라이언트에게 충족되어야 할 욕구가 무엇인지, 어떤 욕구가 가장 시급한지를 찾고 그것부터 충족하도록 해야 하는 것이 사회복지사의 가장 기본적인 역할과 의무이기 때문이다. 물론 사회복지현장에서는 여러 가지 욕구를 동시에 충족되도록 도와야 하는 경우도 다수 발생하기 때문에 사회복지사들의 업무는 때로 시간을 다투고 긴급할 때가 많다(유수현 외, 2015a: 144).

결론적으로 인간본성에 대한 매슬로우의 이론의 긍정적 견해는 사회복지실천에 중요한 시사점을 제공하였다.

(2) 평가

인본주의이론의 기틀을 마련하였고, 인간욕구에 대해 단계적으로 설명하여 사회복지실천 현장에서 클라이언트의 욕구수준을 고려하여 관계형성과 미래를 가늠할 수 있는 근거를 마련해 주었다. 사회복지실천에서 서비스나 사회보장정책에 관한 단위의 욕구와 같다고 볼 수 있다. 그러므로 사회복지실천현장에서 욕구와는 불가분의 관계로 프로그램을 비교 연구와 선정에 근거로 많이 활용되고 있다.

인간본성에 대한 긍정적이고 낙관적인 태도를 보이는 것과 성장 지향적인 인간의 노력과 인간 자체가 존엄하고 가치가 있다는 가정은 사회복지의 가치와 일치한다. 개인의 행동을 결정짓는 동기요인으로서의 다양한 욕구체계를 제시함으로써 인간 행동의 동기를 이해하는 데 중대한 공헌을 하였다. 그러나 이 이론의 한계점도 존재한다.

먼저, 욕구계층을 경직된 구조로 보았지만 개개인의 단계는 명확하게 나누어지는 것이 아니고 서로 중첩될 경우가 많다.

둘째, 그가 제시한 욕구이론은 일반 순서에는 예외가 있을 수 있으며, 결과를 일반화하기에는 표본 수가 너무 작아 어려움이 있다.

셋째, 상이한 두 사람이 동일한 행동을 하였다고 해서 이것이 반드시 동일한 욕구에서 비롯되는 것은 아니다. 동일한 욕구라고 해서 동일한 반응을 일으키는 것은 아니기 때문이다. 그러므로 욕구의 우선순위는 사람에 따라 다양하며, 순차적으로 발생한다는 것은 무리가 있다.

넷째, 자아실현욕구에서 사용되는 성장욕구, 절정경험 등과 같은 개념들은 너무 모호하고 명료성이 부족하다. 또한 자아실현의 욕구가 학습된 것이 아니라 선천적으로 보기에는 어려움이 존재한다. 게다가 자아실현자의 특징들이 인격적 성숙을 뜻하는가에 이의를 가진 사람도 있다.

연습문제

1 로저스의 현상학적 성격이론에 대한 설명이다. 옳은 것은?

① 현상학적 장은 경험적인 세계 또는 객관적인 경험을 말한다.
② 과거의 사건이 바로 현재의 행동을 결정한다.
③ 자기개념은 현재의 자기 모습에 관한 것이다.
④ 인간은 성장 지향적인 유기체이다.
⑤ 과거의 자신과 현재의 자신에 대한 개념이 바로 자신의 자아상이다.

2 각 개인이 자신만의 독특한 방식으로 지각하고 있는 자기이미지는 무엇인가?

① 초자아 ② 현실자기 ③ 이상적 자기
④ 자기평가 ⑤ 현상학적 자기

3 다음 중 매슬로우(A. Maslow)의 이론에서 결혼을 하고 가족과 지역공동체의 한 구성원이 되고 싶어 하는 욕구를 무엇이라 하는가?

① 생리적 욕구 ② 자아실현의 욕구 ③ 안전의 욕구
④ 자아존중의 욕구 ⑤ 소속과 애정의 욕구

4 **다음 로저스(C. Rogers)의 이론에 따른 클라이언트와의 바람직한 관계형성 방법에 해당하는 것을 모두 고르면?**

ㄱ. 일치성과 진실성	ㄴ. 정적 강화에 의한 행동 증가
ㄷ. 감정이입적 이해와 경청	ㄹ. 지시적 조언과 권유

① ㄱ, ㄴ, ㄷ　② ㄱ, ㄷ　③ ㄴ, ㄹ
④ ㄹ　⑤ ㄱ, ㄴ, ㄷ, ㄹ

5 **다음 중 매슬로우(A. Maslow)의 이론에 관한 설명으로 옳지 않은 것은?**

① 인간의 본성은 본질적으로 선하다고 전제한다.
② 다섯 가지 욕구는 동시에 일어날 수 없다고 전제한다.
③ 위계서열이 낮은 욕구일수록 강도와 우선순위가 높다.
④ 연령에 따른 욕구발달단계를 구체적으로 제시하였다.
⑤ 창조성이란 누구에게나 잠재해 있기 때문에 특별한 자질, 능력을 요구하지 않는다.

6 **다음 중 매슬로우(A. Maslow)의 욕구단계이론에 관한 설명으로 옳은 것은?**

① 클라이언트의 문제행동 수정에 유용하다.
② 클라이언트의 욕구를 사정하는 데 유용하다.
③ 중년기 이후에 발생하는 노화현상을 이해하는 데 유용하다.
④ 클라이언트에게 무조건적인 긍정적 관심을 갖는 데 유용하다.
⑤ 클라이언트의 생애발달 단계를 사정하고 개입의 유형을 결정하는 데 유용하다.

정답 1. ④ 2. ⑤ 3. ⑤ 4. ② 5. ④ 6. ②

CHAPTER

12 인지이론

1. 인지이론의 개요

인지이론은 인간에 대한 행동을 설명하는 데 있어 인간의 사고과정에 대한 이해가 핵심적이다. 인지의 획득과 기능에 초점을 두는 이론으로 한 개인이 무엇을 어떻게 알게 되고 생각하는지, 무엇을 느끼고 행동하는지에 대해 초점을 두기 때문에 인간의 잠재력과 행동을 이해하고 이를 변화시키는 데 필수불가결한 이론적 기반이 된다(권중돈, 2021: 529).

인간이 '안다는 것'과 성격의 핵심은 인간이 자신과 세상을 구성하는 방식에 따라 달라진다. 이와 함께 개인과 환경 간의 상호작용에 의하여 형성된다고 보았다(Norlin & Chess, 1997). 더불어 개인이 환경과 상호작용하고 머릿속으로 정보를 처리하고 문제를 해결하는 인지적 요인을 밝히는 것이 인간의 행동을 이해하기 위해서는 필수적이기 때문이다. 이러한 의미에서 생물학적 결정론과 환경적 결정론에서 벗어나 인간의 사고가 감정과 행동에 미치는 영향력에 초점을 둔다고 볼 수 있다.

인지이론은 인간의 무의식에 초점을 두고 충동적 존재로 보는 정신역동이론과는 달리 인간의 의식에 초점을 두고 인간을 사고하는 합리적인 존재, 성장 가능성을 인식한다. 더불어 환경적 원인들이 인간에 의해서 어떻게 지각되고 인식되는가에 중점을 두고 있다.

2. 인지발달이론 : 피아제

인지발달이론(cognitive development theory)은 피아제(J. Piaget)에 의해 체계화된 이론이다. 이 이론은 인간이 외부세계를 이해하고 파악하는 바탕인 인지적 구조가 형성되는 과정을 설명한다.

피아제는 인식의 근원이 아동의 생물학적 능력에 있다고 가정하였다. 인간의 뇌는 인지적 구조를 변화시킴으로써 환경에 적응하는 능력을 가지고 있으며, 지능은 환경이 적절한 다양성과 탐구에 대한 지지를 제공하면 체계적인 방식으로 발달한다는 것이다(이인정 · 최해경, 2020: 337-338).

그는 지식의 구체적 내용보다는 인식을 하는 과정에 관심을 가졌으며, 인지적 성숙과정을 주된 연구의 영역으로 하였다. 여기서의 인식은 경험을 조직화하고 의미를 부여하는 과정으로 말한 것을 해석하고 문제를 해결하며, 정보를 종합하고 복잡한 과제를 분석하는 포괄적인 인지적 활동을 말한다.

1) 피아제의 생애와 사상

피아제(Jean Piaget, 1896~1980)는 1896년 스위스 뇌샤텔(Neuchâtel)에서 출생하였으며, 어릴 때부터 동물에 관심이 많아 10세 때 백색종 참새 관찰결과를 논문으로 발표했다. 또한 연체동물에 대한 논문을 여러 편 발표하여 15세 때에는 이미 유럽 동물학자들 사이에서 인정을 받고 있었다.

그는 1915년에 연체동물학으로서 학사 학위를 받은 후 소르본대학교(Université Panthéon-Sorbonne, 현재 파리 제4대학교)에서 비네(Alfred Binet, 1857~1911)에게 심리학에 대해 배우기 시작하였다. 1921~1922년 사이에 4편의 심리학 논문을 발표하였으며, 1929년에는 루소(Jean Jacques Rousseau, 1712~1778)의 연구 기관장이 되어 어린이 연구를 접하면서 이것이 피아제를 심리학 및 교육학에서 중요한 인물로 만들어준 계기가 되었다. 1926년부터 1927년까지는 뇌샤텔대학교에서 철학 교수로 재직했으며, 1929년에는 제네바대학교(Universiteacute de Geneacuteve)의 아동심리학 교수가 되어 죽을 때까지 이 대학에서 연구를 하였다.

피아제의 이론은 질적연구 및 사례연구에 치중되어서 연구의 결과를 신뢰하지 않았다. 그러나 1960년대에 들어서면서 다시 인식론과 인지가 심리학자들의 주된 관심 주제가 되면서 피아제의 이론도 주목받게 되었다. 미국심리학회에서는 1969년에 피아제에게 특별공헌상을 수여하였으며, 이것은 유럽인으로서는 최초였다.

피아제의 주요 저서로는 『아동의 언어와 사고(*Le langage et la pensée chez l'enfant*, 1923)』, 『아동의 판단과 추리(*Le Jugement et la raisonnement chez l'enfant*, 1924)』, 『아동 지

능의 탄생(*La Naissance de l'intelligence chez l'enfant*, 1948)』, 『아동의 공간개념(*The Children's Conception of Space*, 1956)』, 『지능심리학(*The Psychology of Intelligence*, 1963)』 등이 있다.

2) 인간관

인지발달이론에서는 인간을 매우 주관적인 존재로 규정하였다. 인간의 감정이나 행동은 인지 혹은 생각에 의해 통제될 수 있으며, 인간은 매우 주관적인 존재이기 때문에 객관적인 현실이란 이 세상에는 존재하지 않는다. 즉, 각 개인의 주관적 현실만이 존재한다고 보았다. 그러므로 인간의 행동이나 사고를 이해하기 위해서는 그 개인의 주관적 현실의 이해와 성장할 수 있는 잠재력을 지니고 있다고 보았다(권중돈, 2021: 531).

각 개인의 정서, 행동, 사고는 개인이 현실세계를 구성하는 방식에 따라 다르다(Beck, 1976). 그러므로 인간은 수동적인 존재가 아니라 스스로 의미를 부여하는 능동적인 존재이다. 인간은 각기 자신만의 세계를 구성하는 방식도 다르고 일상생활에서 일어나는 생활사건의 의미도 각자가 다르게 느끼고 부여방식도 각기 다르다. 따라서 인간의 행동을 이해하기 위해서는 개인이 지니고 있는 구성개념, 신념, 가치 등과 어떤 특정한 상황에서 어떤 행동이 유발되는지에 대한 사고과정을 이해하는 것이 매우 중요하다. 이것은 인간본성에 대한 결정적인 시각을 거부하고 변화와 성장가능성을 인정한다. 인간의 의지는 환경과 상호작용하면서 변화하고 발달하며, 이 과정에서 개인의 능동적 역할이 중요하다.

인지이론의 기본가정은 인간은 일생을 통하여 인지적 성장과 변화가 이루어진다. 그러나 특정 연령에서 각 개인의 특정 영역의 인지적 유능성은 그 개인이 기능하는 맥락에 따라 차이가 있다고 보았다. 또한 이 이론은 인간에 대해 긍정적이고 환경에 인간이 능동적으로 적응한다는 측면에서 인간의 성장 가능성을 시사하고 있다.

3) 주요 내용

(1) 인지

인지(cognition)란 '아는 것(knowing)'에 관련된 모든 과정과 자극을 조직화하여 지식을 얻는 심리적 과정으로 총체적 정신과정을 포함하는 포괄적 개념이나. 포괄적 개념이라는 점에서 알 수 있듯이 지식, 의식, 지능, 사고, 상상, 지각력, 기억력, 언어기능, 발달과정, 학습, 문제해결능력, 상징, 환상 그리고 꿈과 같은 이른바 높은 수준의 정신활동 또는 상태뿐만 아니라 마음의 기능까지도 모두 포함하는 개념으로 받아들인다.

(2) 도식

피아제와 인헬더(Jean Piaget and Bärbel Inhelder)의 1969년 저서인 『아동심리학(*The Psychology of the Child*)』에 따르면, 도식(schema)은 어원적으로 '형태'를 의미한다. 즉, 일반적으로 사물이나 사건 혹은 사실에 대한 전체적인 윤곽이나 또는 개념을 말한다. 피아제는 도식을 행동이 유사한 상황 속에서 계속 반복하면서 전승되거나 일반화되는 행동의 구조 혹은 조직으로 정의했다. 뿐만 아니라 도식이 사건, 감정, 관련된 행동, 심상 그리고 생각들의 의미 있는 배치와 동시에 자료나 정보가 투입될 때 일종의 준거틀로 기능한다. 더불어 세상을 인식하고 이해하는 가장 바탕이 되는 정신적 틀을 의미한다. 즉, 이해의 틀이다. 따라서 도식은 정신적 조직화의 일차적 단위이며, 인간은 이러한 도식을 통해 환경에 적응한다. 그러므로 인간은 사회적, 물리적 환경과 상호작용을 통해 지속적으로 도식을 재구성하고 확장해 나간다.

유아는 태어날 때 몇 가지의 본능적인 도식을 가지고 태어나 생존하기 위해 빨기, 잡기 등이 일어난다. 또한 도식은 연합에 의해 발달되고 단순한 행동에서 점점 반경이 넓어지고 통합된다. 예를 들면, 보기, 잡기, 빨기를 동시에 할 수 있도록 통합된다. 도식은 일생에 걸쳐 계속해서 개발되고 발달과 수정된다(이인정 · 최해경, 2020: 340).

(3) 조직화

조직화(organization)는 심리적 혹은 신체적 과정을 일관되게 전체로 종합하는 식으로 배우는 것이 아니라, 성숙해지면서 상이한 도식들을 서로 자연스럽게 결합시키는 것이다. 즉, 서로 다른 감각의 입력정보들을 상호 관련시키는 것이다. 시간이 지날수록 두 개의 행동들이 통합되면서 더 고차원적인 행동으로 구조화를 시킨다. 이러한 과정을 조직화라고 한다. 심리적 측면에서 조직화는 떠오르는 생각들을 이치에 맞게 종합하는 것을 말한다.

(4) 동화

동화(assimilation)는 사람들이 입력되는 정보를 변환시켜서 기존의 사고방식에 적합하도록 만드는 과정을 말한다. 즉, 이미 가지고 있는 도식 혹은 구조 속에 새로운 물체를 이해하는 것을 말한다. 예를 들어, 아동이 호랑이를 보고 고양이라고 말할 때, 누군가가 "고양이가 아니고 호랑이다."라고 말해 줌으로써 잘못을 바로잡을 수 있다. 이때 아동은 '호랑이'라고 불리는 새로운 도식을 형성하게 된다. 처음에는 자신이 이해하고 있는 틀의 대상에 맞추거나 자신의 경험에 갖다 넣는다. 그러나 인간은 성장하면서 자신이 살아가는 환경 속에서 다양한 물체와 동·식물 등을 동화하면서 자란다. 이러한 과정은 인지의 양적 변화를 가져온다.

(5) 조절

조절(accommodation)이란 이전의 사고와 행동방식의 요소를 수정하거나 또는 새로운 대상에 대해 새로운 방법을 배우는 것을 의미한다. 즉, 자신이 가지고 있는 도식 혹은 구조가 새로운 대상을 동화시키는 데 적합하지 않을 때 새로운 대상에게 맞게 도식을 만들거나 바꾸어 가는 과정이다.

유아가 새로운 자극이나 대상을 만나면 그것을 이미 가지고 있는 도식에다 맞추어 동화시키려고 한다. 예를 들면, '네 발로 다니는 것은 모두 고양이다'에서 '네 발로 다니더라도 모두 고양이는 아니다'라고 이해했다면 이것은 기존의 이해의 틀이 변화되었으므로 조절이 발생했다. 즉, 네 발로 다니는 개가 고양이의 도식에 속하지 않음을 알게 되어 고양이를 보고 '야옹이'라고 부르게 되면 조절이 이루어졌다고 본다(표갑수 외, 2021: 230-231).

(6) 적응

피아제는 적응(adaptation)을 행동주의자 학자들이 말한 학습의 종류보다 더 폭넓고 광범위한 것으로 이해했다. 인간은 성장하면서 지속적으로 환경적 자극에 새롭게 노출된다. 새로운 환경, 자극, 경험에 노출될 때마다 인간은 동화 및 조절을 통해 환경에 적응한다. 이러한 인간의 환경에 대한 적응은 앞에서 살펴본 동화와 조절의 수단으로 상호작용에 의해 일어난다. 피아제는 적응을 새로운 자극에 대한 적응 및 문제해결의 과정과 인지발달의 가장 중요한 특징으로 이해하였다.

(7) 평형화

평형화(equilibrium)란 기존의 사고방식과 새로운 경험 간의 차이점을 상호작용을 통해 인지체계와 외부세계 사이에서 균형이 유지된 상태를 말한다. 즉, 평형화 과정은 동화와 조절을 통해 균형상태를 이루는 것으로 환경에 대한 적응과정이라고 주장한다. 평형화는 인지발달을 일으키는 근본원리이며, 인지체계와 외부세계 사이에서 점점 더 안정된 평형이 확립되는 것이라고 보았다. 그러므로 사고과정과 환경 간의 조화로운 관계를 모색하게 된다(강상경, 2018: 191).

4) 인지발달단계

1954년 피아제의 저서 『아동의 현실구성(*The Construction Of Reality In The Child*)』에서 인지발달의 네 단계로 감각운동기, 전조작기, 구체적 조작기, 형식적 조작기로 제시하였다. 그 내용은 <표 12-2>와 같다.

(1) 감각운동기(sensorimotor period : 0~2세)

감각운동이란 0세에서 2세의 시기로 유아의 행동이 자극에 대한 반응이기 때문에 붙여졌다. 이 시기에 유아가 경험하는 자극은 감각적이고 이에 대한 반응이 신체적인 운동으로 나타난다는 것이다. 출생 직후부터 나타나는 단순한 반사반응과 초기의 유아적 언어를 사용하는 상징적 사고가 시작되는 2세까지가 이 단계에 해당된다.

신생아의 인지세계는 과거의 기억이나 미래에 대한 설계가 없는 현재의 세계이며, 신생아는 감각운동에 기초해서만 경험한다. 또한 감각적 반사운동과 함께 주위에 대해 강한 호기심을 보인다. 이 시기의 유아는 주로 사물을 만지기, 빨기, 쥐기 등의 반복적 반사운동을 시작으로 조작해 보며, 환경을 직접 탐색하여 학습을 한다. 이 단계의 끝으로 가서 최종적 성취는 자신의 환경이 독특하지만 안정된 속성을 가지고 있다는 것을 아동이 이해하고 꽤 발달된 지적 활동을 할 수 있다. 이 시기의 특징으로는 보이지 않아도 대상이 존재한다는 사실을 인식하는 대상연속성(object permanence)과 원인과 결과의 관계를 인지하는 인과론, 계획된 목적지향적인 행동의 발현으로 동반되는 의도성을 획득한다(이인정 · 최혜경, 2020: 346-347).

피아제는 감각운동기의 하위단위로 상호 관련되는 6개의 세부단위로 구분하였다. 각 세부단계의 특징은 <표 12-1>과 같다.

① 반사활동기

출생 직후부터 약 1개월까지 영아는 외부환경에서 자극에 대처할 수 있는 반응을 창출하는 도식을 형성한다. 즉, 신생아는 학습되지 않은 반사적, 생득적 반사로 환경에 의존하고 적응한다. 외부세계에 대한 영아의 선천적 능력과 준비는 제한되어 있어 영아는 자신과 외부세계의 대상 그 자체를 구분하지 못한다. 더불어 외부세계에 대한 지식의 습득은 잡기, 빨기, 큰소리에 반응하기와 같은 반사적 행동이다. 그러나 가장 우세한 반사는 빨기 반사이며, 즉 생존을 위한 반사적 행동들이다. 다양한 반사도식을 사용하면서 환경의 요구에 적응할 수 있게 된다. 그러나 출생 후 한 달 동안 영아의 행동에는 목적이 거의 없다.

② 1차 순환반응

출생 후 약 1~4개월까지의 영아는 새로운 환경으로부터 경험하게 되면서 흥미를 끄는 행동을 반복한다. 이 시기는 영아의 관심이 외부의 대상보다 자신의 신체에 있기 때문에 1차 순환반응이라 불리며, 이는 반복되는 빨기, 잡기, 블록 치기와 같은 감각운동행동의 반복을 의미한다. 이 단계에서는 반사행동들 간의 분리가 증가하여 동화와 조절기능이 분리되기 시작하며, 기존 도식에 대한 수정이 서서히 이루어지는 것이 순환반응의 목적이다. 즉, 도식의 수정은 곧 지적 발달을 의미한다. 이 하위단계에서 영아는 다양한 반사들에 숙달되고 이 반사들은 영아의 신체부분들과 서로 협응된다.

③ 2차 순환반응

출생 후 약 4~8개월까지 영아로 이때의 관심은 최초로 자신의 환경 내에 있는 사물이나 상황에 흥미를 가지고 이들을 탐색하는 행동을 반복하려고 한다. 2차 순환반응은 영아가 주위 환경에 대한 인식을 하게 되면서 우연히 했던 어떤 행동이 재미가 있었다면 똑같은 결과를 얻기 위해 행위를 반복하는 것이다. 예를 들어, 보행기에 앉아 있는 영아가 앞에 있는 딸랑이를 손으로 건드려서 소리가 나는 것이 흥미로우면 반복해서 손으로 건드리는 행위를 하게 된다. 더불어 이 시기에는 어떤 반응을 스스로 새롭게 만들어 낼 수 있는 능력을 서서히 갖게 되며, 대상영속성의 개념도 나타나기 시작한다.

④ 2차 도식의 협응

출생 후 약 8~12개월까지 영아의 관심은 자신의 신체가 아니라 주위의 환경에 있다. 더불어 특정한 목적을 달성하기 위해 자신이 이전에 획득한 다양한 도식을 새로운 상황에 적용하여 사용하게 된다. 2차 도식의 협응은 자신이 원하는 목적을 달성하기 위해 두 가지 행동을 의도적으로 기존의 다른 도식들을 협응시키는 것을 의미한다. 예를 들어, 영아가 장난감을 잡으려고 할 때 엄마의 손을 뻗어 방해하면 엄마의 손을 치우고 장난감을 잡는 것은 목적을 달성하기 위한 수단의 사용이다.

영아는 이 시기에 특정한 목적을 지향하는 행동을 지속적으로 하게 되고 사람과 사물의 구별이 가능하며, 숨긴 물건을 기억했다가 다시 찾으려고 하는 대상영속성이 발달하기 시작한다. 이와 함께 영아의 행위는 수단과 목적을 결합하는 최초의 목적지향적 행동이며, 의도적인 문제해결 행동으로 실질적인 지적 행동이다. 이 시기에는 영아의 모방능력 또한 급속하게 발달될 뿐만 아니라, 신체적인 움직임, 얼굴 표정도 모방할 수 있게 된다.

⑤ 3차 순환반응

출생 후 약 12~18개월까지 영아의 시기로 목적과 수단의 관계를 단순히 반복하는 것이 아니라, 실험적 사고로 적극적인 탐색과 시행착오과정을 통해 다른 결과와 새로운 행동을 탐색하게 된다. 즉, 3차 순환반응은 목적을 지닌 단순한 반복이 아니라, 새로운 행위가 어떤 결과를 가져올 것인가를 탐색해 보기 위함으로 다양하게 실험해 보는 것이다. 예를 들어, 영아는 북을 손바닥으로 두드려 보다가 다음에는 연필, 북채로도 두드려 보기도 한다. 그 행동에 따라 소리가 다르게 나는 것을 즐거워하면 반복적으로 두드린다.

여러 가지 도식을 발달시켜 나가는 일련의 행동들은 스스로 학습하게 되지만 감각운동 차원에서 이루어지는 시기이다. 이 시기의 행위들은 사고 능력의 시작이며, 사고로 내면화되지 못하는 점에서 인지발달에 한계가 있다(이근홍, 2020: 27).

⑥ 상징적 표상

통찰기라고도 한다. 출생 후 약 18~24개월까지의 영아는 시행착오과정을 통해 다른 행동을 취하는 것이 아니라, 좀 더 내면적으로 생각한 후에 행동을 하게 된다. 영아는 문제를 해결하기 위해 실재의 물체뿐만 아니라, 이미지나 상징을 정신적으로 그려내기 시작하며, 인지적으로 조합하고 조정하기도 한다. 그러므로 문제를 더 빨리 해결하기도 한다.

영아는 목격한 행동에 대해 지연모방(deferred imitation)을 획득하게 된다. 이것은 그 자리에서 모방하지 않고 사라신 보델의 행동을 재생할 수 있는 것은 영아가 관찰한 상황에 대한 표상의 형태로 저장하고 있음을 입증해 주는 좋은 예가 된다. 표상이 형성되면서 보이지 않는 대상에 대한 사고가 가능하게 된다.

표 12-1 감각운동기의 하위 6단계

단계	특징
반사활동기 (출생~1개월)	• 외부세계에 대한 대처로서 쥐기, 빨기, 때리기, 차기와 같은 반사적 행동에 의존, 가장 우세한 반사는 빨기반사 등으로 본능적인 반사만을 가지는 시기 • 이 단계에는 자신과 외부세계의 구분이 없으며, 또 움직이는 대상이 시야에서 사라지면 관심을 잃음
1차 순환반응 (1~4개월)	• 1차 순환반응은 영아의 여러 신체부분들이 서로 협응하는 것 • 우연한 행동이 재미있는 결과를 초래하게 되면 계속해서 그 행동을 반복함 • 영아의 관심은 자기 신체이며 빨기, 잡기와 같은 감각운동의 반복 • 아기의 관심이 움직이는 것을 좋아하는 시기(모빌 등)
2차 순환반응 (4~8개월)	• 행동을 하다가 우연히 새로운 사물을 발견하게 되고 이 사물에 대한 흥미가 커지는 시기, 또한 일부가 가려진 대상에 대해서 탐색을 하기도 한다. • 생후 6개월 이후에는 음악에 대한 아기의 신체적 반응이 분명해져 음악에 따라 몸을 움직이기도 하고 점차 의도적인 움직임으로 발전하여 박수 치기 등을 배우기도 한다. 손으로 얼굴을 가렸다 드러내는 까꿍 놀이를 좋아한다.
2차 도식들의 협응 (8~12개월)	• 이전에 배운 행동들을 새로운 상황에서 사용한다. • 특히 9~10개월이 되면 외부 세계에 관심을 갖기 시작하여 재미있는 광경을 지속하여 바라보는 행동으로 나타나며, 어떤 물체가 시야에서 사라졌어도 여전히 이 세상에 존재한다고 생각하는 대상 영속성이 발달하기 시작 • 장난감이나 간식을 찾기 좋은 곳에 숨겨놓아 찾기 놀이를 하는 것을 좋아한다(목적지향적 행동).

단계	특징
3차 순환반응 (12~18개월)	• 똑같은 행동을 반복하면서 세상을 알아간다. • 창의적이고 실험적인 행동을 되풀이하며, 아기가 보는 앞에서 숨긴 물건이나 장소를 탐색하며 찾아내기도 한다. • 18개월이 지난 아기들은 약간의 멜로디나 음의 고저, 패턴 등을 알아차리며, 리듬이나 박자에 반응하며 악기에도 관심을 보이게 된다. • 음악을 들려주며 아이가 자유롭게 몸을 움직일 수 있게 하는 것이 좋다.
통찰기, 상징적 표상 (18~24개월)	• 눈앞에 없는 사물이나 사건을 정신적으로 그려내기 시작하여 행동을 하기 전 미리 머릿속에서 생각하고 행동한다. • 지연 모방(자신이 지켜본 행동을 이후 특정 시점에서 다시 행할 수 있는 능력)과 가장놀이, 모방 학습을 할 수 있는 시기(소꿉놀이, 역할놀이 등)

(2) 전조작기(preoperational period : 2~7세)

이 단계는 2~7세까지 지속된다. '조작(operation)'이란 정보의 전환을 이해하는 능력, 즉 어떤 논리적인 사고를 통해 조작하는 행위를 의미한다. 따라서 전조작기란 조작이 가능하지 않은 이전의 단계라는 의미이다. 이 단계에서 언어의 습득을 통하여 사물이나 사건을 내재적으로 가지고 있는 표상을 여러 형태의 상징으로 표현하게 되며, 개념적 사고를 하기 시작한다. 그러나 직관적, 비가역적, 자기중심적 사고 등의 특성 때문에 아직 조작적 사고가 이루어지지 않은 상태이다.

전조작기의 아동들은 언어를 사용하게 되면서 사물이나 사건을 기억하고 표현하는 능력이 가능해진다. 더불어 정신적 표상에 의한 사고는 가능하나 아직 개념적 조작의 단계에 들어서지 못하는 상태이다. 이 단계의 아동은 자신의 관점과 사고가 옳다고 보는 자아중심성으로 인해 사물을 자신의 입장에서 보기 때문에 타인의 관점을 이해하지 못한다. 또한, 비논리적 사고로 직관적 사고에 의해 판단하므로 보존 개념을 획득하지 못한 상태이다. 이 단계에서의 사고는 비논리적이며 환상이나 놀이를 통한 상징적 표상이 문제해결과 지배감을 갖게 되는 중요한 통로가 된다. 이러한 특성을 지닌 전조작단계는 전개념적 사고단계와 직관적 사고단계로 구분된다.

① 전개념적 사고단계

이 단계는 2~4세 시기로, 유아기에 발달한 도식이 상징적으로 사물을 조절할 수 있도록 해주는 표상기술을 획득하는 시기이다. 더불어 개념발달을 위해서 다양한 언어활동과 신체활동에 참여하는 시기이기도 하다. 이 시기의 유아들의 특징으로는 자기중심적이며, 상징놀이를 통하여 사회, 신체 및 내적 세계를 실험하고 이해하며, 물활론적 사고, 직관적 사고, 인공론적 사고, 비가역성 등이 있다.

② 직관적 사고단계

이 단계는 5~7세까지로서 여러 사물과 사건을 표상하기 위하여 많은 개념들을 형성하지만 아직 불완전하여 상위개념과 하위개념을 완전히 구분하지 못한다. 뿐만 아니라 직관적 사고를 하며 부분적 논리를 통해 추론을 한다. 언어화되지 않는 모호한 인상이나 지각적인 판단에 의존한다. 또한 사물이나 사건의 개별적 특성만을 고려하여 추리하고 특수한 것에서 특수한 것을 추가하는 전도추리 경향이 나타난다. 이 때부터 수의 개념을 사용하고 보존성의 원리를 어렴풋이 이해하기 시작한다. 전조작기의 아동들에게 나타나는 인지 유형은 다음과 같다(이우언 외, 2017: 224-227).

㉠ 상징적 기능

상징적 기능(symbolic function)은 감각운동기까지의 인간은 자신의 행동이나 감각에 의존하여 생활한다. 그러나 감각운동기의 말기가 되면 점점 정신적 표상을 형성하기 시작한다. 여기서 정신적 표상은 언어의 발달이 가속화하는 특징이 있다. 전조작기 아동은 자신이 가지고 있는 표상들을 그림이나 언어 등의 형태로 표현한다. 가장 대표적인 것으로 가상놀이라는 것이 있는데, 소꿉놀이나 병원놀이와 같은 것으로 가상적인 사물과 상황을 실제 사물이나 상황처럼 상징하곤 한다.

㉡ 자기중심적 사고

자기중심적 사고(egocentrism thinking))는 아이들은 남을 배려하지 못한다. 피아제는 그 원인을 자기중심적 사고에서 찾는다. 전조작기의 아이들은 타인의 생각, 감정, 지각, 관점 등이 자신과 동일하리라고 생각하는 특성을 가지게 되는데, 유명한 세 산 실험의 결과에서 그 내용을 찾을 수 있다.

아동들에게 비대칭적인 산 모양을 보여준 후, 아동이 앉아 있는 위치와는 다른 위치에서 관찰자가 그 광경을 보았을 때 무엇을 볼 것인가를 물어보았다. 일반적으로 3, 4세의 아동은 타인도 자기가 보았던 것을 볼 것이라고 예상한다. 이런 실험을 통해 타인의 시각에서 보는 조망을 추론할 수 있는 조망수용능력(Perspective Taking)을 가지고 있지 못하다는 것을 알 수 있다.

㉢ 직관적 사고(중심화)

직관적 사고(intuitive thinking)는 크기, 모양, 색깔과 같은 한 가지 두드러진 속성에 근거하여 대상을 이해하려는 사고를 말한다. 즉, 지각적인 특성에만 의존하게 된다는 것인데 이러한 사고의 특성으로 전조작기 아동은 보존개념을 획득할 수 없게 된다. 예를 들어, A, B의 두 비커에 같은 양의 물을 담았다고 생각해 보자. A비커와 B비커는 모두 넓고 낮은 모양이므로 두 비커에 든 물의 양은 동일하다고 여긴다. 그러나 B비커의 물을 좁고 높은 모양의 C비커에 담는다면 물이 늘어났다고 여기게 된다. 즉, 눈에 보이는 모양만을 보고 물의 양을 판단하게 되는 직관적 사고가 나타나게 되는 것이다.

㉣ 물활론적 사고

물활론적 사고(animism thinking)는 모든 사물은 살아 있고 각자 의지에 따라 움직인다고 생각하는 것으로 모두 생명이 있다고 여기는 사고, 즉 생명이 없는 대상에게 자신의 감정과 의식을 부여하는 것을 말한다. 예를 들면, 인형이 춥다고 이불을 덮어주는 행위 등이다.

ⓜ 인공론적 사고

모든 것을 사람이 만들었다고 생각하는 것과 나를 위해 만들어졌다고 생각하는 사고를 말한다.

ⓗ 비가역성(irreversilbility)

아동이 관계의 또 다른 면을 상상하지 않고 한 방향에서만 생각하는 성향이다. 즉, 반대 방향으로는 생각하지 못한다. 대표적인 예로 대한이 동생이 누구야? 하면 민국이 만세하고 대답하지만 그럼 만세 형은 누구야? 하면 모른다고 대답한다.

(3) 구체적 조작기(concrete operational period : 7~12세)

구체적 조작기는 사고가 안정되고 일관성이 있으며, 사고를 논리적으로 조작할 수 있는 능력을 획득하는 단계이다. 이 시기는 논리적 사고가 현저하게 발달하는 시기이지만, 아동의 사고가 현실에 존재하며 관찰이 가능한 구체적 사건이나 사물에만 한정되어 있기 때문에 이 시기를 구체적 조작기라고 한다. 아동은 가상적인 상황을 만들어서 추론할 수 없기 때문에 추상적이고 복잡한 가설의 정신적 사고는 아직 가능하지 않다. 그러나 사회적인 사고가 가능해져 자기중심성을 탈피하고 도덕적인 판단을 하며, 꿈이 실제가 아니라는 것을 믿게 된다.

구체적 조작기에 아동은 인지능력이 발달하여 분류화, 서열화, 보존 개념, 탈중심화 등을 갖게 된다(이근홍, 2020: 281).

① 분류화

분류화(classification)는 대상을 분류에서 전체와 부분과의 관계를 이해하고 동시에 두 개 이상의 계층을 고려할 수 있는 능력을 가질 수 있는 것을 의미한다. 색깔이나 크기의 속성에 따라 순서를 배열할 수 있는 능력을 갖고 크기를 비교할 수 있게 된다. 예를 들면, 같은 모양을 구슬을 보고 유리구슬, 쇠구슬을 구분한다.

② 서열화

서열화(seriation)는 어떤 특정의 속성이나 특징을 기준으로 순서대로 혹은 상호관계에 따라 사물을 잘 어울리게 배열하는 것이다. 이것은 여러 사물이나 현상들을 특정 속성에 따라 순서대로 배열하는 것을 말한다. 이 시기의 어린이는 사물 간의 관련성을 이해하기 때문에 한 사물을 여러 대상이나 사물들과 비교할 수 있게 되어 차례대로 늘어놓을 수 있게 된다. 이 때 아동들은 가장 짧은 것부터 가장 긴 것까지 여러 가지 줄을 길이에 따라 배열할 수 있다.

③ 보존 개념

보존(conservation)은 어떤 대상의 형태와 위치가 변화하더라도 그 양적 속성이나 실체는 변하지 않는다는 것을 말한다.

아동은 이 시기에 아무것도 보태거나 빼지 않을 경우, 본래의 양은 동일하다는 '동일성(identity)'과 어떤 상태가 변화하였을 때 그 변화과정을 역으로 수행하면 본래의 상태로 되돌아갈 수 있다는 '가역성(reversibility)', 그리고 어떤 차원에서의 변형에 의한 양의 손실은 다른 차원에서 얻어진다는 '보상성(compensation)'을 이해할 수 있다. 이러한 동일성, 가역성 및 보상성에 대한 이해는 보존 개념의 획득을 가능하게 한다.

이 시기에는 모양이 넓은 같은 모양의 컵에 같은 양의 우유를 보여준 뒤, 한 컵의 우유를 모양이 다른 긴 컵에 부어도 긴 컵과 넓은 컵의 우유의 양은 같다는 것을 이해하는 것이다. 또한 수의 개념에서도 달걀과 컵을 나란히 놓은 뒤 어느 것이 더 많으냐 하면 컵과 달걀의 수가 같다고 대답하지만 달걀이나 컵을 한쪽으로 모아놓으면 달걀과 컵의 수가 다르다고 생각했던 전조작기의 특성에서 벗어나게 된다. 전조작기 아동은 같은 양의 진흙으로 만든 두 개의 공을 보여준 뒤 아동 앞에서 하나를 핫도그처럼 길게 만들면 어느새 양이 달라졌다고 생각하지만 보존개념을 획득한 구체적 조작기에는 모양이 달라져도 그 양이나 수는 보존된다는 개념을 획득한다.

④ 탈중심화

탈중심화(decentration)는 사물의 어떤 두드러진 특성이나 측면에만 얽매이지 않고, 여러 가지 특성이나 측면을 고려하는 다양한 사고를 할 수 있는 것이다. 그러므로 아동은 이 시기에 자기중심적 사고에서 타인의 관점을 수용하고 이해하는 능력이 발달하게 된다. 더불어 다른 사람의 관점에서 사물의 다른 특성에 대해 사고가 가능하다.

(4) 형식적 조작기(formal operational period : 12세 이후)

이 단계는 12세 이후 지속되는 단계로서, 아동은 자신의 지각이나 경험보다는 논리적인 추론이 가능하며 자유, 정의, 사랑과 같은 추상적인 사고가 가능하다. 그리고 추상적이고 가설적인 수준에서도 체계적으로 사고할 수 있는 능력을 발달시킨다. 더불어 사고와 추론을 통해 가설검증할 수 있는 단계이며, 가설-연역적 인지구조를 획득하여 명제적인 사고가 가능하다.

① 추상적 사고

추상적 사고(abstract thinking)는 실제적, 구체적으로 경험할 수 없는 사물이나 사건을 머릿속으로 생각하는 것이다. 형식적 조작기에 가장 큰 특징으로 어떤 사물에 대해 다양한 요인을 함께 고려할 수 있을 뿐만 아니라, 사물이 존재하는 방식과 기능하는 방식에 대해 창의적으로 사고할 수 있다. 즉, 현실에 없는 상황에도 여러 가지 추상적 개념을 이해할 수 있고 현실에 없는 개념도 상상하고 그려볼 수 있는 능력을 갖춘다. 또한 이 시기에는 자신의 미래에 대한 생각과 자신이 나아갈 사회에 대해서도 사고를 하게 되며, 또 다른 가상적 사회를 꿈꾸고 구상하기도 한다.

② 가설 연역적 추리

가설 연역적 추리(hypothetical-deductive reasoning)는 새로운 상황에 직면했을 때 과거와 현재의 경험을 통해 가설적 상황을 설정하여 문제를 해결할 수 있는 능력이 가능해진다. 구체적 조작기에는 어떤 문제상황에 놓이게 되면 과거의 문제해결경험을 바탕으로 문제를 해결하려고 하지만, 형식적 조작기에는 문제해결 방안과 관련된 가설을 설정하고 체계적인 검증을 통하여 하나의 문제해결의 원리를 표출해 낸다. 예를 들면, '만일 ~ 이면 ~ 이다'라는 사고가 가능해진다.

③ 조합적 사고

조합적 사고(combination thinking)는 하나의 문제를 해결하기 위해 여러 가지 가능한 해결책을 논리적으로 구성하여 문제해결에 이를 수 있는 사고이다. 이 시기에는 문제해결을 위해서 사전에 모든 가능한 방법을 생각하고 체계적으로 조합할 수 있는 능력을 갖게 된다. 자신이 이상적인 기준에 따라 자신의 주장과 다른 사람의 주장을 비교, 분석할 수 있는 능력도 생긴다.

④ 명제적 사고

명제적 사고(propositional thinking)는 논리적 관계를 추리하는 것으로 논리적 판단을 언어나 기호로 표현할 수 있는 능력을 말한다. 형식적 현실 상황을 고려하지 않고도 논리적인 진위만을 판단하여 언어적 진술에 의한 명제의 논리를 평가할 수 있다.

⑤ 다차원적 사고

다차원적 사고(multidimensional thinking)는 하나의 차원을 넘어 여러 가지 차원을 동시에 바라볼 수 있는 것을 말한다. 즉, 이것은 인식의 범위가 하나의 상황을 단일 상황이 아닌 통합적 흐름 속에서 다면적으로 바라볼 수 있는 의식체계를 말한다.

표 12-2 인지발달단계

연령	발달단계	특징
0~2세	감각운동기	자극에 대한 반응, 직접적인 신체감각과 경험을 통한 환경 이해, 대상연속성 발달, 애착확립, 목적지향적 행동
2~7세	전조작기	자아중심성, 직관적 사고, 물활론, 상징적 기능, 타율적 도덕성, 중심화, 비가역적 사고, 대상연속성 확립, 보존개념을 이해하기 시작
7~12세	구체적 조작기	논리적 사고의 발달, 보존개념 확립, 분류화, 서열화, 탈중심화, 가역적 사고, 자율적 도덕성, 조합 기술
12세~성인	형식적 조작기	추상적 사고가 가능, 가설-연역적 추론, 조합적 사고

5) 사회복지실천과 연계 및 평가

(1) 인지발달이론과 사회복지실천

인지발달이론은 아동의 인지발달과정을 이해할 수 있는 이론적 틀을 제공하였다. 이와 함께 아동의 사고가 어른들의 사고보다 부족한 것이 아니라 아동의 사고방식이 어른과 다르다는 것을 밝혔다. 과학적, 수학적 능력의 발달에 대한 이해도 증가하였으며, 인지발달, 정서발달, 사회적 발달은 분리될 수 없고 병행하여 발달한다(신기원 외, 2016: 200)는 것을 주장했다.

피아제는 일상생활에서 실제로 아동의 행동을 세심하게 관찰하고 이에 근거하여 이론이 탄생되었기 때문에 사회복지실천 현장에서 아동의 인지발달을 위한 여러 가지 실천 프로그램의 개발에도 적용이 용이하다. 또한 인지발달을 설명하는 그의 이론은 일반 아동의 인지발달에 대한 이해뿐만 아니라, 인지발달이 지연되거나 학습장애 등을 가진 아동에 대한 개입에서도 중요하다(표갑수 외, 2021: 235).

결론적으로 피아제의 이론은 가치지향적인 측면에서 사회복지실천 분야보다는 교육학적 측면에서 더 이론적 토대를 이루고 있다. 그러나 아동 클라이언트 개개인을 사정하여 서비스를 제공하고 기능을 촉진, 회복, 유지하며 향상시키고자 하는 사회복지실천의 궁극적 목적을 위해 활용할 수 있다. 이러한 점을 살펴보면 첫째, 개인과 환경의 상호작용을 강조하고 있다. 인지이론은 개인이 환경 속의 다른 사람들과의 행동이나 사건, 상황에 어떠한 의미를 부여하는지에 대한 이론의 틀을 제시했다. 또한 인간의 환경에 대한 도식인 동화와 적응은 인간과 환경의 상호적 관계를 설명하는 것으로, 사회복지실천에서 시사하는 바가 크다. 둘째, 인지이론에서 인지는 현실을 해석하여 정서와 행동에 영향을 주는 매개요인으로 작용한다. 즉, 인지이론은 클라이언트가 지각한 현실이 중요하다는 근거를 제공하는 것으로, 사회복지사들은 클라이언트가 보는 관점으로 문제를 이해하고 개입하여야 한다는 것이다.

(2) 평가

피아제 인지발달이론은 아동은 가르치는 대로만 학습하는 것이 아니라 스스로의 방법으로 배우고 터득한다고 주장한다. 피아제는 인간이 유아기에서 성인기로 성장하는 과정에서 다양한 단계를 거치면서 생각하고 배우는 능력을 갖춘다고 하였다(고명석 외, 2018: 83). 아동의 사고방식이 어른들과 다르다는 새로운 관점을 바탕으로 이론의 신기원을 이룩했다. 이러한 이론은 아동들의 세심한 관찰로 이루어졌으며, 인지발달에 대해 체계적, 포괄적으로 접근하였다. 이러한 학문적인 공헌에도 불구하고 한계점은 아래와 같다.

먼저, 인지발달 과정을 자발적인 과정으로 성인의 가르침이 없이도 아동 스스로가 인지구조를 발달시키는 것이 가능하다고 주장하였다. 그러나 많은 연구자들이 학습과 훈련의 효과를 무시한 것에 대한 강한 비판을 하고 있다.

둘째, 성별의 차이와 개인차에 대해서는 언급하지 않았다. 또한 청소년기를 지나 성인기에도 인지발달이 지속하나 성인기 이후의 인지발달에 대해서는 논의하지 않았다.

셋째, 피아제는 아동을 직접적인 관찰로 통해 수집한 자료이므로 도식, 적응,

평형 등 발달과정이 과학적으로 증명되기 어렵다. 또한 어떻게 다음 단계로 넘어가는지 명확한 설명을 하지 못한다.

넷째, 개인의 경험과 문화적 차이를 고려하지 못한다는 비판과 함께 아동의 지적발달, 사회성 발달, 정서발달은 거의 다루지 않았다.

3. 도덕성 발달 단계

1) 피아제의 도덕성 발달

(1) 타율적 도덕성(heteronomous morality)

4~7세(전조작기 후기)의 아동에게 해당되는 시기로, 이 단계의 아이들은 규칙에 대한 강한 존중을 보인다. 타율적(heteronomous)이라는 의미는 '타인의 통제 하에' 있다는 것을 의미한다. 이와 함께 이 시기의 아동들은 정의와 규칙은 변하지 않는 것으로 사람들의 통제 밖인 것으로 생각한다. 아동들은 규칙이 하느님과 같은 신이나, 경찰 등에 절대적인 권위자가 만든 것이고, 규칙은 어떤 상황에서도 절대로 침해할 수 없고 불변적이라고 생각한다. 따라서 급하게 병원에 가는 상황에서도 빨간색 신호등에는 반드시 멈춰야 한다고 생각하고, 그런 규칙을 위반한 것은 벌을 받아야 하는 나쁜 행동이라고 여긴다.

(2) 자율적 도덕성(autonomous morality)

10세 이상의 아동에게 해당한다. 인지가 점차 발달하고, 성인의 통제로부터 어느 정도 자유로워지고, 또래와의 상호작용을 경험하면서, 규칙과 법은 사람들이 만든 것이며, 가변적인 것임을 이해하기 시작한다. 규칙은 집단 내의 화목한 관계를 유지하기 위해 필수적이므로 지켜야 하며, 상황이 요구할 때는 합의에 따라 규칙이 바뀔 수도 있음을 이해하기 시작한다.

어떤 행위의 옳고 그름을 판단할 때, 결과뿐만 아니라 행위자의 의도를 고려해야 한다는 것을 알기 시작한다. 따라서 어떤 사람들의 행동에서 잼을 훔치다가 1개의 컵을 깬 것이 우연히 15개의 컵을 깬 것보다 결과는 경미하나 의도가 옳지 못하므로 나쁘다고 생각한다.

2) 콜버그(Lawrence Kohlberg, 1927~1987)의 도덕성 발달

(1) 콜버그의 생애

도덕성 발달의 연구자이자 피아제 학파의 전통을 이은 대표적인 학자이다. 1927년 뉴욕 주의 브론스빌리에서 태어나 매사추세츠의 앤도버 아카데미 사립 명문 고등학교를 다녔다. 콜버그는 대학을 가지 않고 이스라엘 건국을 도우기 위해 이스라엘로 귀환하는 사람들을 태우는 비행기 부조종사의 일을 했다. 이 경험은 사회정의를 행동으로 실천하는 것으로 그의 도덕성 발달이론의 기초가 되었다. 1948년 시카고 대학교에 입학하여 우수한 성적으로 1년 만에 학위를 취득하였다. 같은 학교 대학원에 입학하여 대학원과정에서 로저스, 벡 등과 같은 심리학자들로부터 임상적 이론과 실제를 배우게 되었다. 그는 임상심리학자보다는 피아제의 발달이론에 흥미를 더 가지게 되었다. 그는 시카코 대학에서 1962~1968년까지 교수로 재직하였고, 그 이후부터는 하버드 대학교에서 교수로 재직하면서 자살로 생을 마감하였다.

(2) 도덕성 발달이론

콜버그의 도덕성 발달이론은 피아제의 도덕적 추론 연구를 청소년기와 성인기까지 확장하였다. 그는 1956년부터 10~16세 사이의 아동과 청소년 대상으로 약 75명으로 30년 이상 도덕성 발달을 연구했다.

이 이론은 교육 분야에서 폭넓게 적용되고 있으며, 여러 가지 가상적인 도덕적 딜레마 상황을 제시하고 그에 따른 참여자들의 응답과 어떤 반응을 보이는가에 따라서 분석하였다. 그는 응답자의 결과보다는 판단의 논리에 더 관심을 가졌으며, 판단의 근거가 되는 논리가 비슷하다면 같은 수준의 발달단계로 보았다.

콜버그에 의하면, 모든 아동들은 10세경까지는 전인습 수준에 머물다가 그 이후에는 인습적 수준에 도달한다고 설명한다. 그 이유는 나이가 조금 더 들어가면서 타인의 의견을 고려하여 행위를 평가하기 때문이다. 대부분 13세경까지는 인습적 수준에서 추론할 수 있다. 또한 콜버그는 형식적 조작기에 도달한 개인들은 후인습적 수준으로 추상적 사고를 할 수 있다고 규정한다. 이러한 연구로 도덕성 발달 단계를 3수준 6단계로 나누어 제시했다. 그러나 자신의 이론의 6단계를 사망하기 전에 삭제하였다. 콜버그 역시도 피아제와 마찬가지로 인지능력이 발달함에 따라 도덕의 발달 수준도 단계적으로 발달해 간다고 주장했다.

(3) 도덕성 발달단계

① 제1수준 : 전인습 수준(Pre-conventional level)

이기적이고 자기중심적인 도덕적 판단의 특징을 지니고 있으며, 이 시기의 아동들은 사회적 규범이나 기대 등을 잘 이해하지 못한다. 비교적 9세 이전 연령은 인습 전의 수준에 해당된다.

- 1단계 : 벌과 복종의 단계(Obedience and punishment orientation)로 복종과 처벌이 판단의 기준이 되어 도덕성이 형성된다. 처벌을 피하기 위해 고의로 도덕적 행위를 하며, 이러한 복종은 고정불변으로 강한 권위자가 내려주는 것이라고 추측한다.

  예 "남의 물건을 훔치면 경찰한테 잡혀가잖아요."

- 2단계 : 도구적 목적과 교환의 단계(Self-interest orientation)로 자신의 욕구를 충족시킬 수 있는지 없는지가 도덕적 판단의 기준이 된다. 이 단계는, '시장 교환의 단계'로서 '정당한 거래였는가'가 도덕 판단의 기준이 된다. 또한 욕구충족 수단으로서의 도덕성을 가지며, 상대에게 혜택을 주고받는 식의 상호성을 가지고 있다.

예 "정직하면 칭찬도 받고 선물도 받으니까요."(강아지 훈련)

② 제2수준 : 인습적 수준(Conventional level)

인습적이란 사회의 규범, 기대, 권위, 관습 등에 순응하는 것을 뜻하는 것으로 역할을 동조하는 도덕성이라고 한다. 이 수준의 아동들은 타인의 견해와 입장을 이해할 수 있다. 10세 이상의 아동들이 대부분 이 수준에 해당된다.

- 3단계 : 개인 간의 상응적 기대, 관계, 동조의 단계(Interpersonal accord and conformity)로 대인관계의 조화를 위한 도덕성이다. 또한 옳은 행동은 타인과 좋은 관계를 유지하고 기대에 맞게 행동하는 것으로 '착한 아이' 타입의 도덕성 단계이다. '타인과 조화 단계'에서는 '긍정적인 관계가 유지되는가'가 도덕 판단의 기준이 된다.

예 "내가 정직하면 엄마가 좋아 할 거야."(마마보이)

- 4단계 : 사회체제와 양심보존의 단계로 '법과 질서의 단계'이다. 이 단계에서는 적법인가 불법인가 그 여부가 판단의 기준이 된다. 옳은 행동이란 사회질서를 유지하고 자신의 의무를 다하는 것이라고 생각한다.

예 "우리 모두 규칙을 지켜야 해."

③ 제3수준 : 후인습 수준(Post-conventional level)

- 5단계 : 권리 우선과 사회계약, 혹은 유용성의 단계(Social contract orientation)로 사회계약 정신으로서의 도덕성이다. 법과 질서가 무조건 옳은 것이 아니라 사회적인 유용성에 따라 합의 또는 민주절차에 이르게 되면 바뀔 수 있다. 4단계에서는 엄격한 법과 질서의 태도를 취하지만 이 단계에서는 법보다는 유동적인 것을 파악한다.
- 6단계 : 보편·윤리적 원리의 단계(Universal ethical principles)는 도덕적 원리에 따라 스스로 선택한 양심적인 행위가 올바른 행위라고 본다. 법이나 관습보다 인간의 생명과 같은 보편적 인륜이 무엇보다 우선되어야

한다고 생각하는 입장이다. 이 단계의 수준의 도덕적 사고에 도달하는 사람들은 드물다고 한다.

3) 콜버그의 이론에 대한 비판

먼저, 도덕적 사고를 지나치게 강조하고 도덕적 행동이나 도덕적 감정은 무시했으며, 모든 문화권에 보편적으로 적용하기에 한계가 있다.

둘째, 남성의 대다수는 4단계의 도덕성을 보이고, 여성의 대다수는 3단계의 도덕성을 보인다는 성차별적 주장을 해서 비난을 받기도 했다. 상당수의 사람은 상황에 따라 여러 단계의 도덕성을 왔다 갔다 할 수도 있어 비판도 받았다.

셋째, 이 이론은 다양한 문화권에서 성장한 사람들을 대상으로 연구하였지만 집단주의를 중요시하는 동양사회와 개인주의를 선호하는 서양사회의 문화적 차이점을 고려하여야 하며, 보편적으로 적용하기 어렵다는 견해가 있다.

넷째, 콜버그의 이론을 비판하면서 길리건(여성)이라는 학자는 실제 여성은 남성과 다른 도덕관점을 갖는다는 점을 주장하였다. 남성은 법을 통한 정의의 도덕성의 경우가 높고 여성은 배려에 더 초점을 두는 타인 배려의 도덕성을 갖는다고 주장했다.

연습문제

1 구체적 조작기에 나타날 수 있는 특징이 아닌 것은?

① 서열화 이해 ② 동일성 ③ 상상놀이
④ 보존의 개념 획득 ⑤ 보상성의 논리

2 피아제 인지발달 단계 중 감각운동기의 세부단계이다. 그 특징을 잘못 설명하고 있는 것은?

① 반사활동기: 생득적인 반사로 환경에 적응하면서 외부세계와 자신을 구분한다.
② 일차순환반응: 주요관심은 자신의 신체이다.
③ 이차순환반응: 대상영속성이 발달하기 시작한다.
④ 삼차순환반응: 실험적 사고에 열중한다.
⑤ 상징적 표상: 행동하기 전에 상황에 대한 사고를 하여 문제를 더 빨리 해결한다.

3 피아제의 이론에 관한 설명으로 옳은 것을 모두 고르시오.

ㄱ. 인간의 환경에 대한 적응은 동화와 조절의 상호작용에 의해 발생한다.
ㄴ. 동화란 기존의 도식으로 이해할 수 없는 완전히 새로운 경험과 사물을 대하게 되면서 기존의 도식자체를 변경하는 것이다.
ㄷ. 새로운 경험과 지식이 기존의 도식으로는 이해되지 않거나 해결이 되지 않을 때 평행상태가 깨지는데 이것을 인지부조화 상태라고 한다.

ㄹ. 조절이란 기존에 가지고 있는 도식에 새로운 경험과 사물을 흡수, 통합하는 것이다.

① ㄱ, ㄴ, ㄷ ② ㄱ, ㄷ ③ ㄴ, ㄹ
④ ㄹ ⑤ ㄱ, ㄴ, ㄷ, ㄹ

4 콜버그의 도덕성 발달이론에 대한 설명으로 옳은 것을 모두 고르시오.

ㄱ. 1단계: 처벌을 피하고 칭찬이나 보상을 얻기 위해 권위자가 제시한 규칙을 따른다.
ㄴ. 2단계: 자신에게 유익하고 자신의 필요를 충족하면 옳은 행동이라고 생각한다.
ㄷ. 4단계: 법, 사회규범, 질서를 유지하는 것이 중요하다고 생각한다.
ㄹ. 5단계: 자신이 옳다고 믿는 신념에 의해 행동한다.

① ㄱ, ㄴ, ㄷ ② ㄱ, ㄷ ③ ㄴ, ㄹ
④ ㄹ ⑤ ㄱ, ㄴ, ㄷ, ㄹ

5 논리적 사고를 방해하는 전조작기의 인지특성으로 옳은 것을 모두 고르시오.

ㄱ. 자아중심성 ㄴ. 중심화
ㄷ. 비가역성 ㄹ. 물활론

① ㄱ, ㄴ, ㄷ ② ㄱ, ㄷ ③ ㄴ, ㄹ
④ ㄹ ⑤ ㄱ, ㄴ, ㄷ, ㄹ

정답 1. ③ 2. ① 3. ② 4. ① 5. ⑤

PART 04

사회환경이론

CHAPTER

13 체계이론

먼저 체계이론에서는 일반체계이론, 사회체계이론, 생태체계이론(관점)으로 구분된다. 체계이론은 체계 부분들의 상호연관을 지배하는 일련의 원칙들을 설명하는 데 호소력을 가지고 있다. 뿐만 아니라 성장과 변화를 거쳐 안정성을 유지해 나가는 방법 혹은 체계들 간의 상호작용을 분석하고 설명한다. 체계이론의 장점은 체계 간의 관계를 고려한다는 사실이다. 특히, 환경과 다양한 사회변동의 효과를 생각하는 데 있어서 체계적 접근은 우리로 하여금 변화의 방향을 예측할 수 있도록 도움을 준다. 체계이론을 분류를 하면 <표 13-1>과 같다.

표 13-1 체계이론의 분류

<table>
<tr><th>구분</th><th>특징</th><th>공통점</th></tr>
<tr><td>일반체계이론</td><td>• 체계를 구성하는 요소들의 속성과 이들 간의 상호작용의 속성을 이해하고, 복잡한 체계 간의 관계 또는 체계 내부에서 이루어지는 상호작용의 특성을 설명한 이론
• 이론적·추상적·분석적 측면이 강함
• 체계의 구조적 특성: 경계, 개방, 폐쇄체계, 대상·상위·하위체계, 공유영역 등
• 체계의 진화적 특성: 균형, 항상성, 안정-평형상태
• 체계의 행동적 특성: 투입, 전환, 산출, 환류 등
• 사회복지실천에서의 적용: 개인과 환경의 문제를 상호 연결된 전체로 파악하여 문제 사정과 개입체계를 명확하게 해줌</td><td rowspan="2">• 다양한 체계에 관심을 가지고 있고 인간과 환경 사이의 상호작용을 강조
• 체계를 하나의 전체로 바라보고 체계 안에서 발생하는 스트레스와 이에 대응하는 인간의 균형에 관심</td></tr>
<tr><td>사회체계이론</td><td>• 일반체계이론의 관점을 적용하여 사회체계를 설명하는 이론
• 인간행동에 영향을 미치는 다양한 체계수준인 개인, 가족과 조직을 포함하는 소집단, 지역사회와 같은 더 복잡하고 넓은 사회체계를 설명하는 데 관심을 둠
• 개인과 환경 간의 적합성과 상호교류 강조
• 사회복지실천에서의 적용: 4체계이론과 6체계이론</td></tr>
</table>

구분	특징	공통점
생디체계이론	• 일반체계이론+생태학이론 • 인간과 환경 사이의 상호보완성을 설명하는 이론, 일반체계이론의 핵심 개념들을 그대로 받아들이면서 일반체계이론이 가지는 한계점을 극복하기 위해 생태적 관점을 도입 • 생태적 체계의 구성: 미시체계, 중간체계, 거시체계, 외부체계, 시간체계 등 • 사회복지실천에서의 적용: 저메인과 기터만(Germain & Gitterman, 1987)의 생활모델, 생태도 활용	

자료: 고명석 외(2018: 240).

1. 일반체계이론

1) 일반체계이론의 개념

일반체계이론(General system theory, GST)은 유기체와 환경 간의 체계적인 상호작용, 상호 관련성에 대해서 전체성, 상호성, 개방성의 개념으로 설명하고 분석하려는 이론이다. 즉, 체계를 구성하는 속성과 이들 간 상호작용의 속성을 이해하고, 복잡한 체계의 관계 속성 또는 체계 내부에서 이루어지는 상호작용의 특성을 파악하기 위해서 개발된 이론이다. 개인과 환경을 원인과 결과라는 인과적 관점에서 보는 것이 아니라 두 체계를 상호보완적인 전체로 파악하여 인간과 환경 간의 상호작용, 개인과 체계가 효율적으로 기능할 수 있게 하는 데 관심을 둔다. 따라서 개인과 사회문제의 원인을 직선적 원인으로 해석하기보다는 결과와 상호 연결된 전체로 파악한다. 개인과 환경 어느 쪽도 일방적으로 영향을 미치는 관계가 아니라 상호 인과적 관계, 즉 순환적 원인론을 제시하고 있다. 이러한 관계 속에서 체계의 구성요소들 간의 관련성을 파악하고 설명한다.

체계란 상호 의존적이고 상호작용하는 부분으로 구성된 전체이며, 부분들 사이의 관계를 맺고 있는 일련의 단위들이다. 또한 상호관계를 맺고 있는 구성단위들의 집합체이지만 구성단위들의 단순 집합이 아니라 구성단위 간의 상호작용 또는 관계 양상을 포함하는 하나의 전체 또는 단위를 의미한다. 체계는 목적이 지향하는 바에 따라서 항상성과 규칙을 유지하면서 끊임없이 변화한다. 조직화, 상호인과성, 항구성, 공간성, 경계의 기본적인 속성이 있다.

2) 베르탈란피의 생애

오스트리아의 생물학자 베르탈란피(Ludwig von Bertalanffy : 1901~1972)는 오스트리아에서 태어났으며, 할아버지는 주(州) 극장의 지도자였고 아버지는 철도관리자로 유명하였다. 외할아버지는 유복한 비엔나 출판업자로 어머니는 17살, 아버지가 34살 때 결혼하였으나, 베르탈란피가 10살 때 이혼하였다. 1924년 4월에 알프스에서 마리아와 결혼하였으며, 비엔나 대학에서 생물학으로 1926년 박사학위를 취득하였다. 1934~1948년 비엔나대학교 교수, 1949~1954년 오타와대학교 생물학 교수 및 생물학 연구소장으로 역임했다. 1955~1958년 캘리포니아 대학교 교수, 1961~1968년 앨버타대학교 교수, 1969~1972년 버팔로에 위치한 뉴욕주립 교수를 역임하면서 일반체계이론(1968)을 더욱 발전시켰다. 그는 1972년 6월 뉴욕에서 세상을 떠났다. 그의 이론은 1940년대에 처음 제시한 후에는 이목을 끌지 못하다가 1960년대부터 주목을 받았다.

그의 저서로는 이론생물학(1932), 형태형성의 비판적 이론(1928), 인간과 로봇(1967) 등이 있다.

3) 인간관

인간은 신체, 심리, 사회적 부분으로 분리된 존재가 아니라 통합된 하나의 체계로 전체로서 기능한다고 보는 전체적 인간관을 가지고 있다. 환경 속의 인간관으로서 하나의 통합된 총체인 인간은 외부 체계와 끊임없이 상호작용하며 상호 의존하는 존재이며, 서로 영향을 미치는 능동적인 인간관을 가지고 있다.

인간은 자신의 욕구에 맞게 환경을 수정할 수도 있으며 그리고 환경의 요구에 맞게 자신의 행동을 수정하기도 하는 능력을 지니고 있다. 그러므로 인간의 행동은 환경과의 끊임없는 역동적 상호작용의 산물이다.

4) 주요개념

체계(system)는 어떤 형태의 상호작용이나 상호의존성에 의해 통합된 조직이다. 한 체계의 요소들은 상호 간에 영향을 미치고, 상호작용에 의해 구성된 요소들이 독특한 전체를 구성한다. 그러므로 체계의 전체는 각 부분들의 합보다 큰 비총합성을 이룬다.

체계는 전체를 형성하기 위해 서로 조화로운 통합된 부분으로 구성되어 있다. 체계는 자체의 경계를 초월하여 외부 환경과 지속적인 에너지 교환으로 생존하며, 내적기능의 변화와 발달이 이루어진다. 또한 이러한 체계의 변화가 환경의 변화를 야기한다. 더불어 비교적 안정된 구조를 지니고 있으며 부분들 간의 지속적인 관계를 맺음으로써 비교적 안정된 상호작용의 유형을 지니고 있다.

체계는 매우 다양한 수준에 걸쳐 존재한다. 체계의 구조적 특성에는 경계, 개방, 폐쇄, 대상, 상위, 하위 등의 체계로 나누고 또한 공유영역, 홀론, 엔트로피, 역엔트로피(넥엔트로피), 시너지, 호혜성이 있다. 체계의 진화적 특성에는 균형, 항상성, 안정상태로 구분된다. 체계의 행동적 특성에는 투입-전환-산출-환류(피드백), 정적환류, 부적환류, 동등결과성, 다중결과성으로 분류된다.

(1) 체계의 구조적 특성

① 경계(boundaries)

체계를 외부환경으로부터 구분해 주는 눈에 보이지 않는 선 혹은 테두리이다. 체계는 체계 내부의 관계를 특징짓고 체계에 특정 정체감을 제공하며, 체계 내부로의 에너지 흐름(투입)과 외부로의 에너지 유출(산출)을 규제한다. 체계에 둘러 있는 경계의 속성에 따라 개방체계와 폐쇄체계로 구분할 수 있다. 건전한 체계는 반투과성의 경계를 가지며, 이 경계를 유지한다. 반투과성 경계는 체계가 성장하고 발달하기 위해 적절한 수준에서 개방적인 체계를 말한다.

② **개방체계(open system)**

체계가 그것을 둘러싸고 있는 환경과 상호작용하는 것으로 인식하는 것을 의미한다. 그리고 이 체계는 다른 체계와 에너지, 정보, 자원 등을 상호 교류하는 것으로 체계 내 사람들이 환경 또는 다른 체계들과 서로 주고받으면서 상호작용을 하는 경우를 말한다. 반투과성 경계를 갖고 있는 체계이며, 체계의 성장 및 발달에 필요한 정보나 에너지를 외부로부터 자유롭게 받아들임으로써 체계 자체의 기능을 유지 혹은 발전시킬 수 있다.

③ **폐쇄체계(closed system)**

다른 외부체계들과 상호 교류가 없거나, 혹은 교류할 수 없는 체계를 말한다. 다른 체계와 상호작용하지 않아 고립되어 있는 체계이며, 정보나 에너지의 투입 또는 산출이 거의 없다. 뿐만 아니라 폐쇄체계를 구성하고 있는 부분들은 시간이 지남에 따라 구성원들 사이의 구별이 거의 없어지게 되며, 이후 시간이 지나감에 따라 점차 동일성을 띠게 된다. 따라서 체계 내의 조직 구성 및 그 기능이 쇠퇴하게 된다. 이러한 상태를 엔트로피 상태라 하는데, 엔트로피 상태가 지속되면 체계는 소멸된다. 사회조직에서 폐쇄체계의 예로는 정신과의 보호병동, 교도소 등이 있다. 개방체계와 폐쇄체계를 구분하면 <표 13-2>와 같다.

표 13-2 개방체계와 폐쇄체계

체계	내용
개방체계	• 환경과 역동적으로 연결되어 빈번하게 상호작용하는 체계 • 체계 안팎으로의 정보·자원·에너지의 투입이나 산출이 자유롭게 일어난다. • 환경과의 경계: 명확하면서도 유연하고 반투과적이다. • 속성: 항상성, 역엔트로피

체계	내용
폐쇄체계	• 다른 체계와 상호작용하지 않아 고립되어 있는 체계 • 속성: 균형, 엔트로피(entropy)

자료: 생각의 마을(2018: 293).

④ 대상체계, 상위체계, 하위체계

먼저 대상체계는 분석 대상이 되는 체계이다. 예를 들면, 가족 갈등이 관심사라면 이 가족체계는 대상체계이다.

상위체계는 대상체계 외부에 있으면서 그 체계에 기능적으로 영향을 미치는 사회단위이다. 예를 들어, 가족이 다니는 교회(종교기관)는 대상체계의 상위체계이다.

하위체계는 2차적, 종속적인 체계로 큰 체계 속에 있는 더 작은 체계를 말한다. 대상체계 내부에 있으면서 내부의 다른 하위체계들과 상호작용하면서 체계를 구성한다. 예를 들어, 가족체계의 하위체계에는 부부체계, 부모-자녀체계, 형제체계 등이 있다.

⑤ 공유영역(interface)

공유영역은 두 개의 체계가 함께 공존하는 곳으로 체계 간의 교류가 일어나는 곳이다. 즉, 어떤 대상체계가 상위체계나 하위체계와 교류하면서 만들어지는 독특한 상호작용의 유형 혹은 공유된 경계이기도 하다. 다른 체계들과 접촉을 하거나 의사소통을 하는 지점을 말하며, 예로는 실습지도자와 실습생의 서면계약서도 여기에 해당된다.

⑥ 홀론(holon)

중간체계가 갖고 있는 이중적인 성격을 나타내주는 말로써 하나의 체계는 상위체계에 속한 하위체계이면서 동시에 다른 것의 상위체계가 된다는 개념이다. 예로는 가족체계는 부부체계의 상위체계이지만, 지역사회의 하위체계이다.

⑦ 엔트로피(entropy)

체계 구성요소 간의 상호작용이 감소함에 따라 유용한 에너지가 감소하는 상태로 체계가 서서히 무질서와 혼돈의 상태를 향해 나아가는 것이다. 뿐만 아니라 체계 내부의 에너지를 소모해 감으로써 점차 쇠약해지는 경향성이다. 이와 함께 체계 내에 질서, 형태, 분화가 없는 무질서한 상태로 폐쇄체계에서 일어나는 현상이다. 또한 외부체계와 교류가 차단되어 외부의 에너지 투입이 이루어지지 않는다.

엔트로피의 예로는 가족 안에서 부부 사이가 나빠서 대화가 없어지고 긴장이 흐르게 되면 그로 인해 부모-자녀관계도 불안정해질 수 있다. 이때 자녀가 일탈에 빠진다면 부모-자녀 간 상호작용의 감소되고 가족 내 질서, 위계를 불안정하게 만들게 된다. 또한 이러한 일들은 부모-자녀 간 경계도 불명확하게 만들게 된다. 따라서 이러한 역기능적 행동의 증가가 바로 엔트로피 상태인 것이다.

⑧ 역엔트로피(넥엔트로피, negentropy)

체계 외부로부터 에너지를 유입함으로써 체계 내부에 유용하지 않은 에너지, 즉 이용 불가능한 에너지가 감소되는 것을 말한다. 또한 체계 내에 질서, 형태, 분화가 있는 상태로 개방체계에서 나타나는 특성이다. 넥엔트로피가 증가하면 체계 내에 질서와 법칙이 유지되고 정보의 필요성이 높아지며, 엔트로피의 반대되는 경향이다.

역엔트로피의 예로는 부부갈등으로 인해 가족 내 엔트로피가 증가한 경우, 부부가 외부 자원인 상담실을 통해 부부상담을 받고 난 뒤 부부관계가 회복되는 계기를 맞게 된다. 따라서 외부 도움으로 가족 내 역기능적 관계가 개선되고 가족원 간의 긴장이 감소하게 되면 이러한 상태는 넥엔트로피에 해당된다.

⑨ 시너지(synergy)

체계 내에 유용한 에너지가 증가하는 것을 말한다. 체계 구성요소 사이에 상호작용이 증가하면서 나타난다. 더불어 개방체계의 속성인데, 개방체계는 에너지를 고갈시키지 않고 구성요소의 상호작용을 촉진함으로써 계속해서 에너지를 만들어 내기 때문이다.

시너지의 예로는 부부갈등이 있는 가족이 외부 상담을 통해 부부관계가 개선되면 가족 전체의 분위기가 긍정적으로 바뀌는 경우로 예전에 없었던 가족 단위 모임이나 행사에 적극 참여하거나 자녀들이 더욱 성숙해지는 등의 긍정적 변화가 나타날 수 있는데, 이러한 것이 시너지 효과에 해당된다.

⑩ 호혜성(reciprocity)

한 체계에서 일부가 변화하면 그 변화가 모든 다른 부분들과 상호작용하여 나머지 부분들도 변화하게 된다는 개념이다. 이러한 호혜성의 원리는 어떤 문제나 현상에 대해 한 가지 원인에 따라 결과가 단선적 인과성(linear causality)이 아니라, 관련된 부분요소들 간의 쌍방적 교류과정에서 원인과 결과를 해석하려는 순환적 인과성(circular causality)을 의미하기도 한다. 호혜성의 원리와 관련된 개념이 동등결과성과 다중종결성이다.

(2) 체계의 진화적 특성

① 균형(평형상태, equilibrium)

외부환경으로부터 새로운 에너지의 투입 없이 현상을 유지하려는 체계의 속성이다. 체계가 고정된 구조를 가지고 주위환경과 수직적인 상호작용을 하기보다 체계 내에서 수평적인 상호작용을 하면서 거의 교류를 하지 않는 상태이다. 주로 폐쇄체계에서 나타나며, 체계의 구조 변화가 거의 없는 고정된 균형상태이다. 또한 변화보다는 현상 유지를 가장 바람직한 상태로 여기면서 조직이나 집단과 거의 교류를 하지 않는다. 균형의 예로는 폐쇄적인 관료조직이나 엘리트 집단 등이다.

② 항상성(homeostasis)

비교적 안정적이며, 지속적인 균형상태를 유지하기 위한 체계의 경향을 말한다. 체계가 균형을 위협받았을 때 이를 이전에 상태로 회복하고자 하는 체계의 경향을 말한다. 비교적 안정적으로 지속적인 균형상태의 일관성을 유지하기 위한 체계의 속성이다. 주로 개방체계에서 나타나는 균형상태이다. 환경과 지속적으로 상호작용하면서 정적인 균형보다는 역동적인 균형을 이루고 있는 상태로 이때 체계의 구조는 달라지는 것이 거의 없다. 항상성과 균형의 유사점이 체계의 구조가 크게 달라지지 않는다는 점이라면, 차이점은 균형은 체계 간 교류가 없는 반면 항상성에서는 체계 간에 역동적 교류가 있다는 점이다. 그러므로 개방체계에서 보면 균형, 항상성, 안정상태 순으로 역동적이라고 할 수 있다.

항상성의 예로는 부부가 심각한 갈등을 반복하면서 지내오다가 자녀가 아프면 자녀를 치료하는 동안 잠시 덮어두었다가 자녀가 완쾌하면 예전과 같이 갈등상태에 돌입하게 되는 경우이다.

③ 안정상태(steady state)

균형이나 항상성에 비해 더욱 개방적이고 역동적이다. 항상성이 체계의 일관성을 유지하기 위해 일정한 범위 내에서만 변화하려고 하는 데 비해, 안정상태는 체계 자체를 변화시키는 노력을 통해 외부자극을 받아들인다.

안정상태의 예로는 자녀가 성인이 되었는데도 기존 방식대로 아버지가 자녀의 일을 결정하려 한다면 이는 의사결정을 아버지가 주도하는 기존 체계의 일관성을 고수하려는 항상성에 해당된다. 그러나 이 경우보다는 자녀의 성장에 맞게 환경 변화로 체계를 수정하고자 아버지의 결정에 자꾸 반발하는 자녀를 더 꾸짖는 방식으로 반응을 하는 것이 아니라 그 변화를 인정해 주는 것이다. 그러므로 안정상태에서는 체계가 붕괴되지 않도록 환경 변화에 맞게 체계 자체를 변화한다. 즉, 아버지의 주도적인 의사결정을 자녀가 주도하는 방식으로 바꾸거나 여럿이 함께 의사결정하는 방향으로 체계의 구조를 변경해 가는 것이다.

(3) 체계의 행동적 특성

① 투입(input)–전환(conversion operations)–산출(output), 환류(feedback)

- 투입은 환경에서 체계로 자원, 에너지, 정보 등이 유입되는 것을 말한다. 과업 관련 투입과 유지 관련 투입이라는 두 형태가 있다.
  - 과업 관련 투입은 사회체계가 관심을 갖는 욕구, 문제 혹은 기회로 발생하는 것을 말한다. 예로는 사회복지기관에서 클라이언트 문제이다.
  - 유지 관련 투입은 욕구를 충족하거나 문제를 다루거나 기회를 모색하거나 이용하는 데 필요한 자원을 말한다. 예로는 사회복지사 또는 원조에 필요한 자원
- 전환은 투입된 자원, 에너지, 정보 등을 가지고 체계 내에서 산출하기 위해 처리하는 과정을 말한다.
- 산출은 체계가 처리한 결과를 환경에 배출하는 것을 말하며, 이는 다른 체계에는 투입으로 작용하는 동시에 그 자체의 환류를 통해 다시 투입으로 작용한다. 과업산출, 유지산출, 소모로 나눈다.
  - 과업산출은 과업 관련 투입으로 처리된 결과이다. 예로는 사회복지기관의 경우 원조를 요청한 클라이언트 문제를 종결한 결과를 말한다.
  - 유지산출은 유지 관련 투입의 결과이다. 예로는 클라이언트가 사회복지기관과 접촉해서 습득한 대인관계에 대한 지식과 기술 등이 있다.
  - 소모는 과업산출과 유지산출을 낳는 데 자원이 비효과적·비효율적 혹은 부적절하게 사용된 경우를 의미한다. 예로는 사회복지사의 소진(bum-out) 등이다.
- 환류는 자신이 수행한 것에 관한 정보를 체계가 받는 것이다. 환류는 정보의 투입에 반응하는 행동을 가져오며, 새로운 정보에 자신의 행동결과를 포함시켜 다음의 행동을 수정하는 의사소통의 조직망을 의미한다. 체계의 순환적 성격을 잘 나타내주는 개념으로 작동을 점검하고 적응적 행동이 필요한지를 판단하여 이를 수정하는 능력을 의미한다[그림 13-1].

그림 13-1 투입, 전환, 산출의 환류과정

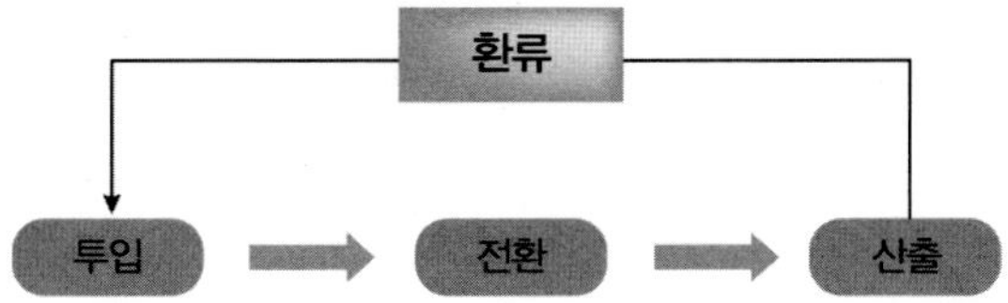

자료: 고명석(2018: 244).

② **정적환류**

체계가 한쪽 방향으로 이탈되어 가는 것을 말하며, 엔트로피가 증가하고 있는 체계에서 나타난다. 또한 체계에 급진적이고 불연속적인 변화를 통하여 체계를 변화시키는 환류를 의미한다.

정적환류의 예로는 부부 싸움이 심각해져서 어떤 배우자도 결과를 통제할 수 없는 상태에 도달한 경우를 말한다. 또 다른 예는 사회복지사의 도움에도 불구하고 아동의 분노의 문제가 전혀 해결되지 않고 오히려 분노의 빈도가 심각해진 경우를 들 수 있다.

③ **부적환류**

체계의 이탈을 수정하거나 변화시키는 것을 말한다. 또한 원래의 행동을 감소시키거나 혹은 지속하지 못하도록 상호작용의 형태를 바꾸거나 목표를 수정하는 것을 의미한다. 체계의 항상성을 유지하고, 변화를 극소화하면서 체계 자체를 유지하는 환류, 즉 체계 내의 부분만을 변화시키고 체계 전체는 유지하는 기능을 한다.

부적환류의 예로는 아동이 밖에서 놀다가 밤늦게 들어온 경우 부모는 아동의 행동을 야단치면서 똑같은 행동을 반복하지 않게 한다.

④ **동귀결성(equifinality results, 동등결과성)**

다른 체계들이 초기에는 각각 다른 상태였으나 투입(input)이 같은 경우에는 비슷한 안정상태의 결과에 도달할 것이라는 의미이다. 즉, 처음의 조건, 수단이 어떠하든 결과는 동일하다는 개념이다. 이러한 결과는 다양한 방법으로 동일한 결과를 얻을 수 있기 때문에 한 가지 사고에만 집착하지 말라는 것으로 중요함을 시사한다.

동등결과성을 예를 들면 사회복지사는 한 가족을 위해 여러 곳에서 필요한 자원을 얻을 수 있다. 생계급여, 주거수당, 식품권, 보조금, 개인적인 후원 등이 있을 수 있으며, 그 중 가능한 대안을 선택한다.

⑤ 다중귀결성(multifinality results, 다중종결성)

처음의 조건과 수단이 비슷하다고 할지라도, 다른 결과가 야기되는 것을 말한다. 이것은 체계이론의 기본 가정이다. 사회복지사가 동일한 치료적 방법으로 개입을 하더라도, 그 치료의 효과는 체계에 따라 달라질 수 있음을 이야기한다.

5) 일반체계이론과 사회복지실천

일반체계이론을 일반적인 과학에서뿐만 아니라 생물학, 물리학 등의 자연 과학 분야로부터 사회학, 심리학, 정신병리학, 인류학, 역사학, 심지어는 철학 등에도 적용하여 인간의 행동과 사회 현상 및 문화 현상까지를 설명하고자 하였다. 또한 일반체계이론은 전체성의 과학으로 비유되는 질서이론이다.

인간행동을 이해하는데 단선적인 인과관계 관점의 의료적 모델에서 다원론적 관점으로 전환시킨 점에 기여하였다. 직선적인 인과관계모델에서 탈피하여 순환적 인과관계로 전환하게 하였고, 총체성(holism)을 강조하는 체계적 사고를 강조함으로써 사회복지실천이 클라이언트와 체계들 간의 상호작용을 향상하도록 하였다. 더불어 한 가지의 문제 발생에는 여러 가지 요소들이 관여된다는 점을 고려하였다. 즉, 부인 입장에서는 남편이 환경이 된다는 것도 설명하여 인간이 상호작용하는 많은 체계를 고려하게 하여 사회복지실천의 사정과 개입

영역을 확대시켰다.

2. 생태체계이론

1) 생태체계이론(관점)의 개념

생태체계이론(ecosystem theory)은 인간발달과정을 분석하는 가운데 체계론적 관점과 생태학이론을 확대하여 '생태적 체계'라는 용어를 사용하였기에 이 이론을 생태체계이론 혹은 생태학적 모델이라고 한다. 개인을 하나의 체계로 또한 사회환경을 또 다른 하나의 체계로 보고 인간과 주변환경 간의 적응과 역동적 교류 및 상호작용, 상호의존성으로 바라봄으로써 일반체계이론과 생태학적 관점을 통합한 것이다. 또한 일반체계이론의 주요 개념들을 그대로 받아들이면서 그 이론이 가지는 한계점을 극복하기 위해 생태학적 관점을 도입되었다. 인간의 심리적 과정이 생물학적, 대인 관계적, 문화적, 경제적, 조직학적, 정치적인 요인 사이의 복잡하고 다양한 상호작용의 발현이며, 이러한 요인들은 상호작용하면서 일생을 통해서 인간행동에 영향을 미친다고 설명한다.

유기체들이 어떻게 상호적응 상태를 이루고, 그들이 어떻게 상호 적응해 가는가에 초점을 두며, 인간과 인간의 주변 환경 간의 상호작용, 상호의존성 또는 역동적 교류와 적응을 설명한다. 또한 개인과 환경은 특정 상황 속에서 지속적으로 영향을 주고받는 관계의 측면에서 이해되어야 함을 강조한다. 그러므로 개인의 가족에서부터 더 넓은 사회적 환경에 이르기까지 환경의 다양한 측면들이 어떻게 인간의 발달에 영향을 미치는지 설명한다. 즉, 환경은 인간에 복합적인 전체이며, 상호의존적임을 강조한다.

인간과 환경의 공유영역에서 일어나는 상호작용과 상호관계를 강조함으로써 '환경 속의 인간(person in environment)'을 강조한다. 이러한 이론의 특징으로는 상황 속에서 인간의 다양한 변화가능성을 제시하였다. 클라이언트 체계의 강점을 강조하였으며, 현재 행동을 상황 속의 개인의 편안한 적합성으로 설명하였다. 이와 함께 역기능을 문제로 인식하는 것이 아니라 상황 속에서 적응적이거나 합리적인 것으로 개념화한다. 인간 및 개인의 사회집단 및 사회적 물리적 환경 안에서 변화를 위한 여러 가지 대안을 탐색하였다.

생태체계모델이라는 개념을 기초로 활용하여 저메인과 기터만은 생활모델(life model)이라는 사회복지실천모델을 제시하여 생태체계관점이 사회복지실천에 자리 잡게 되었다.

2) 브론펜브레너의 생애

브론펜브레너(Bronfenbrenner, 1917~2005)는 러시아에서 태어났지만, 6세 때 미국으로 건너갔다. 1942년 미시간대학교에서 전통적인 발달심리학자로 박사학위를 받았으며, 1948년부터 코넬대학교 교수로 재직하였다. 발달심리학의 전공자임에도 불구하고, 그는 아동심리학, 사회학, 인류학에 초점을 두고 자신의 이론을 확장시켰다. 그러므로 인간발달에 관한 생태학의 아버지로 알려지게 되었다. 그는 연구에서 유아의 발달이 이루어지는 주변 세계와 더 넓은 세계와의 관계를 이해하고자 노력하였고, 발견한 것을 우리의 삶 속에다 적용시키는 것에 대한 중요성을 강조했다.

처음에는 체계이론에서 강조하는 환경의 체계수준과 생태학에서 강조하는 자연환경을 함께 통합적 관점을 제시하였다. 또한 인간을 둘러싸고 있는 환경을 가장 가까운 것과 먼 것에 이르기까지 4개로 구분하여 구조체계를 설명하였으며, 이후에 시간체계를 추가하였다.

그의 이론은 저소득층 어린이들과 가족을 위한 미국 연방정부 프로그램인 헤드 스타트(Head Start)를 만들어 내는 데 지대한 영향을 주었다. 그는 죽기 전까지 코넬대학에서 연구와 교육을 수행하였다.

3) 인간관

1960년대 사회복지학자들은 의료모델의 유용성에 문제점과 의문점을 제시했다. 왜냐하면 환경 요소가 최소한 클라이언트의 문제를 야기하는 내적 요소라는 것이 중요하게 보였기 때문이다. 또한 조사나 심리분석이 클라이언트 문제 치료에 비효과적일지도 모른다는 것을 주장하고 의심을 가지기 시작했다. 1960년대 사회복지는 적어도 몇몇 강조점으로 클라이언트의 이익을 위한 시스템으로 바꾸는 것을 추구하는 개선된 접근법으로 바뀌었다.

이 개념적 시각은 '환경 속의 인간'으로 매우 복잡하게 보았으며, 환경과 인간을 하나의 총체로 간주하고 전체적 인간관을 가지고 있다. 인간이나 개인은 환경을 창조하는 주인일 뿐만 아니라 환경에 반응하고 적응하며, 형성하기도 하는 호혜적 관계를 유지한다. 더불어 인간은 진보적인 변화로 발달하며, 변화에도 매우 개방적이다. 다른 인간체계들의 내·외부적인 힘들에 반응하여 어떻게 변화하고 안정을 이루는지에 대해 설명해 주고 있다.

4) 주요 개념

(1) 생태적 체계의 구성

체계의 구성은 미시체계(Micro system), 중간체계(meso system), 거시체계(macro system), 외부체계(exo system), 시간체계(time system)로 구분한다.

① 미시체계

가정, 가족, 놀이터 등과 같이 사람들이 쉽게 얼굴을 마주 대하면서 상호작용에 참여할 수 있는 장소 등이다. 인간 혹은 개인이 속한 가장 직접적인 사회적, 물리적 환경이다. 즉, 개인(나)을 중심으로 직접 관련이 있는 체계들을 말한다. 예로는 부모와 아동, 또래, 친구, 교사 등으로 직접적으로 상호작용이 이루어지는 관계이다.

② 중간체계

개인이 적극적으로 참여하는 둘 이상의 환경 간의 상호작용으로 이루어진다.

둘 이상의 미시체계 간의 관계 또는 상호작용을 의미한다. 개인들은 미시체계의 연결이 부족하다면 어려움을 겪기도 한다. 가족, 학교, 직장, 사교집단 등의 소집단이나 가족과 같은 개인을 둘러싸고 있는 둘 이상의 환경에서 일어나는 과정과 연결성이다. 예를 들면, 가정과 학교, 학교와 이웃, 가족, 직장, 사회생활 사이의 관계 등이다.

③ 외적체계

개인이 적극적 참여자로 관여하지 않지만 개인이 속한 환경에서 일어나는 일에 영향을 주거나 받는 사건이 발생되는 하나 또는 그 이상의 환경을 의미한다. 예로는 부모의 직장, 형제가 다니는 학교, 부모의 친구조직망, 교육청의 활동, 사회복지기관의 활동 등이다.

④ 거시체계

기본적 신념체계가 이념과 함께 하위체계의 형태와 내용에 나타나는 하위문화수준이나 문화 전반의 수준에 존재할 수 있다. 민족이나 집단체계와 같이 특정 문화의 유형이나 보다 광범위한 사회적 맥락을 의미한다. 예로는 일반적 문화, 법, 종교, 정책 등이다.

⑤ 시간체계

한 개인의 전 생애에 걸쳐 나타나는 사건이나 역사적 환경의 변화를 의미한다. 시간의 흐름에 따른 환경의 변화로 삶의 과정에서 일어나는 모든 사람들을 포함한다. 예를 들면, '이혼이 아이들에게 미치는 영향에 대한 연구'에서 부모 이혼 후 1년 동안 부정적 영향이 가장 많았으며, 불안이나 혼란감은 2년이 지나서야 감소되었다.

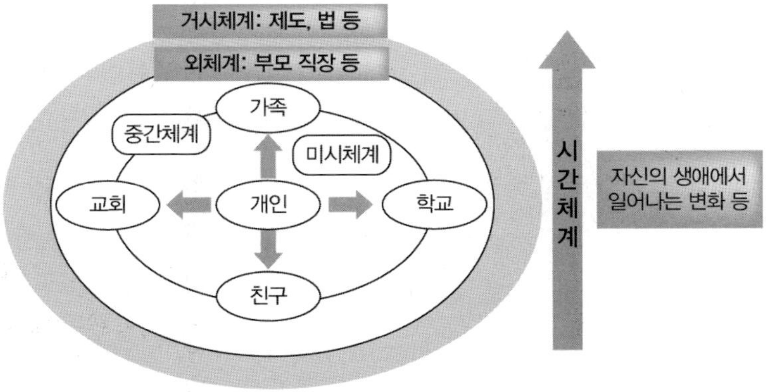

(2) 주요 개념

주요 개념으로는 생활환경/거주환경, 상호작용/상호교류, 적응적합성/적합성, 적응, 유능성, 스트레스, 대처, 공유영역 등으로 분류했다.

① 생활환경(적소, niche/거주환경, habitat)

공동체의 사회적 구조에서 특정집단이 차지하는 직접적 환경이나 지위들이다. 생물체가 살고 있는 장소이며, 인간의 경우 특정한 문화적 배경 내의 물리적, 사회적 상황을 의미한다. 생활환경은 성장과 발전에 필요한 자원으로 풍부해질 때 인간은 쉽게 번성한다. 생활환경의 필수자원이 부족하면 물리적, 사회적, 감성적 발전이나 진행 중인 기능은 해로운 영향을 받을 수 있다.

거주환경은 개인의 문화적 맥락 속에서 존재하는 물리적, 사회적 환경이다.

② 상호작용/상호교류(transaction)

인간이 다른 환경의 사람과 의사소통하고 관계를 맺는 것으로 무언가를 전달하고 교환하는 것이기 때문에 활동적이고 역동적이며, 긍정적이거나 부정적일 수 있다. 긍정적인 상호교류의 예는 내가 사랑하는 사람이 나를 사랑한다는 것을 아는 것, 일이 끝나고 월급을 받는 것 등이다. 또한 부정적인 상호교류의 예는 일하던 직장에서 해고를 당할 때, 윗집에 시끄럽다고 신고하는 것 등이다.

③ 적응적합성/적합성(goodness of fit)

개인의 적응 욕구와 환경 또는 사회적 요구 사이의 조화와 균형 정도 혹은 인간이 환경과의 적응적인 조화를 이루고자 하는 활동적인 노력을 의미한다. 양자 사이의 적합도가 양호하거나 좋은 상태의 경우 '적응이 잘 된 상태'라고 한다. 인간과 환경 간 상호작용을 하면서 성취되는데 상호작용은 적응적일 수도 있고 부적응적일 수도 있다. 부적응적 교류가 계속되면 인간발달과 건강, 사회적 기능은 손상되고, 적응적일 때에는 개인이 성장, 발달하며 이때 적합성은 높아진다.

④ 적응(adaptation)

'개인 대 환경의 적절한 결합'을 의미하며, 주변 환경조건에 맞추어 조절할 수 있는 능력을 말한다. 적응은 환경을 변화시키기 위한 노력, 자신을 변화시키기 위한 노력, 환경과 개인 모두를 변화시키기 위한 노력, 이러한 노력들이 결과로 발생한 변화에 적응하기 위한 에너지를 모두 포함한다. 생태체계관점에서 적응상 문제는 병리적인 것이 아니며, 개인의 욕구와 대처가 환경의 자원이나 혹은 지지와 일치하지 못하는 것으로 본다.

⑤ 유능성(competence)

개인이 환경과 효과적으로 상호작용할 수 있는 능력이다. 즉, 환경과 성공적인 상호작용을 경험하는 데서 형성되는 것으로 일생에 걸쳐 확대될 수 있는 능력이다. 인간들의 생활문제를 완화시키는 적응전략 중 하나이다.

⑥ 스트레스(stress)

개인과 환경 간에 상호교류에서 나타나는 불균형이 일어나는 현상이다. 이러한 불균형은 생리적, 심리적, 사회적으로 야기된다. 사람에 따라 같은 상황을 스트레스로 경험할 수 있고, 하나의 도전으로 경험할 수도 있다.

⑦ **대처**(coping)

적응의 한 형태로 스트레스 및 정서적 고통의 문제를 극복, 해결하기 위해 노력하는 것을 말한다. 적응이 긍정적 또는 부정적인 새로운 조건에 모두 반응하는 것이라면 대처는 부정적인 경험을 다루는 방법이다.

대처를 하기 위해서는 내적, 외적자원이 필요하다. 내적자원으로는 자아존중감, 자기효능감, 문제해결능력기술 등이며, 외적자원으로는 가족, 친구, 사회적 관계망, 조직의 지원 등이다.

⑧ **공유영역**(shared area)

두 개의 체계가 함께 공존하는 장소이다.

5) 생태체계이론과 사회복지실천

생태체계관점은 환경 속의 인간을 설명할 때 개인과 환경 간의 적합성, 개인과 환경 간의 상호교류, 적응을 지지하거나 또는 방해하는 요소 등을 중요하게 여긴다.

사회복지실천에서는 인간과 환경적인 힘 사이의 상호작용에 초점을 두게 하며, 중요한 이론적 준거틀로 사용되었다. 즉, 개인과 환경 간의 적합성과 개인과 환경 간의 상호교류 그리고 이러한 교류에 영향을 미치는 힘에 대한 포괄적이고 구체적인 실천지식을 제공해 준다. 더불어 실천현장에서 사회복지사가 클라이언트에게 자원발견과 역량을 강화하는 도구로 활용이 된다. 이러한 도구의 활용은 인본주의적 철학이 기초가 되고 있다.

인간은 요구된 자원을 위해 대처하고 그 곳에서 살아남고, 경쟁하기 위해 클라이언트 체계가 변화하는 환경에 적응하는 다양한 방법의 이해를 더해준다. 이러한 이해는 사회복지사에게 대부분 사정이나 계획 단계에서 유용하다. 왜냐하면 이것은 개념상 상황적, 환경적 맥락 내의 클라이언트 체계에 위치하기 때문이다. 예를 들어, 이것은 사회복지사에게 가족은 반드시 특정한 이웃, 지역사회 그리고 문화적 환경 안에서 기능하고, 적응해야 한다는 것과 가족들을 돕기 위해 만들어진 사회기관과 사회 프로그램은 특별한 경제적, 정치적 맥락 안에 있는 자원을 위해 운영되고 경쟁해야 한다는 것을 상기시킨다.

3. 사회체계이론

1) 사회체계이론의 개념

사회체계(social system)는 환경 속에서 인간행동을 이해하는 데 체계가 성장 또는 변화하면서 안정성을 유지해 가는 방법을 설명하는 이론이라고 할 수 있다. 즉, 인간의 행동에 영향을 미치는 개인, 가족, 조직, 집단, 지역사회의 다양한 체계 수준을 설명하는 이론이다. 또한 다양한 체계 간의 상호작용을 강조하는 개념으로 광범위한 상징의 의미를 포괄하고 있다.

체계를 개인을 중심으로 보면 개인으로 구성된 가족, 소집단, 조직, 지역사회, 국가, 문화, 다른 대륙 등과 같은 것은 상위체계이다. 다시 말해서 인간과 인간의 체계는 수직적으로는 개인으로부터 시작하여 가족 - 소집단 - 조직 - 지역사회(community) - 사회(society) - 국가 등으로 체계의 서열이 있다. 이러한 체계는 어떤 위계상의 대표적 체계일 뿐만 아니라 비슷한 기능도 하지만 다른 기능을 하는 체계가 얼마든지 있다. 예를 들어, 가족을 중심으로 보면 친인척이나 친구의 가족과 이웃의 다른 가족이 있고, 소집단을 중심으로 보면 친구집단, 불량배 집단, 약물사용자 집단 등이 있을 수 있고, 조직을 중심으로 보면 학교, 교회, 직장, 학원, 동창회, 동호인단체, 공공행정기관, 사회복지서비스기관, 사회복지시설, 사회봉사단체 등으로 다양하게 존재한다. 그리고 다른 지역사회나 이웃나라 등도 사회체계가 된다. 그러므로 이러한 여러 체계에는 하위체계, 상위체계가 있고, 이들은 위상이나 수준에 관계없이 상호 관계를 가지며 영향을 주고받는 경우도 많다(김보기 외, 2019: 308-309).

2) 파슨즈의 생애

파슨즈(Talcott Parsons, 1902~1979)는 미국 콜로라도 주 콜로라도 스프링스(Colorado Springs)에서 태어났다. 1924~1925년 런던정치경제대학(London School of Economics and Political Science)에서 사회학을 배우고, 1927년 하이델베르크대학교(University of Heidelberg)에서 박사학위를 받았다. 하버드대학교(Harvard University)에서 경제학 전임강사로 있다가 1931년부터 사회학을 강의하기 시작하여 1944년 정교수가 되었다.

그는 1946~1956년 하버드대학교에 신설된 사회관계학과의 과장을 지냈으며, 1973년까지 교수직에 있었다. 1949년에는 미국사회학회의 회장으로 역임하였고, 1979년 5월 8일 독일 뮌헨에서 일생을 마쳤다.

다른 저서들로는 『현대 사회의 구조와 과정(*Structure and Process in Modern Societies*, 1937)』, 『사회학 이론에 관하여(*Essays in Sociological Theory*, 1949)』, 『사회에 관한 진화적·비교적 방법(*Societies: Evolutionary and Comparative Perspectives*, 1966)』, 『정치와 사회구조(*Politics and Social Structure*, 1969)』, 『미국의 대학(*The American University*, 1973)』(공저) 등이 있다.

하버드대학교 교수로 재직 시에는 제자와 동료들이 파슨스의 거의 반세기에 이르는 연구성과를 기념하기 위해 『안정과 변화(*Stability and Change*, 1971)』, 『사회과학 일반이론에 관한 탐구(*Explorations in General Theory in Social Sciences*, 1971)』 등 2권의 문집을 간행했다.

3) 인간관

사회체계에 대한 현대적인 개념은 19세기의 지도적인 사회분석가인 뒤르켐(Durkheim) 등 여러 학자들이다. 이들은 사회체계의 주요한 단위들의 개념이나 형태의 관계에서 이론을 전개하였다. 사회체계의 개념화에 가장 큰 영향을 미친 것은 파슨즈로 1951년 그의 저서 『사회체계(*The Social System*)』에서 사회체계를 다음과 같이 정의한다. 즉, 사회체계는 최소한도의 물리적, 환경적 측면을 가진 상황에서 상호작용하는 복수의 개인적인 행위자가 있다. 이와 함께 이 행위자는 최대한 만족에 대한 경향인 측면에서 동기화되고 또한 행위자 서로를 포함하는 상황과의 관계가 문화적으로 구조화된다. 게다가 공유되는 상징을 통해서 규정되고 매개되는 것이라고 한다. 사회체계의 주요 단위는 집합체와 역할들이며, 이러한 단위들을 연결하는 주요한 유형이나 관계는 가치와 규범이다.

4) 주요개념

(1) 사회체계의 구조와 기능

사회체계적 관점은 일반체계이론의 관점을 적용한 것이다. 이것은 파슨즈에 의한 구조기능분석(structural-functional analysis)으로 사회학적 분석방법이다. 생리학의 분석방법을 사회체계(social system)에 적용한 것이다. 파슨즈는 어떤 수준의 체계이든 모든 체계는 생존하려면 AGIL의 네 가지 요구 혹은 필수요건을 충족시켜야 하며, 각 경우마다 각각의 요건을 충족시키기 위해 특정한 하위체계가 발전된다고 주장한다.

모든 사회체계가 두 가지 축을 중심으로 하여 구조적으로 분화된다고 보았다(Parsons, 1965). 수직적 축은 외부환경인 체계의 외적, 체계 내부인 내적 차원을 나타내며 수평적 축은 수단으로 도구의 차원, 목적으로 완성 측면을 나타내는 것으로 수단-목적 차원을 의미한다. 파슨즈는 이 두 축으로 사회체계가 안정상태를 유지하기 위해서 성공적으로 해결해야 할 네 가지 기능상 문제를 규정하는 모형을 만들었다.

그 기능은 A기능(적응기능, adaptation-maintenance), G기능(목표달성기능, goal attainment maintenance), I기능(통합기능, integration maintenance), L기능(형태 유지 혹은 잠재성 · 패턴 유지, latency maintenance)인데, 이를 'AGIL' 도식이라고 한다. 파슨즈의 네 가지 기능은 다음과 같다.

① 적응기능(Adaption function)

환경으로부터 자원을 얻어 그것을 가공하여 체계를 통하여 배분과 보존 및 활용하는 능력의 기능이다. 모든 사회체계는 환경에 적응하기 위해서, 즉 사회 구성원들이 생존하기 위해서 경제제도가 필수적이다. 또한 체계가 과업산출을 이루기 위해서는 상위체계를 변화시켜야 한다.

② 목표달성기능(Goal Attainment function)

체계의 공통된 가치의 틀 속에서 체계가 성취하고자 하는 목표 설정, 목표 간의 상대적 우선순위를 정하고 그것을 수행하기 위하여 시간과 노력을 경주하는 것이다. 즉, 구성 부분을 동원하여 그 목표를 달성할 능력을 갖추어야 체계로서 존재가 가능하기 때문이다. 각각의 체계는 목표를 달성하고 만족을 얻기 위해서 자원을 동원할 수 있는 수단으로서 정치제도가 필수적이다.

③ 통합기능(Integration function)

체계를 구성하는 각 부분(sub-system)들의 활동을 상호작용의 조정 및 조절, 유지하는 기능이다. 또한 체계는 효과적인 작업관계를 성립할 수 있는 능력과 부분들의 활동을 조정할 수 있는 능력을 갖고 있어야 된다. 각 부분들 간에 내적 통합 상태를 유지하고 일탈을 규제하기 위하여 법제도, 교육제도, 복지제도가 필수적이다.

④ 잠재(유지)기능(Latent function)

관리기능(Management function)으로 체계 자신의 기본적 유형(patten)유지, 자신의 가치와 규범을 계속적으로 창조, 재생산하는 것을 말한다. 체계 내에서 긴장이 발생하면 다루는 기능으로 각 체계는 균형상태를 유지해야 한다. 사회체계의 규범을 인간의 마음(인성)속에 내면화시키기 위하여 문화, 종교제도가 필수적이다.

(2) 체계관점의 사회복지실천이론

일반체계이론은 추상적으로 실천에 적용하기에 어려움이 존재하여 사회의 심리적, 사회구조와의 관계를 설명하는 것이 사회체계이론이다. 이러한 사회체계이론으로 실천의 모델로 핀커스와 미나한(Pincus & Minahan, 1973)의 4체계이론과 콤튼과 갤러웨이(Compton & Galaway, 1983)의 6체계이론이 형성되었다.

5) 사회체계이론과 사회복지

사회체계이론은 다양한 실천현장에 적용할 수 있다. 왜냐하면 개인, 집단, 조직, 지역사회 간의 관계를 강조하며, 세상과 인간행동을 이해하는 데 필요한 폭넓은 시각을 제공하기 때문이다. 특히, 사회복지는 개인과 환경 내에서 여러 시스템 간의 영향을 주고받는 상호작용에 초점을 두고 '환경 속의 인간(person in environment)'이라는 관점을 유지해 왔기 때문에 사회체계이론은 사회복지사가 사회환경 내에서 인간행동을 폭넓게 이해하고, 가치중립적인 태도를 갖도록 한다.

사회복지실천에서의 유용성은 다음과 같다(이우언 외, 2017: 287-288).

첫째, 과거의 다른 실천모델보다 관점과 관심영역을 넓게 포괄한다. 문제를 사정할 때 문제와 사건에 관련된 다양한 체계를 접촉하여 정보와 자원을 얻어내므로 개인으로부터 나오는 정보에만 의지하던 과거의 방법보다 체계적이고 객관적인 정보를 획득할 수 있다.

둘째, 개인, 집단, 조직, 공동체 등을 포함한 다양한 크기의 체계에 적용할 수 있는 이론이다. 개입을 위한 실천모델을 활용함에 있어 어느 한 가지 모델에 치우치지 않고 보다 다양한 모델을 절충적으로 선택하고 활용할 수 있다. 따라서 사회복지사는 클라이언트를 원조하기 위해 다양한 수준의 사람이나 체계와 일할 수 있으며, 다양한 실천모델을 적용할 수 있도록 해준다.

셋째, 사회체계이론은 대상체계의 속성과 체계 사이의 상호연관성을 평가함에 있어 체계 간의 일관성과 상호성, 갈등의 정도와 상태를 규명할 수 있는 개념들을 제공하므로 사정도구로도 직접적 유용성을 지닌다.

넷째, 문제를 총체적인 관점에서 이해할 수 있으므로 사회복지사가 개입 시 체계 전체를 변화시키는 전략을 세우는 데 유용하다. 따라서 개입이 종료되어도 이미 발생한 체계의 변화는 체계 자체의 적응기능에 의해 지속되는 특성이 있기 때문에 그 효과가 지속적으로 유지될 수 있다. 그러므로 사회체계이론을 활용하는 사회복지사들은 클라이언트의 문제에 개입할 때 클라이언트 자신뿐 아니라, 클라이언트 주변의 전체 환경을 대상으로 접근하기 때문에 개입과정에 포함되었던 다양한 체계들에 대해서 개입 후에도 클라이언트를 위한 지지체계로 활용할 수 있다.

연습문제

1 다음 보기가 설명하는 것은?

> 가족 내 소통이 단절되면서 가족구성원이 타인처럼 소원해지고 상호 믿음이 부족하고 긴장이 증가함

① 엔트로피 ② 넥엔트로피 ③ 역동성
④ 시너지 ⑤ 다중종결성

2 외부로부터 새로운 에너지 투입 없이 현상을 유지하려는 체계의 속성은?

① 항상성 ② 균형 ③ 안정상태
④ 홀론 ⑤ 적응

3 다음 중 사회체계적 관점의 주요 개념에 대한 설명으로 옳은 것은?

① 적소는 부분인 동시에 전체적 총체이다.
② 경계는 체계의 정체성을 유지하기 위해 필요하다.
③ 긴장은 긍정적이거나 부정적인 가치를 부여한다.
④ 피드백은 서로 다른 체계들이 접촉하거나 의사소통하는 과정이다.
⑤ 개방적인 체계는 엔트로피 속성을 나타낸다.

4 생태체계관점에 대한 설명으로 옳은 것은?

ㄱ. 체계이론과 생태학 이론을 통합한 관점이다.
ㄴ. 여러 사회복지 영역에 포괄적으로 적용가능하다.
ㄷ. 사회복지실천의 사정단계에서 유용하다.
ㄹ. 개인과 환경을 분리할 수 없는 것으로 본다.

① ㄱ, ㄴ, ㄷ ② ㄱ, ㄷ ③ ㄴ, ㄹ
④ ㄹ ⑤ ㄱ, ㄴ, ㄷ, ㄹ

5 다음 중 생태체계적 관점이 사회복지실천에 미친 영향으로 옳지 않은 것은?

① 환경 속의 인간이라는 관점을 유지하게 한다.
② 인간발달단계에 대해 거시적인 접근을 한다.
③ 클라이언트가 처한 상황을 다양한 체계수준에서 설명하게 한다.
④ 개인과 사회의 문제를 원인과 결과의 관계로 해석할 수 있게 한다.
⑤ 사회체계이론이 다방면의 포괄적인 시각을 갖는 반면 생태체계이론은 가족체계를 우선 강조하는 경향이 있다.

6 다음 제시된 사례와 관계있는 개념은?

이혼 위기에 처한 부부가 상담을 받아 관계가 회복되는 계기를 맞게 되고, 외부 전문가의 도움으로 부부 간의 불화가 개선되고 긴장이 감소되었다.

① 엔트로피 ② 넥엔트로피 ③ 항상성
④ 시너지 ⑤ 균형

7 사회체계이론에 관한 설명으로 옳은 것은?

① 인간은 단일체계에 의해 결정된다.
② 인간행동을 원인과 결과라는 단선적 관점으로 이해한다.
③ 인간행동은 체계 간에 에너지를 주고받으면서 변화한다.
④ 체계의 한 부분의 변화는 다른 부분에 영향을 미치지 않는다.
⑤ 거시체계는 인간이 가장 밀접하게 상호작용하는 가족, 친구, 학교 등을 포함한다.

8 인간행동에 영향을 미치는 사회체계에 관한 설명으로 옳지 않은 것은?

① 가족 내의 구조적 변화는 개인의 행동에 영향을 미친다.
② 인간의 성격은 조직생활을 하면서 변화될 가능성이 있다.
③ 집단은 집단역동성을 통해 개개인의 사회화에 영향을 미친다.
④ 지역사회의 특성은 인간의 성격형성에 긍정적, 부정적 영향을 미친다.
⑤ 동일 문화권에 속하는 사람들 간에는 일반적으로 동일한 성격을 지닌다.

정답 1. ① 2. ② 3. ② 4. ⑤ 5. ④ 6. ② 7. ③ 8. ⑤

CHAPTER

14 사회환경체계

1. 가족체계

1) 가족

현행 민법 제779조(가족의 범위)에 따르면 가족(가족원)의 범위를 기본적으로 자기 중심으로 자기의 배우자, 형제자매, 직계혈족(부모와 자녀)을 포함하는 것으로 규정하고 있다. 또한 생계를 같이 하는 경우라면 자기 직계혈족의 배우자, 배우자의 직계혈족, 배우자의 형제자매까지를 가족구성원으로 한다. 가족은 원칙적으로 남녀의 성 결합을 전제로 하는 혼인과 혈연으로 이루어진 집단을 말한다. 그러나 이는 법률상으로 가족(원)의 범위를 제시한 것으로 현실에 처한 가족의 상황과는 많이 다를 수 있다.

현대의 가족의 형태는 매우 다양하여 한마디로 정의하기 어려움이 따른다. 그러나 전통적이고 협의의 가족은 혼인을 통해 맺어진 남녀와 그들이 출생한 자녀로 구성되며, 공통의 거주공간에서 생활하는 집단이다. 그러므로 전통적인 가족의 정의는 현대사회의 새롭게 등장한 다양한 가족형태, 즉 기러기가족, 공동체가족, 양부모가족 등을 설명하지 못한다. 따라서 광의의 가족은 혈연에 기반한 특수한 관계나 공동거주를 필수 요소로 삼지 않는다. 이러한 현상은 낮은 혼인율, 높은 이혼율, 저출산, 남성중심 가족제도 변화 등으로 인해 독신으로 살아가는 형태의 가정, 한부모가족, 계부모가족, 무자녀가족, 맞벌이가족처럼 구조적으로 다양한 가족들이 많기 때문이다. 뿐만 아니라 입양가족, 다문화가족 등 기존 가족개념과 다른 가족이 증가함으로써 가족의 기능면에서도 많은 변화가 일어났기 때문으로 해석된다(김보기 외, 2021: 12). 이러한 가족구조의 변화로 가족이란 개념이 얼마나 융통성 있는 개념인지 알 수 있다.

일반적으로 가족은 사회의 가장 기본적인 단위로 사회를 형성하는 구성요소이며, 생리적, 정서적 욕구를 충족시켜 주는 안식처라고 할 수 있다. 이와 함께 가족은 서로 영향을 주고받으며, 가족 전체의 기능에도 기여하고 상호 연결되어 있다. 그러므로 가족은 결혼이나, 혈연, 입양의 관계로 결합되어 가족이라는 정체감과 유대감을 가지는 상호의존적인 사람들로 정의된다(고명수 외, 2018: 195).

그러나 가족에 대한 정의는 역사와 정치, 문화, 사회의 환경에 따라 변화되어 왔으며, 앞으로 더 다양하게 변화될 것이다. 따라서 가족의 정의는 개인의 인생관 등 여러 여건에 의해서도 다양한 정의를 내릴 수 있다. 가족의 기능은 가족제도가 전체 사회에 대해 작용하는 기능(대외적 기능)과 가족구성원에 대한 기능(대내적 기능)으로 구분할 수 있다. 여러 학자들이 제시하고 있는 가족기능의 내용을 종합적으로 분석한 한 선행연구에 의하면 한국의 경우는 교육(사회화), 양육, 성, 자녀출산 및 생식, 경제, 휴식, 오락, 보호·양호, 종교, 정서적 만족·지지, 사회적 지위부여 순으로 제시하는 것으로 나타난다. 학자에 따라 다소 차이가 있을 수 있지만 대부분의 연구에서는 성적 기능, 자녀출산, 교육, 경제적 기능 등의 4가지 기능은 공통적으로 제시하는 내용들이다. 오늘날 산업화와 함께 가족구조의 변화로 가족의 기능은 많이 축소된 것이 현실이다.

가족은 개인이 처음 접하는 사회이다. 또한 인간성장과 발달에 매우 중요한 기능인 1차적 사회화 기능으로 다양한 역할을 수행하는 것으로 규정할 수 있다(Parsons & Bales, 2007). 즉, 1차적 사회화란 출생에 따라 소속된 사회의 문화적 규범과 가치를 학습하는 과정을 말한다. 그러므로 가족은 문화를 전달하는 매개체라고 할 수 있으며, 가장 많이 영향을 미치는 것으로 기본적인 사회제도이다. 이 과정이 아동의 초기 유년기에 집중적으로 이루어지기 때문에 가족은 인간의 인격발달에 가장 중요한 환경을 제공한다. 파슨즈는 산업사회의 요구에 가장 잘 부합할 수 있는 가족단위를 핵가족단위라고 규정했다. 그에 따르면, 남편은 생계부양자(breadwinner)로서 '도구적(instrumental)' 역할을 수행, 아내는 가족구성원의 '애정적(affective)', '정서적(emotional)' 역할 담당자라고 전제하고 있다(Giddens, 2021). 따라서 파슨즈의 이론은 오늘날 상황에서는 맞지 않는 이론임에 틀림없으나 사회에서 가족이 담당하는 역할을 설명했다는 점에서 어느 정도 기여한 바가 있다.

결론적으로 가족은 인구변동, 구조 등에 따라 다양하게 변화하였다고 하지만 그래도 배우자 간의 정서적·사회적·경제적 유대 및 생식과 성관계, 아동의 사회화 교육, 가족구성원의 보호 및 부양, 재화와 용역의 교환 등 주요한 기능을 수행하고 있다.

2) 가족체계

인간도 하나의 독립된 개체이면서 동시에 가족에 속하고 직장인으로 사회에 속한 사회시스템에 그리고 한 국가의 시스템에 속한다. 또한 가족 안에서도 부부시스템과 부모시스템, 자녀시스템의 하위체계가 존재한다. 그러므로 각각의 체계들은 서로 상호작용하며, 각자의 자율성이 존재하는 동시에 모든 하위시스템은 전체 시스템의 구성요인이다. 하위체계 없이는 전체 체계가 존재하지 않으며, 전체 체계 없이는 또한 하위체계도 존재하지 않는다(김혜숙, 2020: 105).

가족은 구성원들 간의 상호작용을 통해서 서로에게 영향을 미치는 하나의 사회체계이다. 즉, 가족은 부부관계, 부모-자녀관계, 형제자매관계를 통해 가족 전체의 기능에 기여하는 상호 연결된 체계인 것이다. 가족의 가장 대표적인 하위체계는 부부, 부모-자녀 및 형제자매 하위체계이다.

먼저 부부 하위체계는 부부 각자에게 친밀감, 지지, 헌신 경험과 개인적 성장의 기회를 좌우하고 자녀에게 결혼생활모델과 성역할 및 상호작용 패턴을 보여준다. 만일 부부 하위체계에 역기능이 발생하면 부모 및 형제자매 하위체계도 영향을 받게 된다. 가족원의 개개인은 동시에 여러 개의 하위체계에 속하여 각각의 역할과 권력을 가지게 된다. 그리고 이들 하위체계 사이에 가족 외부의 상위체계와 상호의존적 관계를 갖는다.

둘째, 부모-자녀 하위체계는 자녀양육과 지도 및 훈육으로 사회화에 대한 책임을 갖고 자녀의 발달에 큰 영향을 미친다. 게다가 자녀 하위체계보다는 더 많은 권력을 가지게 되어 세대 간 위계구조가 존재한다. 동시에 자녀의 행동과 발달 정도 또한 세대차의 극복 정도에 따라 부모의 정서적 만족과 갈등 그리고 가족의 안정성이 영향을 받는다.

셋째, 형제자매 하위체계는 형제들끼리 서로 또래관계에서 놀이, 가족의 규칙 등으로 애착 및 경쟁과 협상, 협동 등의 대인기술과 사회성 발달에 영향을 주고받는다. 이를 토대로 가정 외의 외부활동에서 대인관계에도 영향을 미치게 된다. 이외에 조부모와 손자녀 등의 하위체계도 가족체계에 존재하며, 이러한 하위체계들은 서로 영향을 주고받는 방식에 따라 그 가족에 대한 구조적 특성과 기능이 달라진다(고명수 외, 2018: 196).

한편, 가족은 또한 가정 안에서의 체계들과 집단, 조직, 지역사회, 국가 등과 같은 상위체계와의 상호작용을 통해서 영향을 받으면서 유지하고 발전한다. 가족체계는 상위체계와의 관계에서 더 개방적일수록 다른 사회체계의 변화에 쉽게 대처하고 적응할 수 있으며, 자원의 활용에서도 효율적이다.

사회의 기본적 집단이면서 일차 집단으로서 가족은 개인이 성장하고 발달하는 데 가장 친밀하고 영향력도 있지만 상호 관여 및 책임이 있는 사회환경이며, 체계로서의 가족의 특성은 다음과 같다(Rhodes, 1980).

첫째, 가족구성원은 가족 내에서 상호의존상태에 있는 다양한 위치를 가진다. 위치, 지위, 행동, 혹은 한 구성원의 역할의 변화는 다른 구성원들에게 영향을 미쳐 행동변화를 가져온다.

둘째, 가족구성원은 각 개인과 전체의 가족으로 구성되어 각 개인적인 특성의 합보다 가족의 전체 합이 더 크다.

셋째, 가족은 시간이 지나면서 반복되는 상호작용 패턴과 기존의 규칙에 따라 나타내는 적응 및 변화와 안정성에 균형을 추구하는 단위이다.

넷째, 가족과 가족 외부체계를 구분하는 경계의 두께는 그 엄격함과 침투성의 정도에 따라 다양하다.

다섯째, 가족은 많은 하위체계를 포함하지만 또 다른 더 큰 상위체계에 포함된다. 그러므로 가족은 더 큰 사회체계에 따르는 외부체계의 요구 그리고 가족구성원들의 내적 욕구 및 요구와 사회화 등을 모두 충족시켜야 하는 과업수행해야 하는 단위이다. 이와 함께 사회체계적 관점에서 가족의 중요한 과업은 가족구성원들이 속해 있는 사회가 가지고 있는 바람직한 가치관과 신념을 사회구성원들이 공유하고 내면화하는 사회화 및 사회통제라고 할 수 있다.

3) 가족체계와 사회복지실천과의 연계

사회복지실천에서 가족에 대한 접근의 관점은 모든 가족이 사회적 체계라는 사고에 근거한다. 이러한 것은 그동안 개인의 문제로만 보았던 문제들이 다양한 관계와 사회적 상호작용이라는 측면에서 파악할 수 있게 되었다. 가족은 가족구성원들의 각자의 개인뿐만 아니라, 집단, 조직, 지역사회 등 그들이 상호작용하는 광범위한 환경체계에까지 영향을 미치므로 사회복지사는 현장에서 가족의 문제를 접할 때 '어떤 일이, 왜 일어나는가' 하는 의문점이 아니라 '무슨 일이 일어나고 있는가'에 초점과 관심을 두고 개입해야 한다. 뿐만 아니라 사회복지사는 실천의 대상인 가족이 갖는 다양한 유형과 특징에 대해서 충분히 파악하고 가족이 직면하고 있는 복잡한 문제와 상황을 체계적인 관점에서 사정할 수 있어야 한다. 이를 근거로, 가족의 문제를 효과적으로 해결할 수 있는 전문적인 지식과 기술을 충분히 갖추는 동시에 성적·인지적 관점에서 사회적으로 형성된 성역할과 가족 역동성을 가족구성원이 이해하도록 도와야 되며, 가족구성원들이 효과적인 선택을 할 수 있도록 가족의 역량을 강화해야 한다(정은, 2014: 322).

가족복지실천은 가족구성원의 개개인은 물론 가족 전체를 한 단위로 보면서 보호와 보장 및 역량강화를 도모하는 조직적 제반활동이다. 가족의 사회복지실천은 가족 중심 실천으로 지속적으로 발달하여 왔다. 가족이라는 특수성인 복합성, 포괄성 때문에 가족복지실천은 다른 분야인 아동, 노인, 장애인, 여성문제 등의 분야와 중복되는 경우가 많다. 그런데 특정대상을 취급하는 다른 분야와는 다르게 가족복지는 가족구성원 개개인은 물론 가족 전체를 취급하는 것이 특징이라고 할 수 있다. 가족복지실천의 주요 대상이 될 수 있는 가족은 한부모가족, 배우자학대가족, 비행청소년가족, 장애인가족, 알코올중독자가족, 치매노인가족 등이 포함되기 때문이다(천정웅 외, 2019: 263).

가족체계(family system)는 체계론적 관점에서 가족을 이해하는 것으로 사회복지실천과의 연계는 매우 유용하다. 그 내용은 다음과 같다(장수복 외, 2020: 312-313).

첫째, 가족은 전체성(wholeness)의 측면에서 이해하여야 한다. 체계이론에 의하면, 체계는 전체를 단위로 움직이기 때문에 어느 한 부분에서 나타난 변화는 다른 부분들의 변화를 초래하고, 결국 전체 체계의 변화를 야기한다. 따라서 가족체계에서 각 구성원들의 행동은 다른 구성원들 모두의 행동과 관련되어 있으며, 그에 따라 좌우된다. 이러한 이유로 한 구성원의 향상이나 퇴보는 그에 대한 다른 가족구성원들의 긍정적 또는 부정적 반응과 결과를 초래한다.

둘째, 가족구성원 상호 간에 이루어지는 환류(feedback)에 관심을 기울여야 한다. 체계이론에 따르면 개방체계는 환류 고리나 가족구성원들과 환경으로부터의 투입에 의하여 조절되는데, 이러한 투입은 가족체계에 의하여 작용되고 수정된다. 환류는 정(+)적일 수도 있고 부(-)적일 수도 있다. 부적 환류는 자기강화 과정을 통하여 항상성 유지에 기여하고, 관계의 안정성 유지에 중요한 역할을 수행하며, 가족규범으로부터의 일탈경향을 감소시킨다. 반면, 가족체계가 특정 패턴을 확대하기 위해 정적 환류를 사용할 경우, 이러한 정적 환류에 의하여 변화가 초래된다. 가족의 학습과 성장을 위해서는 정적 환류를 사용하지 않을 수 없다. 그러므로 발달적·환경적 스트레스에 직면하여 평형을 유지하면서 동시에 적응하기 위해서는 모든 가족구성원이 함께 두 가지 형태의 환류를 모두 적절히 사용해야 한다.

셋째, 가족을 이해하는 데 필요한 또 다른 원칙은 동귀결성(equifinality)이다. 이것은 개방된 체계에서 초기의 조건이 달라도 동일한 결과가 나타날 수 있으며, 서로 가족을 이해하기 위해서는 무엇보다 가족구성원들 간 상호작용의 근원이나 결과 그 자체보다 상호작용을 지속적으로 이루어질 수 있다는 것이 훨씬 중요하다.

넷째, 순환적 인과성(circular casuality)의 측면에서 가족을 이해할 필요가 있다. 순환적 인과성이란 체계 안팎의 다양한 출처로부터 반복으로 체계가 끊임없이 수정되는 것을 뜻한다. 단순한 선형적 인과관계는 존재하지 않으며, 일정 기간에 걸쳐 서로 상호작용하는 사건과 행동들이 특정 결과를 야기한다. 가족의 사건들은 일련의 환류고리나 일정하게 반복되는 주기를 통하여 서로 관련되어 있다.

사회복지사는 현장에서 클라이언트를 만났을 때 개인이라고 하더라도 그의 환경인 가족을 알아보는 작업부터 시작해야 한다. 뿐만 아니라 가족사정 및 개입과정에서는 위와 같은 네 가지 수준에 영향을 미치는 상황의 원인을 이해하고 문제해결에 필요한 서비스를 제공하는 데 도움을 받을 수 있다. 그러므로 가족체계 안에 있는 구성원 전부는 상호 간에 영향을 미치고 있으며, 그와 동시에 구성원 각자와 전체로서의 가족은 다른 사회환경체계의 영향을 받는다. 따라서 가족구성원, 가족, 더 큰 사회체계의 욕구와 이들 간의 상호작용을 고려하여 사회복지실천이 형성되어야 한다.

2. 집단체계

1) 집단

(1) 집단의 정의와 개념

집단이란 두 사람 이상의 개인들이 다른 구성원들을 알고 자신이 그 집단의 구성원임을 인식하여 소속되어 있어야 하며, 서로 공동의 목적과 관심사를 달성하기 위해 상호의존관계에 있는 상태를 말한다(Johnson & Johnson, 1997). 또한 의사소통 및 인지와 반응 등을 통해 상호작용하며, 집단의식을 가지는 사회적 집합체라고 할 수 있으며 2차 집단이다.

집단은 가족 다음으로 가장 친숙하고 직접적이며, 활발한 상호작용으로 한 개인의 성장과 발달에 큰 영향을 미치는 환경체계이다. 개인은 유아기에 유치원의 또래를 비롯하여 학교, 학급, 동아리, 직장, 사회단체, 지역사회 등에서 다양한 목적과 조건에 따라 많은 집단을 경험하게 된다. 개인이 경험하는 집단의 유형과 그 집단 속에서 수행하는 과업과 역할은 그 개인의 성격형성, 인간관계 및 사회성 등으로 생활과업의 수행에 직·간접적으로 영향을 미친다(이영호 외, 2018: 317). 그러므로 집단경험은 한 개인이 전 생애에 걸쳐 성격형성 및 발달에 다양한 영향을 미칠 뿐만 아니라, 인간의 행동변화에도 영향을 미친다.

인간은 환경적 요구에 적절하게 적응하고 때로는 환경을 자신에게 맞게 공유하고 변화시켜 나감으로써 성장하고 발전한다. 인간이 경험하게 되는 집단의 유형과 성격, 집단 내에서 차지하는 지위와 과업 등은 그 집단에 소속되어 있는 개인과 끊임없는 상호작용을 함으로써 개인의 인격형성에 영향을 미치게 된다. 일반적으로 집단은 한 개인들과 집단의식에 대한 의식을 인식하고 공유하며, 상호작용하는 사회적 실체로서 그 집단의 소속감 및 구성원의 집단과 관련된 행동에 의해 영향을 받으며, 표현적 행동이 지배적인 사회적 조직형태이다(Norlin & Chess, 1996).

집단의 목적은 서로 목적이 관련되어 있는 사람들의 집합이기 때문에 성원들 개인적 목적과 그 집단의 기관들의 목적으로 통합이 되어 공동 전체의 목적일 수 있다. 그러나 이러한 집단의 목적 역시도 하나일 수도 있고 복합적일 수도 있어 하위목적을 가질 수도 있다.

집단은 단순 집합이 아니며, 집단 내에 있는 사람들의 관계가 구조화되고 유형화된 하나의 조직된 체계라고 규정할 수 있다. 이러한 조직형태는 집단의 역동적인 상호작용의 유형에 의해 기둥형, 순번형, 자유부동형, 뜨거운 자리형으로 나눈다.

먼저, 기둥형은 성원과 지도자 간의 의사소통이 활발하며, 소속된 지도자가 중심적 위치를 차지한다. 순번형은 집단상담과 모임처럼 서로 돌아가면서 의사소통을 하는 것이다. 자유부동형은 성원들이 자유롭게 의사소통을 하는 것으로 조절이 안 되면 난상토론으로 될 가능성이 높은 유형이다. 마지막으로 뜨거운 자리형은 모든 성원들이 지켜보는 가운데 한 성원과 지도자만이 의사소통을 하는 유형이다.

(2) 집단의 특성

집단은 다수의 개인적으로 단순히 모여서 만들어진 모임이라기보다는 두 사람 이상이 하나의 단체를 이루어 공통의 목적 또는 관심사를 위해 상호 간에 역동적인 교환행동이다. 따라서 상대에게 영향을 주고받는 형태라고 할 수 있다. 그러나 집단참여의 한계는 구성원들이 가족 이외의 다양한 집단에 참여하는 것으로 자신의 관심사에 기초하여 자발적인 참여를 결정한다. 그러므로 참여구성원들의 응집력과 에너지가 필요하며, 구성원의 참여정도와 횟수는 제한적일 수 있다. 이러한 집단의 특징은 다음과 같다(생각의 마을, 2018: 312).

일정한 구성원의 규모(크기)가 비교적 작다. 최소 둘 이상의 사람으로 이루어져야 되지만 최대한 어느 정도인가에 대해서는 한정되지 않는다. 그러나 너무 많은 구성원으로 직접적인 상호작용이 되지 않는다면 집단이라고 하기 어렵다.

집단은 공통된 목표가 존재하기 때문에 보통 집단성원이 집단에서 이탈하거나, 새로운 성원이 들어오는 경우에도 집단의 목표와 규칙(규범)은 그대로 지속되는 특성을 갖는다. 또한 집단의 목표는 집단성원의 욕구에서 나오며, 명시적이지 않고 묵시적인 경향이 있다.

집단성원들 모두는 공통된 집단의 정체성을 가지며, 집단을 하나의 실체로 지각한다. 다양한 집단활동을 통해 '우리'라는 의식이 형성된다. 예를 들면, 우리 반, 우리 동네, 우리 동아리 등이다. 집단성원 간 상호작용은 주로 대면적이며, 협의로 정의된 역할에 전적으로 근거하기보다는 전인격적으로 이루어진다. 또한 집단성원 간 관계와 상호작용 속에서 구성원들의 행동은 이성적 요소들보다는 정서적 맥락들에 의해 주로 유발된다.

집단은 집단과 관련된 구성원들의 행동에 영향을 미치는 규범체계를 포함한 하위체계를 갖는다. 이러한 부분적 규범들은 각 구성원들에게 내면화되고 각자의 가치체계, 즉 자기인식의 일부분으로 내면화된다. 이를 통해 어떤 방식으로 행동해야 하는지에 대한 사회적 통제 및 사회화의 기능을 수행한다. 따라서 집단은 사회체계 중에서 가장 배타성을 가지므로 집단 구성원들만의 자기본위

의식을 소유하고 있다. 그러므로 집단 구성원의 관계는 개인적으로 이루어지나 내부에서 나타내는 감정은 집단에 대한 소속감 등으로 이루어지기 때문에 가장 배타적이다. 이러한 배타성은 집단의 잠재적인 안정성으로 집단을 유지하는 힘이 되고 있다.

2) 집단의 유형

(1) 일차집단과 이차집단

집단은 상호작용을 하는 구성원들로 이루어져 있으며, 구성원들 간의 상호작용은 개별 구성원뿐만 아니라, 집단 전체에도 영향을 미친다. 뿐만 아니라 집단 구성원 각자는 다른 구성원들로부터 영향을 받게 되며, 자신의 행동을 통해서 다른 구성원에게 영향을 미친다. 이러한 상호작용과 결속의 정도를 따라 일차집단과 이차집단으로 구분하였다.

일차집단(primary group)은 어떠한 특정의 목적이 없으며, 혈연과 지연을 바탕으로 자연발생적으로 이루어지는 집단으로 가족, 친구, 친인척, 이웃, 동료 등이 있다. 이 집단은 아주 친밀하기 위해 자주, 긴밀하게 접촉을 하면서 관계를 맺는다. 구성원들의 공통의 도덕규범 및 행동형성과 발달, 사회화 등에 영향을 미친다. 이러한 집단을 자연발생적 집단으로 말하기도 한다.

이차집단(secondary group)은 정서적, 애정, 의사소통의 부족 등의 결속력은 약하고 직접 대면해서 접촉하는 것은 일차집단보다는 적거나 없을 수도 있다. 특정한 목적을 달성하기 위해 상호작용하는 집단으로 인위적으로 계약에 의해 구성된 집단이다. 또한 집단 내에서 수행하는 구성원 개인의 기능과 역할을 중시하므로 목적에 효율성이나 능률을 높이는 데 있다. 이러한 집단을 인위적 형성집단으로 말하기도 한다.

(2) 개방집단과 폐쇄집단

집단구성원의 가입과 탈퇴를 자율성에 따라 분류되는 개방집단과 폐쇄집단이 있다.

개방집단(open-ended group)은 집단이 구성되어 운영이 되어도 언제나 구성원들의 입·탈퇴가 자유로워 무제한으로 구성원을 계속해서 받을 수 있다. 또한 집단을 떠나는 구성원을 대신하는 새로운 구성원의 가입이 허용되는 집단의 유형이다. 때때로 이 개방적 집단을 종결 시간을 미리 정하지 않고 모이는 집단으로 보기도 한다. 그러나 이러한 집단의 장점은 입·탈퇴가 자유롭기 때문에 새로운 구성원들의 가입으로 새로운 제도와 생각, 신념, 가치관들이 유입되는 점이며, 단점은 오리엔테이션 반복, 목표에 대한 성장의 정체, 구성원들의 불안 유발 등이 있다.

폐쇄집단(close-ended group)은 집단이나 단체의 구성과 관련하여 먼저 가입조건이 설정되어 가입 및 참여의 기회가 없거나 닫혀 있어서 외부인들이 마음대로 가입하거나 참여할 수 없는 집단을 말한다. 이러한 집단의 장점은 구성원들이 동일하기 때문에 집단의 응집력이 높아 개인의 목표와 집단의 공동목표를 모두 효과적으로 달성할 가능성이 높다. 그러나 단점으로 처음부터 구성원 선정과 목표선정에 오류가 있다고 하더라도 수정할 수 있는 여지가 적다. 그리고 집단 운영 중도에 탈퇴하는 구성원들이 많다고 하면 집단 구성원의 인원수가 적어 집단의 역동성과 집단의 유지가 어려워지는 경우가 발생할 수 있다.

(3) 치료집단과 과업집단

집단의 목적과 활동에 따라 구분할 경우 다양한 구분이 존재하지만 크게 치료집단과 과업집단으로 분류한다.

치료집단(treatment group)의 집단 목표는 성원의 사회·정서적 욕구에 대한 만족의 증가에 심려를 기울인다. 또한 실천방식은 공개적인 의사소통과 적극적인 상호작용을 위해 성원을 격려한다. 집단 내에서 성원의 역할은 서로 상호작용을 통해 결정되고 집단과정은 집단에 따라 유연하거나 형식적이다. 이러한 치료집단의 특성은 자기 개방(self-disclosure), 즉 자기공개성이 높으며, 진행과정은 집단 내에서만 이루어진다. 또한 치료목표가 성공적으로 충족되었을 때 집단의 성공 여부가 결정 난다. 치료집단을 주된 목적에 따라 세분화하면 교육집단, 성장집단, 치유집단, 사회화 등이다.

과업집단(task group)은 집단의 목표는 과업달성, 성과물 산출, 명령수행에 적극적이다. 또한 실천방식의 의사소통은 특정 과업에 관한 것의 논의에 집중되어 있다(이인정 · 최해경, 2020: 580). 집단 내에서 성원의 역할은 각 성원들의 과업이 할당되고, 집단과정은 집단에 따라 보통은 형식적인 일정과 규칙이 있다. 이러한 과업집단의 특성은 자기 개방(self-disclosure), 즉 자기공개성이 낮으며, 진행과정은 대중에게 공개적일 수도 있고 은밀하게 진행할 수도 있다. 또한 치료목표가 성공적으로 그 과업이나 명령을 달성했는가 혹은 산출물에 대한 성과를 냈는가를 집단의 성공 여부로 결정 난다. 과업집단의 예로는 자문위원회, 연합체, 대표위원회, 협의체, 이사회 등이 있다.

3) 사회체계로서 집단

집단의 체계를 베일즈(Bales, 1969)는 체계이론을 토대로 집단체계의 기능을 설명하면서 집단이 어떤 문제를 해결하려는 목적으로 상호작용을 하는 사람들이 모인 체계라고 전제하였다.

집단은 하나의 사회체계로서 구성원들의 상호작용을 바탕으로 개인의 사회적 관계를 증진시키며, 다양한 욕구를 충족시키고 문제를 해결한다. 집단은 구성원들의 활동에 따라 구성원 각자와 사회에 유익하기도 하지만, 부정적인 영향력을 미치기도 한다. 한편, 집단은 다른 집단에 의해 영향을 받으며, 지역사회나 국가의 기대, 가치관, 문화 등에 의해 영향을 받는다(이근홍, 2020: 329-330). 더불어 구성원 각자에게는 물론 집단 전체에 영향을 미치게 되며, 이러한 상호작용에 의해 집단 변화에 미치는 힘을 '집단의 역동성'이라 한다. 집단의 역동성은 구성원들의 의사소통, 집단의 목적과 규범, 구성원의 역할과 정서적 유대, 하위집단 등의 다양한 요소들에 의해서 영향을 받는다. 이러한 요소들을 적절히 활용하게 되면 집단의 발전은 물론 구성원들에게 긍정적 결과를 가져올 수 있다(이근홍, 2020: 326). 그러므로 집단에서는 응집력이 중심적 역할을 하는 요소이기 때문에 긍정적인 힘으로 반드시 독려해야 한다. 이것을 '집단의 응집력'이라고 한다. 집단의 응집력은 구성원들 간의 매력을 느끼는 힘으로 지도자에 대한 중요한 역할이다. '우리, 우리들, 우리의' 등을 언급하면서 참석자를 하나로 모이게 하는 행위로 구성원의 특성, 집단의 목적, 집단의 분위기, 집단의 활동성, 집단참여의 필요성 등이 결집되는 복합적인 힘이다.

4) 집단체계와 사회복지실천과의 연계

집단을 활용한 사회복지실천의 역사는 인보관운동, 성인교육, YMCA 등과 같은 기관 내에서 1890년대쯤부터 시작되었다. 집단을 서비스의 단위로 분류하게 된 것은 대부분의 기관들이 사회적 변화로 인한 재인식으로 노력한 결과이다. 특히 이러한 기관들의 목표는 빈민들의 사회적 조건을 변화시키고 서비스 제공을 통해 사람들의 민주적, 사회적 및 도덕적으로 발달시킬 수 있도록 환경과 사회에 영향력 있는 변인들을 확인하는 데 있었다.

빈곤지역에 인보관과 기관 등에서 시민들의 교육, 사회화, 지역사회에 대한 적응을 향상시키고자 하였다. 또한 상호지지의 관계를 형성하며, 사회 변화를 위한 힘의 결집이 필요하였기 때문에 주로 집단을 중심으로 한 사회복지실천이 전개되었다. 이러한 배경으로 집단사회복지실천이 발달되었다(이영호 외, 2018: 323).

집단사회복지실천은 집단을 매개의 수단으로 목표지향적인 활동, 즉 의도적인 집단경험을 통해 개인의 문제해결, 개인의 강점강화, 집단 또는 지역사회가 당면한 문제를 효과적으로 돕는 것이다. 또한 집단사회복지실천은 집단이 개인에게 미치는 영향을 중요시하며, 개인 및 집단의 목표달성을 위해 집단과정의 활용으로 사회적 기능의 향상과 사회적으로 바람직한 목표달성을 위해 집단 속의 사람을 대상으로 하는 사회복지실천의 한 방법이다.

인간은 성장해 가는 동안 다양한 집단을 경험하게 된다. 인간은 집단을 떠나서는 생활할 수 없으며, 성장과 발달을 가져올 수도 없다. 급격한 사회 변화로 인해 사회적 소외, 소속감의 상실, 가족 기능의 저하와 같은 문제에 직면해 있는 현대인에게 집단은 직·간접적으로 영향을 미치는 중요한 체계다(정은, 2014: 331). 그러므로 집단을 이끄는 사회복지전문가는 프로그램 활동을 통해 상호작용으로 그들의 문제나 욕구를 환경수준에 따라 해결할 수 있도록 해야 한다. 그 실천 대상인 집단의 다양한 유형과 특징에 대하여 전문적인 지식과 기술을 습득해야 한다. 더불어 집단구성원이 직면하게 되는 복잡한 문제와 상황을 체계적인 관점에서 사정하며, 효과적으로 해결할 수 있도록 부단히 노력하여 성장과 변화를 꾀해야 한다.

3. 지역사회체계

1) 지역사회

지역사회(community)란 사람들이 모여 살아가는, 즉 일상생활을 하는 지역을 말한다. '지역'이란 말이 시사하는 바와 같이 지역공동체에 대한 관심은 지리적 및 공간적 자연환경에 시각을 두고 그러한 환경 가운데서 영위되는 삶의 특질을 밝히고자 하는 것이다. 이러한 시각은 인간 삶의 상당 부분은 물리적 환경과의 관계에서 환경에 영향을 주기도 하지만, 환경으로부터 영향을 받는다는 사실을 인식하는 데서 비롯된 것이다. 지역사회라는 환경은 삶의 터전이기 때문에 그 터전은 인간의 사회관계(인간관계), 가치관, 신념, 규범, 행동양식 등에 영향을 미치게 된다(현승일, 2012: 301).

지역사회는 공동체, 공동운명체의 뜻을 가진다. 그러므로 일정한 지리적 구역을 전제조건으로 일정한 지역에 사는 사람들의 집합체를 말한다. 이에 공동체는 공동의 관심과 이해관계를 전제조건으로 기능적 기준에 의해 형성되며, 그 구성원이 공동의 이익을 추구하고, 이해관계를 같이 하는 개인이나 집단조직체를 의미한다. 지역사회의 개념을 지역적 의미만 강조하여 지역의 범위를 크게 잡으면 언어의 의사소통이 불가능해도 '지역사회'라고 할 수 있다. 따라서 지역사회의 일반적 개념은 일정한 지리적 범위 내 사람들의 집단 또는 공동의 이해관계, 소속감, 문화에 기초하여 활동하는 사람들이 집단으로 구성하는 사회적 단위이다. 우리나라는 지역의 '행정구역'을 말하지만 지역의 특수성은 상호작용이 빈번함을 말하기 때문에 행정구역과는 관계가 없다. 즉, 지역사회는 지리적 요건 구성과 구성원의 상호작용이 맞물려야 하는 것이다(표갑수 외, 2021: 347).

결론적으로 지역사회는 일정한 지리적인 경계를 가진 지역에 거주하는 사람들이 상호작용을 하며, 공동이익을 추구하고 전통, 관습, 문화 등을 공유하는 공동체라고 본다. 지역사회는 사회의 중요한 부분이며, 그 자체가 하나의 사회로서 가족, 집단, 조직의 행동에 영향을 미치고 그들에게 영향을 받으며, 변화하고 발전한다(정서영, 2017a: 304).

사회복지실천현장에서는 지역사회를 구성하는 주민을 비롯하여 지역사회의 지리적 위치, 지역사회 내의 기관 등에 따라 지역사회를 구분할 수 있다. 특히, 사회복지사가 활동하면서 밀접하게 관련하고 있는 지역사회를 중심으로 유형화하여 영구임대아파트단지, 유흥가, 새로 개발된 지역사회, 농촌지역사회, 도시지역사회, 산업단지 등이 있다(표갑수 외, 2021: 351-352).

2) 지역사회체계

지역사회는 가족, 집단 및 조직과 같은 하위체계와 사회나 문화와 같은 상위체계의 사이에서 중간적인 역할을 하는 중요한 사회체계이다. 지역사회는 주민들의 공통적인 욕구를 충족시키고 문제를 해결하며, 그들을 사회화시키고 그들에게 문화를 전달한다. 또한 지역주민 각자는 지역사회와의 상호작용을 통해서 지역사회의 발전에 기여할 뿐만 아니라 지역사회로부터 영향을 받는다.

사회체계적 접근에서 지역사회는 지역사회 내의 다양한 하부체계들이 어떻게 상호작용하는지를 분석하는 데 초점을 둔다. 지역사회의 주요 단위는 주로 공식적 조직으로 정부기관, 종교단체, 학교, 보건조직, 사회복지기관을 포함한다. 가족이나 각종 모임 같은 비공식적 집단도 지역사회의 기능에 기여하므로 이들의 활동도 관심 대상이 된다. 체계적 관점은 커다란 사회환경의 다양한 하부체계들이 지역사회에 미치는 영향을 인식하도록 도와준다. 또한 지역사회가 더 큰 상위집단의 사회환경에 영향을 주고받으며, 변화하고 내부적으로도 지역사회 내의 구성요소들이 상호교류하며, 변화한다는 점을 인식하게 도와준다(표갑수 외, 2021: 348).

지역사회는 인간이 그곳을 떠나서는 살 수 없는 반드시 필요한 지리적 공간이며, 인간행동에 큰 영향을 미치는 사회적 단위이다. 특히, 지역사회는 종교단체, 학교, 대중매체 등을 통해서 개인의 행동에 중대한 영향력을 미치며, 산업체, 행정기관, 사법기관 등 다양한 지역사회기관들의 활동을 통해서 지역사회의 발전에 기여하고 사회통제의 기능을 수행한다. 지역사회는 사회의 중요한 부분이며, 그 자체가 하나의 사회이다. 지역사회는 그곳에 위치한 가족, 집단 및 조직의 행동에 영향을 미치며, 그들에게서 영향을 받으며 변화된다. 지역사회는 거의 모든 학문분야와 전문분야에서 주요한 관심사가 되고 있다(이근홍, 2020: 345).

3) 사회복지실천과의 연계

지역사회는 사회복지실천의 중요한 자원으로서 넓은 의미를 가진다. 사회복지사는 지역사회 내에서 중요한 인적·물적 자원을 발굴하고 동원해야 한다. 더불어 지역사회가 인간행동에 미치는 영향과 지역사회의 물리적·사회적 환경에 초점을 두어야 한다. 즉, 클라이언트 중심의 집, 건물, 농촌마을, 도시지역 같은 물리적 환경에 거주하는 사람의 생활양식, 연령, 성, 문화적 양식에 적합한 방식으로 가정생활, 대인관계, 직장생활, 종교생활을 하는 사회적 환경을 지원해야 한다. 지역사회복지실천은 클라이언트와 사회복지사, 그리고 자원봉사자나 후원자 등의 참여자가 함께 어우러져 이루어진다. 특히 장애인, 어르신 등을 위한 장기적이고 다양한 서비스가 강조됨에 따라 여러 기관과 개인의 참여가 불가피한 상황이 확대되고 있다(표갑수 외, 2021: 355).

결론적으로 지역사회실천은 지역사회의 욕구나 문제를 예방·해결하기 위해 사회복지사가 그 지역사회의 제반 자원과 지역사회실천 관련 기술을 활용하여 개입하는 사회복지실천의 한 방법이기 때문에 지역사회를 사회복지실천의 클라이언트로 간주한다. 또한 사회복지사의 개입목표는 지역사회가 지니는 욕구나 문제의 예방이나 해결에 있으며, 지역사회실천은 철저히 사회복지실천의 전문 지식과 기술을 토대로 이루어지나 필요한 타 분야의 지식과 기술을 응용하여 활용한다고 하였다. 따라서 사회복지사의 개인적 활동 못지않게 유용한 자원을 중심으로 사회연계망(social network)을 구축하여 활동하는 것도 사회복지사에게 중요한 과제가 되고 있다.

연습문제

1 집단에 관한 설명으로 옳지 않은 것은?

① 역할분화가 이루어진다.
② 사회화의 기능을 수행한다.
③ 구성원들이 감정을 공유하며 규범과 목표를 수립한다.
④ 구성원들 간의 관계를 형성하며 상호작용을 통해 성장한다.
⑤ 구성원들을 지지하고 자극시키는 힘을 가지기 때문에 긍정적 기능만을 수행한다.

2 폐쇄형 가족체계의 설명으로 옳은 것을 모두 고른 것은?

ㄱ. 외부체계의 간섭을 허용	ㄴ. 경계가 자유롭다
ㄷ. 지역사회와의 교류가 확대	ㄹ. 외부와의 상호작용 제한

① ㄱ, ㄴ, ㄷ　② ㄱ, ㄷ　③ ㄴ, ㄹ
④ ㄹ　⑤ ㄱ, ㄴ, ㄷ, ㄹ

정답 1. ⑤ 2. ④

참고문헌

1. 국내자료

강갑원(2016). 『상담심리학: 이론과 실제』. 파주. 경기: 양서원.
강경미(2016). 『발달심리학』. 파주. 경기: 양서원.
강기정 외(2020). 『인간행동과 사회환경』. 고양. 경기: 공동체.
강문희 · 김매희 · 유정은(2007). 아동발달론. 경기: 공동체.
강봉규(2000). 『인간발달』. 서울: 동문사.
강상경(2018). 『인간행동과 사회환경』. 서울: 학지사.
강세현 외(2013). 『아동관찰 및 행동연구』. 서울: 학지사.
강세현 외(2016). 『인간행동과 사회환경』. 파주. 경기: 양성원.
고명석 외(2018). 『인간행동과 사회환경』. 서울: 동문사.
고명수 외(2018). 『인간행동과 사회환경』. 파주. 경기: 정민사.
곽금주 · 정윤경 · 김미화 · 박성혜 · 송현주 역(2007). 아동발달심리학. 서울: 박학사
구혜영(2015). 『인간행동과 사회환경』. 서울: 신정.
권육상(2008). 『인간행동과 사회환경』. 서울: 유풍출판사.
권재일 외(2010). 『다문화사회의 이해』. 파주. 경기: 동녘.
권중돈(2014). 『인간행동과 사회환경』. 서울: 학지사.
권중돈(2021). 『인간행동과 사회복지실천』. 서울: 학지사.
권향임 외(2013). 『인간행동과 사회환경』. 서울: 창지사.
길태영 · 이진용(2017). "베이비부머의 생산적 활동과 성공적 노화의 관계에서 성격특성과 행복감의 매개효과." 『사회복지정책』, 44(4), 103-126.
김경은 외(2020). 『인간행동과 사회환경』. 파주. 경기: 양성원.
김경화 · 최해경(2019). "노화태도와 자기돌봄실천이 노인의 삶의 만족도에 미치는 영향." 『한국가족사회복지학회』, 2, 201-206.
김귀환 외(2015). 『인간행동과 사회환경』. 파주. 경기: 정민사.
김남일 외(2015). 『심리학개론』. 파주. 경기: 동화기술.
김남일(2005). 『심리학』 대전: 신세계커뮤니케이션즈.
김남현 · 정민숙(2017). "노인들의 사회활동 참여와 우울이 삶의 질에 미치는 영향." 『한국콘텐츠학회논문지』, 17(3), 496-506.
김보기 외(2016). 『최신 사회문제론』. 파주. 경기: 양서원.
김보기 외(2017). 『인간행동이해를 위한 심리학』. 파주. 경기: 양서원.
김보기 외(2019). 『인간행동과 사회환경』. 파주. 경기: 수양재.
김보기 외(2021). 『가족상담 및 가족치료』. 서울: 조은.
김보기 외(2021). 『사회복지실천기술론』. 광명. 경기: 정원.
김보기 외(2021). 『사회복지와 문화다양성』. 서울: 동문사.

김선희 외(2012). 『인간행동과 사회환경』. 서울: 신정.
김성민(2001). 『분석심리학과 기독교』. 서울: 학지사.
김성민(2001). 『분석심리학과 기독교』. 서울: 학지사.
김수희(2010). 『아동발달』. 파주. 경기: 양서원.
김신일(2013). 『교육사회학』. 파주. 경기: 교육과학사.
김영철 외(2021). 『최신 정신건강론』. 서울: 조은
김영호(2010). 『인간행동과 사회환경』. 파주. 경기: 양서원.
김용선(1992). 『피아제와 반피아제론』. 서울: 형설출판사.
김유숙(2015). 『가족상담』. 서울: 학지사.
김윤재 외(2015). 『인간행동과 사회환경』. 파주. 경기: 정민사.
김윤재 외(2017). 『인간행동과 사회환경』. 파주. 경기: 양서원.
김윤재 · 남궁달화(1995). 『콜버그의 도덕교육론』. 서울: 철학과현실사.
김은명(2021). "은퇴자의 사회활동 참여와 인지기능의 종단적 관계 검증." 『인문사회 21』, 12(3), 1531-1546.
김이영 외(2015). 『인간이해를 위한 심리학』. 파주. 경기: 양서원.
김재원 외(2020). 『인간행동과 사회환경』. 파주. 경기: 양성원.
김진원(2009). 인간행동과 사회환경. 서울: 대왕사.
김춘경 외(2004). 『아동학개론』. 서울: 학지사.
김춘경 (1999). 『인성교육론』. 서울: 문음사.
김태형 · 전양숙(2007). 『성격과 심리학』. 담양. 전남: 새뜰심리상담소.
김향선(2018). 『현대 인간행동과 사회환경』. 서울: 학지사.
김혜선 · 유안진(2011). 『인간발달』. 서울: 방송방송통신대학교출판부.
김혜숙(2020). 『가족치료: 이론과 기법』. 서울: 학지사.
김홍규(2015). 『최신 상담심리학』. 파주. 경기: 양서원.
나동석 외(2015). 『정신건강론』. 파주. 경기: 양서원.
남궁달화(1995). 『콜버그의 도덕교육론』. 서울: 철학과현실사.
남궁달화(1999). 『인성교육론』. 서울: 문음사.
노수희(2022). "베이비붐세대의 노화태도가 행복감에 미치는 영향-생성감의 매개효과와 사회활동참여의 조절효과." 신라대학교 박사학위논문.
노안영 · 강영신(2011). 『성격심리학』. 서울: 학지사.
도미향 외(2015). 『인간행동과 사회환경』. 서울: 신정.
문선모(2012). 『교육심리학의 이해』. 파주. 경기: 양서원.
민혜지 · 장진경(2020). "한국 신체활동 치매예방 프로그램의 효과성에 관한 메타분석: ICF를 기반으로". 『인문사회 21』, 11(2), 211-223.
박선환 외(2014). 『정신건강론』. 파주. 경기: 양서원.
박성연 외(2017). 『인간발달』. 서울: 파워북.
박아청(2010). 『에릭슨의 인간이해』. 파주. 경기: 교육문화사.

박언하 외(2019). 『인간행동과 사회환경』. 서울: 동문사.
박종란 외(2021). 『사회복지현장실습』. 서울: 조은.
박희숙 · 강민희(2017). 『인간행동과 사회환경』. 서울: 창지사.
사회복지교육연구센터(2021). 『인간행동과 사회환경』. 서울: 나눔의 집.
생각의 마을(2018). 『인간행동과 사회환경』. 고양. 경기: 공동체.
서강식(2010). 『피아제와 콜버그의 도덕교육이론』. 고양. 경기: 인간사랑.
서봉연 · 이순형 외(2003). 『발달심리학』. 서울: 중앙적성출판사.
서창원(1996). 『현대심리학』. 서울: 한맥.
서혜석 외(2014). 『인간행동과 사회환경』. 서울: 청목출판사.
세계일보(2019.05.27.) 자녀에 노부모까지 이중부양 허리 휘는 중장년층.
손광훈(2012). 『인간행동과 사회환경』. 고양. 경기: 공동체.
손병덕 외(2019). 『인간행동과 사회환경』. 서울: 학지사.
손진훈 외(1994). 『심리학의 이해』. 서울: 영진서관.
손홍숙(2011). 『아동발달론』. 고양. 경기: 공동체.
송대현(1981). 『사회심리학』. 서울: 박영사.
송명자(2008). 『발달심리학』. 서울: 학지사.
송선희 외(2016). 『새로 쓴 노인교육론』. 서울: 학지사.
송지영(2012). 『정신병리학 입문』. 서울: 집문당.
송형철 외(2018). 『발달심리학』. 파주. 경기: 양성원.
신기원 외(2016). 『인간행동과 사회환경』. 고양. 경기: 공동체.
신명희 외(2013). 『발달심리학』. 서울: 학지사.
신희경 외(2011). 『교육심리학』. 서울: 신정.
신희천(2009). 『성도착증과 성정체감 장애』. 서울: 학지사.
심의보 외(2016). 『인간행동과 사회환경』. 서울: 파워북.
안범희(2011). 『성격심리학』. 서울: 하우.
양병환(2010). 『정신병리학 총론』. 서울: 중앙문화사.
양정남 외(2009). 『인간행동과 사회환경』. 서울: 청목출판사.
양철수 외(2018). 『인간발달』. 파주. 경기: 양철수.
양철수 외(2019). 『노인복지론』. 파주. 경기: 수양재.
양춘(2003). 『현대 사회학』. 서울: 민영사.
엄신자(2008). 『인간행동과 사회환경』. 서울: 인간과복지.
엄태완 외(2020). 『인간행동과 사회환경』. 고양. 경기: 공동체.
예병일(2007). 『내 몸 안의 과학』. 서울: 효형출판.
오경기 외(2020). 『인간이해의 심리학』. 서울: 학지사.
오수성 외(2013). 『정신병리학』. 서울: 학지사.
오윤선(2007). 『기독교상담심리학의 이해』. 서울: 예영.
오창순 외(2015). 『인간행동과 사회환경』. 서울: 학지사.

옥선화(2004). 『결혼과 가족』. 서울: 하우.
원호택 · 권석만(2008). 『이상심리학』. 서울: 학지사.
유성이(2017). 『인간행동과 사회환경』. 서울: 동문사.
유수현 외(2015a). 『인간행동과 사회환경』. 파주. 경기: 양서원.
유수현 외(2015b). 『정신건강론』. 파주. 경기: 양서원.
윤가현 외(2019). 『심리학의 이해』. 서울: 학지사.
윤은경 · 조윤득(2020). "심리사회적 의존성과 자아통합감 간의 관계에서 사회활동 참여의 매개효과: 독거노인을 중심으로." 『대한고령친화산업학회지』, 12(2), 1-11.
이광자 외(2009). 『현대 심리학』. 서울: 아세아문화사.
이근홍(2015). 『인간행동과 사회환경』. 고양. 경기: 공동체.
이동원 외(2007). 『개인 · 관계 · 사회』. 파주. 경기: 양서원.
이소희 외(2005). 『청소년복지론』. 서울: 나남.
이순형 · 성미애(2014). 『아동복지 이론과 실천』. 서울: 학지사.
이신동(2016). 『생활 속에서 만나는 라이프 심리학』. 고양. 경기: 공동체.
이억범 외(2014). 『심리학개론』. 서울: 동문사.
이영실 외(2013). 『인간행동과 사회환경』. 서울: 창지사.
이영실 · 이윤로(2010). 『정신건강론』. 서울: 창지사.
이영호 외(2018). 『인간행동과 사회환경』. 고양. 경기: 공동체.
이영호(2010). 『정신건강론』. 고양. 경기: 공동체.
이옥형 외(2012). 『교육심리학』. 서울: 성신여자대학교출판부.
이우언 외(2017). 『인간행동과 사회환경』. 서울: 동문사.
이원식(2018). "의료서비스 이용에 대한 종단연구". 『사회복지정책』, 45(2), 05-37.
이윤로(2006). 『인간행동과 사회환경』. 서울: 창지사.
이윤상(1995). 『심리학개론』. 서울: 기독교문서선교회.
이윤환(2012). "노인의 건강 및 의료이용실태와 정책과제". 『보건복지포럼』, 192, 40-51.
이은희(2016). 『인간행동과 사회환경』. 고양. 경기: 공동체.
이인정 · 최해경(2020). 『인간행동과 사회환경』. 서울: 나남.
이장호(2009). 『상담심리학의 기초』. 서울: 학지사.
이종복 · 전남련(2011). 『인간행동과 사회환경』. 파주. 경기: 학현사.
이주희 외(2013). 『심리학의 이해』. 고양. 경기: 공동체.
이지연 외(2013). 『교육심리학』. 파주. 경기: 양서원.
이진향 외(2016). 『인간행동과 사회환경』. 서울: 창지사.
이형석(2017). 『사회복지실천을 위한 인간행동과 사회환경』. 고양. 경기: 공동체.
이훈구(1995). 『사회심리학』. 서울: 법문사.
이희세 · 임은희(2015). 『인간행동과 사회환경』. 파주. 경기: 양서원.
임규혁 · 임웅(2013). 『교육심리학』. 서울: 학지사.
임상록(2009). 『청소년복지론』. 서울: 학지사.

임은희(2010). 『인간행동과 사회환경』. 파주. 경기: 양서원.
장기수 · 송관재(2001). 『심리학의 이해』. 서울: 홍익대학교출판부.
장성화 외(2016). 『상단의 이론과 실제』. 파주. 경기: 정민사.
장수복 외(2020). 『인간행동과 사회환경』. 서울: 동문사.
장수한 외(2011). 『아동복지론』. 서울: 학지사.
장수한 외(2017). 『인간행동과 사회환경』. 고양. 경기: 공동체.
정미경 외(2011). 『아동복지론』. 서울: 학지사.
정미경 외(2015). 『심리학개론』. 파주. 경기: 양서원.
정서영 외(2017a). 『인간행동과 사회환경』. 파주. 경기: 양서원.
정서영 외(2017b). 『상담이론과 실제』. 파주. 경기: 양서원.
정서영 외(2018). 『상담심리학』. 파주. 경기: 양성원.
정서영 외(2019). 『상담학개론』. 고양. 경기: 양성원.
정순둘 · 전혜상 · 정주희(2015). "베이비부머의 라이프스타일이 신체적, 정신적 건강에 미치는 영향." 『노인복지연구』, 67, 61-82.
정옥분 외(2014). 『심리학용어사전』. 서울: 한국심리학회.
정옥분(2011). 『아동발달의 이해』. 서울: 학지사.
정옥분(2015). 『전생애 인간발달의 이론』. 서울: 학지사.
정은(2014). 『인간행동과 사회환경』. 서울: 학지사.
정의석(2013). 『대학생을 위한 심리학』. 서울: 시그마프레스.
정정숙(2002). 『기독교 상담학』. 서울: 베다니출판사.
정철수(1985). 『사회심리학』. 서울: 법문사.
정태석 외(2018). 『사회학』. 서울: 한울아카데미.
정희영(2008). 『피아제와 교육』. 파주. 경기: 교육과학사.
조맹제(2009). "국내 치매 노인 유병률 현황과 위험요인". 『보건복지포럼』, 156, 43-48.
조민식 외(2015). 『대중을 위한 사회학의 이해』. 파주. 경기: 양서원.
조복희 외(2016). 『인간발달』. 서울: 교문사.
조성연 외(2004). 『아동학개론』. 서울: 학지사.
조성철 · 김보기(2014). 『복지국가 위기론』. 안양. 경기: 한국선교연합회
조형숙 외(2014). 『인간행동과 사회환경』. 파주. 경기: 정민사.
조흥식 외(2010). 『인간행동과 사회환경』. 서울: 학지사.
조희금 외(2009). 『건강가정론』. 서울: 신정.
중앙노인보호전문기관(2018). 2017노인학대현황보고서.
중앙치매센터(2020.03.04.). 2019 중앙치매센터 연차보고서 발간.
지영주 외(2016). 『인간성장발달』. 서울: 퍼시픽북스.
지은주(2016). "중년기 남녀의 삶의 의미추구가 주관적 안녕에 미치는 영향: 의미발견, 생성감, 영성의 매개효과." 대구가톨릭대학교 박사학위논문.

천성문 외(2010). 『성문화와 심리』. 서울: 정인.
천정웅 외(2019). 『인간행동과 사회환경』. 고양. 경기: 양성원.
최경숙(2011). 『아동발달심리학』. 파주. 경기: 교문사.
최덕경 외(2014). 『인간행동과 사회환경』. 파주. 경기: 양서원.
최옥채 외(2021). 『인간행동과 사회환경』. 파주. 경기: 양서원.
최정윤 외(2015). 『이상심리학』. 서울: 학지사.
최현철(2021). "노년기 청력손실이 삶의 질에 미치는 영향 : 인지기능의 매개효과와 사회참여활동의 조절효과를 중심으로." 경희대학교 석사학위논문.
통계청(2016). 성&연령별 행복지수 연도별 비교.
통계청(2018). 「2018 고령자 통계」.
통계청(2019a). 「2018 한국의 사회지표」.
통계청(2019b). 「2018 혼인·이혼 통계」.
표갑수 외(2020). 『인간행동과 사회환경』. 서울: 신정.
하정미 외(2017). 『인간행동과 사회환경』. 고양. 경기: 공동체.
한국교육심리학회(2000). 『교육심리학용어사전』. 서울: 학지사.
한국사전연구사 편집부(1996). 『간호학대사전』. 서울: 한국사전연구사.
한국심리학회(2004). 『현대심리학의 이해』. 서울: 학문사.
한국심리학회(2014). 『심리학용어사전』.
한규석(2009). 『사회심리학의 이해』. 서울: 창지사.
한미현 외(2013). 『아동복지』. 서울: 창지사.
한성심 외(2013). 『아동복지론(제4판)』. 서울: 창지사.
허정철 외(2017). 『인간행동과 사회환경』. 고양. 경기: 공동체.
현성용 외(2020). 『현대심리학의 이해』. 서울: 학지사.
현승일(2012). 『사회학』. 서울: 박영사.
현정환(2016). 『상담심리학』. 파주. 경기: 양서원.
홍기원 외(2016). 『알기 쉬운 심리학』. 고양. 경기: 공동체.
홍봉선·남미애(2013). 『청소년복지론』. 고양. 경기: 공동체.
홍숙기(1990). 『성격심리학』. 서울: 박영사.
황민영·정순둘·김주현(2018). "연령주의, 신체적 및 심리사회적 노화의 인식, 우울감 간의 관계: 베이비부머, 전기노인 및 후기노인 남성 세대 집단의 비교를 중심으로." 『한국심리학회지(일반)』, 37(1), 65-103.
황희숙 외(2011). 『아동발달과 교육』. 서울: 학지사.

2. 외국자료

Ader, R., & Cohen, N.(1984). *Behavior and the immune system.* in Handbook of behavior medicine. New York: Academic Press.

Adler, A.(1907, 1917). *A Study of Organ Inferiority and Its Psychical Compensation: A Contribution to Clinical Medicine*. New York: Nervous and Mental Disease Publishing Co.

Adler, A.(1920, 2013). *The Practice and Theory of Individual Psychology.* Routledge.

Adler, A.(1927). *Understanding human nature*. New York: Greenberg.

Adler, A.(1930). *The Pattern of Life*. New York: Holt. Rinehart & Winston.

Adler, A.(1931). *What Life Should Mean to You*. Boston: Little. Brown & Co.

Adler, A.(1938). *Social Interest: A Challenge to Mankind*. London: Faber and Faber.

Adler, A.(1956, 1964). *The Individual Psychology of Alfred Adler: A Systematic Presentation in Selections from His Writings*. In H. L. Ansbacher & R. R. Ansbacher (Eds.). New York: Basic Books.

Adler, A.(1963). *The Problem Child: The Life Style of the Difficult Child as Analyzed in Specific Cases*. New York: Capricorn Books.

Adler, A.(1964a). *Superiority and Social Interest: A Collection of Later Writings*. In H. L. Ansbacher & R. R. Ansbacher (Eds.). Evanston. Northwestern University Press.

Adler, A.(1964b). *Problems of Neurosis: A Book of Case Histories*. New York: Harper & Row.

Adler, A.(1965). Influence or Model's Reinforcement Contingencies on the Acquisition of Imitative Responses. *Journal of Personality and Social Psychology. 1:* 589-595.

Adler, A.(1969). *Principles of Behavior Modification*. New York: Holt. Rinehart & Winston.

Adler, A.(1974). Behavior Theory and the Models of Man. *American Psychologist. 29:* 859-869.

Adler, A.(1982). Self-Efficacy Mechanism in Human Agency. *American Psychologist. 37:* 122-147.

Adler, A.(1986). *Social Foundations of Thought and Action: A Social Cognitive Theory.* Englewood Cliffs. NJ: Prentice-Hall.

Adler, A.(1997). *Social Learning Theory*. Englewood Cliffs. NJ: Prentice-Hall.

Adler, A.(Ed.).(1971). *Psychological Modeling*. Chicago: Aldine-Atherton.

Alderfer, C. P.(1969). A new theory of human needs. *Organizational Behavior and Human Performance. 4:* 142-175.

Alderfer, C. P.(1972). *Existence, relatedness, and growth: Human needs in organizational settings*. New York: Free Press.

Allen, A, B., Goldwasser, E. R., & Leary, M. R.(2012). "Self-compassion and well-being among older adults." *Self and Identity*, *11*, 428-453.

Allen, B.(2005). *Personality Theories: Development, Growth, and Diversity* (5th Ed.). Pearson Education.

Allport, G. W.(1935). Attitudes, in *A Handbook of Social Psychology:* 789-844. In C.

Murchison (Ed.). Worcester. M.A.: Clark University Press.

Allport, G. W.(1961). *Pattern and growth in personality*. NY: Holt. Rinehart & Winston.

Allport, G. W., & Ross, J. M.(1967). "Personal religious orientation and prejudice." *Journal of Personality and Social Psychology*, *5*(4), 432–443.

Ansbacher, H. L., & Ahnsbacher, R.(1995). *Alfred Adlers Individual Psychologie*. Ernst Reinhardt.

Apostle, R. et al.(1983). *The anatomy of racial attitudes*. Berkeley: University of California Press.

Ashford, J. B. et al.(2009). *Human Behavior in the Social Environment: A Multidimensional Perspective* (4th ed.). Belmont: Thompson Learning.

Atchely, R. C., & Barusch, B.(2003). *Social Forces & Aging* (10th Edition). Cengage Learning.

Atkinson. J., & Litwin, G. H.(I960). Achievement motive and test anxiety conceived as motive to approach success and motive to avoid failure. *Journal of Abnormal and Social Psychology. 60:* 52-63.

Atkinson. R. C., & Sliiffrin, R. M.(1968). Human memory: A proposed system and its control processes. In K. W. Spence & J. T. Spence (Eds.). *The psychology of learning and motivation(Vol. 2)*. New York: Academic Press.

Atkinson. R. C., & Sliiffrin, R. M.(1971). The control of shortterm memory. *Scientific American. 225:* 82-90.

Aycock, A.(1993). Virtual play: Baudrillard online. *Arachnet Electronic Journal on Virtual Culture. 1*.

Baars, B. J., & Gage, N. M.(2012). *Cognition, Brain and Consciousness: An introduction to Cognitive Neuroscience* (2nd ed.). Neuro-scientific Research and Development (Chinese Edition). Science Press.

Bales, R. F.(1970). *Personality and Interpersonal Behavior*. New York: Holt. Rine-hart & Winston.

Baltes, P. B., & Baltes, M. M.(1990). Successful Aging. Cambridge: Cambridge University Press.

Baltes, P. B., & Schaie, K. W.(1974). Aging and the IQ: The Myth of the Twilight Years. *Psychology Today. 7:* 35-40.

Baltes, P. B., & Smith, J.(1990). *The Psychology of Wisdom and It's Ontogenesis*. Cambridge University Press.

Bandura, A.(1965a). Vicarious processes A case of no-trial learning. In L. Berkowitz (Ed.). *Advances in experimental social psychology (Vol. 2)*. New York: Academic Press.

Bandura, A.(1965b). Influence of Model's Reinforcement Contingencies on the Acquisition of Imitative Responses. *Journal of Personality and Social Psychology. 1:* 589-595.

Bandura, A.(1969). *Principles of Behavior Modification*. New York: Holt. Rinehart & Winston.

Bandura, A.(1971). *Psychological modeling: conflicting theories*. Chicago: Aldine · Atherton.

Bandura, A.(1973, 2017). *Aggression: a social learning analysis* (Macat Library). Englewood Cliffs. N.J.: Prentice-Hall.

Bandura, A.(1974). Behavior Theory and the Models of Man. *American Psychologist. 29:* 859-869.

Bandura, A.(1976, 2015). *Social Learning Theory* (Chinese Edition). Renmin University of China Press.

Bandura, A.(1986). *Social Foundations of Thought and Action: A Social Cognitive Theory*. Englewood Cliffs. N.J.: Prentice-Hall.

Bandura, A.(1997). *Self-efficacy: the exercise of control*. New York: W. H. Freeman.

Bandura, A.(2015). *Moral Disengagement: How People Do Harm and Live with Themselves*. New York: Worth.

Bandura, A., & Kupers, C.(1964). The Transmission of Self-reinforcement through Modeling. *Journal of Abnormal and Social Psychology. 69:* 1-9.

Bandura, A., & Walters, R.(1963). *Social Learning and Personality Development*. NY: Holt. Rinehart and Winston.

Beck, A. T. et al.(1979). *Cognitive Therapy of Depression*. The Guilford Press. 원호택 외 역(2001). 『우울증의 인지치료』. 서울: 학지사.

Beck, A. T.(1967). *Depression: Clinical Experimental and Theoretical Aspects*. New York: Harper & Rcw.

Beck, A. T.(1976). *Cognitive Therapy and the Emotional Disorders*. New York: International University Press.

Beck, A. T.(1985). *Anxiety Disorders and Phobias: A Cognitive Perspective*. New York: Basic Books.

Beck, A. T., & Freeman, A.(1990). *Cognitive therapy of personality disorders*. New York: Guilford Press.

Bee, H. L.(1997). *The Developing Child*. New York: Longman.

Belar, C. et al.(1978). *The Practice of Clinical Health Psychology*. New York: Pergamon.

Bengtson, V. L., Burgess, E. O., & Parrott, T. M.(1997). Theory, explanation, and a third generation of theoretical development in social gerontology. *The Journals of Gerontology Series B: Psychological Sciences and Social Sciences, 52*(2), S72-S88.

Berger, R. L., & Federico, R. C.(1982). *Human behavior: A social work perspective*. London: Longman.

Blau, P. M., & Scott, W. R.(1962). *Formal Organization*. San Francisco: Handler.

Bobo, L.(1988). Attitude toward the black political movement: Trends, meaning, and effects on racial policy preferences. *Social Psychology Quarterly. 51*: 287-302.

Boring, E. G.(1957). *A history of experimental psychology* (2nd ed.). New York: Appleton-Century-Crofts.

Bowditch, J. L., & Bouno, A. F.(1985). *A primer on organizational behavior*. N.Y.: John Wiley and Sons.

Bowlby, J.(1973). *Attachment and loss. Vol. 2: Separation*. New York: Basic Books.

Bowlby, J.(1989). *Secure attachment*. New York: Basic Books.

Brannon, L., & Feist, J.(2013). *Health Psychology: An Introduction to Behavior and Health* (6th ed.). Cengage Learning.

Breger, L.(1974). *From Instinct to Identity: The Development of Personality*. Englewood Cliffs. NJ: Prentice-Hall. Inc. 홍강의 · 이영식 역(1998). 『인간발달의 통합적 이해』. 서울: 이화여자대학교 출판부.

Brehm. S. S., & Brehm, J. W.(1981). *Psychology Reactance: A Theory of Freedom and control*. New York: Academic Press.

Bresler, L. et al.(2001). *Fifty Modern Thinkers on Education: From Piaget to the Present Day*. New York: Routledge. 조현철 · 박혜숙 역(2009). 『50인의 현대교육사상가: 피아제에서 현재까지』. 서울: 학지사.

Brodaty, H. et al.(2005). Why caregivers of people with dementia and memory loss don't use services. *International Journal of Geriatric Psychiatry. 20(6)*: 537-546.

Bronfenbrenner, U.(1971). *Two Worlds of Childhood, USA and USSR*. George Allen & Unwin.

Bronfenbrenner, U.(1979, 2009). *The Ecology of Human Development: Experiments by Nature and Design*. Cambridge. M.A.: Harvard University Press.

Bronfenbrenner, U.(1986). Ecology of the family as a context for human development: Research perspectives. *Developmental Psychology. 22(6)*: 723-742.

Bronfenbrenner, U.(1993). The Ecology of Cognitive Development: Research Models and Fugitive Findings. In R. H. Wozinak & K. Fischer (Eds.). *Scientific Environments*. Hillsdale. NJ: Erlbaum.

Bronfenbrenner, U.(1995). The bioecological model from a life course perspective. In P. Moen, G. H. Elder, & K. Luscher (Eds.). *Examining lives in context*. Washington. DC: American Psychological Association.

Brown, R.(1978). Development of the first language in the human species. In J. K. Gardner (Ed.). *Readings in developmental psychology*. Boston: Little. Brown & Co.: 117-129.

Bruner, J. S.(1966). *Toward a theory of instruction*. New York: Noiton.

Bruner, J. S.(1971). *The relevance of education*. New york: Norton.

Burrus-Bammel, L. L., & Bammel, G.(1985). *Leisure and Recreation*. New York: Van Nostrand Reinhold.

Butler, D.(2004). Slim pickings. *Nature. 428:* 252-254.

Butterworth, G.(2001). Joint visual attention in infancy. In A. Fogel (Ed.). *Blackwell handbook of infant development*. Oxford. UK: Blackwell.

Cain, D. J.(1987). Carl R. Rogers: The man, his vision, his impact. *Person-Centered Review. 2(2):* 283-288.

Cannon, W.(1932). *The wisdom of the body*. New York: Norton.

Carlson, J. G., & Harfield, E.(1992). *Psychology of emotion*. New York: Harcourt, Brace, Jovanovich.

Carlson, N. R.(1806, 2007). *Foundations of Physiological Psychology* (7th ed.). Allyn & Bacon. 김현택 외 역(2004). 『생리심리학의 기초』. 서울: 시그마프레스.

Cattell, R. B.(1971). *Abilities: Their Structure, Growth, and Action*. Houghton Mifflin.

Chan, S, C Y., Au, A, M L., & Lai, S, M, K.(2020). The detrimental impacts of negative age stereotypes on the episodic memory of older adults: does social participation moderate the effects? *BMC Geriatrics; London*, *20*, 1-12.

Chess, W. A.(1988). *Human Behavior and Social Eenvironment*: *A Social Systems Model*. Boston: Allyn and Bacon.

Chomsky, N.(1957). *Syntactic structures*. The Hague: Mouton.

Chomsky, N.(1968, 2006). *Language and Mind* (3 edition). Cambridge University Press.

Chomsky, N.(1986). *Knowledge of language: Its nature, origin, and use*. New York: Praeger.

Church, K.(1989). A Learning Model for a Parametric Theory in Phonology: Comment. *Vancouver Studies in Cognitive Science. 2*: 18-326.

Clifford, M. M.(1984). Thought on a theory of constructive failure. *Educational Psychologist, 19(2):* 108-120.

Collins, G. R.(1973). *The Christian Psychology of Paul Tournier*. Grand Rapids: Baker Book House.

Collins, G. R.(1974). *Effective Counseling: Psychology for Church Leaders Series*. Creation House.

Collins, G. R.(1975). *Search for Reality*. Vision House Publishers.

Collins, G. R.(1980). *Helping People Grow: Practical Approaches to Christian Counseling*. Ventura, CA: Vision House.

Collins, G. R.(1995). *How to be a People Helper*. Wheaton: Tyndale House Publishers.

Collins, G. R.(1997). *The Rebuilding of Psychology: An Integration of Psychology and Christianity*. Wheaton: Tyndale House Pub.

Collins, G. R.(2007). *Christian Counseling*. Nashville: Thomas Nelson.

Compton, B. R. et al.(2004). *Social work processes* (7th ed.). Cengage Learning.

Corey, G.(2016). *Theory and Practice of Counseling and Psychotherapy* (10th ed.). Cengage Learning.

Corina, D. P.(1998). The processing of sign language Evidence from aphasia. In B. Stemmer & H. A. Whittaker (Eds.). *Handbook of neurolinguisrics*. Sandiego Academic Press.

Corsini. R. J., & Marsella, A. J.(1983). *Personality theories, research, and assessment*. Itasca. I.L.: F. E. Peacock.

Covington, M. V., & Omelich, C. L.(1979). Effort: The double-edged sword in school achievement. *Journal of Educational Psychology. 71:* 169-182.

Craik, F. I. M., & Lockhart, R. S.(1972). Levels of processing A framework for memory research. *Journal of Verbal Learning and Verbal Behavio. 11:* 671-684.

Craik, F. I. M., & Tulving, E.(1975). Depth of processing and the retention of words in episodic memory. *Journal of Experimental Psychology: General. 104*: 268-294.

Crain, W.(2017). *Theories of Development: Concepts and Applications*. (6th New edition). New York: Routledge.

Critchley, H. D. et al.(2004). Neural systems supporting interoceptive awareness. *Nature Neuroscience. 7*: 189-195.

Dale O., & Smith, R(1996, 2012). *Human Behavior and the Social Environment: Social System Theory* (7th Edition). Pearson.

De Martino, M.(1990). How women want men to make love. *Sexology. Oct.*: 4-7.

Deci, E. L.(1971). Effects of externally mediated rewards on intrinsic motivation. *Journal of Personality-and Social Psychology. 18:* 105-115.

Deci, E. L., & Ryan, R.(1985). *Intrinsic motivation and self-determination in human behavior*. New York: Plenum.

Dodge, K. A.(1980). Social cognition and children's aggressive behavior. *Child Development. 51*: 247-261.

Dollard, S. J. et al.(1939, 1974). *Frustration and Aggression*. Yale University Press.

Doyle, W.(1985). Recent research on classroom management: Implications for teacher preparation. *Journal of Teacher Education. 36:* 31-35.

Doyle, W.(1986). Classroom organization and management. In M. Wittrock (Ed.). *Handbook of research on teaching* (3rd ed.). New York: Macmillan: 392-431.

Dunphy, D. C.(1963). The Social Structure of Urban Adolescent Peer Groups. *Sociometry. 14*: 227-236.

Durkheim, E.(1897, 2017). *Le Suicide, a study in sociology*. Andesite Press.

Duursma, S. A. et al.(1991). Estrogen and Bone Metabolism. *Obstetrical and Gynecological Survey. 47:* 38-44.

Dworetzky, J. P.(1996). *Introduction to child development* (6 edition). Wadsworth Publishing.

Dworkin, B. R., & Miller, N. E.(1986). Failure to replicate visceral learning in the acute curarized rat preparation. *Behavioral Neuroscience. 100:* 299-314.

Dwyer, M.(1998). Exhibitionism/voyeurism. *Journal of Social Work and Human Sexuality. 7:* 101-112.

Eccles, J., & Wigfield, A.(1995). In the Mind of the Actor: The Structure of Adolescents' Achievement Task Values and Expectancy-Related Beliefs. *Personality and Social Psychology Bulletin. 21(3):* 215-225.

Eggan, P. D., & Kauchak, D.(2010). *Education Psychology: Windows on Gassroom* (8th ed.). Boston: Allyn & Bacon Co.

Eichenbaum, H.(2002). Special issue on gene targeting and hippocampal function. *Hippocampus. 12(1):* 1-1.

Eitzen, S., & Zim, M.(1994). *Social problems*. Boston: Allyn and Bacon.

Elder, G. H.(1994). Time, human agency, and social change: Perspectives on the life course. *Social Psychology Quarterly. 57(1)*: 4-15.

Elder, G. H.(1998). The life course as developmental theory. *Child Development. 69(1):* 1-13.

Elder, G. H., & Caspi, A.(1988). Human development and social change: An emerging perspective on the life course. In N. Bolger, A. Caspi, G. Downey & M. Moorehouse (Eds.). *Persons in context: Developmental processes*. New York: Cambridge University Press.

Elder, G. H., & Hareven, T. K.(1993). Rising above life's disadvantage: From the great depression to war. In G. H. Elder, J. Modell, & R. D. Parke (Eds.), C*hildren in time and place: Developmental and historical insights*. Cambridge: Cambridge University Press.

Elkind, D.(1981). *Children and adolescents: Interpretive essays on Jean Piaget* (3rd ed.). New York: Oxford University Press.

Engei, G. L.(1977). The need for a new medical model: A challenge for biomedicine. *Science. 196:* 129-136.

Engler, B.(2006). *Personality Theory: An Introduction* (7th ed.). Boston: Houghton Mifflin.

Erikson, E. H. et al.(1994). *Vital Involvement in Old Age.* New York: W. W. Norton & Company.

Erikson, E. H.(1950, 1993a). *Childhood and Society.* New York: W. W. Norton & Company.

Erikson, E. H.(1959, 1994a). *Identity and the Life Cycle* (Kindle Edition). New York: W. W. Norton & Company.

Erikson, E. H.(1962). *Young Man Luther.* Peter Smith Pub Inc.

Erikson, E. H.(1963, 1978). *Childhood and Society.* New York: W. W. Norton & Co.

Erikson, E. H.(1965, 1994b). *Identity: Youth and Crisis.* New York: W. W. Norton & Company.

Erikson, E. H.(1970, 1993b). *Gandhi's Truth: On the Origins of Militant Nonviolence.* New York: W. W. Norton & Company.

Erikson, E. H.(1974, 1979). *Dimensions of a New Identity.* New York: W. W. Norton & Company.

Erikson, E. H.(1975). *Life History and Historical Moment*. NY: Norton.

Erikson, E. H.(1978). *Adulthood.* New York: W. W. Norton & Co Inc.

Erikson, E. H.(1993c). *Young Man Luther: A Study in Psychoanalysis and History.* New York: W. W. Norton & Company.

Erikson, E. H., & Coles, R.(2001). *The Erik Erikson Reader.* New York: W. W. Norton & Company.

Erikson, E. H., & Erikson, J. M.(1982, 1997). *The Life Cycle Completed* (Extended Version). New York: W. W. Norton & Company.

Erikson, E. H., & Kakar, S.(1993). *Identity and Adulthood.* Oxford University Press.

Fasko, D. Jr., & Wayne W.(2008). *Contemporary Philosophical and Psychological Perspectives on Moral Development and Education.* Hampton Pr. 박병기 외 역(2013). 『도덕철학과 도덕심리학』. 고양. 경기: 인간사랑.

Fechner, G(1980). *Elements of Psychophysics* (Volume 1). HOLT RINEHART & WINSTON.

Feist, J., & Feist, G. J.(2006). *Theories of personality* (5th ed.). New York: McGraw-Hill Companies.

Feldman, R. S.(2002). *Understanding psychology*. New York: McGraw-Hill.

Fenichel, O.(1945). *The Psychoanalytic Theory of Neurosis*. New York: W. W. Norton.

Festinger, L., & Carlsmith, J.(I959, 2011). *Cognitive Consequences of Forced Compliance.* www.all-about-psychology.com

Fischer, J., & Corcoran, K.(1994). *Measures for clinical practice: A sourcebook* (2nd ed.). New York: Free Press.

Fishbien, M.(1967). "Reading an attitude theory and measurement." New York : Wiley and Sons. Inc.

Flavell, J. H.(1985). *Cognitive Development* (2nd ed.). NJ: Prentice-Hall.

Freud, A.(1900, 2021). Die Traumdeutung (German Edition). Neopubli GmbH

Freud, A.(1936, 1946). *The ego and the mechanisms of defense*. New York: International Universities Press.

Freud, A.(1943). *Infants without families: The case for and against residential nurseries.* London: G. Allen & Unwin.

Freud, A.(1965, 2018). *Normality and pathology in childhood: Assessments of development* (1st Edition, Kindle Edition). Routledge.

Freud, A.(1966-1980). *The Writings of Anna Freud* (8 Volumes). New York: Indiana University of Pennsylvania.

Freud, A.(1968). *Indications for child analysis and other papers, 1945~1956*. International Universities Press.

Freud, A.(1968). *The writings of Freud, A*. New York: International Universities Press.

Freud, A.(1974). *Introduction to psychoanalysis' Lectures for child analysts and teachers,*

1922-1935. New York: International Universities Press.

Freud, A., & Burlingham, D.(1942). *Young children in wartime: A year's work in a residential nursery*. London: G. Allen & Unwin.

Freud, S.(1905, 2021). *Three essays on the theory of sexuality* (Special Edition). Independently published.

Freud, S.(1908, 1959). *Character and anal eroticism* (J. Riviere, trans.). Collected Papers (Vol. 2). New York: Basic Books.

Freud, S.(1913, 1959). *The excretory functions in psychoanalysis and folklore* (J. Riviere, trans.). Collected Papers (Vol. 2). New York: Basic Books.

Freud, S.(1920, 2020). *Beyond the pleasure principle*. Digireads.com Publishing.

Freud, S.(1923, 2018). *The Ego and the Id*. (Dover Thrift Editions). Dover Publications.

Freud, S.(1924a, 1989). The dissolution of the Oedipus complex. In P. Gay (Ed.). *The Freud reader*. New York: W. W. Norton (Original work published in 1924): 661-666.

Freud, S.(1924b, 1959). *The passing of the Oedipus complex* (J. Riviere, trans.). Collected Papers (Vol. 2). New York: Basic Books.

Freud, S.(1925, 1961). *Some psychological consequences of the anatomical distinction between the sexes*. In J. Strachey (Ed., & trans.). The Standard Edition of the Complete Psychological Works of Sigmund Freud (Vol. 19). London: Hogarth Press.

Freud, S.(1940, 2014). *An outline of psychoanalysis (*Kindle Edition). Brown Press

Freud, S.(1943). *A general introduction to psychoanalysis* (J. Riviere Ed., & Trans.). New York: Garden City Publishing Co.

Freud, S.(1949, 1977). Three essays on the theory of sexuality. In A. Richards (Ed.), *On sexuality: Three essays on the theory of sexuality and other works*. London and Harmondsworth: Penguin Books: 31-170.

Freud, S.(1964). *Why War?* In J. Strachey (Ed.). Standard Edition of the Complete Psychological Works of Sigmund Freud (Vol. 22). London: Hogarth Press.

Freud, S.(1966). *Introductory Lectures on Psychoanalysis*. N.Y.: Norton.

Friedman, L. J., & Coles, R.(1999). *Identity's Architect: A Biography of Erik H. Erikson*. New York: Charles Scribner' Son.

Fritz, G. K.(2000). The evolution of psychosomatic medicine. *Brown University Child and Adolescent Behavior Letter. 16(4):* 8.

Germain, C. B.(1973). An ecological perspective in casework practice. *Social Casework. 54(6)*.

Germain, C. B., & Gitterman, A.(1987). Ecological Perspectives. In Minanhan et al.(Eds.). *Encyclopedia of Social Work*. MD: National Association of Social Workers.

Giddens, A.(1977). *Social Learning Theory*. New Jersey: Prentice-Hall, Inc.

Giddens, A.(1986). *Social foundation of thought and action: A Social theory*. New Jersey:

Hall, Inc.

Giddens, A.(1998, 2008). *The Third Way: The Renewal of Social Democracy*. Cambridge: Polity.

Giddens, A.(2000. 2012). *The Third Way and its Critics*. Cambridge: Polity.

Giddens, A.(2001). *The Global Third Way Debate*. Cambridge: Polity.

Giddens, A.(2003). *The Birth of Pleasure*. Vintage.

Giddens, A.(2009, 2021). *Sociology* (9th ed.). Cambridge: Polity Press.

Giddens, A.(2021a). *Introduction to Sociology* W. W. Norton & Company.

Gilligan, C.(1998). *In a Different Voice: Psychological Theory and Women's Development. Cambridge.* Massachusetts: Harvard University Press.

Ginsburg, H. P., & Opper, S.(2011). 김정민 역. 『피아제의 인지발달이론』. 서울: 학지사.

Glaser, R.(1962). *Training research and education*. Pittsburgh. P.A.: University of Pittsburgh Press.

Glover, J. A., & Ronning, R. R.(1987, 2013). *Historical foundations of education psychology*. NY: Plenum Press.

Goble, F.(1970). *The third force: The psychology of Abraham Maslow*. Richmond. CA: Maurice Bassett Publishing.

Goetz, F. E. et al.(1992). *Educational Psychology*. N.Y.: John & Wiley.

Goldberg, C.(1992). The limits of expectations: A case for case knowledge about teacher expectancy effects. *American Educational Research Journal. 29:* 517-544.

Good, T., & Grouws, D.(1999). The Missouri Mathematics Effectiveness Project An experimental study in fourth-grade classrooms. *Journal of Educational Psychology. 71:* 335-362.

Gould, S. J.(1978). *Transformation, Growth and Change in Adult Life*. New York: Simon and Schuster.

Gouldner, A. W.(1961a). Metaphysical Pathos and the Theory of Bureaucracy. In A. Etzioni (ed.). *A Sociological Reader on Complex Organizations*. New York: Holt. Rinehart & Winston.

Gouldner, A. W.(1961b). Organizational Analysis. In R. K. Merton et al. (Eds.). *Sociology Today*. New York: Harper & Row.

Gouldner, A. W.(2011). *Joining the Resistance*. Cambridge: Polity.

Graham, C. R.(2005). Blended learning systems: definition, current trends, and future directions. In Bonl, C. J., & Graham, C. R.(Eds.). *Handbook of blended learning: Global perspectives, local designs*. San Francisco. CA: Pfeiffer Publishing,

Graham, C. R.(2005). Blended learning systems: definition, current trends, and future directions. In Bonl, C. J., & Graham, C. R.(Eds.). *Handbook of blended learning: Global perspectives, local designs*. San Francisco. CA: Pfeiffer Publishing,

Greene, R. R.(2019). Human Behavior Theory and Social Work Practice with Marginalized Oppressed Populations. New York: Routledge.

Greene, R. R., & Phross, P. H.(1991). *Human Behavior Theory and Social Work Practice*. New York: Aldine de Gruyter.

Greene, R. R., & Phross, P. H.(1991, 2017). *Human Behavior Theory and Social Work Practice* (3rd Edition, Kindle Edition). Routledge.

Hall, C. S. et al.(1966, 1997). *Theories of personality* (4th Edition) New York: Wiley.

Hall, C. S.(1954, 1999). *A Primer of Freudian Psychology*. Plume.

Hall, C. S., & Nordby, V. J.(1973). *Primer of Freudian Psychology / Primer of Jungian Psychology* (2 Volume Set). New York: Mentor Books.

Harlow, H. F., & Harlow, M. K.(1969). Effects of various mother-infant relationships on rhesus monkey behaviors. In B. M. Foss (Ed.), *Determinants of infant behavior (Vol. 4)*. London: Methuen: 15-36.

Harris, J. R.(2009). *The Nurture Assumption: Why Children Turn Out the Way They Do*. New York: Free Press.

Harter, S.(1978). Effectance motivation reconsidered: Toward a developmental model. *Human Development. 21:* 54-64.

Hartfield, E., & Rapson, R.(1993). *Love, Sex and Intimacy*. New York: Harper Collins.

Hartford, M. E.(1972). *Groups in Social Work*. New York: Columbia University Press.

Hartup, W. W.(1974). Aggression in childhood developmental perceptive. *American Psychologist. 29*.

Hartup, W. W.(1978). Peer interaction and behavioral development of the individual child. In Gardner, J. K.(Ed.), *Reading in Developmental Psychology*. Boston: Little, Brown & Co.

Havighurst, R. J. et al.(1968). Disengagement and patterns of aging. In B. L. Neugarten (Ed.). *Middle age and aging*. Chicago. IL: University of Chicago.

Havighurst, R. J.(1961). Successful aging. *The Gerontologist. 1*: 8-13.

Havighurst, R. J.(1968). Personality and patterns of aging. *The Gerontologist*, *8*(1 Part 2), 20-23.

Hayachi, Y., & Ende, S.(1982). All-night sleep Polygraphic Recordings of Healthy Aged Person: REM and Slow Wave Sleep. *Sleep. 5*: 277-283.

Heider, E. R.(1972). Universals in color naming and memory. *Journal of Experimental Psychology. 93:* 10-20.

Heider, F.(2015). *The psychology of interpersonal relations*. New York Wiley.

Helliwell, J., Layard, R., Sachs, J., & De Neve, J. E.(2020). "World happiness report 2020". New York: Sustainable Development Solutions Network. Saatavilla https://happinessreport. s3. amazonaws.

Helms, D. B., & Turner, J. S.(1976). *Exploring child behavior*. Philadelphia: W. B. Saunders Co.

Heth, C. D., & Rescorla, R. A.(1973). Simultaneous and backward fear conditioning in the rat. *Journal of Comparative and Physical Psychology. 82*: 434-443.

Hetherington, E. M. et al.(1978). The aftermath of divorce. In J. H. Stevens Jr., & M. Mathews (Eds.). *Mother-child, father-child relations*. Washington. DC: National Association for the Education of Young Children.

Hetherington, E. M.(1981). *Children of divorce*. In R. Henderson (Ed.), Parent-child interaction. New York: Academic Press.

Hetherington, E. M., & Parke, R. D.(1993). *Child psychology* (4th ed.). New York: McGraw-Hill.

Hill, W. F.(1982). *Principles of learning*. Palo Alto. CA: Mayfield.

Hiroto, D. S., & Seligman, M. E. P.(1975). Generality of learned helplessness in man. *Journal of Personality and Social Psychology. 31:* 331-327.

Hjelle, L. A., & Ziegler, D. J.(1992). *Personality theories*. N.Y.: McGraw-Hill, INC.

Hobfoll, S. E., & Vaux, A.(1993). Social support: Resources and context. In L. Goldberger & S. Breznitz (Eds.). *Handbook of stress: Theoretical and clinical aspects* (2nd ed.): 685-705. New York: Free Press.

Homan, George C.(1961). *Social behavior: Its elementary forms*. Harcourt, Brace.

Horton, P. L., & Larson, P.(1997). *The Sociology of Social Problems* (12th ed.). Englewood Cliff. New York: Prince-Hall.

Hothersall, D.(1984). *History of Psychology*. New York: Random House, Inc.

Hoyer, W. J., & Plude, D. J.(1980). Attentional and perceptual processes in the study of cognitive aging. In L. W. Poon (Ed.). *Aging in the 1980s*. Washington. DC: American Psychological Association.

Hubel, D. H., & Wiesel, T. N.(1979). Brain Mechanisms of vision. *Scientific American:* 150-162.

Hughes, F. P., & Noppe, L. D.(1985). *Human development across the life span*. New York: West Publishing Co.

Hull, C. L.(1943). *Principles of behavior: An introduction to behavior theory*. New York: Appleton-Century-Crofts.

Huston, A. C. et al.(1989). Public Policy and Children's Television. *American Psychologist. 44:* 159-173.

Hutchison, E. D.(2010). *Dimensions of Human Behavior: Person and Environment* (4th ed.). Thousand Oaks: Sage.

Inhelder, B., & Piaget, J.(1958). *The growth of logical thinking*. New York: Basic Books.

James, W.(1890). *The principles of psychology*. New York: Heniy Holt.

Jang, Y., & Chiriboga, D. A.(2011). "Social activity and depressive among in Korean American older adults: The conditioning role of acculturation." *Journal of Aging and Health*, 23(5), 7-781.

Jaspers, K.(1913, 2013). *Allgemeine Psychopathologie* (5th ed.). Springer. 송지영 외 역(2014). 『정신병리학 총론』(1-4권). 서울: 아카넷.

Jenkins, J. G., & Dallenbach, K. M.(1924). Obliviscence during sleep and waking. *Journal Psychology. 35:* 605-612.

John, O. P.(1990). The big-five factor taxonomy: Dimensions of personality in the natural language and questionnaires. In L. A. Pervin (Ed.). *Handbook of personality: Theory and research*. New York: Guilford Press. 66-100.

Jose, P. M.(1990). Just world reasoning in children's immanent justice arguments. *Child Development. 61*: 1024-1033.

Jung, C. G.(1954). *Collected Works 17*. Pars 174-181. New York: Princeton University Press.

Jung, C. G.(1954, 2014). The *Practice of Psychotherapy* (Collected Works of C.G. Jung, Volume 16). Princeton University Press.

Jung, C. G.(1956, 1977). Symbols of Transformation (2nd ed., Collected Works of C.G. Jung Vol.5). Princeton University Press.

Jung, C. G.(1960). *The stage of life*. in The collected works of C. G.(Vol. 8). London and Henley: Routledge & Kegan Paul.

Jung, C. G.(1964a). *Flying saucers: a modern myth of things seen in the skies*. In collected works. Vol. 10. Princeton: Princeton Univ. Press.

Jung, C. G.(1964b, 1973). *Man and His Symbols*. New York: Doubleday & Co.

Jung, C. G.(196l). *Memories, dreams, reflections*. New York: Pantheon.

Jung, C. G.(1970). *Civilization in Transition* (The Collected Works of C. G. Jung, Volume 10). Princeton University Press.

Jung, C. G.(1976, 2016). *Psychological Types*. Martino Fine Books.

Kelley, H. H.(1967, 1971). *Attribution in social interaction*. Morristown, NJ: General Learning Press.

Kenrick, D. T. et al.(2010). Renovating the pyramid of needs: Contemporary extensions built upon ancient foundations. *Perspectives on Psychological Science. 5*: 292-314.

Koestler, A.(1967, 1982). *The ghost in machine*. One 70 Press.

Kohlberg, L.(1981). *The Philosophy of Moral Development: Moral Stages and the Idea of Justice.* New York: Harper & Row.

Kosnik, W. et al.(1988). Visual change in daily Life Throughout Adulthood. *Journal of Gerontology. 43:* 63-70.

Kosslyn, S. M., & Rosenberg , R. S.(2010). *Introducing Psychology: Brain, Person, Group*

(4th Edition). Pearson Learning Solutions.

Kubler-Ross, E.(1969). *On Death and Dying*. New York: Hacmillan.

Kuhl, J.(1985). Volitional mediators of cognition-behavior consistency: Self-regulatory processes and action versus state orientation. In J. Kuhl, & J. Beckman (Eds.). *Action control: From cognition to behavior*. Berlin: Springer-Verlag.

Küller, J. A (1996). Chronic Villus Sampling. In J. A. Kuller, N. C. Cheschier, & R. C. Cefalo (eds.). *Prenatal Diagnosis and Reproductive Genetics*. St. Louis: Mosby: 145-158.

Lawler, E. E., & Suttle, J. L.(1972). A causal correlational test of the need hierarchy concept. *Organization Behavior and Human Performance. 7:* 265-287.

Lawler, E. J.(2001). An Affect Theory of Social Exchange 1. *American Journal of Sociology, 107*(2), 321-352.

Lawrence J. C.(2012). 『어른들은 잘 모르는 아이들의 숨겨진 삶』. 김경숙 역. 서울: 양철북.

Lazarus, R. S., & Folkman, S.(1984). *Stress, appraisal, and coping*. New York: Springer. 김정희 역(2001). 『스트레스와 평가 그리고 대처』. 서울: 대광문화사.

Lepper, M. R. et al.(1973). Understanding children's intrinsic interest with extrinsic rewards: A test of the overjustification hypothesis. *Journal of Personality and Social Psychology. 28*: 129-137.

Lepper, M. R.(1978). *The hidden costs of reward*. Greene, D.(Eds.). Hillsdale. NT: Erlbaum.

Levinson, D.(1986). *The Seasons of a Mans Life*. New York: Ballantine Books.

Levinthal, C. F.(1979). *The Physiological Approach in Psychology*. Englewood Cliffs, NJ: Prentice-Hall. 이관용 · 김기중 역(1983). 『생리심리학: 심리학의 생리학적 접근』. 서울: 법문사.

Longino, C. F., & Kart, C. S.(1982). Explicating activity theory: A formal replication. *Journal of Gerontology. 37*: 713-721.

Marans, S., & Adelman, A.(1997). Experiencing violence in a developmental context. In J. Osofsky (Ed.). *Children in a violent society*: 202-222. New York: Lie Guilford Press.

Marcia, J.(1980). Identity in adolescence. in Adelson, J.(Ed.), Handbook of Adolescent Psychology. NY : John Wliey.

Maroni, L.(2012). 『만 4~5세 자녀 이해하기』. 이희영 역. 서울: 시그마프레스.

Martin, P. Y., & O'Connor, G. G.(1989). *The Social Environment: Open Systems Applications*. White Plains. N.Y.: Longman.

Maslow, A. H.(1943). A theory of human motivation. *Psychological Review. 50*: 370-396.

Maslow, A. H.(1943, 2013). *A theory of human motivation* (Kindle Edition). Start Publishing LLC.

Maslow, A. H.(1954, 2019). *Motivation and Personality*. (Kindle Edition). Prabhat Prakashan.

Maslow, A. H.(1962, 2015). *Toward a Psychology of Being* (Kindle Edition). Sublime Books

Maslow, A. H.(1971, 2018). *The Farther Reaches of Human Nature*. BN Publishing.

Maslow, A.(1970). *Motivation and Personality*. New York: Harper and Row.

Masters, W. H. et al.(1985). *Human Sexuality* (3rd ed). Boston: Little, Brown, & Co.

Matarazzo, J. D.(1980). Behavioral health and behavioral medicine. *American Psychologist. 35:* 807-817.

Matarazzo, J. D.(1994). Health and behavior: The coming together of science and practice in psychology and medicine after a century of benign neglect. *Journal of Clinical Psychology in Medical Settings. 1:* 7-39.

McClelland, D. C. et al.(1953). *The achievement motive*. New York: Appleton.

McClelland, D. C.(1961). *The achieving society*. New York: Van Nostrand.

McClelland, D. C.(1961, 2010). *The Achieving Society*. Martino Fine Books.

McClelland, D. C.(1985). *Human motivation*. San Francisco: Scott, Foresman.

McGeoch, J. A.(1932). Forgetting and the law of disuse. *Psychological Review. 39*: 352-370.

Messinger, L.(1984). *Remarriage: A Family Affair*. New York: Plenum Press.

Middler, L. P.(2012). *Erik H. Erikson and Intimacy vs. Isolation (Psychosocial Stages of Development)*. Critical Mass Publications.

Miller, N. E.(1960). Learning resistance to pain and fear: Effects of overlearning, exposure, and rewarded exposure in context. *Journal of Experimental Psychology. 60*: 137-145.

Milner, B.(1959). The memory defect in bilateral hippocampal lesions. *Psychiatric Research Reports. 11:* 43-52.

Minahan, A., & Pincus, A.(1973). *Social Work Practice: Model and Method* .F.E. Peacock.

Mischel, W., & Shoda, Y.(2007). *Introduction to Personality: Toward an Integrative Science of the Person* (8th ed.). 손정락 역(2003). 『성격심리학』. 서울: 시그마프레스.

Mittelman, W.(1991). Maslow's study of self-actualization: A reinterpretation. *Journal of Humanistic Psychology. 31:* 114-135.

Mooney, C. G.(2013). *Theories of Childhood, Second Edition: An Introduction to Dewey, Montessori, Erikson, Piaget & Vygotsky*. Redleaf Press. Nostrand Reinhold.

Mowrer, O. H.(1961). *The Crisis in Psychiatry and Religion*. New York: Van Nostrand.

Moxley, D. P.(1989). *The Practice of Case Management*. Newbury Park. CA: Sage Publications.

Murray, H. A.(1938). *Explorations in personality*. New York: Oxford University Press.

Muuss, R. E.(1965, 1996). *Theories of Adolescence* (6th ed.). McGraw-Hill.

Muuss, R. E., & Porton, D. H.(1971, 1998). *Adolescent Behavior and Society* (5th ed.). McGraw-Hill.

Neimark, E. D.(1982). Adolescent thought: Transition to formal operations. *Handbook of developmental psychology:* 486-502.

Nelson, J. C.(1983). *Family treatment: An interactive approach*. NJ: Prentice Hall. Inc.

Newman, B. M. and Newman, PP. R.(1993). "Development through Life: A Psychosocial Approach, 5th ed." Chicago; *The Dorsey Press*.

Newman, B. M., & Newman, P. R.(2011). *Development Through Life: A Psychosocial Approach* (11 edition). Wadsworth Publishing.

Nye, R. D.(1932, 2001c). *The Moral Judgment of the Child*. New York: Routledge.

Nye, R. D.(1978). *Behavior and Evolution*. Pantheon.

Nye, R. D.(2000). *Three Psychologies: Perspectives from Freud, Skinner, and Rogers* (6th ed.). Pacific Grove: Brooks/Cole.

Nye, R. D.(2001a). *The Psychology of Intelligence*. New York: Routledge.

Nye, R. D.(2001b). *The Language and Thought of the Child*. New York: Routledge.

Nye, R. D.(2013). *The Child's Conception of Time*. New York: Routledge.

Nye, R. D., & Inhelder, B.(1969, 2000). *The Psychology of The Child*. New York: Basic Books.

Orleans, C., Ulmer, C. C., & Gruman, J. C.(2004). The role of behavioral factors in achieving national health outcomes. In R. G. Frank, A. Baum & J. L. Wallander (Eds.). *Handbook of Clinical Health Psychology. 3:* 465-499. Washington. DC: American Psychological Association.

Papalia, D. E. and Olds, S. W.(2008). *Human Development* (11th Edition). McGraw-Hill Humanities.

Papalia, D. E. et al.(2003). *Child Development*. New York: McGraw-Hill.

Papalia, D. E. et al.(2006). *A child's world: Infancy through adolescence*. NY: McGraw Hill.

Parsons, T.(1937, 2010). *Social Structure & Person* (Kindle Edition). NY: The Free Press.

Parsons, T.(1937, 2017). *The Structure of Social Action*. Forgotten Books.

Parsons, T.(1951, 2012). *The Social System* (Kindle Edition). Quid Pro Books.

Parsons, T.(1951a, 2001). *Toward a General Theory of Action: Theoretical Foundations for the Social Sciences*. Transaction Publishers.

Parsons, T.(1961, 1965). *Theories of Society*. NY: Free Press.

Parsons, T.(1967), *Sociological Theory and Modern Society*. New York: Free Press.

Parsons, T.(1971). *The System of Modern Societies* (Foundations of Modern Sociology). Columbus. OH: Prentice Hall.

Parsons, T.(2015). *American Society: Toward a Theory of Societal Community* (The Yale Cultural Sociology Series). New York: Routledge.

Pavlov, I. P.(1927, 2013) *Lectures on Conditioned Reflexes* (Kindle Edition). Cullen Press.

Pavlov, I. P.(1932).*The reply of a physiologist to psychologists*. Unknown Binding.

Pavlov, I. P.(1957). *Experimental psychology, and other essays*. Philosophical Library.

Penfield, W., & Milner, B.(1958). Memory deficit produced by bilateral lesions in the hippocampal zone. *Archives of Neurology and Psychiatry. 19:* 475–497.

Pervin, L. A.(2005). *Theories of Personality*. John Wiley & Sons, Inc.

Pervin, L. A., & John, O. P.(2001). *Personality: Theory and research* (8th ed.). N.Y: John Wiley & Sons.

Peterson, L. R., & Peterson, M. J.(1959). Short-term retention of individual verbal items. *Journal of Experimental Psychology. 58:* 193-198.

Piaget, J.(1923). *Le langage et la pensée chez l'anfant*, Switzerland: Delachaux & Niestl.

Piaget, J.(1924). *Le Jugement et la raisonnement chez l'anfant*, Switzerland: Delachaux & Niestle.

Piaget, J.(1948). *La Naissance de l'intelligence chez l'enfant*, Switzerland: Delachaux & Niestle.

Piaget, J.(1952, 2013). *The Origins of Intelligence in Children*. New York: Norton.

Piaget, J.(1954, 2013). *The Construction Of Reality In The Child* (The International Library of Psychology). New York: Routledge.

Piaget, J.(1956, 2013). *The Children's Conception of Space*. Routledge.

Piaget, J.(1963, 2001). *The Psychology of Intelligence* (Routledge Classics) (Volume 92). New York: Routledge.

Piaget, J.(1973). *The Child and Reality: Problems of Genetic Psychology*. New York: Grossman Publishers.

Piaget, J.(1985). *The Equilibration of Cognitive Structures: The Central Problem of Intellectual Development*. Chicago: University of Chicago Press.

Piaget, J.(2015). *The Child's Conception Of The World*. CreateSpace Independent Publishing Platform.

Piaget, J., & Inhelder, B.(1969, 2019). *The Psychology of the Child* (Kindle Edition). New York: Basic Books.

Plutchik, R.(2001). The nature of emotions. *American Scientist. 89:* 344-350.

Polan, E. U. and Taylor, R.(2015). *Journey Across the Life Span: Human Development and Health Promotion* (5 edition). F.A. Davis Company.

Polscy, H.(1969). System as Patient: Client Needs and System Function. In G. Hearn (ed.). *The General Systems approach: Contributions toward a Holistic Conception of Social Work*. New York: Council on Social Work Education.

Pulkkinen, L.(1982). Self-control and continuity in childhood delayed adolescence. In P. Baltes 8l O. Brim(Eds.), *Life-span development and behavior* (Volume 4). New York: Academic Press: 64-102.

Pulkkinen, L.(1984). *Nuoret ja kotikasvatus* [Youth and home ecology]. Helsinki: Otava.

Pulkkinen. L.(1983). Finland: Search of alternatives to aggression. In A. Goldstein & M. Segall (Eds.). *Aggression in global perspective*. New York: Pergamon Press.

Rescorla, R. A.(1980). Pavlovian second-order conditioning. *Scientific American:* 84-90.

Rhodes, S. L.(1980). A Development Approach to the Life Cycle of the Family. In M. Bloom (ed.). *Life Span Development*. N.Y.: Macmillan.

Rogers, C. R.(1951, 2020). *Client-Centered Therapy* (Audiobook) Hachette Audio UK.

Rogers, C. R.(1954). *Psychotherapy and Personality Change*. Chicago: Univ. Press.

Rogers, C. R.(1957). The Necessary and Sufficient Conditions of Therapeutic Personality Change. *Journal of Counseling Psychology. 21*: 95-103.

Rogers, C. R.(1959). A Theory of Personality and Interpersonal Relationships as Developed in the Client-centered Framework. In S. Koch (ed.). *Psychology, A Study of Science: Formulations of the Person and the Social Context. 3:* 184-256. NY: McGraw-Hill.

Rogers, C. R.(1965, 2020). *Client Centered Therapy*. Hachette Audio UK

Rogers, C. R.(1967). Autobiography. In E. Boring, & G. Lindzey (eds.). *A History of Psychology in Autobiography. 5*: 341-384. NY: Appleton-Cenairy-Crofts.

Rogers, C. R.(1969). *Freedom to Learn: A view of what education might become*. Columbus: Charles Merrill.

Rogers, C. R.(196l). *On Becoming a person A therapist's view of psychotherapy*. Boston: Houghtin Minfflin.

Rogers, C. R.(1977). *Carl Rogers on Personal Power: Inner Strength and Its Revolutionary Impact*. NY: Delacote.

Rogers, C. R.(1980). *A Way of Being*. Boston: Houghton Mifflin.

Rogers, C. R.(1983, 1987). *Freedom to Learn for The 80'*. Columbus: Merrill. Rowe. W.

Rogers. C. R.(1942, 2007). *Counseling and Psychotherapy*. Rogers Press.

Roggins, S. P. et al.(2011). *Contemporary Human Behavior Theory: A Critical Perspective for Social Work (3rd. ed.)*. Boston: Allyn & Bacon.

Rosenberg, T.(2012). 『또래압력은 어떻게 세상을 치유하는가』. 이종호 역. 서울: RHK.

Rosenshine, B.(1971). Teaching behaviors related to pupil achievement: a review of research. In I. Westbury & A. A. Bellack (Eds.). *Research into classroom precess: recent development and next steps*. New York: Teacher College Press.

Rosenshine, B.(1977). *Primary grades instruction and achievement*. Paper presented at the annual meeting of the American Educational Research Association. NY.

Rosenshine, B., & Furst, N.(1971). Research on teacher performance criteria. In B. Smith (Ed.). *Research in teacher education:* 37-72. Englewood Cliffs. NJ: Prentice-Hall.

Rosenshine, B., & Stevens, R.(1986). Teaching functions. In M. C. Wittrock (Ed.). *Handbook of research on teaching* (3rd ed.) New York: Macmillan: 376-391.

Roth, S., & Bootzin, R. R.(1974). The effects of experimentally induced expectancies of external control. *Personality and Social Psychology. 29:* 253-264.

Sacks, O.(1985). *The man who mistook his wife for a hat*. New York. NY: Summit Books.

Sampson, R. J., & Laub, J. H.(1993). "Crime in the making : pathways and turning points through life. MA : Harvard University Press.

Santrock, J. W.(2018). *Life-Span Development* (17th ed.). McGraw-Hill Education.

Schachter, S., & Singer, J. E.(1962). Cognitive, social, and physiological determinants of emotional state. *Psychological Review. 69:* 379-399.

Schank, R. C., & Abelson, R. P.(1977). *Scripts, plans, goals and understanding*. Hillsdale. N.J.: Erlbaum.

Schriver, J. M.(2014). *Human Behavior and the Social Environment-Shifting Paradigms in Essential Knowledge for Social Work Practice* (6th ed.). Boston: Allyn and Bacon.

Schultz, D.(1977). *Growth Psychology: Models of the Healthy Personality*. New York: D. Van Nostrand Co. 정종진 역(1990). 『건강한 성격의 소유자란』. 서울: 그루.

Schultz, D., & Schultz, S. E.(1994). *Theories of Personality* (5th ed.). Pacific Grove. CA: Brooks/ Cole Publishing Company.

Schwartzm, G. E., & Weiss, S. M.(1978). Behavioral medicine revisited: An amended definition. *Journal of Behavioral Medicine. 1:* 249-251.

Scoville, W. B., & Milner, B.(1957). Loss of recent memory after bilateral hippocampal lesions. *J Neurol Neurosurg Psychiatry. 20:* 11–21.

Seligman, M. E. P. et al.(2000). *Abnormal Psychology* (4th ed.). W. W. Norton & Company.

Shaffer, D. R.(1999, 2016). *Developmental Psychology-Childhood St. Adolescence:: Voyages in Development* (6th ed.). CA: Wadsworth Publishing.

Silverman, D.(1970). *The Theory of Organizations: A Sociological Framework*. London: Heinemann.

Silverman, R. E.(1982). *Psychology* (4th ed.). M. J.: Prentice-Hall Inc.

Sime, M.(2009). 『아이들의 인지세계』. 문용린 역(2009). 서울: 학지사.

Skinner, B. F.(1938, 1991). *The behavior of organisms*. Copley Publishing Group.

Skinner, B. F.(1948). *Walden two*. New York: Macmillan.

Skinner, B. F.(1953). *Science and human behavior*. New York: Macmillan.

Skinner, B. F.(1954). The science of learning and the art of teaching. *Harvard Educational Review. 24*: 86-97.

Skinner, B. F.(1958a). Teaching machines. *Science. 128:* 969-977.

Skinner, B. F.(1958b). Intellectual Self-Management in Old Age. *American Psychologist. 38:* 239-244.

Skinner, B. F.(1974, 2011). *About Behaviorism*. Vintage

Skinner, B. F.(1978). *Reflections on Behaviorism and Society* (Century psychology series). Prentice Hall.

Skinner, B. F.(1979). *Shaping of a Behaviorist* (Particulars of My Life, Part 2) TBS The Book Service Ltd.

Skinner, B. F.(1983). *A Matter of Consequences*. Knopf.

Skinner, B. F.(1990, 2011). *Beyond Freedom and Dignity*. Hackett Publishing Co.

Skinner, B. F.(2012). Science *And Human Behavior*. New York: Free Press.

Skinner, B. F.(2016). *The Technology of Teaching* (B. F. Skinner Foundation Reprint Series). B. F. Skinner Foundation.

Skinner, B. F., & Vaughan, M. E.(1985). *How to Enjoy Your Old Age*. Sheldon Press.

Slavin, R. E.(2014). *Educational psychology: Theory and practice* (11th ed.). Boston: Pearson.

Spearman, C.(1904). "General intelligence" objectively determined and measured. *American Journal of Psychology. 15*: 201-292.

Specht, R., & Craig, G. J.(1987). Human Development: A Social Work Perspective, (2nd ed.). Englewood Cliffs. NJ: Prentice-Hall.

Sternberg, R. J.(1988). *The triarchic mind: A new theory of human intelligence*. Penguin Books.

Sternberg, R. J.(2007). Intelligence and culture. In S. Kitayama & D. Cohen (ed.). *Handbook of cultural psychology:* 547-568. New York: Guilford Press.

Sternberg, R. J., & Lubart, T. D.(1995). *Defying the crowd*. New York: Free Press.

Sternberg, R. J., & Williams, W. M.(2010). *Educational Psychology* (2nd ed.). N.J.: Merrill.

Sternberg, R. J., & Williams, W. M..(2002). *Educational Psychology*. Boston: Allyn & Bacon.

Stipek, D. J.(2001). *Motivation to Learn: Form Theory to practice* (4th ed.). Pearson.

Stone, H. W.(2000). *The Caring Church: A Guide for Lay Pastoral Care*. Minneapolis: Fortress Press.

Stone, H. W.(2001). *Strategies for Brief Pastoral Counseling*. Augsburg Fortress Publishers.

Stone, H. W.(2009). *Crisis Counseling*. Minneapolis: Fortress Press.

Stone, H. W.(2014). *Defeating Depression: Real Help for You and Those Who Love You* (2nd ed.). Create Space Independent Publishing Platform.

Storey, J. *An Introductory Guide to Cutural Theory and Popular Culture (*Univ. of Georgia Pr., 1993. 박모 역(1999). 『문화연구와 문화이론』. 서울: 현실문화연구.

Strong, B., & DeVault, C.(1994). *Human Sexuality*. Mountain View. CA: Mayfield.

Switzer, D. K.(1974). *The Minister as Crisis Counselor*. Nashville. Tn.: Abingdon Press. 김진영 역(2007). 『위기상담가로서의 목회자』. 서울: 한국장로교출판사.

Tester, S.(1996). *Community Care for Oder People: A Comparative Perspective*. Houndmills: MacMillan Press Ltd.

Thorn, B., & Saab, P.(2001). Notes from the APS Council of Representatives (CoR) Meeting. *Health Psychologist. 23(3):* 5-8.

Thurstone, L. L.(1938). *Primary Mental Abilities*. Chicago, University of Chicago press.

Thurstone, L. L.(1955). The psychophysics of semantics: an experimental investigation. *Journal of Applied Psychology. 39:* 31-36.

Tobias, S.(1982). Sexist equations. *Psychology Today. 16(1):* 14-17.

Tollison, C. D., & Adams, H. E.(1979). *Sexual Disorders: Treatment, Theory, Research*. New York: Gardner Press.

Tolman, E. C., & Honzik, C. H.(1930). Introduction and removal of reward and maze performance in rats. *University of California Publication in Psychology. 4:* 257-275.

Tolson, J.(2000). No wedding? No ring? No problem. *U.S. News & World Report. March. 13:* 48.

Tomaka, J. et al.(1993). Subjective, physiological, and behavioral effects of threat and challenge appraisal. *Journal of Personality and Social Psychology. 65:* 248-260.

Troll, L. E.(1985). *Early and Middle Adulthood* (2nd ed.). Monterey. CA: Brooks/Cole.

Tulving, E.(1974). Cue-dependent forgetting. *American Scientist. 62:* 74-82.

Tulving, E., & Pearlstone, Z.(1966). Availability versus accessibility of information in emory for words. *Journal of Verbal Learning and Verbal Behavior*. 5: 381–391.

Turner, G.(1992). *British Cultural Sudies: An Introduction*. New York: Routledge: chapman and Hall, Inc. 김연종 역(2001). 『문화연구입문』. 서울: 한나래.

Turner, J. S., & Helms, D. B.(1983). *lifespan Development.* (2nd ed.). New York: Holt, Rinehart & Winston.

Tylor, E. B.(1883). *Primitive Culture*. N.Y.: Henry Holt and Co.

Tylor, E. B.(1958). *The Origin of Culture*. New York: Harper & Row.

Udry, J. R.(1971). *The Social Context of Marriage* (2nd ed.). J. B. Lippincott Company.

Veninga, R. L., & Spradley, J. P.(1981). *The Work-Stress Connection*. Boston: little. Brown.

Vygotsky, L. S.(1962). *Thought and language*. MA. Cambridge: MIT Press.

Watson, J. B.(1914). *Behavior: an introduction to comparative psychology*. New York: Holt.

Watson, J. B.(1924). *Psychology: from the standpoint of a behaviorist*. Philadelphia, London: J. B. Lippincott.

Watson, J. B.(1925). *Behaviorism*. New York: W. W. Norton.

Weiner, B.(1972). *Theories of motivation: From mechanism to cognition*. Chicago: Markham.

Weiner, B.(1979). A theory of motivation for some classroom experiences. *Journal of Educational Psychology. 71:* 3-25.

Weiner, B.(1985). An attributional theory of achievement motivation and emotion. *Psychological Review. 92:* 548-573.

Weiner, B.(1990). History of motivational research in education. *Journal of Educational Psychology. 2:* 616-622.

Weiner, B.(1992). *Human motivation: Metaphors, theories, and research*. Newbury Park. CA: Sage.

White, R. W.(1959). Motivation reconsidered: The concept of competence. *Psychological Review. 66:* 297-333.

Williams, R.(1983, 2014). Keywords: *A Vocabulary of Culture and Society* (Oxford University Press.

Williamson, E. G.(1939). *How To Counsel Students, A Manual of Techniques for Clinical Counselors*. McGraw-Hill.

Wittmer D. S., & Petersen, S.(2005, 2013). *Infant and Toddler Development and Responsive Program Planning: A Relationship-Based Approach* (3rd ed.). Pearson. 이승연 외 역 (2012). 『영어발달과 반응적 교육-관계중심 접근법』. 서울: 학지사.

Wittmer D. S., & Petersen, S.(2013). *Infant and Toddler Development and Responsive Program Planning: A Relationship-Based Approach*. New Jersey: Pearson.

Wolberg, L. R.(1995). *The Technique of Psychotherapy* (4th ed.). Jason Aronson.

Wolfe, J. M.(2012). *Sensation & Perception* (3rd ed.). Sunderland, Mass.: Sinauer Associates.

World Health Organization(1946). *Constitution of the World Health Organization*. Geneva: World Health Organization.

Wright, H. N.(1985). *Crisis Counseling: Helping People in Crisis and Stress*. Here's Life Publishers.

Wright, H. N.(2003). *The New Guide to Crisis & Trauma Counseling*. Regal Books.

Wright, H. N.(2004). *Experiencing Grief*. B&H Publishing Group.

Wright, H. N.(2006). *Helping Those Who Hurt: Reaching Out to Your Friends In Need*. Bethany House.

Wright, H. N.(2006). *Recovering from Losses in Life*. Revell.

Wundt, W. M.(2010). *Principles of physiological psychology*. Nabu Press.

Zanden, J. W. V.(1997). Human Development(6th ed.). New York : Pergamon Press.

Zastrow, C. et al.(2018). *Understanding Human Behavior and Social Environment* (11th ed.). Cengage Learning.

Zastrow, C.(2021). *Generalist Social Work Practice: A Worktext* (12th Edition). Oxford University Press.

Zastrow, C., & Kirst-Ashnman, K, K.(1997). Understanding Human Behavior and the Social Environment(4th ed.). Chicago, IL : Nelson-Hall Publishers.

저자소개

노수희

신라대학교 일반대학원 사회복지학 박사

현 부산과학기술대학교 사회복지상담과 학과장
고용부 NCS 강사
성평등 전문인권 강사
한국사회복지상담학회 부산과학기술대학교 지부장
전 신라대학교 초빙교수
부산경상대학교 외래교수
동의과학대학교 외래교수
동부요양보호사교육원 원장

저서 사회복지정책론, 사회복지조사론 외

인간행동과 사회환경

초판 1쇄 발행 / 2022년 12월 20일
초판 4쇄 발행 / 2025년 3월 5일

●

저 자 / 노 수 희
발행인 / 이 중 수
발행처 / **동 문 사**

●

서울특별시 서대문구 홍제원 1길 12
(홍제동 137-8)
Tel: 02)736-3718(대), 736-3710, 3720
Fax: 02)736-3719
등록번호: 1974.04.27. 제9-17호
가격: 24,000원

●

ISBN: 979-11-6328-377-5 (93330)
E-mail: dong736@naver.com
www.dongmunsa.com